西安交通大学
XI'AN JIAOTONG UNIVERSITY

研究生"十四五"规划精品系列教材

MBA系列教材

创业企业人力资源管理

主编 韩 平

西安交通大学出版社
XI'AN JIAOTONG UNIVERSITY PRESS

国家一级出版社
全国百佳图书出版单位

内容简介

全书内容共分为 11 个章节,第一章是创业及创业管理,主要介绍了创业的概念、类型、过程与创业管理理论;第二章是创业企业人力资源管理概述,主要介绍了创业企业人力资源管理的特点、现状、模式与挑战,以及创业企业人力资源管理外包;第三章是创业团队组建与管理,主要介绍了如何组建创业团队,并对创业团队进行高效的管理与领导;第四章是创业企业组织设计、岗位设置与工作分析,主要介绍了创业企业成立后的组织建设过程;第五章是创业企业人力资源获取,主要介绍了创业企业如何进行人力资源规划、招聘和甄选;第六章是创业企业员工培训与开发,主要介绍了员工培训与开发的方法和过程,以及如何进行员工职业生涯管理;第七章是创业企业员工绩效管理,主要包括绩效计划、绩效实施、绩效考评、绩效反馈与改进等内容;第八章是创业企业员工激励之短期激励——薪酬管理,主要介绍了基本激励理论、如何进行薪酬管理等;第九章是创业企业员工激励之中长期激励——股权激励,主要介绍了企业分红计划、股权激励和合伙人制度等;第十章是创业企业员工关系管理,主要包括员工心理关系管理和劳动关系管理等内容;第十一章是创业者领导力培养与提升,主要介绍了如何提高领导影响力和领导有效性,以及如何进行科学的领导决策。

本书向读者展示了系统、全面的创业企业人力资源管理学习框架和知识体系,既可作为普通高等院校管理学相关专业的教材,也可作为相关实践人员的参考资料。

图书在版编目(CIP)数据

创业企业人力资源管理 / 韩平主编. — 西安 : 西安交通大学出版社,2023.2
 ISBN 978 - 7 - 5693 - 3087 - 8

 Ⅰ. ①创… Ⅱ. ①韩… Ⅲ. ①企业管理-人力资源管理 Ⅳ. ①F272.92

中国国家版本馆 CIP 数据核字(2023)第 016115 号

书　　名	创业企业人力资源管理
	CHUANGYE QIYE RENLI ZIYUAN GUANLI
主　　编	韩　平
责任编辑	王建洪
责任校对	韦鸽鸽
装帧设计	伍　胜
出版发行	西安交通大学出版社
	(西安市兴庆南路 1 号　邮政编码 710048)
网　　址	http://www.xjtupress.com
电　　话	(029)82668357　82667874(市场营销中心)
	(029)82668315(总编办)
传　　真	(029)82668280
印　　刷	西安日报社印务中心
开　　本	787mm×1092mm　1/16　印张 19.5　字数 488 千字
版次印次	2023 年 2 月第 1 版　2023 年 2 月第 1 次印刷
书　　号	ISBN 978 - 7 - 5693 - 3087 - 8
定　　价	59.80 元

如发现印装质量问题,请与本社市场营销中心联系。
订购热线:(029)82665248　(029)82667874
投稿热线:(029)82665379　QQ:793619240
读者信箱:xj_rwjg@126.com

前言

自从 1989 年在北京召开的"面向 21 世纪教育国际研讨会"首次提出创业教育（enterprise education）概念以来，我国的创新创业教育得到了蓬勃发展，国家也出台了许多支持大学生创新创业的教育政策及相关扶持政策。

2017 年 7 月，《国务院关于强化实施创新驱动发展战略进一步推进大众创业万众创新深入发展的意见》指出，创新是社会进步的灵魂，创业是推进经济社会发展、改善民生的重要途径，创新和创业相连一体、共生共存。大众创业、万众创新深入发展是实施创新驱动发展战略的重要载体，要通过加快科技成果转化、拓展企业融资渠道、促进实体经济转型升级、完善人才流动激励机制、创新政府管理方式等优化创新创业生态环境，强化政策供给，突破发展瓶颈，充分释放全社会创新创业潜能，在更大范围、更高层次、更深程度上推进大众创业、万众创新。2021 年 1 月，《教育部办公厅关于推荐全国普通高校毕业生就业创业指导委员会委员的通知》指出，为深入贯彻党的十九届五中全会精神，落实党中央、国务院关于促进高校毕业就业创业的决策部署，建立健全高校毕业生就业创业支持体系，促进高校毕业生更加充分更高质量就业，教育部决定成立全国普通高校毕业生就业创业指导委员会。

创新创业的教育政策和扶持政策极大地推动了我国创业投资的市场发展，前瞻产业研究院数据显示，2021 年我国社会融资总额为 33.35 万亿元，其中创投市场融资金额占比约 4%；2021 年国内创投市场金额和规模分别达到 13550 亿元和 14629 起，同比 2020 年分别增长了 57.56% 和 41.26%。

创业投资增长、创业企业数量增多，创业企业的管理问题也就摆在了创业者的眼前。创业企业虽然具有一定创新性、机会导向性，但是由于其成立时间较短、风险高且规模小、内部不稳定等原因,创业企业面临着一系列管理难题。人是企业最大的资产,人力资源管理的质量,直接影响到企业利润和企业的核心竞争力,人力资源管理变成了最优先级的战略性资源之一,因此创业企业的人力资源管理是创业者面临的首要管理问题。

然而,编者通过线上搜集资料发现,目前已有院校或网络学习平台开设了创业企业人力资源管理相关课程,但并无合适的配套书目或教材,已有书籍或不能同时关注创业企业特征和人力资源管理,或内容欠缺,缺乏全面研究。近年来蒋建武等主编的《创业企业人力资源管理》对创业企业的团队管理、员工招聘、绩效管理等内容做了专业、详尽的研究,为我们提供了精益指导,但其缺少对创业企业员工关系管理、创业者领导力培养与提升等内容的关注,对创业企业人力资源管理的概括仍不够全面。

在此背景下,为面向国家创新创业新需求和创业者现实需要,为深入了解创业企业发展趋势、深化人力资源管理理论研究,编者整合学院优势资源,编写了《创业企业人力资源管理》一书,集创业企业理论研究和创业企业实践管理为一体,以期为业界人士提供创业企业从成立到成功的全过程管理指导,同时在新环境下补充、完善传统人力资源管理知识,实现理论和实践的交叉融合,促进新知识的产生,为相关领域问题的解决提供新的见解。

本书具有以下显著特点:

(1)深度关注创业企业。与同类教材相比,本书以创业过程为导向,从创业团队管理到企业组织设计,从人力资源获取到员工培训与管理,涵盖了创业企业从成立到成功的各项管理内容,内容全面、逻辑体系完善;在已有知识体系的基础上,本书明确人力资源管理在高风险、高不确定性、创新驱动环境中的重点特征,丰富了现有人力资源管理知识和理论,为业界相关人士提供精益指导。

(2)理论与实践并重。本书集创业企业理论研究和创业企业实践管理为一体,既重视人力资源管理基本概念、方法与重要理论,又深度结合企业管理实践,通过编入多元化的案例,揭示理论与实际现象之间的联系,实现理论和实践的交叉融合,在新的企业发展趋势下补充、完善传统人力资源管理知识,为使用者提供理论与实践方面的双重指导。

(3)学科的交叉融合。本书在已有人力资源管理的知识体系框架下,关注创业企业的人力资源管理,立足其对管理弹性的需求,关注创业企业中人的心理和行为规律，建立创业机制下的创新型人力资源管理体系。因此，本书实现了创业管理、人力资源管理和组织行为学三门学科的交汇融合，其相互交叉、融合、渗透，能够促进新知识的产生，为相应领域问题的解决提供新的见解。

（4）通俗易懂、可读性强。本书在每个章节均引入了趣味的开篇案例和章末案例分析、实践练习等模块，案例新颖且贴合章节内容，实践练习元素丰富、别具匠心，具有较高的启发效果和教育意义。

在内容质量上，本书经历了严谨的编写、审阅、试用和出版过程。前期，编写团队通过查阅、研读相关资料并与领域内专业人士研讨，初步确定本书章节结构；接着通过中国知网、Web of Science、图书馆等深化人力资源理论学习，编写各章节内容，并通过线上查阅相关案例数据库、线下实地调研多个企业，编写各章节管理案例。中期，编写团队邀请南京大学、华中科技大学、上海交通大学的同行专家审核书稿、研讨相关内容，编写团队依据审核意见和研讨结果对全书内容进行修改。后期，本书在两个班级中展开试用，通过学生和使用教师的反馈，编写团队对本书内容进一步优化，最终确定全书内容。最后，书稿交由出版社，经过三审三校一通读、印前质检等流程最终出版。

本书由西安交通大学管理学院韩平教授担任主编，负责全书的结构设计、统稿。本书的编撰与付诸出版要感谢许多人士的心血付出。本书内容借鉴了创业学、管理学、人力资源管理、组织行为学、心理学等领域的前人研究成果，在此向这些理论的贡献者表示衷心的感谢！感谢硕士生杨广涣、李星光所做的文献整理、资料收集等工作，感谢硕士生王秋诗、肖子旭和博士生郝殊帷所做的企业访谈调研、案例收集等工作。此外，感谢对本书提供宝贵意见的南京大学和上海交通大学等学校的同行专家、书籍使用教师和学生，以及负责书籍编辑、校对等工作的出版社工作人员，在此向以上人士表示诚挚的谢意！

随着市场经济的发展，创业企业人力资源管理的理论和实践也在不断发展，由于编者理论与经验有限，本书仍有不足之处，敬请广大读者批评指正。

编者

2023 年 01 月

目录

第一章
创业及创业管理

本章学习目标

1. 了解创业的狭义与广义概念。
2. 掌握创业的不同类型及其分类标准。
3. 掌握蒂蒙斯创业过程模型和创业的一般过程。
4. 了解创业管理的概念。
5. 掌握创业管理的基础理论。

开篇案例

广西昆仑公司:创业机会的辨识与开发

2018 年 9 月 25 日,台北海峡交流基金会公亮厅人头攒动,几百名商界、政界、学界优秀人士陆续步入会场。"2018 杰出大陆台商""大陆口岸女王"黄薇彤的演讲正在继续。"我们的事业与政策息息相关,我们完全靠政策来创立自己的事业王国。其实一路走来不是自己多厉害,而是真的要一步一个脚印很踏实地去做每一件事。必须要很清楚地知道自己所处的位置在哪里,自己去向何方,自己的优势又是什么,有什么政策可以去支撑这一事业。"

回首十年前,黄薇彤从毫无口岸经营经验的"圈外人"开始做口岸生意,到成为"圈内人"口中的"口岸女王"。十年间,她所经营的广西昆仑公司从一个小型的矿业公司,成长为当地最大的民营企业;从完全不懂口岸、没有任何资源,到建成全国示范口岸,拥有国家一类口岸一个、二类口岸两个;从只身一人来到中国边境最南端的崇左市,到主营业务涵盖口岸运营管理、跨境物流、国际贸易、口岸落地加工四大版块,贸易伙伴遍布欧美、日本、东南亚等国家和地区。尽管这场浴火凤凰般的创业经历最后交出的是一张让人满意的成绩单,然而一路走来却并不容易。

资料来源:根据中国管理案例共享中心董梦杭等人提供的案例改编。

第一节 创业的概念

当今中国正处在一场伟大的社会变革时期,四十多年的改革开放是一场深刻的思想革命,它极大地解放了人们的思想,为各种创业活动提供了最有利的条件、最优良的创业环境和最佳机会。人们对自主创业已从"冷眼相看"变成"刮目相看",创业者也作为"改革者""企业家"而日益受到人们的尊重和钦佩。创业已经成为理解未来社会经济、生活生产变化的关键概念,已成为研究创业家(企业家)和企业活动必不可少的重要主题。自 1987 年 *Journal of Management* 正式开辟创业研究专题以来,许多学者对创业研究领域给予关注,不同的学者对创业也给出了不同的定义。

美国学者蒂蒙斯(Timmons)认为:"创业是一种思考、推理和行为方式,这种行为方式是机会驱动的,注重方法和与领导相平衡。创业导致价值的产生、增加、实现和更新,不只为所有者,也为所有的参与者和利益相关者。"经济学家熊彼特(Schumpeter)对创新创业的理解是:"强调革新,包含新的产品、新的生产方法、新的市场、新的组织形式。财富就是在满足新的需求的革新的活动中被创造出来的。从这个角度来说,创业者可以被视为那些将各种不同的因素组合在一项革新性的活动中,并以此满足消费者的需求的人。"南开大学创业管理研究中心主任张玉利教授认为:"把创业仅仅理解为创建新企业是片面的,创业的本质更在于把握机会、创造性地整合资源、创新和快速行动,创业精神是创新的源泉。"

综观国内外学者对创业的定义,不难发现,无论从创业的实现过程还是结果来讲,创业都可以被认为是一种个体通过思考和推理,发掘商业机会并将资源进行整合,最终实现价值创造的过程。

一般认为,创业的概念分为狭义的创业和广义的创业。

狭义的创业概念为:创建一个新企业的过程,包括两个层次的内容,即创建新企业和企业内部创业。

广义的创业概念为:创业是不拘泥于当前资源约束,寻求机会并进行价值创造的过程。所有进行价值创造的过程都是创业:既包括创办营利性组织,也包括创办非营利性组织;既包括创办大型的事业,也包括创办小规模的事业甚至"家业";既包括创办各类组织,也包括创办各类组织混合体,以及组织各种活动的过程。

第二节 创业的类型

随着创业活动的活跃,创业活动的类型也呈现多样化的趋势。依据不同的分类标准,创业主要可以划分为以下几种不同的类型(见表 1-1)。

表 1-1 创业的类型

分类标准	创业类型
创业主体的性质	个体创业、群体创业、组织创业
创业动机	生存型创业、机会型创业
对市场和个人的影响程度	复制型创业、模仿型创业、安定型创业、冒险型创业
企业性质	营利性组织创业、社会性(组织)创业、非营利性机构创业

一、根据创业主体的性质划分

根据创业主体的性质划分,创业的类型有个体创业、群体创业、组织创业三种。

(一)个体创业

个体创业是相对于群体创业而言的。个体创业亦即个人创业、私人创业,指个体创业者对自己拥有的有限资源进行优化整合,从而创造出更大经济价值的过程。个体创业既是一种就业方式,也是一种劳动方式。

(二)群体创业

群体创业实质是群体规模的联合创业,是在个人或企业创业基础之上的一种联合创业,是为达到群体更大商业利益的一种创业模式。比如几个大学毕业生的群体创业、留学生群体回国创业、农民工群体回乡创业等。

(三)组织创业

组织创业主要指由现有组织发起的创造、革新、创新活动,创业活动是由在组织中工作的个体或团队推动的。比如企业内的"二度创业",如企业业务部门核心人才创业、企业通过创立子公司合伙人机制创业、企业内独立创业等。

二、根据创业动机划分

依据创业者的创业动机不同,全球创业观察(GEM)将创业分为生存型创业和机会型创业。

(一)生存型创业

生存型创业(necessity-push entrepreneurship)是指创业者为了生存,没有其他的选择而无奈进行的创业,显示出创业者的被动性。生存型创业所占比重较大,在我国所有创业活动中,生存型创业所占比重在90%左右,其创业起点较低,且生存型创业者大部分文化水平不高,创业项目也主要集中在餐饮、百货等微利行业,但是其社会效应明显,不仅能解决自身的就业问题,经营状况较好的还能聘请员工,带动他人就业。

(二)机会型创业

机会型创业(opportunity-pull entrepreneurship)的出发点并非单纯为了谋生,而是为了主动抓住和利用市场机遇创造价值和实现自身理想。由于其有强烈的创业意愿,这种创业往往敢于开拓新市场、创造新需求,从而可能带动新的产业发展,进而做大做强。机会型创业催生的企业更有志于开发潜在需求,容易掌握产业的核心技术,提升和创造产业链高端价值,对于提高国家核心竞争力有很大溢出效应。发达国家的创业活动均以机会型创业为主,如在美国,有90%以上的创业属机会型创业。我国由于经济发展水平和社会环境的原因,机会型创业所占比例还较小,绝大多数的创业活动是生存型创业。

生存型创业和机会型创业取决于多种因素,并非完全由主观因素决定。创业者的能力,所处的政治、经济、文化环境,都对创业类型有决定性的作用。因此,加强创业教育和培训,提高创业者的内在创业能力和素质,创造良好的外部创业环境,可以逐步增加创业者选择机会型创业的比例。

三、根据对市场和个人的影响程度划分

克里斯琴(Christian)等人依据创业对市场和个人的影响程度,把创业分成了四种基本类型,即复制型创业、模仿型创业、安定型创业和冒险型创业。

(一)复制型创业

复制型创业是在现有经营模式基础上简单复制的一种创业模式。例如,某人曾是某家公司的管理人员,他自行离职后,创建了一家与原公司相似的新公司,且新组建的公司经营风格与原公司也基本相同。现实中有很多复制型创业的例子,复制型创业由于前期生产经营经验的累积而使得新组建公司成功的可能性很高,但在这种类型的创业模式中,创新贡献较低,也缺乏创业精神的内涵,并不是创业管理研究的主流。

(二)模仿型创业

模仿型创业指的是创业者看到他人创业成功后,采取模仿和学习而进行的创业活动。模仿型创业具有投资少、见效快、迅速进入市场等特点。这种形式的创业,对于市场来说虽然无法带来新价值的创造,创新的成分也很低,但与复制型创业的不同之处在于,创业过程对于创业者而言还是具有很大的冒险成分。如某房地产公司的经理人辞职后,模仿其他公司创立了一家互联网公司。这种创业具有相对较高的不确定性,学习过程较长,经营失败的可能性也较大。但是,只要那些具备创新精神的创业者能够得到专业的系统培训,注意把握市场进入契机,创业成功的可能性也比较大。

(三)安定型创业

安定型创业强调的是创业精神的实现,也就是创新的活动,如研发单位的某小组在开发完成一种新产品后,继续在该企业部门开发另一种新产品。这种形式的创业,虽然为市场创造了新的价值,但对创业者而言,本身并没有面临太大的改变,做的也是比较熟悉的工作。这种创业类型强调的是创业精神的实现,而不是新组织的创造,企业内部创业即属于这一类型。

(四)冒险型创业

冒险型创业是指一种难度很高,有较高的失败率,但成功所得的报酬也很惊人的创业类型。这种类型的创业如果想要获得成功,必须在创业者能力、创业时机选择、创业精神发挥、创业策略研究拟定、经营模式设计、创业过程管理等各方面,都有很好的搭配。冒险型创业将极大地改变个人命运,冒险型创业者会从事全新的产品经营,个人前途的不确定性很大;同时,由于是创造新价值的活动,将面临较高的失败可能性。尽管如此,因为这种创业预期的报酬较高,对那些充满创新精神的人来说仍富有诱惑力。

四、根据企业性质划分

创业活动通常被视为新事业活动,这样就可以把企业内部创业和非营利性机构组建的活动包括在内。

(一)营利性组织创业

营利性组织创业就是我们通常理解的创业,是最常见的一种创业形式,其目的是获得企业利润,追求企业利润最大化。营利性组织创业重视资本的投入、产出,讲究利润的回报,利润目标过于短期化,特别不利于描述创新型创业活动。传统创业活动资本增值主要是通过盈利积累实现的,在企业价值最大化的目标下,资本价值可以通过股权退出,特别是通过上市获得价值变现。

(二)社会性(组织)创业

社会性企业是以企业化运营的非营利性组织,是处于企业与非营利性组织之间的中间形态。有一些商业性企业,其经营目标就是实现社会责任最大化,利润目标只是其实现社会责任最大化的资金支持,只要维持盈亏平衡就可以满足其创业要求。例如,以环保为目标的企业,他们可以通过回收废旧物获得收益,但这些收益只是为了补偿费用支出,他们的真正目标是改善环境。

(三)非营利性机构创业

非营利性机构具有共同的特征:不以营利为目的,不以价格方式交易,只能以收费方式交易,不核算成本,也不纳税,其登记注册性质为事业机构,是事业法人,由主管部门而不是工商部门管理。这种机构的资金来源于捐赠,性质不是投资,因此出资人可以用于抵税,但不能回收资金。当需要注销事业法人时,可以根据章程和相关规定进行清产核资。

第三节 创业的过程

一、蒂蒙斯创业过程模型

创业过程充满动态性与复杂性特征。蒂蒙斯在《创业学》一书中提出了一个影响深远的创业过程理论模型(见图1-1)。蒂蒙斯认为,创业机会是创业过程的核心驱动力,创始人或工作团队是创业过程的主导者,资源是创业成功的必要保证,创业过程是创业机会、创业团队和资源三个要素匹配和平衡的结果。处于模型底部的创业团队要善于配置和平衡,借此推进创业过程,他们必须做的核心过程是:对创业机会的理性分析和把握,对风险的认识和规避,对资源最合理的利用和配制,对工作团队适应性的分析和认识。此外,创业过程是一个连续不断地寻求平衡的行为组合,在三个要素中绝对的平衡是不存在的,但企业要保持发展,必须追求一种动态的平衡。保持平衡的观念展望企业未来时,创业者必须思量的问题是:团队是否能领导公司未来的成长,资源状况,下一阶段成功面临的陷阱。这些问题在不同的阶段以不同的形式出现,牵涉到企业的可持续发展。

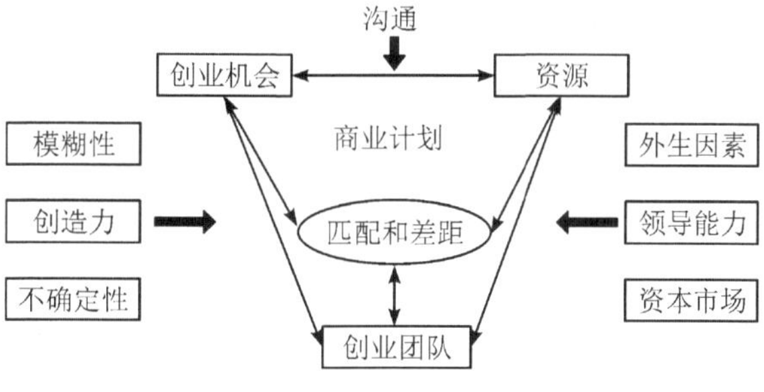

图1-1 蒂蒙斯创业过程理论模型

蒂蒙斯模型运用创业机会、资源与创业团队三要素来概括创业过程的复杂性,采用三要素的动态平衡过程来总结创业过程的动态性,高度揭示了创业过程的动态性与复杂性特征。蒂蒙斯认为,随着时空变迁、机会模糊性、市场不确定性、资本市场风险及外在环境等因素对创业活动的冲击,创业过程充满风险与不确定性,创业机会、创业团队和资源等三要素也会因相对地位的变化而产生失衡现象,此时创业团队扮演着调整活动重心以获得创业机会与资源相对平衡的核心决策者角色。创业初期机会挖掘与选择是关键,创业团队的决策重心在于迅速整合资源以抓住创业机会;随着新企业的创立与成长,资源日渐丰富,企业面临更为复杂的竞争环境与市场环境,创业团队的决策重心转向合理配置资源以提高资源使用效率,构建规范管理体系以抵抗外部竞争与不确定性等活动。

二、创业的一般过程

(一)决定成为创业者

创业的第一步就是具备创业的想法,即决定成为创业者。通常,一些机会使个人成为创业者。例如,公司职员失去了自己的工作,如果其认为就业前景不明朗,很有可能萌生创业的想法,认为此时是个人创业的良好时机;又例如个人得到了一笔财富,开始有资金创办自己的企业。同时,生活方式的变化也可能触发创业生涯,如几个大学生面临毕业,决定创建自己的企业;或是一位妇女在孩子入学之后开始着手自己的创业事业等。

(二)识别与评估创业机会

创业开始于商机的发现,创业者初创企业的动力往往是发现了一个新的市场需求或者发现市场需求大于市场供给,或者认为新产品能够开启新的市场需求。并不是每个市场机会都需要付出行动去满足它,而是要评估这个机会所能带来的回报和风险,评估这个市场机会所创造的服务/产品生命周期,它能否支持企业长期获利,或者是否能够在适当的时候及时退出。面对众多看似有价值的创意,从中发现真正具有商业价值和市场潜力的商机,进而寻找与商机相匹配的商业模式,这需要审慎而独到的眼光,此乃创业成功的基本保证。每一个创业者在创建企业之前,都应该准确地识别机会、把握机会,走好创业的每个环节。

(三)准备并撰写创业计划书

创业计划书是描述新创企业所有方面的书面文件,是一份全方位的商业计划,其主要用途是递交给投资商,以便于他们能对企业或项目做出评判,从而使企业获得融资。它用以描述与拟创办企业相关的内外部环境条件和要素特点,为业务的发展提供指示图和衡量业务进展情况的标准。通常创业计划是结合了市场营销、财务、生产、人力资源等职能计划的综合。创业计划书是说服自己,更是说服投资者投资的重要文件。同时,创业计划书也将使创业者深入地分析目标市场的各种影响因素,并能够得到基本客观的认识和评价,使创业者在创业之前,能够对整个创业过程进行有效的把握,对市场机会的变化有所预警,从而降低进入新领域所面临的各种风险,提高创业成功的可能性。

(四)确定并获取创业资源

创业企业需要对创业资源区别对待,对于创业十分关键的资源要严格地控制使用,使其发挥最大价值。而且对于创业企业来说,掌握尽可能多的资源有益无害。当然还有一个问题是如何在适当的时机获得适当的所需资源。创业者应有效地组织交易,以最低的成本和最少的控制来获取所需的资源。

(五)建立并管理新创企业

将理想变为现实的重要一步是企业要准备相关的法律依据,包括新企业起步后一系列早期的管理活动,如新企业的注册、企业选址、人员招聘、新企业组织形式以及与企业经营活动相关的一些法律问题等。从企业发展的生命周期来说,新创企业需要经过初创期、早期成长期、快速成长期和成熟期。在不同的阶段,企业的工作重心有所不同。因此,创业者需要根据企业成长时期的不同来采取不同的管理方式和方法,以有效地控制企业成长,保持企业健康发展。比如,在初创时期和早期成长期,创业者直接影响着创业企业的命运,在这一时期,集权的管理方式灵活而富有效率,而到快速成长期和成熟期,分权的管理方式可以使企业获得稳步的发展。

第四节 创业管理及相关理论

一、创业管理定义

创业管理是指通过捕捉和利用创业机会,组织和优化创业资源,以创造价值为最终目的的过程。国外研究侧重于狭义的创业管理概念,即把创业管理的研究对象定位于企业设立之前的管理。其管理框架有企业家素质培养、经营机会选择及项目确定、开业前的财务计划、市场开发及销售准备等,即企业开业之前的各项准备工作所涉及的管理。国内研究侧重于广义的创业管理概念,即企业在新生期和成长期阶段的管理。其管理框架有创业者特征、创业环境、创业机会等方面。

二、创业管理基础理论

(一)创业机会理论

1.创业机会的界定

柯兹纳(Kirzner)认为创业机会是一系列的市场不完全(market imperfections)。因为市场参与者是基于信念、偏好、直觉以及准确或不准确的信息来进行决策的,由于缺乏完全信息,人们必须彼此猜测对方的信念、偏好、价值观等。由于这些猜测并不总是正确的,因此这一市场过程就导致一些资源被错误地分配到不同的市场,从而产生了一系列的创业机会。熊彼特指出,创业机会是通过把资源创造性地结合起来,满足市场的需要,创造价值的一种可能性。

结合以上观点,本书认为:创业机会针对没有被满足的市场需求或未被充分利用的资源或能力,通过发现或创造新的手段、新的目的,或手段与目的之间的关系,实现对产品、服务、原材料、市场、组织方式等几大核心以及效率的极大提升。

2.创业机会的识别

精准地识别商机并有效地开发商机是成功的创业者首要且最重要的能力。阿迪切维利(Ardichvili)等提出了创业机会识别的经典模型,认为识别到商机并不等于创建企业,"识别商机→评价商机→开发商机"是一个过程,因此个体在感知到商机后,还要发现市场需求和资源之间的"匹配点",创造商业概念,进一步整合资源,制订商业计划,从而创立企业。在这个过程中,每一步都是一个门槛;每一步都需要创业者的创业警觉,不断对商机进行修缮与评估。创业警觉、个人特质、社会网络和先前知识是创业者机会识别的四个关键要素(见图1-2)。

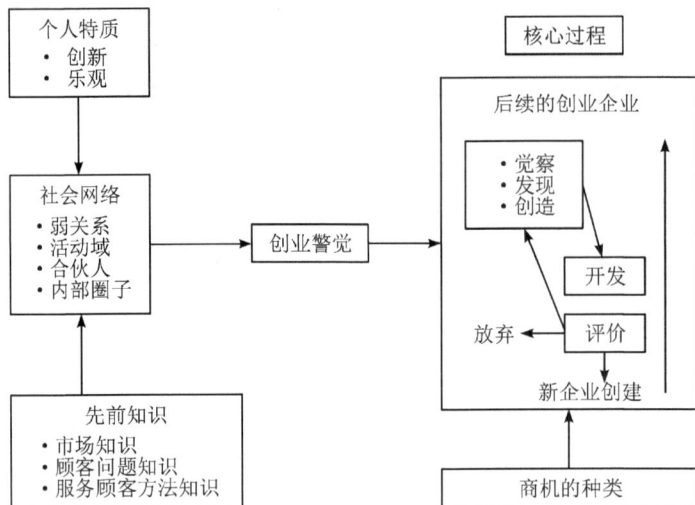

图 1-2　机会识别与开发理论模型

（1）创业警觉（entrepreneur alertness）。创业警觉是指通过对信息的敏锐把握和解读能力识别市场中的商机，是创业机会识别的关键因素之一。创业机会是被创业者所甄别的机会，来源于其对环境中有关客体、时间和行为方式等信息的高度敏感性和关注性。只有具有创业警觉性的创业者才能成功识别出具有商业价值潜能的最初创意。一些个体所具有的独特的个性、个体与环境之间的互动交流都有助于提高创业警觉性。如果一位创业者具有较高的创业警觉，能够发现别人没有看到或者看到了却没有引起足够注意的信息，那么他就会成功地识别和开发创业机会。

（2）信息不对称和先前知识（information asymmetry and prior knowledge）。信息不对称指交易中的每个人拥有的信息不同，在社会政治、经济等活动中，一些成员拥有其他成员无法拥有的信息，由此造成信息的不对称。掌握信息比较充分的人员，往往处于比较有利的地位，而信息贫乏的人员，则处于比较不利的地位。人们往往更容易关注他们已拥有的相关联的信息，这种信息的不均衡分布和信息的不对称导致每个人对机会的识别和开发程度有所差异。因此，掌握了对某一特定领域相关信息、最新信息越多的个体往往更有可能成功地识别和开发相关的创业机会。为了识别商机，必须拥有信息走廊（information corridors）以及对信息进行评价的识别理解能力（cognitive properties）。每个人的知识存量都具有异质性，这种知识存量影响了个体对机会的识别与开发。

先前知识包括市场知识、服务顾客方法知识以及顾客问题知识，还包括行业经验、创业经验、管理经验、产品开发经验以及与客服打交道的经验和其他职能经验等。对于新技术企业的绩效与成败而言，在很大程度上取决于创业者在过去的学习和工作中所积累起来的知识、技能和各种经验；过去积累的知识和工作经验有助于创业者不断积累出更多有用的创业机会识别和开发所需的商业知识和信息。个体积累的各种先前知识越多，具有更多的资源，越会提高个体的创业警觉，从而越能成功地识别和开发创业机会。

（3）社会网络（social networks）。个人社会网络的深度与广度影响着个体对商机的识别与开发。其中，强关系的纽带可以加深对同质性信息的理解，而弱关系的纽带可以带来更多的异质性信息。创业者圈子内的交流,有助于获得更多创业相关信息;而创业者扩大活动领域,跟不同的人接触,则可以获得各种不同的信息。在团队内部,增加不同的合伙人,有益于增加信息源和资源库。总之,丰富的社会网络有助于个体积累多元化的信息,整合利益相关者的资源,从而可以成功地识别和开发创业机会。

(4)个人特质(personality traits)。早期的创业研究主要关注创业者个人特质。创业者的个人特质有很多方面的具体内容,比如创业者年龄、性别、教育背景、成长环境、创造性、风险认知能力等。在一定程度上,创业者的家庭教育(出身于创业者的家庭)、某一领域的专业技能、对失败的宽容程度(乐观性)、对新事物的宽容程度(创新性)等特质能增强个体的自我效能,提高个体的创业警觉。

(二)创业资源理论

1.创业资源类型

创业是从无到有的过程,面临着新组织缺陷(liability of newness)。新组织缺陷是指从组织内、外部探讨新进入市场时面临的生存发展障碍。在企业内部,企业还没有建立各种管理制度、工作流程等,所有这些都需要从零开始学习,这使得学习成本高昂。同时,企业资源、组织能力稀缺,需要从零开始积累。再者,企业自身缺少成功经验,员工对企业目标、使命等认同度低,企业家与员工之间尚未建立信赖关系,这些都使得企业的运营成本高昂。在企业外部,企业在市场上的信息较少,与利益相关者之间的信息不对称使得新创企业难以得到顾客的认可,亦难以得到供应商、投资者等利益相关者的信任,交易成本高。因此,新组织缺陷是导致创业失败的重要原因。

创业离不开资源,创业资源是新创企业开发商机所需的资源,也是企业获得竞争优势的来源之一。创业资源是指企业在其创建过程中所拥有或可支配的实现其生存与发展战略目标的各种要素与要素组合,包括创业者的经历和经验、财务资源、人力资源、网络关系等。通常,新创企业所拥有的创业资源越丰富,其能够吸收、整合、重构的资源来源便越多,越容易与外部形成合作,越容易获得提升动态能力所需的互补性资产。

创业企业所处的生命周期不同,其所需要的创业资源也有所差异(见表1-2)。根据资源要素在企业战略规划中的参与程度,可以将创业资源分为直接资源与间接资源两类,直接资源包括财务、人才和管理资源,间接资源包括信息、科技和政策资源。

表1-2 新创企业和中小企业需要的关键资源

发展阶段	关键资源
创建、生存和稳定发展	资金、技术、领导、声望、债务融资、员工、外部联盟等
生存和管理规范化	管理技能、资金、员工、文化、实物资源等
成长和发展方向定位	新注入资本、员工、领导、存货、管理决策等
创建、生存和成功	创意、技能和专长、原材料、资金、员工、技术、信息等
创建、生存、成长和扩张	现金、创业者技能、员工、管理知识、实物资源、外部关系等

财务资源是新创企业进行研发和生产销售的基础,如何有效地吸收资金是新创企业非常

关注的问题。人才是组织学习的主体,高素质人才的获取和培养是新创企业提升动态能力、实现可持续发展的关键。作为成立不久的新创企业,其管理制度尚未完善且创业者往往缺少管理实践,经验不足,科学有效的管理制度是其宝贵的资源。信息资源是新创企业制定发展战略,做出研发、生产和销售决策的重要参考,及时、准确、丰富的信息资源有利于新创企业把握市场动态,提高竞争能力。科技资源是企业追求创新,加快产品研发升级的重要基础,对于新创企业来说,拥有丰富的科技资源有助于其开发新产品,占领市场份额,进而有利于企业的可持续发展。从中国的创业环境看,充裕的政策资源能为创业活动保驾护航。掌握政策资源,企业能获得更多的国内外人才、投资贷款以及各种服务与优惠等。

2.创业资源拼凑

受到资源约束的创业者如何获得资源？巴克(Barker)和纳尔逊(Nelson)在2005年发表的《从无到有:通过创业拼凑的资源构建》一文中首次提出了创业拼凑的概念。创业资源拼凑是创业者面临资源约束时的一种行动战略,通过现有资源的整合利用,从而实现新的创业机会或应对挑战,这一过程强调创造性地发掘现有资源。与成熟企业相比,初创企业在组织制度、决策流程及思维模式上缺乏规范性,难以获得企业生存成长的必要资源。但初创企业具有较高的灵活性,创业拼凑的方式能够使企业创造性地利用手中资源,"将就"使用手中的资源,强调创业者立即使用手中的资源,而不是等待"正确"的资源。立即行动能够使得创业者把握创业机会,而不至于由于资源约束的原因,导致企业错失良机。但是,这并不意味着创业拼凑排斥创业者事先计划和积极获取新的资源并进行整合的行为。初创企业为了保证经营活动的持久,需要努力经营并维持与供应商、客户、竞争者、政府等组织的网络关系,这有助于新企业在不确定的环境中获得利益相关者的认可以及资源。

社会关系网络是企业在创立之初取得所需要的资源的主要途径。社会关系网络是动态发展的,创业者的外部资源环境也在不断扩建。随着社会关系网的拓展,创业者能够从众多的人际关系中获得资源,获得有利于企业发展的市场信息等潜在资源,如从更广泛的利益相关者的反馈中创建新的产品、获得新的想法或机会,甚至可以打破原有顾客、供应商、朋友等角色的界限,将顾客作为劳动力或专业知识的来源。因此,创业者的网络关系是创业者实施创业拼凑的重要前提条件。

已有实证研究发现,创业拼凑对创业绩效有着直接或间接的促进作用。然而,根据创业企业不同成长阶段,创业拼凑与绩效之间的关系会有所变动。创业拼凑对初创阶段的企业绩效具有正向影响,但对成长阶段的企业绩效无显著影响。创业拼凑提供了动态视角来审视资源价值,为创造性地利用资源提供了实践指导。对于初创企业来说,创业拼凑仅仅是一种过渡性策略,随着企业的发展,创业拼凑策略的效果不断降低。基于资源依赖观,当企业的地位提升到有较强的议价能力时,就不再需要使用拼凑策略,而是需要从拼凑战略逐步向其他战略转移。

(三)商业模式理论

随着互联网的兴起以及电子商务的发展,商业模式逐渐成为企业家和学者最为关注的课题之一。自20世纪50年代开始,学者就开始关注商业模式,但是对商业模式的定义还没有达成一致的意见。早期将商业模式定义为如何获得利润,它是一个盈利模式。现在的商业模式是指为实现客户价值最大化,把能使企业运行的内外各要素整合起来,形成一个完整的高效率的具有独特核心竞争力的运行系统,并通过最优实现形式满足客户需求、实现客户价值,同时使系统达成持续赢利目标的整体解决方案。因此,商业模式是一种包含了一系列要素及其关系的概念性工具,用以阐明某个特定实体的商业逻辑,它描述了公司所能为客户提供的价值以及公司的内部结构、合作伙伴网络和关系资本等借以实现(创造、推销和交付)这一价值并产生可持续盈利收入的要素。

商业模式回答的最重要的问题应该是如何为顾客创造价值,其本质是一个价值创造系统。动态地看,商业模式是价值发现、价值匹配与价值获取的价值创造过程,包括如何为顾客创造价值、如何为企业创造价值、如何将价值在企业和顾客之间进行传递等内容。静态地看,一个完整的商业模式应该包括产品的核心价值主张、客户细分、客户关系、渠道通路、关键业务、核心资源、重要伙伴、收入来源与成本结构等9个要素,回答了"提供什么""为谁提供""如何提供"等关键问题,体现了企业主体与利益关系者的相互关系。在商业分析中,商业模式的上述9个要素经常会被使用,如图1-3所示。

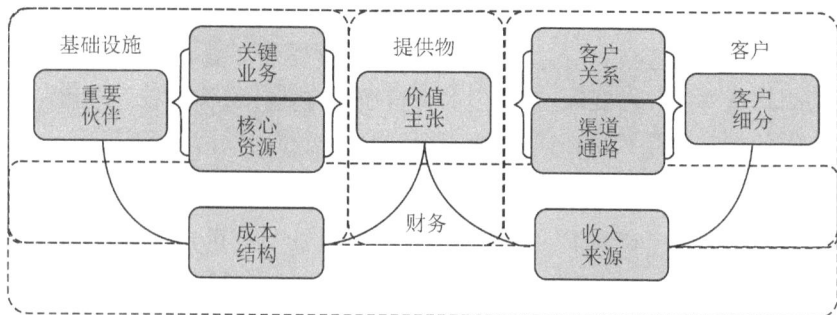

图1-3　商业模式画布

1.客户细分

客户细分用来描述企业所瞄准的消费者群体,这些群体具有某些共性,从而使企业能够针对这些共性创造价值。客户细分需要回答的问题包括"我们正在为谁创造价值?""谁是我们最重要的客户?"。同时,根据客户性质不同,创业者思考哪些是付费用户,哪些是免费用户;哪些是忠实用户,哪些是一次新购买的用户;哪些是直接收费用户,哪些是间接收费用户等。

2.价值主张

价值主张即企业通过其产品和服务所能向消费者提供的价值,价值主张能够确认企业对消费者的实用意义。价值定位必须清楚地定义目标客户、客户的问题和痛点、独特的解决方案,以及从客户的角度来看,这种解决方案的净效益。价值主张主要回答以下问题:"我们该向顾客传递什么样的价值?""我们正在帮助我们的顾客解决哪些难题?""我们正在满足哪些顾客需要?""我们正在提供给顾客细分群体哪些系列的产品和服务?"。

3.渠道通路

渠道通路用来描述企业通过何种渠道接触顾客细分群体而传递价值主张。如今口头演讲和病毒式营销是最流行的方式,但是创业公司销售渠道和营销提案上的设计要更加具体,主要回答以下问题:"通过哪些渠道可以接触我们的顾客细分群体?""我们如何接触他们?""我们的渠道如何整合?""哪些渠道最有效?""哪些渠道成本效益最高?""如何把我们的渠道与顾客的例行程序进行整合?"。

4.客户关系

客户关系用来描述企业与特定客户细分群体建立的关系类型,主要回答以下问题:"我们每个客户细分群体希望我们与之建立和保持何种关系?""我们已经建立了哪些关系?""这些关系成本如何?""如何把他们与商业模式的其余部分进行整合?"。

5.收入来源

收入来源用来描述企业通过何种现金流来创造财富以及从每个顾客群体中获取的现金收入(需要从创收中扣除成本),主要回答以下问题:"什么样的价值能让顾客愿意付费?""他们现在付费买什么?""他们是如何支付费用的?""他们更愿意如何支付费用?""每个收入来源占总收入的比例是多少?"。

6.核心资源

核心资源用来描述商业模式有效运转所必需的最重要的要素,主要回答以下问题:"我们的价值主张需要什么样的核心资源?""我们的渠道通路需要什么样的核心资源?""我们的顾客关系需要什么样的核心资源?""我们的收入来源需要什么样的核心资源?"。

7.关键业务

关键业务用来描述为了确保其商业模式可行,必须做的最重要的事情,主要回答以下问题:"我们的价值主张需要哪些关键业务?""我们的渠道通路需要哪些关键业务?""我们的顾客关系需要哪些关键业务?""我们的收入来源需要哪些关键业务?"。

8.重要伙伴

重要伙伴是指企业同其他企业之间为有效地提供价值并实现其商业化而形成合作关系网络,描述了公司的商业联盟范围,主要回答以下问题:"谁是我们的重要伙伴?""谁是我们的重要供应商?""我们正在从伙伴那里获取哪些核心资源?""合作伙伴都执行哪些关键业务?"。

9.成本结构

成本结构是指商业模式运转所引发的所有成本,主要回答以下问题:"什么是我们商业模式中最重要的固有成本?""哪些核心资源花费最多?""哪些关键业务花费最多?"。

成功的商业模式具有营利性、扩展性、独特价值、不可复制、可操作性、创新性等特征,是创业成功的关键。

本章要点

1.一般认为,创业的概念分为狭义的创业和广义的创业。狭义的创业概念为:创建一个新企业的过程,包括两个层次的内容,即创建新企业和企业内部创业。广义的创业概念为:创业是不拘泥于当前资源约束,寻求机会并进行价值创造的过程。所有进行价值创造的过程都是创业,既包括创办营利性组织,也包括创办非营利性组织;既包括创办大型的事业,也包括创办小规模的事业甚至"家业";既包括创办各类组织,也包括创办各类组织混合体,以及组织各种活动的过程。

2.依据不同的分类标准,创业可以划分为几种不同的类型。根据创业主体的性质划分,创业分为个体创业、群体创业、组织创业三种;依据创业者的创业动机不同,创业分为生存型创业和机会型创业;依据创业对市场和个人的影响程度,创业分为复制型创业、模仿型创业、安定型创业和冒险型创业四种;依据企业性质,创业分为营利性组织创业、社会性(组织)创业、非营利性机构创业。

3.蒂蒙斯认为,创业过程是创业机会、创业团队和资源之间适当配置的高度动态平衡过程,创业机会、资源与创业团队是创业过程的关键构成要素。其中,创业机会是创业过程的核心要素,创业过程实质上是发现与开发创业机会的过程;资源是创业过程的必要支持,是开发创业机会谋求收益的基础;创业团队是在创业过程中发现和开发创业机会、整合资源的主体,是新创企业的关键构成要素。蒂蒙斯模型运用创业机会、资源与创业团队三要素来概括创业过程的复杂性,采用三要素的动态平衡过程来总结创业过程的动态性,高度揭示了创业过程的动态性与复杂性特征。

4.创业管理是指通过捕捉和利用创业机会,组织和优化创业资源,以创造价值为最终目的的过程。

5.创业机会可以界定为:一种满足未满足的有效需要的可能性。这种需要有可能暂时得到部分满足,有待于激发和再组织。这种有效的需要还必须具有盈利潜力,因此这个需要具备以下要素:一是满足这个需要的成本低于人们满足需要所期望的价格;二是需要水平本身要足够高,这样才能为满足这个需要的努力提供合理的回报。换言之,创业机会必须能在市场上经受住考验,能有持续的利益潜能;创业机会有其市场定位,有其价值脉络与竞争的前景。

6.创业离不开资源。创业资源是新创企业开发商机所需的资源,也是企业获得竞争优势的来源之一。创业企业所处的生命周期不同,其所需要的创业资源也有所差异。根据资源的性质,还可以把资源分为人力资源、社会资源、财务资源、物质资源、技术资源和组织资源等。

7.一个完整的商业模式应该包括产品的核心价值主张、客户细分、客户关系、渠道通路、关键业务、核心资源、重要伙伴、收入来源与成本结构等9个要素,回答了"提供什么""为谁提供""如何提供"等关键问题,体现了企业主体与利益关系者的相互关系。

复习思考题

1.创业的狭义和广义概念是什么?
2.列举创业的不同类型及其分类方式。
3.创业的一般过程包括哪些阶段?
4.简述蒂蒙斯创业过程模型。
5.一个完整的商业模式应该包括哪些要素?

案例分析

从零开始创业,没有资源没有投资人,月营收10万美元的成功秘诀

从零开始创业的难度可想而知,尤其是在没有外界资源,没有雄厚的资本,也没有其他投资人的情况下。纽约长岛的连续创业者迈克尔·谢尔曼,正是在这种情况下,取得了令人瞩目

的成功。他最近的一次创业项目 LetterDash 开始于 2018 年 7 月,到 2019 年 6 月,这个项目的单月营收就超过了 10 万美元。

在创办 LetterDash 之前,谢尔曼已经数次品尝到创业成功的喜悦。他创立的 Qualified Impressions 公司,年营收表现最好的时候超过了 200 万美元;他创立的 Penalty Be Gone 公司和 Great Agencies 公司,年营收表现最好的时候都分别超过了 50 万美元和 10 万美元。

作为一名成功的连续创业者,谢尔曼的工作经历和教育背景并不出众。在开始创业之前,他曾经做过差不多 10 份朝九晚五的工作。他做过吸尘器的上门销售,酒吧招待,麦当劳服务员;他也在家居卖场和计算机科技公司工作过。谢尔曼的教育背景也非常普通,经历过多次转学,他的大学教育经历横跨了五所大学。

但工作和教育经历都不出众的谢尔曼,却在创业过程中大获成功。谢尔曼的创业可以说是精益创业的典范,最近的每一个创业项目,都获得了一定的利润回报。更重要的是,他总结摸索出了一套从零开始的创业经验。这让他凭借聪明的头脑、笔记本电脑以及一些谷歌广告的优惠券,就可以开始一次成功的创业。

谢尔曼最近创立的公司 LetterDash,是一个根据客户需求来提供寄送法律文书服务的公司。谢尔曼的创业源于对用户痛点的敏锐观察。当他发现在律师行业,寄送法律文书的流程烦琐这个痛点时,他决定通过软件帮助客户、公司以及律师等多方进行自动化交互。在最初的创业中,谢尔曼开发过不少软件应用,很多都没什么收益,投入都打了水漂,原因是刚开始创业时,他更多关注如何实现软件和应用的功能,总是先开发软件应用,然后再去寻找客户。因此他的很多创业方向都是伪需求,没有切中客户的要害,得不到客户的认可。现在谢尔曼的做法是先获取用户,验证了用户的需求后,再开始开发软件应用。在创立 LetterDash 时,谢尔曼先是花了 15 分钟利用谷歌广告关键词工具搜索了相关行业的关键词。当时搜索出了大量结果,并且这些结果都是有保障的,是经得起检测的。根据这些关键词,谢尔曼选定了公司名字 LetterDash,然后找了一个便宜的域名,建立了一个简约但看起来很专业的网站。谢尔曼在网站开发方面投入了大约 100 美元,然后找到一些谷歌广告的优惠券,并通过谷歌广告向网站引流。这其实就是测试市场需求的过程,这时并不需要先开发软件应用,甚至不需要具备专业的服务能力。一天后,谢尔曼就收到了第一个来自客户的咨询。一周过后,上门来的客户就有 10 多个了。一旦有了咨询用户,谢尔曼就开始联系和聘请律师,为这些人提供服务,了解寄送法律文书的整个流程,开发相应的软件应用。谢尔曼会根据客户反馈,分析由一个律师寄往另一个律师的信件的成功率。在了解律师信件回应的过程中,谢尔曼不断在软件应用中测试新的想法。他不断地调整和优化法律文书的信头、寄送方式、包装方式、呈现方式甚至律师在信件中使用的语言等,还根据客户的反馈信息,不断推出新的产品和服务,满足客户的各种需求。

这是一个枯燥且乏味的过程,几乎没有什么秘诀。每个工作日,谢尔曼要工作长达 18 个小时,就是专注于客户的每一个反馈,不断改进和提升应用的功能。同时,从密切关注客户反馈出发,根据这些反馈不断地提升自己的服务水平,致力于让每一个客户都满意。正是靠这样听起来简单,但做起来不容易的事情,LetterDash 营收增长迅猛。LetterDash 成立于 2018 年 7 月 7 日,第一个月就获得了营收 4000 美元。第二个月,营收达 11000 美元,半年后的 2019 年 1 月,营收约 56000 美元。2019 年 6 月,公司营收超过 10 万美元,这时距离公司成立还不到一年时间。

谢尔曼的创业大致分为这样几步:先发现用户需求,然后建立网站测试需求,通过打广告吸引客户,有了客户再联系专业人士提供服务,了解服务流程后,开发应用实现自动化,并通过用户的反馈不断优化迭代。这是典型的轻资产创业的步骤。如果最开始的需求判断错了,建立网站后,即使在谷歌上打广告引流,也找不到客户。这时即使放弃,投入的成本也很低。一旦有了客户,就初步验证了需求,然后可以在服务客户的过程中,进一步验证需求,不断改善服务,所以成功率就高得多。很多创业者之所以失败,是因为他们的创业只是基于自己的想象,觉得用户需要,就开始研发产品。但实际上用户可能根本不需要,这时他们已经花费了大量时间和金钱。其实创业并不总是需要雄厚的资本,特别是在从 0 到 1 的过程中。低成本测试用户需求,需求得到验证后不断改进迭代服务,这样不用花太多钱,成功率反而高得多。谢尔曼的成功并没有什么特别的秘诀,而这也是值得创业者们关注的价值所在。这意味着任何一个人,都可以把这些经验和步骤,应用到自己的创业过程中。

资料来源:森途学苑数字创业图书馆(http://cyxy. sentuxueyuan.com/)。

案例思考题:

1.请分析谢尔曼创业行为的特点。

2.LetterDash 公司创立的背景是什么? 它在实际的运营过程中具有哪几方面的优势资源?

3.谢尔曼创业属于什么类型的创业?

4.什么是创业机会,创业机会识别的影响因素有哪些?

实践练习

创业能力测评题

无论是刚从学校毕业进入就业市场的年轻人,还是在社会上经历了多年的上班族,许多人都希望拥有一份属于自己的事业。当老板不是一件容易的事,你是否适合创业? 有无创业潜力? 做下列测试可帮助你决定是否应该加入自己做老板的行列。

测评说明:

1.请根据实际情况,在以下测试题中选择最符合自己特征的答案。

2.在选择时,一定要根据第一印象回答,请不要做过多的思考。

测评题:

1.是否曾经为了某个理想而设下两年以上的长期计划,并且按计划进行直到完成?

是　　否

2.在学校和家庭生活中,你是否能在没有父母及师长的督促下,就可以自动地完成分派的工作?　　是　　否

3.是否喜欢独自完成自己的工作,并且做得很好?　　　　是　　否

4.当你与朋友在一起时,你的朋友是否会经常寻求你的指导和建议? 你是否曾被推举为领导者?　　　是　　否

5.求学时期,你有没有赚钱的经验? 你喜欢储蓄吗?　　　是　　否

6.是否能够专注地投入个人兴趣连续 10 个小时以上?　　　是　　否

7.是否有习惯保存重要资料,并且井井有条地整理,以备需要时可以随时提取查阅?

是　　否

8.在平时生活中,你是否热衷于社会服务工作?你关心别人的需要吗?　　是　否

9.是否喜欢音乐、艺术、体育以及各种活动课程?　　是　否

10.在求学期间,你是否曾经带动同学,完成一项由你领导的大型活动,比如运动会、歌唱比赛等?　　是　否

11.喜欢在竞争中生存吗?　　是　否

12.当你为别人工作时,发现其管理方式不当,你是否会想出适当的管理方式并建议改进?
是　否

13.当你需要别人帮助时,是否能充满自信地要求,并且能说服别人来帮助你?
是　否

14.你在募捐或义卖时,是不是充满自信而不害羞?　　是　否

15.当你要完成一项重要工作时,总是给自己足够的时间仔细完成,而绝不会让时间虚度,在匆忙中草率完成?　　是　否

16.参加重要聚会时,你是否准时赴约?　　是　否

17.是否有能力安排一个恰当的环境,使你在工作时能不受干扰,有效地专心工作?
是　否

18.你交往的朋友中,是否有许多有成就、有智慧、有眼光、有远见、老成稳重型的人物?
是　否

19.你在工作或学习团体中,被认为是受欢迎的人物吗?　　是　否

20.你自认是一个理财高手吗?　　是　否

21.是否可以为了赚钱而牺牲个人娱乐?　　是　否

22.是否总是独自挑起责任的担子,彻底了解工作目标并认真完成工作?　　是　否

23.在工作时,是否有足够耐心与耐力?　　是　否

24.是否能在很短时间内,结交许多新朋友?　　是　否

测评标准:

是得1分,否不记分。统计分数,参照以下答案。

0~5分:目前不适合自己创业,应当训练自己为别人工作,并学习技术和专业。

6~10分:需要在旁人指导下创业,才有创业成功的机会。

11~15分:非常适合自己创业,但是在否的答案中,必须分析出自己的问题加以纠正。

16~20分:个性中的特质,足以使你从小事业慢慢开始,并从妥善处理中获得经验,成为成功的创业者。

21~24分:有无限的潜能,只要懂得掌握时机和运气,将是未来商业巨子。

🔀 本章参考文献

[1] 尹建华.创业管理[M].北京:对外经济贸易大学出版社,2017.
[2] 陈葆华.创业管理[M].北京:北京理工大学出版社,2017.
[3] 杨光.创业管理[M].武汉:武汉大学出版社,2016.
[4] 刘志阳,李斌,任荣伟,等.创业管理[M].上海:上海财经大学出版社,2016.
[5] 杜跃平.创业管理[M].西安:西安交通大学出版社,2006.

[6] 唐亚阳,陈伟.创业学[M].长沙:湖南大学出版社,2016.

[7] 韩国文,陆菊春.创业学[M].武汉:武汉大学出版社,2015.

[8] 刘志阳.创业学[M].上海:格致出版社,2008.

[9] 刘志阳.创业管理[M].上海:格致出版社,2012.

[10] 张秀娥.创业管理[M].厦门:厦门大学出版社,2012.

[11] 陈东娇,周兴.创业管理研究综述[J].企业改革与管理,2010(12):22-25.

[12] 邓学军,夏宏胜.创业机会理论研究综述[J].管理现代化,2005(03):14-16.

[13] 蒋建武,贾建锋,潘燕萍.创业企业人力资源管理[M].南京:南京大学出版社,2021.

[14] 于晓宇,李雅洁,陶向明.创业拼凑研究综述与未来展望[J].管理学报,2017,14(2):306-316.

[15] 岳甚先,陈曦.创业机会识别影响因素整合模型的构建[J].湖北经济学院学报,2012,10(02):84-89.

[16] 余红剑,喻静娴,王沁莹.新创企业创业资源、组织学习与动态能力提升[J].佳木斯大学社会科学学报,2017,35(06):62-67.

第二章
创业企业人力资源管理概述

本章学习目标

1. 掌握人力资源管理的内涵。
2. 了解创业企业人力资源的特点与管理现状。
3. 了解创业企业人力资源管理面临的挑战。
4. 掌握基本的人力资源管理模式。
5. 掌握创业企业人力资源管理外包的策略。

开篇案例

古永锵:创业始终要结合自己的兴趣,
选择和最喜欢的人做最喜欢的事

可以说,古永锵创办的优酷开创了一个时代,让视频流行,也让流量不再成为移动互联网发展的掣肘,不管他在不在优酷,中国网络视频发展史上永远有他的故事。分享一句他关于创业的话:"我当时为什么坚持选择创业,因为大公司真难弄,而且很难做到每个人都高兴。创业的过程里面,你记住,第一年是最幸福的。"

古永锵谈及了自己创业的管理心得。"在 2005 年的时候,我们的第一个目标就是招满 60 个人的核心管理团队,那时我跟公司人事部门说,自己希望在头一年平均的速度是一个月进 10 个人,快但是要有序增长。目的就是希望在第一年积累出来扎实的企业文化,然后保证第二年发力可以更快。

"我认为从团队的搭建来说,CEO 需要有五种能力。第一种能力:吸引优秀的人加入。你能不能识别出合适的人,更重要的是能不能说服这个人加入,这对 CEO 本身就是一种考验。第二种能力:接受不同背景的人加入。在中国比较难的是接人,一般来讲,招人是自己选的,你带他是比较愿意的,但如果这个人是别人招来的,跟自己的背景不一样,甚至是曾经还跟自己打过架的人,因为组织一旦变革了,这个团队并到你这里来了,你有没有能力接这个团队是很重要的。第三种能力:果断开人。你能不能狠下来,要么承认自己的能力还不够,毕竟当你面对公司'老白兔'的时候,很难下手是可以理解的,但感情归感情,真影响了公司的发展,CEO 还是要果断决策。第四种能力:能创造健康的团队文化。CEO 需要凝聚团队成员,具体可以从战略使命、激励的角度去思考。第五种能力:要能带兵打得了硬仗。我觉得 CEO 带团队最基本的是要有这五种能力。这听起来简单,但实操起来非常考验能力,因为随着团队的扩大,你需要面临的问题越来越复杂,这跟刚创业的六七个人团队不一样,以前大家一起共事过,问口碑很容易；一起合作的时候，都知道相互之间的优缺点。但公司扩大后进来的人，仅仅靠两三次的面试，相互了解不可能那么深。找猎头去做背景调查也不靠谱，说实话，人家真的会100％告诉你吗？

"我在选择高管的时候，会看这个人是否符合这两点：第一，这些高管要么在创业公司做过，要么是自己创过业；第二，他们经历过中型公司到大型公司的转变，而且没有离开。我喜欢这种人，如果老是变来变去的，我倒不是最喜欢的。

"在用人和留人上，我们有自己的策略，我们叫'全员持股，一人一口'，公司所有的员工都有股份，不同的级别不一样，但每个人都有一口，只不过是大口和小口的区别。当然，我这十年也开了无数人，我是狮子座，看起来还是很祥和的，但是咬起来是很狠的，可能你看不见。我在用人上很少过度承诺，甚至还会把结果说得低一些。这么做有两个好处：第一，不让团队过度乐观，提醒他们脚踏实地，这在广告销售方面尤其明显，优酷的销售从一开始抱着能拿下几百块订单也很开心的低预期做事；第二，当一个领导从不说假大空的话，他的承诺总能兑现时，这么多年来这种东西就会积累成一些完全的信任。另外，你也要信任员工，比如，优酷的用户体验不是我说了算，是数据说了算。如果遇到我跟工程师意见不一致的地方，我会直接说出我的观点，但专业上相信他。虽然我学过编程，但那是幼儿园级别和研究生级别的差距。"

资料来源：森途学苑数字创业图书馆(http://cyxy.sentuxueyuan.com/)。

第一节　创业企业人力资源的特点

一、人力资源和人力资源管理

(一)人力资源和人力资源管理的概念

广义的人力资源，是指以人的生命为载体的社会资源。狭义的人力资源是指智力和体力劳动能力的总称。一般认为，人力由体质、智力、知识、技能四部分组成，这四者的不同配比组合，形成了丰富的人力资源。人力资源是进行社会生产最基本最重要的资源，与其他资源相比较，它具有能动性、双重性、再生性、时效性和社会性。

人力资源管理(human resource management)这一概念，是在德鲁克1954年提出人力资源的概念之后出现的。1958年，怀特·巴克(Wright Bakke)出版了《人力资源管理功能》一书，首次将人力资源管理作为管理的普通职能加以论述。此后，随着人力资源管理理论和实践的不断发展，国内外产生了人力资源管理的各种流派，他们从不同的侧面对人力资源管理的概念进行了阐释。

人力资源管理是指为了达到组织的总体目标，运用现代科学的技术方法，通过对组织的人和事的管理，协调好人与事的关系，处理好人与人之间的矛盾，充分发挥人的潜能，对人力资源进行获取、开发、整合和调控的过程。人力资源管理包括人力资源规划、人员招聘与培训、薪酬体系的制定及绩效考核等方面。

(二)人力资源管理的目标

人力资源管理的目标是指企业人力资源管理需要完成的职责和需要达到的绩效。人力资源管理既要考虑组织目标的实现，又要考虑员工个人的发展，强调在实现组织目标的同时实现个人的全面发展。人力资源管理的目标包括全体管理人员在人力资源管理方面的目标任务与专门的人力资源部门的目标任务。具体来说,这些目标任务主要有以下几个方面。

1. 获取并保持适合组织发展的人力资源

人是生产力诸要素中最活跃的因素。当代企业管理是以人为中心的管理,人是知识、信息、技术等资源的载体。人力资源是企业最宝贵的资源,企业间的竞争归根到底表现为人才的竞争。美国钢铁大王卡耐基就曾说:"假如我的企业被烧掉了,但把人留住,我20年后还是钢铁大王。"在日益激烈的商业竞争中,拥有比对手更优秀、更忠诚、更有主动性与创造力的人才,是构建企业差异竞争战略优势的宝贵因素。然而,人才资源始终是稀缺资源,随着社会的发展,人才的竞争也会越来越激烈。人力资源管理工作的首要目标就是为组织获取符合其发展需要数量和质量的劳动力和各种专业技术人员,这是开展其他工作的基础。很多企业在吸引人才方面都不惜重金,投入巨大。

2. 保持人力资源队伍的稳定性

近些年来,企业的人才流失率节节攀升。人才的流失不仅会增加开支,还会影响企业的正常运转,降低企业工作的连续性、工作质量,若不加以有效控制,最终会弱化企业的可持续发展能力和竞争力。人力资源管理的目标之一就是降低企业的人才流失率,保持人力资源队伍的稳定性。保持人才不仅要提高他们的工资和福利,还要提供安全且舒适的工作环境和未来的发展空间,同时要加强对员工的关怀及情感上的联系。

3. 提高组织效率或经营绩效

组织效率或经营绩效与员工有着直接的联系。加强人力资源管理的目标就是通过提升员工技能、规范员工行为以及鼓励创新等方式改进员工的绩效,从而提高组织效率或经营绩效。

4. 塑造良好的企业形象

企业形象是指人们通过企业的各种标识和行为,而建立起来的对企业的总体印象。企业形象是企业精神文化的一种外在表现形式,是社会公众在与企业接触交往过程中所感受到的总体印象。这种印象是通过人体的感官传递获得的。

5. 培育和创造优秀的组织文化

组织文化由其价值观、信念、仪式、标识、行为准则等组成。企业员工受组织文化的影响,同时也能反作用于组织文化。例如,高层管理人员的综合素质、行为举止要与组织文化保持相对的一致,这样才能使文化得以传播与发展;否则,组织文化会在高层管理人员的影响下慢慢发生变化,并演变成新的组织文化类型。全体员工认可组织文化本身的精髓,文化才能发展;否则,组织文化可能会发生变化,要么员工改变了文化,要么组织文化导致人员流失、运营艰难、企业倒闭。因此,优秀的组织文化对员工产生的是积极向上的正面影响,而不合理的组织文化对组织产生的是负面影响,有时甚至是致命的影响。

二、创业企业的人力资源

(一)创业企业的关键性人力资源

创业企业的人力资源主要包括创业企业家和创业团队,他们是创业企业从诞生到发展再到成熟阶段的直接推动力量。创业中的关键人力资源的获取实际上是以创业企业家为核心,以创业团队为依托逐渐向新创企业之外扩展的一个过程。

创业企业家是创建新企业、管理企业运作并承担创业风险的主体，也是创业企业从诞生、发展到成熟的主导者，是创业企业最为关键的人力资源。拥有一支高素质的创业团队对于创业企业而言，意味着拥有更多的资源、更广阔的视野和更强的管理经营、应变能力。

据国外学者研究，团队中有八种角色，分别是：董事长、塑造者、楔子（创新者）、资源调研员、监控评价者、团队建设者（团队工人）、执行者（公司工人）以及完成者。对于创业企业而言，由于企业规模较小，运营机制也不是很完善，所以创业团队不用每个角色都要有特定的人选，只需要拥有几个关键性的人物，如董事长、创新者和团队工人等。因此，创业企业家在建立自己的创业团队时就需要根据企业的现状以及发展规划，确定最需要的几种团队角色，然后再确定人选。另外，在确定团队人选的时候，需要注意人员的异质化。选择不同教育背景经历和性格的人，才能使团队成员之间取长补短，从而产生"1＋1＞2"的效果。

（二）创业企业人力资源的特点

1.人事关系具有血缘、亲缘特点

新创企业要求员工业务的及时性，也就是在短时间内更多更快地完成业务。为了实现这一目的，企业往往在人才聘用的时候，会优先选择与企业内部成员联系紧密的人，如直系亲属或者亲戚。这样不仅能够拥有"家族式"管理带来的迅速决策、所有权与经营权共有的优势，也能因为彼此之间存在血缘、亲缘关系而互相信任，降低监督成本。

2.优质人力资源缺乏

创业企业在处于创业期时，产品往往还未完全成熟，市场前景尚不明朗，公司财力紧缺，资源极为有限，对人才的吸引力很弱。创业企业由于缺乏品牌积累、形象因素以及缺少准确的职位描述等原因，都使得其与成熟的大企业相比缺乏吸引力。许多企业尽管急需人才，试图通过各种渠道寻找，参加各种类型的招聘会，利用网络招聘等手段，但由于自身资源有限，很难吸引到合适的人才。为此，有些企业可能会通过夸大业绩与职业前景，给予求职者过高的承诺来吸引人才，不惜以牺牲企业的信用为代价，但是这种短视行为将给优秀人才流失埋下隐患。

3.员工企业认同感不高

创业企业人力资源的一大显著特征就是员工对企业的认同感不强，企业文化融合度不高，这就意味着员工的归属感不强，从而大大削弱了员工工作效率和工作积极性，且不够公平合理的福利待遇、缺乏或较少的精神层次的交流、缺乏畅通的晋升渠道都会造成员工较低的企业忠诚度。此外，在众多的创业企业中，不够和谐的团队协作氛围、薄弱的集体观与大局观等都对形成具有高度认同感的企业文化价值理念造成了较大的伤害。在这样的企业环境中，员工的主动性不强、技术性人才流动性大也就成了理所当然的现实。

三、创业企业的人力资源管理

对于创业者而言，创业时期的物质资源和人力资源是永远绕不开的话题，得到资本青睐固然十分重要，但对企业员工的甄选和管理更加重要。不少创业者认为人力资源管理就是招好人、管住人、管好人，这种想法显然是片面的。现代意义上的"人力资源"概念由管理之父彼得·德鲁克在1954年提出并加以明确界定。他认为，与物质资源、信息资源等相比，人力资源是一种特

殊的资源,必须通过有效机制才能加以开发利用,并能为企业带来可观的经济收益。人力资源管理属于管理的范畴,其定义是组织通过各种政策、制度和管理实践,对人力资源进行合理配置、有效开发和科学管理,充分挖掘人力资源的潜力,调动人的积极性,提高工作效率,从而实现组织目标的管理活动。

长久以来,人力资源管理被认为是一种大企业的现象,中小型创业企业因其所处的发展阶段和自身的特殊性,常被人力资源管理学者视为"二等公民"。随着管理实践的不断发展,学者们发现过往以规范成熟的大企业为研究对象的组织结构和人力资源相关的研究在创业领域并不一定适合。因此,企业生命周期前端的人力资源管理活动开始被广泛关注。创业企业人力资源管理是指创业者在创建新企业过程中结合发展需要,利用科学方法,对人力资源进行合理配置、有效开发和科学管理,并从中发掘创业企业竞争优势,实现组织目标的管理活动。

创业企业的人力资源管理有以下特征。

(一)人力资源管理实践动态调整

企业创业伊始,组织内外部环境在不断快速变化,组织的人力资源管理目标以适用性为导向,不像成熟企业选择"最佳的"人力资源管理实践,而是选择"最匹配"当前组织环境动态性需求的方案。此时,组织人力资源管理活动为了与组织内外部环境相适应,长时期处于动态调整中。

(二)选人标准不拘一格,因人设岗

人才不足一直是创业企业的软肋。创业之初,由于资金、人才限制,企业很难在短时间内成立一个专业的人力资源管理部门开展招聘工作。较为常见的情形是创业者亲自招聘,或创业团队核心成员乃至全员充当"伯乐"招聘员工。例如,小米创始人在创建小米的时候,最初阶段80%的时间都花在组建核心团队上。此外,创业企业成立之初,管理制度尚不规范,其业务边界比较模糊,组织架构和岗位设置不明确,往往一人身兼数职,不同于一般成熟企业的以岗定人,因此,创业企业岗位招聘灵活性非常大,往往"因人设岗"。人员招聘过程中,创业者会通过多次沟通,找到企业与求职者彼此期望的契合点,灵活运用现有资源争取可以和企业共同成长的优质人才。

(三)功能模块精简,运行高效

大企业通常以系统论的观点看待人力资源管理,其内部人力资源管理体系是一个包含着若干子系统的大系统。但创业企业不同,由于创业早期的资源条件限制,创业者往往会将有限的资源投入在与当前阶段企业发展最密切相关的人力资源管理模块中,如提升招聘质量与加强内部沟通。企业人员规模是创业公司的第一大天敌。此外,创业企业的未来发展具有极强的不确定性,激励员工与企业共发展的难度较大,创业企业面临较大的员工离职风险。此时,员工离职管理往往成为创业企业人力资源管理的重要内容。

第二节 创业企业人力资源管理的现状

人力资源管理是一项理论性、技术性及实践性很强的工作。作为一名合格的人力资源管理工作者,应该对"企业人"的人性有比较深入的理解,掌握较为熟练的心理测评技术和工作分

析技术，及时了解国家有关人力资源管理政策等，这样才能有效地完成人力资源的获取、整合、保持与激励、控制以及调整、开发等方面的工作。但创业企业由于自身因素，与规范化的企业人力资源管理要求相比，还存在许多问题，具体表现在以下几方面。

一、人力资源投入能力低

创业企业先天具有规模和资源劣势，面临着高风险和存活率低等现实情况，所以对于创业企业的创业者来说，他们愿意把更多的时间都用在人力资源管理之外的其他问题上，而在人力资源投入方面认识不足，能力也欠缺。

创业企业人力资源投入能力低表现在：一是缺乏专业的人力资源管理专家。即使创业企业发展到规模较大的阶段，也只有一两位专职人力资源管理者负责履行人力资源管理职能，而这一角色更多的是由创业者自身或其直系亲属承担的。二是员工薪酬普遍偏低，不具有市场竞争力，福利除必备的社保外几乎一无所有。三是人力资源管理工作上人力和财力的投入不足。在创业企业的融资构成中，基本上为自有资金和民间借贷资金，资金渠道的局限使创业期企业的资金往往不够充分，继而影响其在人力资源方面的投入。

二、人力资源管理部门设置不规范

目前，许多创业企业没有设置专门的人力资源管理部门，其职能大都由总经理办公室或者行政部兼任。虽然也有不少企业根据市场发展的需要设置了"人力资源部"，或把原来的"人事部"改为"人力资源部"，但还兼有许多与人力资源管理关系不大的其他一些管理职能。大多数企业的人力资源管理还处于以"事"为中心的管理，只见"事"，不见"人"；只看到某一方面，而看不到人与事的整体性和系统性。其管理的形式和目的往往是"控制人"，把人视为一种成本，当作一种"工具"，注重的是人的投入、使用和控制。

在管理权限上的制约也使人力资源部门无法统筹管理整个公司的人力资源。比如，人力资源部无法将公司和部门的战略与人力资源战略统一结合；由于受职权限制，人力资源部门与其他业务部门沟通困难；人力资源部的实际工作停留在主管层以下，造成考核体系不完善、激励机制不健全、继任计划不完整等问题。公司高层领导往往对经营业务的拓展比较关注，而对人力资源的重要性认识不够。

三、缺乏科学管理模式

大部分创业型企业在创业初期缺乏规范、系统、有效的内部管理制度。在内部管理过程中，创始人及其合作伙伴负责招聘、绩效考核、薪酬管理、企业规章制度拟定等多项工作。在企业内部管理制度建设时，会选择照搬其他成功企业的规章制度，但是这些制度仅仅是一个框架，缺乏具体性与实践性，不符合企业实际，一味地套用会造成创业型企业内部管理混乱的局面。此外，企业的向心力较小、凝聚力不足，极容易出现人员流动的情况。由于创业初期企业的市场竞争力不强，企业可用资金不足，导致企业的薪酬体系与激励体系缺失，员工的薪酬期待与企业的支付能力之间存在明显矛盾，进一步弱化了企业的向心力，导致人才频繁流动。

四、缺乏人力资源规划与相关政策

人力资源规划是根据企业的发展战略、企业目标及企业内外环境的变化,预测未来企业任务和环境对企业的要求,从而为完成这些任务和满足这些要求而提供人力资源的一个过程,其开发和整合有赖于企业战略的确立与明确。但是,目前许多企业的人力资源管理往往注重招聘、员工合同管理、考勤、绩效评估、薪金制度、调动、培训等与公司内部员工有关的事项,却忽略了与顾客的联系,没有关注顾客需求和市场变化与企业经营战略、市场环境相一致的人力资源管理战略。

一些管理者也尝试着制定各种各样的人力资源管理制度,并努力加以贯彻执行。但从其内容来分析,大多数是就员工考勤、奖惩制度、工资分配、工作规则等方面对员工加以限制,而不是从"以人为中心"、如何充分调动员工的积极性和创造性出发,规范企业和员工的行为,以求得员工发展和组织目标的实现。企业中某些员工可能心存不满,但由于就业的困难,大部分员工只好接受各种条件限制。因此,从某种意义上说,目前一些创业企业的人力资源管理制度在执行上具有一定的强制性。

第三节 创业企业人力资源管理的模式

人力资源管理模式是对一定的人力资源管理目标、管理过程、管理内容与管理方法等要素的综合概括与高度提炼。

亚瑟(Arthur)从战略性人力资源管理的角度出发,通过对美国30家小型钢铁企业的调查,将人力资源管理系统划分为两大类型:一是控制型人力资源管理系统;二是承诺型人力资源管理系统。控制型人力资源管理系统,表现为集权、员工缺乏培训与参与感、低工资低福利、缺乏合理的工作组织程序、个人业绩对薪酬影响较大、对员工的工作实行直接监督、以降低成本为目的。承诺型人力资源管理系统,表现为分权、员工获得广泛的培训与参与感、高工资高福利、工作组织程序合理、以个人和团队绩效进行考核、员工自我管理、以提高员工承诺为目的。在企业绩效方面,承诺型人力资源管理系统的表现优于控制型人力资源管理系统。

因此,控制型人力资源管理模式是通过管理方法强制员工遵守制度规则等,以实现减少直接人工成本和提高效率的目的;承诺型人力资源管理模式则是通过从员工心理出发,构建组织目标与其自身目标之间的联系,从而塑造期望的员工行为和态度。结合我国企业的人力资源管理实践,其特征描述如表2-1所示。

表2-1 我国企业人力资源管理模式分类

模式维度	控制型人力资源管理模式	承诺型人力资源管理模式
基础管理	员工的工作任务明确,培训较少,全面质量管理和信息共享工作比较落后	员工的工作内容有一定的灵活性,培训较多,强调全面质量管理和信息共享
工作组织	员工工作任务的范围较窄,工作轮换较少,企业采纳员工建议较少,不重视工作团队的使用	员工工作任务的范围较宽,工作轮换较多,企业采纳员工建议较多,重视工作团队的使用

模式维度	控制型人力资源管理模式	承诺型人力资源管理模式
程序公平	不重视员工的态度调查,缺乏正式地解决员工抱怨和冲突的方式,不重视员工录用的测试	重视员工的态度调查,强调正式地解决员工抱怨和冲突的方式,重视员工录用的测试
管理重点	经理人员的管理幅度较窄,技能员工的比例较低,员工的业绩对报酬的影响较大,福利水平较低	经理人员的管理幅度较宽,技能员工的比例较高,员工的业绩对报酬的影响较小,福利水平较高
人际沟通	不重视向员工反馈业绩结果,不重视员工之间的情感交流,对录用比例的控制不严格	重视向员工反馈业绩结果,重视员工之间的情感交流,对录用比例的控制严格
教育背景	录用标准比较重视申请人的工作经验	录用标准比较重视申请人的教育背景
人才引进	补充管理职业比较强调内部晋升	补充管理职位比较强调引进外部人才
年资晋升	晋升政策比较重视员工的资历	晋升政策比较重视员工的工作业绩

从表 2-1 中可以看出,在控制型人力资源管理模式下,员工的工作范围窄、任务明确,个人业绩占报酬比例大,福利水平低;员工的态度调查、业绩反馈、情感交流等未得到充分重视;员工录用更看重工作经验,内部晋升以资历为重,管理职位大多由内部晋升而来。在承诺型人力资源管理模式下,员工工作类型多样,灵活性高,福利水平高;员工的态度调查、业绩反馈、情感交流等受到重视;员工录用更看重教育背景,内部晋升主要以员工工作业绩为主,管理职位大多从外部引进人才。

第四节　创业企业人力资源管理的挑战

科学技术的飞速发展,特别是互联网的普及和应用,不断催生新的经济形态,并为"大众创业、万众创新"提供新的机会。人力资源的价值成为衡量企业整体竞争力的标志,企业间对优秀人力资源的争夺也日趋白热化,给创业企业的人力资源管理带来了严峻挑战。

一、新经济的挑战

创业企业的成长与发展离不开社会经济发展大环境。在新经济背景下,组织之间的竞争日益激烈,所有竞争的焦点则集中于人力资源,在某种意义上甚至可以说,人力资源竞争的成败将决定组织竞争的成败。

新经济给创业企业的人力资源管理带来的挑战,具体表现在以下几个方面:

(1)随着现代信息技术与人们生活生产融合程度的不断加强,不仅为企业管理手段的改革和创新创造了良好的空间,同时对传统人力资源管理模式也产生了巨大的冲击。为了加快现代企业的发展,必须将信息技术在人力资源管理中的作用充分地发挥出来,同时将人力资源管理与信息技术紧密地融合在一起,才能促进企业人力资源管理水平的不断提高。

(2)随着信息技术的进步,互联网已成为获得和发布人力资源管理信息的主要渠道之一,正在改变人力资源管理活动的决策、管理及评估方式,使得人力资源管理活动变得日益复杂与多变。

二、组织变革的挑战

创业企业要实现高速增长并长期发展,都不可避免地要依据战略发展需要,经历转型和组织变革。当组织变革发生时,一向处于被动适应地位的人力资源管理会受到极大的挑战,并开始发生变化,主要表现在以下方面:

(1)在组织变革过程中,组织内、外部环境变化对员工个人能力提出了新的要求,管理者需要重新设计员工培训与开发、薪酬与绩效等一系列管理制度,需要统筹规划好员工的裁员、安置、招聘等活动,积极进行员工培训,改变员工的态度和行为,提升员工岗位胜任力。薪酬与绩效业务在组织变革中也要历经考验,承担维系组织公平与竞争力的战略任务。

(2)组织变革考验人力资源管理部门的综合协调能力。人力资源管理部门是组织变革过程中最为活跃的角色。在变革阶段,其管理职能明显拓宽,由通常的服务性部门,转变为组织变革的领导者、组织文化的设计者、员工的咨询顾问等角色。

(3)组织变革的过程中需要时刻关注竞争对手。一方面,企业在内部进行组织变革时,要注意防范竞争对手的阻挠与反击。组织变革对于竞争对手来说是一个挑战,也是一个机会。如果对方察觉到了企业的行动,企业便很有可能在组织变革困难重重的同时遭到竞争对手的偷袭。另一方面,企业应该时刻关注行业竞争对手态势,善于察觉行业动态变化,以确保组织变革时机得当、方向正确。

三、人才变化的挑战

人是企业生存和发展的基础,也是人力资源管理的对象。21世纪以来,随着社会经济的飞速发展,市场中人才的需要、结构和素质等都发生了很大的变化,这势必会给创业企业人力资源管理带来新的挑战。

(1)员工需求发生改变。新生代员工在基本需求满足后,开始向更高层次的需求发展,他们重视实现自我价值,渴望得到承认与尊重。这给人力资源管理提出了新的要求,除了优化制度建设,还要求加强管理者与员工之间的沟通,最大限度地满足员工的合理需求。

(2)人才流动率提高。随着市场上人才竞争日益激烈,员工对组织的忠诚度下降,我国创业企业人才流失率越来越高,尤其是跨国界、跨行业、跨部门的人才流动,增加了组织招聘、培训与开发的成本,同时也加大了员工与组织磨合的难度。

第五节　创业企业人力资源管理外包

一、人力资源管理外包的概念

从20世纪80年代后期开始,一股由美国刮起的"外包"之风,逐渐蔓延到亚洲、欧洲,成为全球企业界的一股潮流。现在,外包已经不仅仅限于传统的信息外包或者制造业的外包,外包的领域和范围正在不断扩大,连传统上被当作组织不可分离的人力资源管理活动也开始被外包。

所谓的人力资源管理外包(human resource management outsourcing,HRMO),是指企业将原来由自己的人事行政部门处理的非核心的,具有可操作性和重复性,技术含量低,耗费大量人力、物力、财力的人力资源管理工作交由外部的专业的人力资源外包公司去处理,以使管理者能集中精力致力于战略性的人力资源管理活动之中,从而达到降低成本,提高员工满意度,充分发挥自身核心竞争力并增强企业对环境变化的迅速应变能力目的的一种新的人力资源管理模式。

二、人力资源管理外包的具体表现形式

(一)招聘外包

人力资源相关法律法规的变化,以及外部环境的不断变化给企业的招聘政策、招聘工作带来了较大的风险,同时企业员工的流动性、弹性和可替代性也越来越强烈,因此,招聘外包的程度也越来越高。

招聘外包有两种方式,一种方式是用人单位将全部或部分招聘、甄选工作委托给第三方的专业人力资源公司,专业的人力资源公司利用自己在人才资源、评价工具和流程管理方面的优势来完成招聘工作。另一种方式是通过网络发布职位空缺或者在自己的网站上辟有"职位空缺"栏目。目前,通过网络招聘人才的企业比率有上涨的趋势。网络招聘以其低成本、见效快、不受地域限制等特点,得到越来越多国内外公司的青睐,是一种抛弃传统的烦琐做法而极其神速的录用人才的方式。

在国内,很多公司都开始通过网络进行招聘。不少企业都将招聘中的初始阶段如简历筛选、笔试等外包,由网站根据企业的招聘要求设计。这种招聘方式不仅缓解了信息在雇佣双方之间分布不对称的矛盾,也使双方获取信息的代价降到最低限度,从而让雇佣双方的交易变得更加透明、更加准确,减少了招聘活动中的不确定性,提高了雇佣双方决策的质量。

但是对于创业企业而言,招聘外包或许并不适用。因为创业企业成立初期为节约成本、提高效率等,一般只保留最核心、最关键的职能部门,如创新、营销等部门,管理制度并不完善,且岗位大多是"因人设岗",而招聘外包一般是"因岗设人",不符合创业企业或者创业团队特殊的用人需求。

(二)培训外包

组织的发展对员工的技能要求越来越高,这要求员工自身要有较强的适应动态变化的学习能力,企业培训也应不拘一格。而中小企业由于各种原因,无力(包括资金少、无场地和对培训资源的占用不够等)或不愿意培训员工,不符合企业长久发展的需要,这就催生了企业的培训外包。

培训外包是指将制订培训计划、办理报到注册、提供后勤支持、设计课程内容、选择讲师、确定时间表、进行设施管理、进行课程评价等核心职能外包出去的一种培训方式。它能使培训与开发活动以更低的费用、更好的管理、更佳的成本效益进行,并且责任更清晰。

一种重要的培训外包方式是借用专业咨询公司的培训力量或者高等院校的教育资源,给

优秀员工提供进一步深造的机会,或者请专业咨询公司的培训人员根据企业的发展要求对员工进行培训,减少了培训的盲目性。还有一种更为时尚的培训方式就是利用网络进行培训,这也是培训外包的一种形式,这种方法以其高效便捷逐渐为众多的企业所接受,且通过网络方式对员工培训可以降低企业外包的成本。越来越多的实践表明,网络培训效率更高、门类齐全,能满足多种行业的不同需要,而且学员可以在学习过程中随时与培训机构的老师进行对话和交流,网络培训还可以实现跨地区、跨国联网,因此也较容易获取各种新的知识和信息。

(三)工资发放外包

工资的设计与发放向来是人力资源管理部门的最基本业务,而美国的许多企业已经将该项工作外包给专营企业去做。现今在美国,作为人力资源管理部门最基本业务的工资发放,由于一些企业将这方面的工作外包给企业以外的专营业主,而使得薪金支票发放效率大为提高。目前国内一些公司也逐渐认识到类似工资发放和人力资源管理的其他业务对公司的发展并无战略性意义,因此逐渐将这些非核心业务外包给专业机构,以降低成本,充分发挥自身核心竞争力。

(四)福利外包

外包趋势也发生在人力资源管理部门的另一项业务——福利与津贴的管理之中,现在越来越多的企业将员工的健康津贴等业务部分甚至全部外包给专营公司,这些专营公司也越来越规范,所提供的服务越来越到位,以满足各种企业的个性化需求。如位于纽约的美国全国员工福利中心,就可以通过其语音答复系统,向退休员工回答涉及其退休金及公司分红等方面的"个性化"的问题。

我国多数机关、企事业单位也都由银行来代发工资,并把退休员工养老金的发放推向社会。企业将类似的薪金、福利规划与管理交给专业业主或专业咨询公司,一方面会提高双方的效率,享受因各自规模经济而带来的好处,另一方面还会因此而降低企业的经营风险。

(五)人力资源管理信息系统外包

人力资源管理信息系统(human resource management system,HRMS)是结合信息技术和人力资源管理思想,依靠信息技术对企业人力资源进行优化配置,进行有关人力资源信息收集、保存、分析和报告的一种管理方式。企业可以采用计算机信息系统,以记录工作经验代码、行业工作经验、训练课程和绩效评估结果等。

对创业企业而言,如果信息产业不是自己的核心业务,去开发维护一个管理信息系统费用高昂,而将此项工作外包给专门的公司,能大大降低企业的人力资源管理信息系统的开发和维护成本。通过人力资源管理信息系统外包,创业企业无须扩大自身人力规模,无须投入这方面的人才,就可以获得专业的信息系统服务,大大节约了成本。

三、创业企业人力资源管理外包的益处

作为一项提高核心竞争力、降低成本的创新方式,人力资源管理外包给不同的企业都带来了显而易见的好处。对于创业企业来说,由于其存在着独有的特征,实施外包所可能起到的作用也具有自身的特点。人力资源管理外包可能给创业企业带来的有利方面有以下几点。

(一)有利于降低管理成本,提高效率

一方面,专业的人力资源管理公司具有专业化的特点,可以建立和培育起一整套可以普遍适用于企业的综合性专业知识、经验和技能,能够更容易、更有效率地完成业务,其提供的服务能力是企业专职的人事助理所不能企及的;另一方面,专业的人力资源管理公司用它们服务于众多企业的规模优势来有效控制成本,并可以采各家所长,积极采用市场上最佳的管理方案与管理体系,这样就提高了企业的业务效率,有效控制了人力资源的管理成本。创业企业成立初期面临较大的资金压力,不规范的管理体制还可能导致效率低下,将非核心的人力资源管理业务外包能够降低管理成本,提高效率。

(二)有利于企业建立规范的人力资源管理制度

由于创业企业往往没有建立起完善的人力资源管理制度,在实际业务中可能会不断出现各种问题,如果对此不加以解决,势必影响企业的长远发展。而作为外包服务商的人力资源管理公司则在这点上做到了高度的专业化科学化,人力资源管理技术处于最先进的水平。如果创业企业能够导入或采用人力资源管理外包业务,就可以借助于外部人力资源管理公司的优势资源,在得到专业化的人力资源服务的同时,积极学习最新的人力资源管理技术,及时地提升自身的人力资源管理水平,建立起完善的人力资源管理制度,而且还能够增强企业参与市场竞争的核心能力。

(三)有利于妥善管理员工

人员流失问题是创业企业亟待解决的问题,而人力资源管理公司通常拥有许多管理方面的专家,他们能够建立起一整套可以普遍适用于多家企业的综合性专业知识、技能和经验,为客户公司做更为有效的人力资源管理工作。这些外部工作者了解员工的需求,能够提高员工的综合待遇,从而增加员工满意度,降低员工流失率。另外,原先创业企业内的人力资源管理工作有很大一部分用在招聘补充人员上,然而高级人才的选聘因缺乏必需的资源而困难重重,初级人才的招聘则太浪费时间。如果将这部分工作外包出去,由人力资源管理公司协助企业招募人才,由于他们拥有对于人员的筛选、测试及面谈技巧,拥有完整的人才数据库和人才测评的丰富经验,在人才招募选拔方面的优势大于一般企业,这样必然会提高创业企业对员工的招聘和管理水平。

(四)有利于企业文化的建立

人力资源管理外包在一定程度上是企业与外包商之间的一种合作行为,外包之后许多业务需要企业内部员工和外来人员的共同合作来完成,而合作过程中必然产生两种不同文化的交叉与碰撞。如果是建立时间长、企业文化根深蒂固的大型企业,则很可能因双方工作方法、思维模式不同而产生冲突和矛盾,结果造成外包服务质量与效率的下降,引起企业员工的不满。然而,对于企业文化尚未成形的创业企业而言,其本身的企业文化正处于形成期,外包可以使其接触到各种不同的企业文化,在这个过程中,创业企业可以广泛学习和借鉴不同的文化,最终形成符合自身特点的企业文化。

四、创业企业人力资源管理外包策略

人力资源管理外包是公司管理中的一项新兴内容,代表了人力资源管理的新方向。创业

企业是企业处于创始期的特殊形态,本身还存在着很多问题,如果能充分利用好人力资源管理外包这种新型管理方法的话,必定会提高企业效率和核心竞争力,改善企业管理制度,加快企业发展壮大的速度。创业企业的人力资源管理外包可采用以下策略。

(一)明确目标,保留核心业务,外包非核心业务

企业进行人力资源管理外包的目的之一就是将企业从那些次要的可外包的业务中解脱出来,集中精力,提高企业核心竞争力。而哪些业务属于企业的核心业务,哪些属于非核心业务,则需要企业对自身的业务状况有深入的了解。特别是业务刚开展不久、对自身定位尚不明确的创业企业,外包前做好对自身业务的总体分析更显得尤为重要。一般来说,如工作分析、薪酬福利、员工招聘等基础性工作可以外包给人力资源管理公司,而发展战略、企业文化、员工关系、机构设置、核心决策等关系到企业核心竞争力的工作,企业则不应进行外包。具体而言,外包前创业企业应认真分析哪部分人力资源最适合内部管理,哪部分最适合外包出去,对应外包的业务,要果断外包,不要犹豫怀疑;对不宜外包的业务,要坚持自主进行,不要盲目跟风。

(二)与内部员工进行有效沟通

外包意味着企业管理模式的变革,原先的管理流程、职责分配及个人的职业发展定位都会有不同程度的改变,这必然影响到人力资源部门中的一些员工的自身利益。而创业企业内部凝聚力本身就存在不足,员工对企业缺乏归属感,产生各种顾虑和猜疑也是在所难免的,然而这些顾虑和猜疑的存在,会直接或间接地影响员工的工作情绪,从而加剧企业内部人员的流动,导致新一轮矛盾的加剧和内部冲突,不利于企业各部门开展业务,使得企业的生产、销售等各环节的效率下降。因此企业最重要的是与员工进行合理的沟通,取得他们的信任,将信息和新的策略传递到企业的各个层面,以解释、指导和推动外包工作的顺利进行。另外,企业还应该考虑到内部员工和外部人才的平衡问题。由于外包是利用外部人才来承担企业的内部职能,在外包的同时,若忽视了内部员工的作用,则会挫伤他们的工作热情,因此要避免这一点,同样也要加强与员工的沟通,使之更加理解和支持企业工作。

(三)对外包服务商充分信任,同时也要加强监管外包服务商

外包服务商要为企业提供合格的外包服务,首先必须对企业要外包的业务状况有所了解,如果对其业务情况一无所知,服务质量上可能会有所降低,双方的合作也可能会产生一些不必要的问题。因此创业企业在与外包服务商的交流中要对其充分信任,保证信息的真实传递。但与此同时,创业企业更要注意对外包服务商的监管工作,防止出现外包服务质量差、效率低的情况。通常来说,企业应与服务商签订详细的外包合同,明确规定出现问题时双方的责任范围,并在业务进行过程中,加强对外包服务商的质量监控,建立定量化的绩效衡量标准并定期检查工作效益。必要时企业应拟订好退出机制与备援方案,以备在外包商的服务无法改善时,转换服务商或收回自行处理。

本章要点

1.现代意义上的"人力资源"概念是由管理之父彼得·德鲁克在1954年提出并加以明确

界定的。他认为,与物质资源、信息资源等相比,人力资源是一种特殊的资源,必须通过有效机制才能加以开发利用,并能为企业带来可观的经济收益。人力资源管理属于管理的范畴,其定义是组织通过各种政策、制度和管理实践,对人力资源进行合理配置、有效开发和科学管理,充分挖掘人力资源的潜力,调动人的积极性,提高工作效率,从而实现组织目标的管理活动。

2.企业创业伊始,组织内外部环境在不断快速变化,组织的人力资源管理目标以适用性为导向,长时期处于动态调整中。创业企业的业务边界比较模糊,组织架构和岗位设置不明确。不同于一般成熟企业的以岗定人,创业企业岗位招聘灵活性非常大,往往"因人设岗"。由于创业早期的资源条件限制,创业者往往会将有限的资源投入在与当前阶段企业发展最密切相关的人力资源管理模块中,从而使创业企业人力资源管理模块精简、运行高效。

3.人力资源管理模式是对一定的人力资源管理目标、管理过程、管理内容与管理方法等要素的综合概括与高度提炼。Arthur从战略性人力资源管理的角度出发,将人力资源管理系统划分为两大类型,即控制型和承诺型人力资源管理模式。这是截然不同的两种塑造员工行为和工作态度的方法,控制型人力资源管理模式是通过管理方法强制员工遵守制度规则等以实现减少直接人工成本和提高效率的目的。而承诺型人力资源管理模式则是通过从员工心理出发,构建组织目标与其自身目标之间的联系,从而塑造期望的员工行为和态度。

4.科学技术的飞速发展,特别是互联网的普及和应用,不断催生新的经济形态,创业企业人力资源管理面临着组织变革、人才变化等一系列严峻的挑战。

5.人力资源管理外包(HRO)是指企业将原来由自己的人事行政部门处理的非核心的,具有可操作性和重复性,技术含量低,耗费大量人力、物力、财力的人力资源管理工作交由外部的专业的人力资源外包公司去处理,以使管理者能集中精力致力于战略性的人力资源管理活动之中,从而达到降低成本,提高员工满意度,充分发挥自身核心竞争力并增强企业对环境变化的迅速应变能力目的的一种新的人力资源管理模式。

复习思考题

1.创业企业人力资源管理有哪些特点?

2.试分析人力资源管理的控制型模式和承诺型模式的区别。

3.创业企业人力资源管理面临着哪些挑战?

4.创业企业人力资源管理外包有何策略?

案例分析

季琦:创办了携程、如家、汉庭,创业给我的最大收获是什么?

中国创业企业,三年是一个坎儿,三年内能够达到一定程度,将来的希望就比较大。这是因为中国的创业企业成长速度比较快,仿效、跟进者众多,没有能够在三年左右的时间脱颖而出,就容易混杂在一群同质的企业里,从此平庸下去。

季琦谈到了管理团队的心得,以下为具体内容。

这些年我有一个发现,企业的创始团队都是人才,一个企业做大了以后,能干的人都是最早加入公司的人。我创办的三个企业都验证了这一点,我们企业的这些干部都是最早就跟着一起打拼出来的。相信有很多创业者,在早期都为组建团队而发愁过,我过往对此的经验可以总结成"三个shu",怎么理解呢?

第一个shu:熟人,你一定要找自己身边的人,熟人、朋友、同学、亲戚……我觉得这是一种找人的方法,而且也是最有效的方法。

第二个shu:俗(sú)人,也就是平常人,但你一定要找有饥饿感的平常人。

第三个shu:淑人,也就是品德好的人。才能不好还可以给他换岗位,但是品德不好,替换的成本就很高了。在初始团队里面,成员的品德或者人品依然是非常重要的。你不要找以下这两类人:

① 外企里面的高管,他们都是雅人。

② 创业成功的人,一般这类人都会觉得自己很牛。有过"曾经沧海"的人,如果对团队不好,他个人保持的成本高,改变的成本也高。

如果你找不到一流的人才,只能找平常人。那你唯一可以做的事情就是聚焦,把做的事情聚焦,关注的点聚焦,决策也聚焦。在创业的初期,你要中心化,甚至独裁化。要把所有的权力、所有的思想都聚焦在一个人身上,最好是一个人,不要是两个人。因为创业的时候,资源是非常宝贵的,尤其是时间,如果你的对手比你快,抢先融资了,那你将会很被动。我过去有一个方法叫三三制,经过我们亲自验证,它的确能提高我们内部的组织管理效率,节省很多的成本。这个方法最初是一个战法,以三个人为主,一个擅长进攻,一个擅长防守,一个擅长掩护,以这三个人作为一个小组。如果三个人中死了一个人,把其他打散的小组再形成一个新的小组。我受了启发,在企业上也用了三三制。一开始我将三个酒店合成一个酒店,三个酒店的销售一起做,后来我们就逐渐以三作为基本单位来管理业务。这带来了一个好处,首先是人力上省出了一笔钱,然后公司又可以拿着这笔钱雇佣更好的员工,比如原来三个店长,经过这样一调整,就缩成了一个店长。我们三三制这个账算下来不得了,当时2000个店省出了很多的人力成本,这样一个小的组织机构变革,就有这么大的效果。

资料来源:森途学苑数字创业图书馆(http://cyxy.sentuxueyuan.com/)。

案例思考题:

1.案例中提到的创业企业人力资源的获取途径有哪些?

2.结合案例,想想为什么季琦要强调创业初期时间资源的重要性?

3.请运用所学的知识分析三三制管理的特点。

实践练习

分组辩论

某公司近段时间开始出现一种新情况,那就是很多员工开始进行业余的学历学习,包括参加自学考试、函授学习、网络继续教育,还有人参加在职研究生学位学习、MBA在职人员学习班学习,甚至有部分人员准备报名参加统招硕士研究生考试和秘书资格证、注册会计师、信息管理师等各种资格考试。按说,员工有上进心,愿意学习本是好事,所以以前不管什么考试,在报名时如果需要签字盖章,单位人事部门都是非常配合的。但是,近一段时间,人力资源部发现有越来越多的人因为参加学历学习影响了本职工作,出现了很多不好的现象,如迟到、早退、请假现象越来越多,上班时间背单词、上网查询考试题,利用办公室电脑打印复习讲义,将更多精力投入学习,影响了正常的工作效率等。于是,人力资源部刘经理将该问题报告给公司张总经理。

张总经理对此问题非常重视,经过与人力资源部刘经理协商后,公司出台了一个《关于公司员工在职学历学习和参加资格考试报名的若干规定》的文件,其中对员工在职学历学习和资格考试报名作了非常严格的限制,这使得很多员工非常不满意。

请同学们分组担任以下问题的甲、乙两方,然后进行辩论练习。

辩论题目:对员工在职学历学习和资格考试报名是否需要限制?

甲方:在职学历学习和参加资格考试影响正常工作,应该进行条件限制。

乙方:在职学历学习和参加资格考试是为了更好地为公司工作,不应限制。

本章参考文献

[1] 刘燕,曹会勇.人力资源管理[M].北京:北京理工大学出版社,2019.

[2] 贺小刚,刘丽君.人力资源管理[M].上海:上海财经大学出版社,2015.

[3] 温志宏.中小企业创业与管理:下[M].武汉:华中科技大学出版社,2006.

[4] 杨光.创业管理[M].武汉:武汉大学出版社,2016.

[5] 胡振兴.现代创业管理[M].武汉:华中师范大学出版社,2007.

[6] 胡玉梅.创业期企业人力资源管理初探[J].知识经济,2007(10):98-99.

[7] 陈文婷.创业企业的人力资源管理研究[J].商场现代化,2021(03):57-59.

[8] 肖鸣政.人力资源管理模式及其选择因素分析[J].中国人民大学学报,2006(05):135-141.

[9] 谢晋宇.人力资源管理模式:工作生活管理的革命[J].中国社会科学,2001(02):27-37.

[10] 邱雯.企业人力资源管理模式研究[D].厦门:厦门大学,2002.

[11] 关培兰,胡志林.人力资源管理外包[J].企业管理,2003(02):54-55.

[12] 赵曙明,李海霞.中小企业人力资源管理外包研究[J].南京社会科学,2004(01):1-7.

[13] 陈益云.人力资源管理外包风险及其规避初探[J].现代财经(天津财经大学学报),2004(08):52-55.

[14] 蒋建武,贾建锋,潘燕萍.创业企业人力资源管理[M].南京:南京大学出版社,2021.

[15] 周晓.初创企业应如何进行人力资源外包[J].全国商情(经济理论研究),2006(10):45-46,61.

[16] 张云.创业企业人力资源管理的问题及对策[J].科技创业月刊,2009(1):106-107.

[17] 黄文平.科技创业企业人力资源管理问题及对策[J].经营管理者,2009:321,336.

[18] 张一弛.我国企业人力资源管理模式与所有制类型之间的关系研究[J].中国工业经济,2004(09):87-94.

[19] 李京芳.新冠肺炎疫情下企业人力资源管理的应对措施[J].商场现代化,2020(7):86-87.

[20] 叶伟芳,陈丽君.科技型创业公司实现自主创新的人力资源管理策略研究[J].吉林工商学院学报,2017,33(6):61-63.

第三章
创业团队组建与管理

本章学习目标

1. 了解创业团队与一般团队的区别。
2. 了解创业团队的特点和类型。
3. 了解创业团队组建的一般程序。
4. 掌握处理创业团队冲突的策略。
5. 掌握创业团队信任建立与维持的方法。
6. 了解创业团队领导的行为方式。
7. 了解创业团队管理基础理论。

开篇案例

"Terry and Friends"（简称 T&F）是程天纵先生和深圳湾创办人共同创立,以微信群为基础的创客创业辅导平台。T&F 从 2014 年 8 月发展至今,已经有几十个微信群,接近一万个会员:大部分会员是规模在十人以下的创业团队,也有部分是稍具规模的百人以下的小型企业和数百人的中型企业。

程先生介绍,只要会员向深圳湾网站或 T&F 脸书粉丝专页提出辅导申请,他们都会安排九十分钟的线下"一对一"面对面的团队辅导。同时,对于中小企业或是创二代寻求转型辅导,他们也可能登门拜访、考察工厂,这需要花上半天的时间。

由于 T&F 的创业辅导秉持不收费、不投资的公益服务原则,因此吸引了许多创业团队和企业在平台上申请辅导,前来咨询的人主要集中在广东珠三角地区,其次是中国台湾,内地一、二线城市,更有来自欧美、新加坡、马来西亚等国家和地区的团队,特地飞到台北或深圳来接受辅导。

两年来,T&F 已经辅导过接近五百个创业团队和中小型企业,老实说,初创团队失败的居多,即使存活下来的,也多是小打小闹、叫好不叫座的。能够达到百人及以上规模的,基本上都可以存活下去,但又要面临管理上更大的挑战。

创业失败的原因有很多,任何一个都可能会致命。但是在智能硬件领域创业的不像互联网创业靠烧大钱,就算失败了也仅是赔上一些模具和库存,比较容易东山再起,因此,在智能硬件领域有很多"连续创业者"。即使成功存活下来并且达到百人规模以上的企业,前面也大都经历过几次失败。新创企业失败的原因很多,大部分是产品不对,但更多的是存在共同的问题——"团队"与"组织"。

资料来源:张哲彰.创新创业管理案例汇编[M].武汉:华中科技大学出版社,2019.

第一节 创业团队的概念、特点和类型

一、创业团队的概念

创业团队并不是简单意义上的人的组合和聚集,它和一般团队有着许多区别。创业团队是在企业初创时期建立的,目的在于成功创办新企业,而一般团队的组建只是为了解决某类或者某个特定问题。创业团队与一般团队的区别如表 3-1 所示。

表 3-1 创业团队和一般团队的区别

比较项目	一般团队	创业团队
目的	解决某类或某个具体问题	开创新企业或拓展新事业
职位层级	成员并不局限于高层管理者	成员处于高层管理者职位
权益分享	并不必然拥有股份	一般情况下在企业中拥有股份
组织依据	为解决特定问题临时组建	基于工作原因而经常一起共事
影响范围	只影响局部、任务性的问题	影响决策各个层面,范围广
关注视角	战术性、执行性的问题	战略性的决策问题
领导方式	受公司最高层的直接领导	以高层的自主管理为主
成员的组织承诺	较低	高
成员和团队之间的心理契约	不正式且影响力小	心理契约关系特别重要,直接影响公司决策

资料来源:陈忠卫. 创业团队企业家精神的动态性研究[M]. 北京:人民出版社,2007.

在一般团队概念的基础上,多位学者从不同角度对创业团队给出了自己的定义。从所有权角度来看,卡姆(Kamm)等指出创业团队是两个或两个以上参与公司创立过程并投入同比例资金的个人。从人员构成的角度来看,艾斯利(Ensley)等以及加特纳(Gartner)等指出,创业团队应该包括对战略选择产生直接影响的个人,也就是应该把董事会尤其是占有一定股权的创投业者包括在内。从参与时间的角度来看,盖伦(Gaylen)等指出,创业团队指的是在公司成立之初执掌公司的人或是在公司营运的前两年加盟公司的成员,但不包括没有公司股权的一般雇员。从创业过程来看,希拉塔(Hirata)则把创业团队定义为参与且全身心投入公司创立过程,并共同克服创业困难和分享创业乐趣的全体成员。此外,美国考夫曼基金会创业领导中心创始人考夫曼(Kauffman)认为,伟大的创业精神基于三个原则:以其人之道,还治其人之身;与他人分享你创造的财富;回馈社会。很明显,这三个原则集中体现了一个富有成效的创业团队的核心。

目前,学术界广泛应用的是莱昂·施约德特(Leon Schjoedt)提出的一个相对比较全面的创业团队的定义:"创业团队由两个或两个以上的人组成,他们对企业的将来负责,拥有共同的财务或其他方面的义务,他们在工作中相互依赖,以完成共同的目标,他们对创业团队和企业负责,在创业的初期阶段(包括企业成立时和成立前)处于执行层的位置,并实行企业的主要执行工作。这群人自认为也被公认为是一个社会实体。"

二、创业团队的特点

创业团队具有风险共担、协作进取、技能互补、集体创新和分享认知等特点。

(1)风险共担。风险具有不确定性,创业团队的成员一般具有不同的风险偏好,这是风险共担的基础。风险共担可以减少个人成员独自承担风险带来的巨大精神压力和经济损失,同时可以使每个团队成员都能以积极的姿态预测和判断潜在的风险,有利于促进团队的积极性。

(2)协作进取。创业团队一般是不同类型人才的集合,可能包括管理、技术、财务、营销等人才。他们往往具有某一领域的专业知识和技能,这就有利于他们在同一问题上进行良好的分工协作。

(3)技能互补。一般由同一类型的人才组成的团队,在创业时会遇到很多的瓶颈。他们对于问题的看法趋于一致,则很可能走进死胡同,这样的创业往往以失败告终,因此,创业团队一般会选择不同的专业人才来组成团队,这样可以大大提升创业成功的可能性。

(4)集体创新。创业团队需要通过汇聚集体的智慧,来在一定程度上预见团队未来的发展状况。创业团队成员由于专业知识不一样,他们会从不同的角度参与分析创业机会,共同探讨创业资源获取方式,研究化解团队成长危机的创造性方案。

(5)分享认知。相对个体创业来说,团队创业可以极大提高对创业机会的认知水平。不同的个体成员具有不同的先前知识和多种个性特征,从而可以提高集体意义上的综合“警觉性”,有利于创业机会的识别。

此外,创业团队还具有以下关键特征:创业团队成员往往要个人投入各种资源,特别是金钱资源;创业团队成员往往缺乏多年的企业高层管理的经验,在面临复杂的环境和任务时,更易解散或更替。

三、创业团队的类型

根据不同的角度、层次和结构,可以将创业团队划分为不同的类型。依据新创企业所处行业划分,创业团队可分为传统行业创业团队和高科技行业创业团队;依据创业团队的内部成员关系来划分,创业团队可以分为两大类,即核心主导型创业团队和群体型创业团队。

(一)核心主导型创业团队

一般在团队中有一个核心人物充当了领导的角色。这种团队在形成之前,一般是核心人物有了创业的想法,然后根据自己的设想进行创业团队的组织。太阳微系统公司(Sun Microsystem)就是这种组织的一个典型例子。在创业之初,维诺德·科尔斯勒(Vinod Khmla)确立了多用途开放工作站的概念,接着他找到乔(Joy)和贝希托尔斯海姆(Bechtolsheim)两位分别在软件和硬件方面的专家,以及一位具有实际制造经验和人际关系技巧的麦克尼里,于是,他们组成了太阳微系统公司的创业团队。核心主导型创业团队有如下几个重要的特点:

(1)组织结构紧密,向心力强,主导人物在组织中的行为对其他个体影响巨大。

(2)决策程序相对简单,组织效率较高。

(3)容易形成权力过分集中的局面,从而使决策失误的风险加大。

(4)当其他团队成员和核心主导人物发生冲突时,因为核心主导人物的特殊权威,使其他团队成员在冲突发生时往往处于被动地位。当冲突严重时,他们一般会选择离开团队,因而对组织的影响较大。

(二)群体型创业团队

由几个志趣相投的人共同组成一个团队创业,这种创业团队的建立主要来自因为经验、友谊和共同兴趣、爱好关系而结缘的伙伴。他们之间起初并没有核心,而是经由合伙彼此一起发现商业机会,组成创业团队。在创业团队组成时,没有明确的核心人物,大家根据各自的特点进行自发的组织角色定位。因此,在企业初创时期,各位成员基本上扮演的是协作者或者伙伴角色。例如,雅虎的杨致远和斯坦福电机研究所博士班的同学大卫·费罗,微软的比尔·盖茨和童年玩伴保罗·艾伦,惠普的戴维·帕卡德和他在斯坦福大学的同学比尔·休利特等大多是由于先有关系,在一些互动的基础上激发了创业的想法,然后再进行创业,这种例子比比皆是。群体型创业团队有如下几个重要的特点:

(1)团队没有明显的核心,整体结构较为松散。

(2)组织决策时,一般采取集体决策的方式,通过大量的沟通和讨论达成一致意见,因此组织的决策效率相对较低。

(3)由于团队成员在团队中的地位相似,因此容易在组织中形成多头领导的局面。

(4)当团队成员之间发生冲突时,一般都采取平等协商、积极解决的态度消除冲突,团队成员不会轻易离开。但是,一旦团队成员间的冲突升级,使某些团队成员撤出团队,就容易导致整个团队的涣散。

第二节 创业团队的组建

一、创业团队的关键因素

创业团队具备五个关键因素,这些要素对应的英语词汇首字母均为P,因此被称为创业团队的5P模型(见图3-1)。

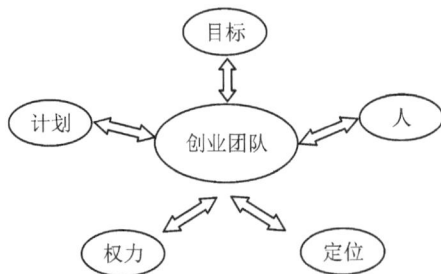

图 3-1 创业团队的 5P 模型

(一)目标(purpose)

一个创业团队应该有一个既定的共同目标来引导团队成员,没有这个目标,团队就没有存在的价值。目标在初创企业的管理中以初创企业的愿景和战略的形式体现。缺乏共同的目标,会导致团队缺乏凝聚力和可持续性。

(二)人(people)

创业团队是由人组成的,人力资源是初创企业所有创业资源中最活跃、最重要的资源。创业的共同目标是通过人员来实现的,不同的人通过分工来共同完成创业团队的目标,所以人员的选择是创业团队建设中非常重要的一个部分,创业者应该充分考虑团队成员的能力、性格等方面的因素。

(三)定位(place)

定位指的是创业团队中的具体成员在创业活动中扮演什么角色,也就是创业团队的角色分工问题。定位问题关系到每一个成员是否对自身的优劣势有清醒的认识。创业活动的成功实施,不仅要求整个企业能够找到合适的商业机会,而且要求整个创业团队能够发挥各自的作用,形成良好的合力。

(四)权力(power)

为了实现创业团队成员的良好合作,赋予每个成员一定的权力是必要的。赋予团队成员适当权力,主要是基于以下两点:

(1)团队成员对于控制权的追求往往是他们参与创业的一个重要动机。

(2)创业活动的动态复杂性,必须依赖团队成员都需要承担较多的责任(对应相应的权力)来实现目标。

(五)计划(plan)

计划是创业团队未来的发展规划,也是目标和定位的具体体现。在计划的帮助之下,能够有效制订创业团队短期目标和长期目标,为目标提出有效的实施方案,并控制和调整实施过程。从团队组建和发展过程来看,计划的指导作用自始至终都是存在的。一个高效的创业团队,创业伙伴能够聚同化异,各个成员按照"适才适所"的原则定好位,有效授权,做到"人尽其才、才尽其用",这样才能实现创业的共同目标。

二、组建创业团队的一般程序

创业团队的组建是一个相当复杂的过程,不同类型的创业项目所需的团队不一样,组建步骤也不完全相同。一般来讲,创业团队的组建程序如图 3-2 所示。

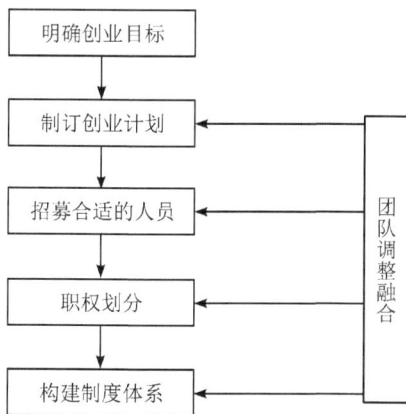

图 3-2 创业团队组建程序图

（一）明确创业目标

创业团队的总目标就是要实现存活和发展，即通过完成创业阶段的技术、市场、规划、组织、管理等各项工作实现企业从无到有、从起步到成熟。总目标确定之后，为了推动团队最终实现创业目标，应再将总目标加以分解，设定若干可行的、阶段性的子目标。创业目标是创业团队组建的基础和指导原则。

（二）制订创业计划

在确定了一个个阶段性子目标以及总目标之后，紧接着就要研究如何实现这些目标，这就需要制订周密的创业计划。创业计划是在对创业目标进行具体分解的基础上，以团队为整体来考虑的计划。创业计划确定了在不同的创业阶段需要完成的阶段性任务，通过逐步实现这些阶段性目标来最终实现创业目标。清晰明了的创业计划能使创始人更清楚自己应该去招募什么样的团队成员。

（三）招募合适的人员

招募合适的人员是创业团队组建最关键的一步。关于创业团队成员的招募，主要应考虑两个方面：

（1）考虑互补性，即考虑成员之间能否在能力或技术上形成互补。这种互补性形成既有助于强化团队成员间彼此的合作，又能保证整个团队的战斗力，更好地发挥团队的作用。一般而言，创业团队至少需要管理、技术和营销三个方面的人才。只有这三个方面的人才形成良好的沟通协作关系后，创业团队才可能实现稳定高效。

（2）考虑适度规模。适度的团队规模是保证团队高效运转的重要条件。团队成员太少则无法实现团队的功能和优势，而过多又可能会产生交流的障碍，团队很可能会分裂成许多较小的团体，进而大大削弱团队的凝聚力。

（四）职权划分

在招募到合适的团队成员之后，为了保证能够执行创业计划、顺利开展各项工作，必须预先做好职权划分的工作。创业团队的权限划分是根据创业计划实施的需要，确定每个团队成员的具体职责和相应权限。团队成员的职责分工必须明确，以避免工作重叠和交叉，同时也要避免因职责未分配而造成的遗漏。此外，由于创业环境是动态的、复杂的，可能会出现新的问题，团队成员也可能被替换，所以团队成员的权限应根据需要进行调整。

（五）构建制度体系

创业团队制度体系体现了创业团队对成员的控制和激励能力，主要包括了团队的各种约束制度和各种激励制度。科学合理的制度体系能保证创业团队的稳定运营。

（1）创业团队通过各种约束制度（主要包括纪律条例、组织条例、财务条例、保密条例等）指导其成员避免做出不利于团队发展的行为，实现对其行为进行有效的约束，保证团队的稳定秩序。

（2）创业团队要实现高效运作不仅需要约束制度，更需要建立有效的激励机制（主要包括利益分配方案、奖惩制度、考核标准、激励措施等），使团队成员能看到随着创业目标的实现，其自身利益将会得到怎样的改变，从而达到充分调动成员的积极性、最大限度发挥团队成员作用的目的。要实现有效的激励，首先就必须把成员的收益模式界定清楚，尤其是关于股权、奖惩等与团队成员利益密切相关的事宜。

(六)团队调整融合

完美组合的创业团队并非创业一开始就能建立起来,很多时候是在企业创立一定时间后随着企业的发展逐步形成的。随着团队的运作,团队组建时在人员匹配、制度设计、职权划分等方面的不合理之处会逐渐暴露出来,这时就需要对团队进行调整融合。由于问题的暴露需要一个过程,因此团队调整融合也应是一个动态持续的过程。在完成了前面的工作步骤之后,团队调整融合工作专门针对运行中出现的问题,不断对前面的步骤进行调整,直至满足实践需要为止。在进行团队调整融合的过程中,最为重要的是要保证团队成员间经常进行有效的沟通与协调,培养强化团队精神,提升团队士气。

需要注意的是,创业团队的组建过程并不是一个完全严格的顺序过程。事实上,很多创业团队的组建过程没有明确的步骤划分界限,如制度体系构建、团队调整融合可能贯穿于企业发展的整个过程之中。创业者在组建创业团队的时候,应在上述基本原则的指导下,根据实际情况灵活加以运用。

三、寻找创业团队的方法

创业路上最宝贵的资源不是金钱,而是人。很多创业者抱怨很难在茫茫的人海中找到合适的创业伙伴。其实,他们只是没有找到合适的方法而已。创业团队选择是以信任为基础的,因此很多人选择从熟人圈子里找创业伙伴,如谷歌、腾讯等企业的创始人是同学关系,当当网的创始人是夫妻关系。即便在熟人中没有合适的人选,也可以通过很多方法寻找到合作伙伴。

(一)刊登广告

针对自己需要的创业伙伴类型,刊登合作广告。这样的合作意愿传播速度快、覆盖面广、重复性好,合作的内容也可以清晰明确地公布出来。

(二)委托猎头

委托猎头更加有针对性。通过有偿的方式委托猎头根据自己的需求去收集信息,比起自己盲目寻找,效率更高。

(三)介绍寻找

如果熟人圈中没有适合的人选,可以通过熟人圈,请亲戚朋友在他们的圈子内帮忙寻找合适的人选。

(四)从客户中寻找

你过去通过工作关系建立起来的许多客户,可以作为你自己创业的帮手。因此,与客户保持良好的关系,把他们作为未来创业的资源是很重要的。对于一个初创企业来说,企业家是一个知根知底的管家,应该很清楚自己缺少什么样的商业伙伴,应该采取什么样的方式来寻找合适的创业伙伴。在某种程度上,选择合作伙伴是衡量企业家水平的重要指标。寻找合适的创业伙伴是一门学问,创业者要认真揣摩,做出正确的决定。

四、团队成员的评估

在组建创业团队、招募合适成员的过程中,创业者总是需要对潜在的成员进行评估,这些评估包括对知识、能力、经验等方面的评估。

（一）知识评估

随着知识经济时代的到来，知识成了最重要的生产力因素。创业团队的受教育水平一定程度上可以反映其知识掌握的程度。一般而言，受教育程度较高的团队合伙人在重要的技能，如研究能力、洞察力、创造力及计算机运用能力等方面略胜一筹，而这些是创业成功的关键性因素。如果创业的项目领域具有较强的专业特征，那知识评估就显得更重要了。

（二）经历评估

具有创业经历的创业伙伴，无论曾经取得成功还是遭遇失败，都可以成为新创企业成功经营的有利因素，因为这种人比初次接触创业的创业者更熟悉创业的过程，可以在新创企业中复制以前的成功创业模式，或者有效规避导致巨大失败的错误。

（三）经验评估

创业团队成员所拥有的相关行业经验，有利于团队更为敏锐地理解相关行业的发展趋势，有助于新创企业更加迅速地开拓市场和开发新产品。

（四）关系评估

具有广泛社会人脉关系的创业团队往往更容易获得资金和消费者的认同。新创企业应当善于开发和利用网络化关系，构建并维持与兴趣类似者或能够给企业带来竞争优势者的良好人际关系。这种网络化的关系也是创业者社会资本的具体体现。

（五）能力评估

创业团队成员要有能力、有经验，愿意给出建议并能够提出具有洞察力和深入性的问题，成员之间在能力上要能够形成有效的互补。

五、组建创业团队的原则

创业团队组建之初，可能彼此都有高度的承诺与无悔的付出，但随着时间流逝，事业发展，团队成员的各种矛盾、认知差距、利益冲突等问题就会浮出水面。因此，组建创业团队时要遵循以下的原则。

（一）树立团队中唯一权威主管

企业需要权威的主管，同样，创业团队要成功也必须有强势领导者。但大家一同创业，谁应该是主导者？谁来做最后决定？当发生严重利益冲突或彼此意见不一致时，由谁来仲裁决定？在创业企业中，团队的创始人是至关重要的，他必须有创业者的胸怀和品质，有素养和能力来组建团队和发挥团队的作用，并在企业的发展过程中，随时做好团队成员间的协调工作，使团队的整体水平不断提高，以适应企业发展的需要。

（二）促进团队成员间的相互信任

互信是形成团队的基础，相互信任往往要经过长期合作才能形成。事实上，利己当属大部分人的本性，能义无反顾将团队利益置于个人利益之上者，恐怕还是少数。因此，盲目地信任团队成员，可能是非常不明智的决定。但相互矛盾的是，不能互相信任就难以形成团队；盲目互信，却又要冒很大的风险。可见，建立团队成员间互信时，既要培养和发展团队中人与人之间的信任，又要建立正常的监督机制，以避免产生用错人的风险。

（三）妥善处理不同意见和矛盾

创业团队成员经常会过于执着于创业构想，极力维护自己的主张，但同时又会逃避自己的缺点。这种固执己见、争权夺利、逃避弱点等人性缺失，往往会使团队难以追求问题的最佳解决方案。有的创业团队成员会非常在意自己的地位与利益，将自己凌驾于团队之上，将感性凌驾于理性之上。尤其是初期就参加创业的成员，很难接纳比自己更为优秀的新成员加入团队。因此，必须有善于倾听意见，并善于概括总结正确意见的领导者来解决这些矛盾。创业者在组织团队和领导团队时，应体现出高超的领导能力和协调能力。

（四）合理分配股权

创业团队成员股权分配也是一个敏感、困难但又十分重要的问题。尤其当几个人一起创业时，经常会采取平均分配股权的方式，但这种平均主义会带来许多负面后果。事实上，成员间因为能力与动机的差异，贡献程度必然不一，如果采取平均主义来平分股权，显然会造成大锅饭心理，影响一些成员真心投入的程度。如果贡献与获利不成比例，团队整体力量就更加难以发挥。另一种情况是把股权高度集中在几个人手里，而不能发挥团体成员的积极性，更不能发挥员工的积极性，这种股权结构也是有问题的。所以，股权分配本身就是在创建团队时必须首先解决的问题。在企业发展过程中，还需要及时调整股权，使新进入企业的主要技术骨干和高级管理人员也能合理得到股权。

（五）妥善处理团队成员间利益

除了能否把股权分给对企业发展有贡献的新伙伴外，能否及时转让股权以使企业加快发展，也是个重要的问题。是死守企业创始人对企业的控制权，还是为了企业发展，可以不要控制权？是注重于绝对控制，还是可以考虑相对控制？这些问题都涉及创业者和创业团队的利益，必须妥善处理。

（六）促进知识技能的互补

任何一个团队在技术上都会有他们的强项和弱项，每个较大的团队里不是每个成员都能熟练精通所有的技术，关键在于能够找准合适的位置，并做好人员之间的合理搭配。团队成员之间可以有一定的交叉，但也要尽量避免过多的重叠。团队成员可能是某一方面的专家，但不可能样样精通，那就有必要利用其他团队成员或外部资源来弥补。掌握了相关技能的不同性格不同能力的人互相搭配协同工作，可以提高工作效率和化解团队内部误解和矛盾。

第三节 创业团队冲突与管理

一、创业团队冲突的定义

对于"冲突"一词，人们有着诸多不同的定义。从总体上看，冲突指个人或团队对于同一事物持有不同的态度与处理方法而产生的矛盾。冲突常表现为由于观点不一致而引起的激烈争斗。美国学者刘易斯·科塞在《社会冲突的功能》中指出：没有任何团体是能够完全和谐的，否则它就会无过程与结构。在团体中，个人之间的冲突在一定程度上总是存在的。因为人与人之间存在各种差异：价值观、信仰、态度以及行为上的差异。差异必然会导致分歧，分歧发展到一定程度就会导致冲突。因此，冲突是客观存在的，是无法逃避的，是不以人的意志为转移的。

应该说,冲突是团队管理无法避免的特色之一。

由于新创企业组织结构和规章制度的不成熟、不完善,且创业环境通常不确定性较高,风险较强,创业团队内部总会存在意见分歧、认知差异,从而导致冲突的产生。Barki 等的研究表明,冲突在创业团队中是一种常态。此外,Amason 的研究证实,随着组织依赖性的增强,组织向基于团队协作的结构转变,组织多样性和环境不确定性增加都会加剧团队冲突。团队内部冲突作为组织生活的常态,有不少学者对其内涵进行了界定。根据冲突背景和形式,学者从意见分歧、干扰阻碍和负面情绪三个方面进行了概念界定。Jehn、Mannix 指出,团队冲突可视为团队内部成员产生的认知差异、目标差异及愿望不协调的一种感知状态;Alper 等认为,冲突就是干扰或阻碍行为;Jehn、Bodtker 认为,冲突由焦虑、嫉妒、沮丧和愤怒等负面情绪混合而成。综上所述,本书认为创业团队冲突是指两个或两个以上成员发生的分歧、摩擦或对抗行为。

二、创业团队冲突的特点

在创业团队中,各个组成因素不相同,成员的质性不同,对待问题的方式不同等,因而在创业团队中产生冲突的可能是很明显的,也是大量存在的。对于某一问题的思维方式以及认知情况的不同,往往使创业团队各个成员的理解和看法都会不相同,故为了某些利益从而产生冲突自然是无法避免的。创业团队中产生的冲突具有以下特征。

(一)原因复杂

创业团队冲突产生的原因是各不相同的,某些时候是如利益分配等物质性的原因,某些时候是价值观念的原因,不同的团队成员可能会对企业当前的市场策略、未来的发展方向等持有不同的意见,而某些时候则可能是个人情绪的原因,等等。

(二)类型多样

正如原因的多样,创业团队冲突的类型也是多样的,有些冲突表现为人际关系上的冲突,有些冲突表现为团队角色或者分工上的冲突,有些冲突又会有其他的类型表现。

(三)行为上存在攻击性

创业团队冲突相较于企业高层冲突而言,有着较为明显的行为攻击性,而且创业阶段团队的冲突会伴随企业后期的发展。

三、创业团队冲突的分类

对于创业团队来说,可能出现利益纷争、情感问题、资源分配、个体特质差异、沟通、信任六类冲突。理解冲突的类型,有助于创业者及其团队更有效地采取针对性措施。

(一)利益纷争

股权和权力,历来是创业纠纷最主要的根源。在创业初期,由于股权分配没有取得共识,最容易发生股权纠纷。在创始人感觉到地位变化时,就容易发生对权力的争夺。另外,利益分配纠纷也是创始人之间常见的现象。刚刚创业的阶段,因为友谊或亲情这种关系而组成的创业团队,本应紧密而团结,但是在金钱利益到来之时,人性很可能经不起考验,所以会看到创始人为了争夺利益从拍档变为对手的现象。

(二)情感问题

有些创业团队是因为个人关系感情而组成的,但是个人关系感情是发展变化的,如果处理不好,个人关系感情随时可能会波动甚至破裂,导致创业团队内部冲突。

(三)资源分配

创业团队对于角色的分工,会导致对创业资源使用的不公平。在创业初期,如果团队紧密无间,这样的不公平或许会被掩盖。但是这样的不公平持续存在,将如同导火线一般,一旦创始人之间关系变化,资源分配问题会立即爆发出来。

(四)个体特质差异

创始人之间存在个体特质的差异,如教育背景及经历不相同,各自做事风格不同,各自有不同的价值观。在创业公司发展过程中,对于各种事务的处理与决策,他们会有不同的想法,从而产生冲突。

(五)沟通

创始人之间,容易发生两种类型的沟通问题。一种是沟通不充分。有问题或者有想法,不愿意与对方沟通;有抱怨或者有不认可之处,都藏在内心,让对方不得而知。另一种是沟通方法不对。即说得多听得少,或者是听不进去,只图自己说得痛快,这样的沟通,反而会让冲突升级。

(六)信任

创始人之间会出现两类信任问题。一类是缺乏信任。尽管创业之初创始人因为共同的愿景走到一起,但是并不代表他们是亲密无间的关系。比如资金与技术的组合形成的创业团队,相互之间是否完全信任,这是很难判断的。另一类是过度信任,没有制衡。信任可以让团队内部关系单纯,让创业团队把精力专注于业务上。但是过度信任,会把公司的未来完全寄托于一人之手,这对于整个团队来说是很危险的,当问题暴露时,必然会爆发激烈的冲突。

四、创业团队冲突管理

(一)托马斯解决冲突二维模式

美国的行为科学家托马斯和他的同事克尔曼提出了一种二维模式,以沟通者潜在意向为基础,认为冲突发生后,参与者有两种可能的策略可供选择:关心自己和关心他人。其中,关心自己表示在追求个人利益过程中的武断程度,为纵坐标;关心他人表示在追求个人利益过程中与他人合作的程度,为横坐标,从而定义冲突行为的二维空间。于是,就出现了以下五种不同的冲突处理的策略(如图3-3所示):强制(竞争)、合作、妥协、顺应和回避。

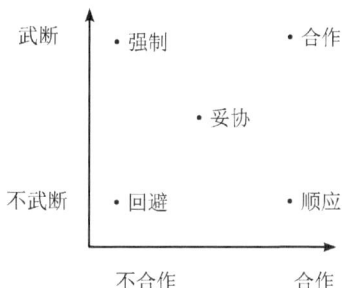

图3-3　托马斯-克尔曼人际冲突处理模式

1. 强制策略

强制策略又称竞争策略,指高度武断且不合作的策略,是以己得彼失为特征的赢取对方的努力,即为了自己的利益牺牲他人的利益。一般来说,此时一方在冲突中具有占绝对优势的权力和地位。于是,一方会认为自己的胜利是必要的,相应地,另一方必然会以失败而告终。强制策略通常可以使人们只求达到自己的目的,所以不受对手的欢迎。

2. 合作策略

合作策略,指在高度的合作精神和武断的情况下采取的策略,是以互补共得为特征的协调各方利益的努力。它代表了冲突解决中的"双赢"局面,即最大限度地扩大合作利益,既考虑了自己的利益,又考虑了他人的利益。一般来说,持合作态度的人有以下几个特点:

(1)他们认为冲突是一种客观的、有益的现象,处理得恰当会引起一些建设性问题的解决。

(2)相信对手。

(3)相信冲突双方在地位上是平等的,并认为每个人的观点都有其合理性。

(4)他们不会为了共同的利益而牺牲任何一方的利益。

3. 妥协策略

妥协策略,指合作性和武断程度均处于中间的状态,是以各自得失为特征的互惠交易的努力。它建立在"有予必有取"的基础之上,这种策略通常需要一系列的谈判和让步才能形成。与合作策略相比,妥协策略只求部分地满足双方的要求。但是,妥协策略却是最常用的,也是被人们广泛接受的一种处理冲突的策略,因为妥协策略至少有以下优点:

(1)尽管它部分地阻碍了对手的行为,但仍然表示出合作的姿态。

(2)它反映了处理冲突问题的实利主义态度。

(3)它有助于保持双方之间的良好关系。

一项研究表明,人们之所以欢迎妥协策略,是因为妥协策略的确提供了一个解决办法,而不能解决问题是软弱的表现,完全接受对方提出的意见则需要很大的勇气。

4. 顺应策略

顺应策略,指一种高度合作而武断程度较低的策略,是以彼得己失为特征的迎合对方的努力。可以说,顺应策略是无私的策略,因为当事人牺牲自己的利益而满足他人的要求。通常顺应策略是为了从长远角度出发换取对方的合作,或者是屈服于对手的意愿。因此,顺应策略是最受对手欢迎的,但容易被对手认为过于软弱或是屈服的表示。

5. 回避策略

回避策略,指既不合作又不武断的策略,是以各无所得为特征的容忍分歧的努力。这时,人们将自己置身于冲突之外,忽视了双方之间的差异,或保持中立态度。这种方法反映出当事人的态度是任由冲突自然发展,对自己的利益和他人的利益均无兴趣,于是回避各种紧张和挫折的局面。回避方法的使用可以避免问题扩大化,但常常会因为忽略了某种重要的意见、看法,使对方受挫,易遭对手的非议,所以长期使用效果不佳。

以上五种冲突处理策略各有优劣,适应不同的冲突背景。当创业团队发生冲突时,团队成员应该依据冲突的类型、双方的利益诉求与地位、合作必要性等方面,以团队集体利益为重、以创业为最终目标,选择一种最佳的冲突处理策略,化解冲突。

(二)创业团队冲突预防和管理策略

1.完善团队的利益分配与激励机制

高效的创业团队一定要有一个公平、合理的激励机制才能充分调动团队成员的积极性,维系创业团队共同奋斗。创业企业要想真正维系核心创业团队的稳定,首先需要解决利益的合理分配问题,形成科学有效的企业利益分配和激励制度。一方面,创业企业要从公司长期发展的角度考察团队成员对公司的贡献,而不是从某一个阶段、某一个时期来评价团队成员对公司的贡献,且各项利益的分配方式要体现贡献的多少,充分利用"股权、奖金、工资、培训、晋升"等不同形式使得每个成员的付出和收获呈正比,并建立短期、中期、长期(如合伙人制等)激励机制。另一方面,随着创业团队或企业的发展壮大,利益分配与激励机制应该根据实际情况做出一定的调整变化。新东方创始人俞敏洪就曾指出,"和朋友一起创业,利益分配结构一定要是动态的"。事实上,不同的团队成员对利益的追求是具有差异性的。有人看重金钱,有的团队成员可能偏好荣誉和地位。所以,成员之间应该多交流,根据不同团队成员的意愿完善激励机制,充分调动每个团队成员的积极性和创造性。

2.建设顺畅的内部沟通渠道

营造良好的沟通渠道、建立和谐的沟通氛围,对避免冲突的发生,或者在冲突之后有效化解是至关重要的。团队内的冲突许多是由于观点存在分歧,若依仗年龄、职位不尊重他人的意见,只会造成冲突加剧、矛盾升级。要想真正解决团队冲突,就需要团队内有交换意见、沟通想法的平台,通过交换信息,沉着冷静、公平大度的沟通,增进彼此之间的相互了解,促进相互学习。通用电气原总裁杰克·韦尔奇就提出了"无边界"的理念,希望将各个职能部门之间的障碍全部消除,工程、生产、营销以及其他部门之间能够自由流通,完全透明。同时,要确保大家都表达了观点,且沟通的方式是合理的。创业团队可以实行例会制度,例如运用行动学习法,商讨最近的重要问题,并且应该鼓励团队成员发表意见、鼓励他们畅所欲言,并注意有效地控制负面情绪的出现和升级。反复沟通是有助于冲突的解决和企业的发展的。

3.寻求内部建议

团队成员基于自身背景和经验获取的高质量信息,是他们赖以决策的基础。代际、教育或职能背景对团队成员分析问题的角度和决策制定的角度有显著影响,团队异质性带来更多的技能、经验以及知识。尽管可能会造成观点分歧,但因此团队就能够从更加广阔的视角获取更多决策信息,减少决策中由于个人经验、信息不足而出现的固有疏忽,提高决策质量。因此,团队应积极看待团队成员不同观点,在遇到问题时积极寻求熟悉该问题的相关人士的建议,因为他们作为"局内人"更了解问题背景,更容易提出切实可行的相关建议。管理学研究也越来越关注组织员工和团队成员建言献策的影响。创业企业应特别鼓励团队成员从企业利益的角度出发,多角度提出不同的观点。

4.建设和谐的团队文化

为了消除或降低团队冲突对企业的消极影响,创始人要加强对企业的团队建设,比如经常举办团建活动,促进彼此了解,培养团队感情,增强团队凝聚力,以避免成员在工作冲突中对其他成员产生负面情绪,并进一步影响到团队的稳定。此外,要注重共同的目标和价值观在团队建设和冲突管理中的作用,同时创业目标要被每个成员深刻理解、接受,只有这样,在遇到各种冲突的过程中,大家才能够相互包容和鼓励。在组建创业团队或招募新成员加盟时,应该根据每个团队成员的不同特征和特点,选择与团队价值观和目标相符的成员,避免团队内因为价值观不同而产生冲突的状况。

5.积极寻求外部建议

近年来,国际和国内经济呈现下行趋势,企业生产经营环境发生了很大的变化,国际和国内市场竞争更加激烈。国有企业、大中型企业实力雄厚,竞争能力相对较强,而刚创立的企业,普遍面临市场需求不足、竞争加剧、生产要素成本上升、经营活动困难等残酷现实。新创企业规模小、经营成本高、税负高,同时还存在融资困难、内部管理水平弱、抗风险能力不足等问题,企业经营效益在下降。为此,我国政府和相关管理部门也相继制定并出台了一系列诸如融资减税等支持性政策措施,改善营商环境,保护中小企业和创业企业的利益,以促进和支持创业企业的发展。因此,应鼓励团队成员积极参与外部相关机构的活动,如所在园区、各地商会、行业协会等,鼓励团队成员积极报考所在地大学的 EMBA、MBA 等在职教育项目,围绕企业共同发展壮大的目标,构建一个资源共享匹配、解决小企业主存在的共性问题、促进创业企业健康持续发展、实现学习与行动实践相结合的交流互助平台。

第四节　创业团队信任建立与发展

一、创业团队信任的含义与特殊性

(一)创业团队信任的含义

"信任"一词在《现代汉语词典》中的释义为"相信而敢于托付";在《古今汉语词典》中的释义为"相信而敢于托付、任用";在《新华词典》中的释义为"相信不疑"。综合相关研究以及释义,我们可以看出人际范围内的"信任"的含义应当包括以下两种基本要素:一是指人与人之间彼此相信,毫无疑虑;二是一方对另一方基于彼此相信而可以托付某件事情,以实现托付方的目的。

创业团队是一种组织,因此,理解组织中的信任应当包含心理认知和行为选择两个方面。一方面,信任是一种期待、预期或是信念,同时也包含一定的情感和动机成分,相信他人及其行为是善意的,或者不会损害自己的利益。当个人信任他人的时候,表示信任者愿意承担由于信任带来的风险和脆弱性。另一方面,信任也是一种行为选择。信任者积极地参与到创业过程和活动中,采取合作的行动,并为此贡献自己的力量,共同面对未知的未来,强调在某种风险情境下对他人的依赖。创业情景中的信任可以理解为:合作的一方相信另一方会自觉做出对自己有利的事情,不会去利用自己的弱点而获取利益。

信任对创业团队至关重要。信任可提高创业团队成员的应变能力,分散不确定风险,促进信息分享,降低创业团队成员对他人机会主义行为的预期,减少创业团队人事变动率等。国内外学者的研究表明,创业团队信任对创业团队的形成、运行和稳定发展有重要作用。

创业团队的信任主要包括两个层面,第一个层面是创业团队成员个体之间的信任关系,第二个层面是创业团队成员对团队本身的信任。事实上,创业团队成员之间的信任贯穿于创业的整个过程,成员之间的信任会直接影响到对团队本身的信任,而成员对团队本身的信任也会影响到成员之间的信任。

(二)创业团队信任的特殊性

创业活动由于具有较高的风险,且依赖于团队成员彼此的支持合作,因而对创业的成功具有重要作用。不同于普遍意义上的人际信任,创业团队的信任具有以下特殊性。

1.创业团队信任是有条件的信任

创业团队中的人际信任基于团队成员共同的价值观和共同的利益,是有条件的信任,既有"人情"的感性特质,又具有理性的认知。与之相反,日常生活中的人际信任更多以感情和人情为纽带,是一种无条件的信任。在创业过程中,创业团队作为一种经济组织,是为了实现一定的商业目标互相协作结合而成的团队,具有明确的目标导向。因此,成员之间的关系并非是一种简单的人际关系,而是涉及各种资源、利益分配和权责范围等问题,在人际信任基础上融入了理性和功利色彩。所以,在创业团队中的信任既要有感情的成分,同时也需要理性地对待和认知。不同于人与人之间的信任由最初的利益计算发展到之后的了解、认同和情感的信任,在创业团队情景中,随着创业团队不断成熟和发展,基于理性成分的信任逐渐增加。

2.创业团队信任具有更高的相互依赖性

创业团队的信任较日常生活的人际信任而言,具有更高的相互依赖性。由于个体的力量和资源有限,面临的风险和不确定性也更大,单独的个体无法达成创业目的。而创业团队成员拥有不同的知识背景、专业能力和经验等,每个人都有明确的角色分工,能够起到互补的作用,通过团队合作的形式可有效地完成团队的创业目标。因此,在创业团队中,成员之间是高度依赖的,在创业过程中相互依赖的信任减少甚至放弃了对其他成员工作的监控,降低了组织的成本,使成员之间能够更好地沟通和共享知识。

二、创业团队信任的建立与维持

(一)创业团队信任建立的基础——团队成员的信任品质

信任不是无缘无故就能产生的。可信任的人应具备与信任性相关的品质。个人品质是指个人的价值观、思想、道德、性格、知识和能力等相对稳定的心理和行为特点的综合。信任品质指与人的信任品性相关的个人的心理和行为特点。一个人是否值得信任,与个人的特定品质是密切相关的。例如,一个缺乏社会公德和社会责任心的人,我们不相信他能够诚心为公众服务;相反,一个德才兼备的人是值得信任的。高度信任关系中的创业团队成员表现出五个基本的品质特点:①认同创业团队的核心价值观;②认同一定的共同目标;③具有实现信任者期望的能力;④为人诚实;⑤关心创业团队成员和团队的利益。

1.创业团队成员必须认同团队的核心价值观

任何组织都有自己最重要的价值观,即核心价值观。创业团队的核心价值观是成员信任的基础要素之一。价值观是目标的基础。人们的目标是基于具体的价值观。成员之间有一致的价值观,可以增加凝聚力和对彼此的信任。

2.创业团队成员必须认同共同的目标

合作总是为了达成一定的目标,尤其对于创业团队来说。如果合作能促进合作者各自目标的实现,则合作者各自都感到有合作的必要,因此就维持合作关系。合作者有共同的目标和利益时,合作基础更加牢固。

一个社会团体的共同目标与这个团体的成员的个体目标之间的关系存在两种状态:团体目标与个体目标协调一致,或者团体目标与个体目标有差异甚至冲突。

团体目标与个体目标协调一致的状态,显然有利于团体成员的彼此信任和合作,而团体目标与个体目标的差异和冲突不利于团体成员彼此的信任。为了使团体目标与个体目标协调一致,必须实行目标整合的管理原则。目标整合的基础是利益整合,也就是将团体的共同利益与团体成员的个体利益融合起来,使团体利益包容个体的利益。在利益整合的情况下,成员追求个体利益的目标与追求团体利益的目标是一致的,或者基本是一致的,就能认同团体的共同目标。利益的整合会使创业团队成员认为大家都会关心团队整体和其他人的利益,并且为这些利益而贡献自己的努力,从而促进了团队信任的形成。

3. 创业团队成员必须具有实现团队和伙伴期望的能力

信任者对被信任者总是有某种期望并且相信被信任者有能力实现对他的期望。如果被信任者不能实现这种期望,就会使信任者失望,从而丧失对他的信任。不能实现期望存在两种情况:一种与能力有关,即没有能力实现他人的期望;另一种是恶意违背期望,即有相应的能力,但却可能出于自利等因素而违背他人的期望。

创业环境通常是动态不稳定的,因此创业团队整体的战略、目标、市场策略等可能需要不断地变化,这样的变化如果没有进行充分的沟通,极有可能会使团队成员认为领导没有能力或不能遵守承诺。因此,创业团队内要保持较高的透明性和良好的沟通氛围。同时,面对不得不改变的情况时,要及时与团队成员沟通,说明不得不改变的原因。

在创业团队里,成员对团队领导者最基本的期望之一是领导者能够带领团队成员实现团队目标。因此,有能力制定和实现有挑战性的团队目标成为团队成员信任团队和团队领导者的重要基础。

4. 创业团队成员必须为人诚实

人们倾向于相信诚实的人和诚实的言行。诚实是一种性格特征。诚实的人说实话,言行一致,真实地表达自己的想法和观点。诚实又是一种态度和行为方式。诚实体现在保持言行一致的善意动机和实际行动上。诚实的人做他已经承诺的事情,只承诺他将真正努力要做的事情。诚实的人不会轻易承诺。因为一般的人都是属于诚实的人,所以一个不诚实的人或者不诚实的言行,会引起人们特别的注意。一个人一旦被认定是一个不诚实的人,以后人们对他的言行就很难恢复信任。由于创业环境本身不确定性高,创业活动具有涉及利益分配等的特征,创业团队成员间信息有时不能及时共享,导致成员做出机会主义行为的可能性增大。这时,诚实的人能减少类似这样的猜疑,从而获得其他成员的信任。

5. 创业团队成员必须关心伙伴和团队的利益

人们倾向于信任关心和尊重他们利益和权利的人。对于不关心我们利益和权利的人,我们倾向于怀疑他的动机是追求私利,也担心他为了追求自己的利益而可能损害我们的利益。对于合作伙伴,我们至少期望他们不会为了自己的利益而损害我们的利益,群体成员相互关心将增进团队成员的凝聚力和信任。在创业团队中,团队领导者对团队成员利益的关心对于建立信任文化至关重要。有的团队领导者的精力主要投入工作目标,而对于成员的个人福利不关心,他就很难获得成员的信任。

上述五种信任基础要素的重要性是不均衡的。根据情景的不同,每一种要素的意义都可能比其他几种更为突出。例如,当团队为了完成一项新产品开发的时候,如果遇到技术难点,可能是团队成员的技术能力显得尤其重要;如果没有技术上的特别困难,可能是团队成员的诚实很重要,还可能是技术团队内成员之间的相互关心的气氛显得很重要。

(二)创业团队信任建立与维持的制度建设

人的行为是个人因素和环境因素交互作用的结果。人的行为和心理不仅受到个人素质的影响,也受到环境的影响。团队成员信任素质的养成和提高不是在真空中进行的,而是在具体环境中进行的。人的信任素质的提高无法脱离组织环境因素的影响,尤其是组织制度的影响。好制度鼓励人做好事,坏制度引诱人干坏事。李嘉诚曾说过:"要吸引及维持好的员工,要给他们好的待遇及前途,即有受重视的感觉。当然,还要有良好的监督和制衡制度,这是一定要有的,不管什么样,都要有个制度,不能山高皇帝远。否则,一个好人也会变坏。"

组织制度对人的行为和心理的影响主要体现在:①提供明确的行为规范;②提供考核工作绩效的明确依据;③提供奖惩的明确依据;④稳定地影响人们的心理和观念。

有明确的制度,人们才知道哪些价值、观念和行为方式是组织倡导和要求的,或是组织禁止的。有了规范,组织成员的行为在很大程度上是可以预测和可控的,由此便更加值得信任。没有明确的规范,人们必然无所适从,或自行其是,或只能等待上级的指示而贻误时机,由此便降低了可信任程度。创业团队在起步阶段时,组织管理各方面还不成熟,因而更需要比较明确的制度来制定规范。因此,为了发展团队的信任气氛,除了着眼于提高人的信任品质外,还应注重制度建设。建设与信任相关的组织内部制度,主要包括责任制度、奖惩制度和促进人际亲密性的沟通制度。

1.责任制度

一个人在必须负责任时比不必负责任时更可信任。例如,当人们在路上遭遇车祸需要救助时,他们对赶到现场的警察与医院派出的医生和护士是信任的,因为他们知道警察、医生和护士负有责任并且具备专业能力;当我们在泳池内挣扎呛水时,我们首先信任救生员,因为他们负有这种责任并且具有专业能力。

必须承担责任的义务一般会增强一个人履行责任的动机,因为如果一个人违背责任,人们就有理由批评他,甚至可以惩罚他。因此,承担责任一般能够增强一个人行为的可信任程度。

通过责任制度来增强一个人的可信任性,必须符合几个基本条件:第一,责任必须是明确的;第二,与责任相关的行为是可以观察和监督的;第三,对违背责任的行为者可以施加一定的惩罚。

根据上述原理,创业团队的责任制度应该具备以下三个基本特征:

(1)责任明确,并且落实到具体成员。

(2)采取适当方式来观察和测量成员行为和工作绩效。

(3)违反制度者将受到适当的惩罚。

2.奖惩制度

与责任制度密切关联的是奖惩制度。奖惩制度提供了一种激励机制。一个人仅仅知道自己的责任或义务,还不会怎么受到激励。只有当一个人知道自己的责任所在,又知道自己的行为后果的利害关系,才会受到责任的极大激励。

创业团队应该奖励强化行为,而惩罚弱化行为。我们使用奖励来增强或增加期望的行为方式,使用惩罚来阻止或减弱要避免的行为方式。如果被信任者的行为受到奖惩制度的制约,我们对被信任者的行为就有比较大的信心。相反,如果一个人的行为,无论结果怎样,都不会有任何奖惩伴随,那么他的行为就可能不受或很少受别人影响,而很可能随心所欲,对这种人的行为信任就有很大风险。因此,在团队中,适当的奖惩制度还是必要的。

3.促进人际亲密性的沟通制度

为了发展信任气氛,沟通制度应能够促进成员之间的人际亲密性。人际亲密性表现在人们彼此熟悉,经常有直接的面对面接触,彼此相处融洽。人际亲密性降低了信任的风险,增加了相互信任。一般来说,创业团队人员的信任品质越好,就越值得信任,因此制度性的约束便可以越少。但即使成员的信任品质非常好,也还是需要一定的制度保障。没有一定的制度,人们将无所适从,人们的性格缺点也会使行为具有比较高的不确定性。总之,当一个团队既有较好的可信任品质和信任氛围,又有适当的制度约束时,那么这个团队的行为就具有比较高的可信任度。

值得注意的一点是,制度的规定不能是一成不变的,而应随着创业企业业务的发展、团队规模和结构等的变化而做出调整。

第五节 创业团队的领导

一、领导与领导者

(一)领导

关于领导的含义,历来众说纷纭。领导从词性上看,既可以作名词,也可以作动词。作名词理解时,即指领导者(leader)或领导(leadership);作动词理解时为 lead,至今没有一个统一的定义,可谓见仁见智。诸如领导是使别人服从的艺术,是对别人影响力的施加,是通过权力实现目标的手段等。许多著名的管理学家也对领导做了不同的定义。

泰勒(Taylor):领导是影响人们自愿努力以达到群体目标所采取的行动。

孔茨(Koontz):领导是促使其下属充满信心、满怀热情来完成任务的艺术。

凯利(Kelly):领导是为了帮助团体达到一定的目标。

戴维斯(Davis):领导是一种说服他人热心于某一目标的能力。

阿诺德(Amold)和菲尔德曼(Feldman):领导是一个影响过程,包括影响他人的一切活动。

结合以上对领导的理解,我们认为,领导是指在一定的社会组织或群体内,领导者通过指挥、带领、引导、沟通和激励方式对成员施加影响,使团队成员更加积极主动地为实现组织和群体目标而努力的过程。领导的本质是组织成员的追随与服从。领导的定义包括下列要素:领导者必须有部下或追随者;权力在领导者与其他成员之间的分配是不平等的;领导是一种艺术创造过程(人与人之间千差万别);领导的目的是通过影响部下来达到组织的目标。

(二)领导者

领导者,指承担领导职责,实施领导过程的人,日常生活中也简称"领导",本书中指的是团队领导者。

领导者在组织中发挥的作用如下：

（1）指挥作用——指明活动的目标和达到目标的途径（领着大家走）。

（2）协调作用——把组织成员的个人目标与组织目标结合起来。

（3）激励作用——最大限度地调动组织成员的积极性，并长久地保持下去。

（4）教练作用——在工作过程中帮助员工提高工作能力，帮助员工克服工作中可能遇到的困难。

二、创业团队领导的作用

创业团队领导需要对创业团队进行统一协调并帮助企业完成绩效。对于创业团队来说，创业团队领导的主要作用包括四点，即识别人才、组建团队，提出愿景，交流沟通，协调团队，如图3-4所示。

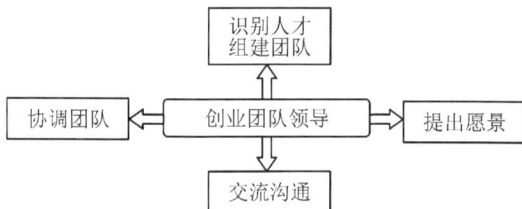

图3-4 创业团队领导的作用

（一）识别人才、组建团队

创业团队领导是创业团队的核心，吸引和招揽其他团队成员并组建团队是创业团队领导最核心的作用。这需要团队领导者具有"伯乐"的非凡眼光，挑选优质的团队成员。

（二）提出愿景

创业团队领导通过提出愿景，借助愿景聚集和动员相互依存的团队成员，并最终将愿景转化为现实。创业群体中领导的创业愿景要强于创业团队其他成员，并且团队领导的愿景还会对团队业务的增长产生积极影响。

（三）交流沟通

创业团队领导者是由群体发展出来的领袖人物，具有非凡的影响力。团队领导者对内具有推动、发起以及引导团队成员的作用，对外则担任团队的沟通桥梁，处理与外部进行信息、资源交流的事务。

（四）协调团队

一名合格的创业团队领导者必须学会耐心地分享资讯、信任他人、放下权威，以及了解介入冲突的恰当时机，还必须承担指导、协助、评估团队与个人绩效、训练及沟通等责任。

三、创业团队不同时期的领导行为方式

领导行为有多种模式，最为经典的还是四分模型图中基于结构维度和关怀维度发展起来

的任务导向(task-oriented)行为和关系导向(relationship-oriented)行为(见图 3 - 5)。

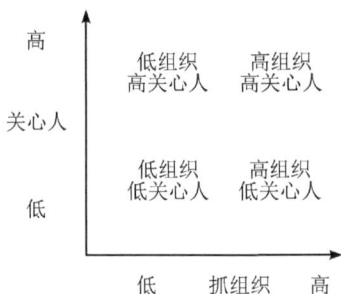

图 3 - 5　领导行为四分模型图

　　该理论是由美国俄亥俄州立大学的领导行为研究者们在 1945 年提出来的,他们列出了 1000 多种刻画领导行为的因素,通过高度概括归纳为两个方面:着手组织和体贴精神。研究结果认为,领导者的行为是关心组织与关心人两个方面的任意组合,即可以用两个坐标轴的平面组合来表示。在模型中,用四个象限来表示四种类型的领导行为,它们是:高组织与高关心人,低组织与低关心人,高组织与低关心人,低组织与高关心人。四种领导行为中,究竟哪种最好呢?结论是不肯定的,要视具体情况而定。不同的领导行为方式适用于不同的团队环境和团队所处的阶段。创业团队领导需要考虑到团队处于创业阶段这一重要因素。我们可以参照组织生命周期理论将团队的发展划分为形成期、发展期和成熟期三个阶段,团队发展的不同阶段具有不同的特点和团队环境,创业团队领导需要采取相对应的行为方式(如图 3 - 6 所示)。

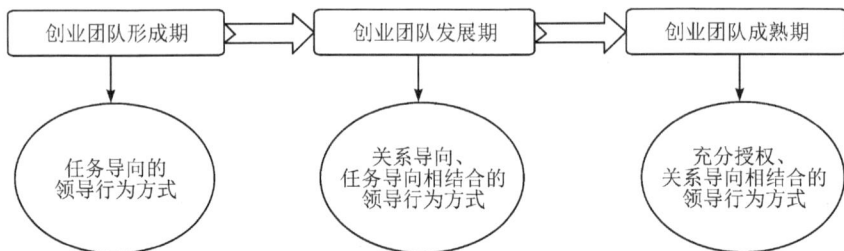

图 3 - 6　各阶段创业团队领导行为方式图

（一）创业团队形成期——任务导向的领导行为方式

　　在创业团队的形成期,团队关系刚刚建立,团队成员还没有进入自己的角色,这时候团队领导的协调和指导就十分必要。团队领导要负责指导团队成员对团队的目的、工作方式达成共识,负责协调团队成员的任务分配,负责引导团队成员相互熟悉并相互合作,还要负责带领团队成员制定共同的目标和行为规范。因此这个时候团队可能更需要任务导向的领导行为方式,以指导团队成员尽快进入团队角色并融入该团队中,使团队尽快进入正常工作轨道。因此,在这一阶段中,任务导向的领导行为方式可能比其他领导行为方式具有更高的成员满意度和工作成效。

（二）创业团队发展期——关系导向、任务导向相结合的领导行为方式

创业团队的发展期是团队成员对团队角色和工作不断适应和调整的过程,同时也是对工作方法和共同的目标不断改进的过程。在这个过程中,团队成员基本形成了共同的心智模式和行为规范;团队成员需要支持与鼓励来完成共同的工作,克服遇到的困境。这时候,领导者既需要应用任务导向的领导行为方式,也需要应用关系导向的领导行为方式。既要重视与团队成员之间的交流沟通,保持其与团队目标的一致性,也要注重工作任务上的详尽指导,同时尽快将职责权限划分清楚,建立起完善的团队制度。因此,在这一发展阶段中,关系导向的领导行为方式与任务导向的领导行为方式结合更能塑造团队合作的氛围和积极主动的精神。

（三）创业团队成熟期——充分授权、关系导向相结合的领导行为方式

创业团队的成熟期,是团队成员真正发挥团队智慧的时期。在这个时期,团队已经形成稳定的行为规范和互动模式;团队成员产生了较高的社会认同感;团队领导主要是通过制定一致的具有挑战性和创新性的目标并为成员提供支持来驱动团队前进的。这时的团队成员具有较高的自我管理能力,能够胜任自己的工作,但是团队中仍然需要保持一种良好的、积极的、相互协作的气氛。因此,在创业团队的这一发展阶段,团队领导应当尽量授权,在任务上少指导,充分相信团队的自我运作能力,但同时要注重关系导向的领导行为方式,力求在团队中营造一种相互理解、相互包容、相互合作的气氛,这样也有利于创业团队领导从琐事中脱身,有更多的时间精力来关注战略层面的事情。北京关键之道体育咨询有限公司 CEO 张庆自公司创立以来,就曾先后两次放权。张庆认为,放权是创业团队发展的必经之路。

四、创业团队领导者的素质

作为创业团队的核心,领导者需要同时具备多种良好的素质(如图 3-7 所示)。

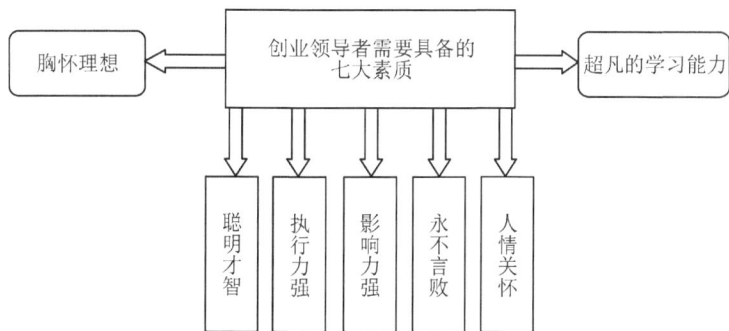

图 3-7　创业领导者应具备的素质

（一）胸怀理想

创业团队领导者需要胸怀理想,在团队中扮演"造梦师"的角色,赋予团队一个共同的、能够实现的梦想,指引着团队成员们向着这个理想共同努力奋斗。

（二）超凡的学习能力

团队领导者要有超凡的学习能力。领导者肩负着促进团队发展、事业进步的历史使命,应

该加强学习、积极实践、勇于创新、与时俱进。

(三)聪明才智

创业团队领导者需要有聪明才智，这是领导者是否胜任领导职务与是否能完成领导工作的重要条件之一。领导者的聪明才智是在实践中形成并表现在实践之中的，它是领导者的实践性因素，领导者在进行组织管理、掌握专业技术和决策的时候都能体现出聪明才智。领导者品格与才智结合，德才兼备，则更能产生强烈的团队影响力，博得团队成员的信赖与钦佩。

(四)执行力强

创业团队领导者要有很强的执行力，也就是我们所说的有魄力。我们很少发现执行力很强却没有魄力的领导，为什么要有魄力？有了眼光就需要领导有魄力，上行下达，这样才能确保团队的及时运转，带来事业的成功。

(五)影响力强

影响力对于创业团队领导来说同样重要。影响力一般指人在人际交往中影响和改变他人心理与行为的能力。领导影响力就是领导者在领导过程中，有效改变和影响他人心理和行为的一种能力或力量。因此，具备影响力的团队领导者能够带动团队成员的工作热情。

(六)永不言败

创业团队领导者要有坚韧的毅力，即永不言败、永不放弃。创业本身是一种高风险的活动，世界上不存在不会失败的创业方法，这要求领导者需要具备永不言败的素质。

(七)人情关怀

创业团队领导者要有人情关怀。感情是人对客观对象好恶亲疏倾向的内心体验，是情绪与情感的结合。充满人情关怀的领导者能够缓解人与人之间、领导者与被领导者之间的隔阂，融洽团队关系，提升自身感染力。

第六节 创业团队管理及基础理论

一、创业团队管理的特殊之处

创业团队的管理不同于工作团队的管理。对于大多数企业内的工作团队来说，如研发团队、销售团队和项目团队等，因为人员和岗位稳定性相对较高，人们习惯性地将重点放在过程管理上。但对创业团队管理而言，正好相反，创业团队的重点在于结构管理，而不是过程管理。

首先，创业团队管理是缺乏组织规范条件下的团队管理。在创业初期，创业团队还没有建立起规范的决策流程、分工体系和组织规范，"人治"味道相当浓厚，处理决策分歧显得尤为困难。此时，团队成员之间的认同和信任尤其重要，但又很难在短期建立起来。此时，影响认同和信任关系的创业团队的结构和制度就显得尤为重要。

其次，由于业务和市场的不确定性，创业团队缺乏短期激励手段。成熟企业内的工作团队可以凭借雄厚的资源基础，借助月度工作考核等手段，在短期实现成员投入与回报的动态平衡。相比之下，创业初期需要团队在时间、精力和资金等方面的高强度投入，但这些投入短期内无法实现期待的激励和回报。

最后,创业团队管理是以协同学习为核心的团队管理。成熟企业内工作团队的学习以组织知识和记忆为依托,成员之间共享着相似的知识基础。但是创业过程充满不确定性,需要不断试错和验证,同时在此基础上创造并存储、组织知识和记忆。创业团队的协同学习,建立在团队成员之间在创业之前形成的共同知识和观念基础上,这仍旧取决于创业团队的初始结构。

核心创业者对于团队成员的选择,决定了创业团队管理的基础架构,这是实现有效的创业团队管理的重要前提。

二、成功创业团队管理策略

根据对成功团队的基本特征的分析,要组建一支成功的、高绩效的团队,作为组织领导者应该首先注意以下问题。

(一)树立共同的创业信念

创业团队中每个人的工作相互依赖和支持,应该依靠事业成功来激励团队成员。因此,要使成员们相信他们处在一个命运共同体中,共享收益,共担风险;要使成员们相信他们正在为企业的长远利益工作,正在成就一番事业,而不是把企业当作一个快速致富的工具;要使团队成员们既了解团队发展的方向,又能在行动上与团队发展方向保持一致。

(二)确立明确的发展目标

创业团队在组建之初,需要团队成员用大量时间和精力来讨论和完善一个明确的发展目标,这一目标一旦被全体成员接受,就会占据领导地位。团队目标来自企业的发展方向和团队成员的共同追求。目标在团队组建过程中具有特殊的价值。共同的未来目标有利于团队成员心往一处想,劲往一处使,是创业团队克服困难,取得胜利的激励因素。只有真正目标一致、齐心协力的创业团队才会取得最终的胜利与成功。

(三)培育团队精神

团队精神是指团队的成员为了实现团队的利益和目标而相互协作、尽心尽力的意愿和作风,它包括团队的凝聚力、合作意识及士气。团队精神是优秀团队的灵魂、成功团队的特质。团队精神强调的是团队成员的紧密合作。要培育这种精神,首先,领导者要以身作则,做一个团队精神极强的楷模;其次,团队精神是在一次次的团队培训中发展孕育出来的,因此要将团队精神落实到团队工作的实践中去。

(四)实现角色互补和角色转换

创业团队应合理地分配好每个成员的角色,使他们各尽所能,不仅要发挥每个人的积极性,更要提高其创造性。创始人在组建团队时,应该充分认识到各个角色的基本特征,容人短处,用人所长。在实践中,真正成功的管理者,对下属人员的秉性特征的了解都是很透彻的,而且只有在此基础上组建的团队,才能真正实现能力、技能结构上的优化。从团队角色理论的角度出发,还应特别注重培养团队成员的主动补位意识——当一个团队在部分角色出现欠缺时,其成员应在条件许可的情况下,主动实现团队角色的转换,使创业团队的整体结构趋于合理,以便更好地达成团队共同的绩效目标。

(五)建立学习型组织

创业环境复杂多变,创业团队成员应该不断学习以快速适应不断变化的市场需要。创业团队领导者应该让团队里的每一个人认识到学习的重要性,营造良好的成长环境,提供更多的锻炼和施展才华的机会。同时,尽力为他们创造学习机会,提供学习场地,并通过面谈、讨论会、培训课、共同工作的方式营造学习氛围,使团队成员在学习中不断进步与成长。

(六)建立责、权、利统一的团队管理机制

严明的纪律和管理机制不仅是维护团队整体利益的需要,且在保护团队成员的根本利益方面也有着积极的意义。

一方面,在创业团队运行过程中,团队要确定谁适合于从事何种关键任务和谁对关键任务承担什么责任,以使能力和责任的重复最小化。妥善处理创业团队内部的利益关系,这与新创企业的报酬体系有关。一个新创企业的报酬体系不仅包括诸如股权、工资、奖金等金钱报酬,而且包括个人成长机会和提高相关技能等方面的因素。由于新创企业的报酬体系十分重要,而且在创业早期阶段财力有限,因此要认真研究和设计整个企业生命周期的报酬体系,使之具有吸引力,并且使报酬水平不受贡献水平的变化和人员增加的限制,即能够保证按贡献付酬和不因人员增加而降低报酬水平。

另一方面,要处理好团队成员之间的权力和利益关系,创业团队必须制定相关的管理规则。团队创业管理规则的制定,要有前瞻性和可操作性,要遵循先粗后细、由近及远、逐步细化、逐次到位等原则。这样有利于维持管理规则的相对稳定,而规则的稳定有利于团队的稳定。

三、创业团队管理基础理论

(一)高阶管理理论

高阶管理理论的核心思想是:高层管理者会对其所面临的组织情境做出高度个性化的诠释,并以此作为基础采取行动,他们在行为中注入了大量自身所具有的经验、性格、价值观等特征。这种个性化的程度,能够决定组织战略的形成,也会影响组织中其他成员的行为。该理论是由美国管理学者汉布里克(Hambrick)和梅森(Mason)提出的。两位学者于1984年在《美国管理学会评论》上发表了经典论文《高阶:组织作为高层管理人员的反映》,提出了"高阶理论"。该论文提出了三个主要论点。第一,高层管理人员基于其个人偏见、经验和价值观而采取行动。如果想理解组织为何会采取如此的方式进行运作,那就需要了解公司高层管理人员。第二,整个高层管理团队的特性比首席执行官个体的特性能更好地预测组织的成果。第三,人口统计学变量可以作为管理人员认知和价值观的预测变量,如图3-8所示。随后,大量的研究开始关注高层管理人员及团队对组织战略选择及绩效的影响,进一步丰富了高阶理论。

1.高层管理人员的人口特征、心理特征

高层管理人员决定公司的命运,他们的经验、受教育程度、从军等特殊经历会对组织战略选择、企业绩效产生影响。高层管理者在信息过载、有限理性、有限搜索的作用下,往往会透过自身的经验来看世界。例如,有销售经验的经理会更关注市场相关的信息,拥有国际经验的高层管理团队会更主动地选择国际化战略。学者米勒、德弗里斯和卢兹等对首席执行官的控制点(locus of control)对企业战略的影响进行了分析,该研究把控制点分成两类:一类认为,一切都在掌控中(即"内控者");另一类认为,事件的发生源于运气、天数或命运(即"外控者")。他们通过对加拿大高级管理人员的研究发现,与外控者相比,由内控者领导的公司更具有创新

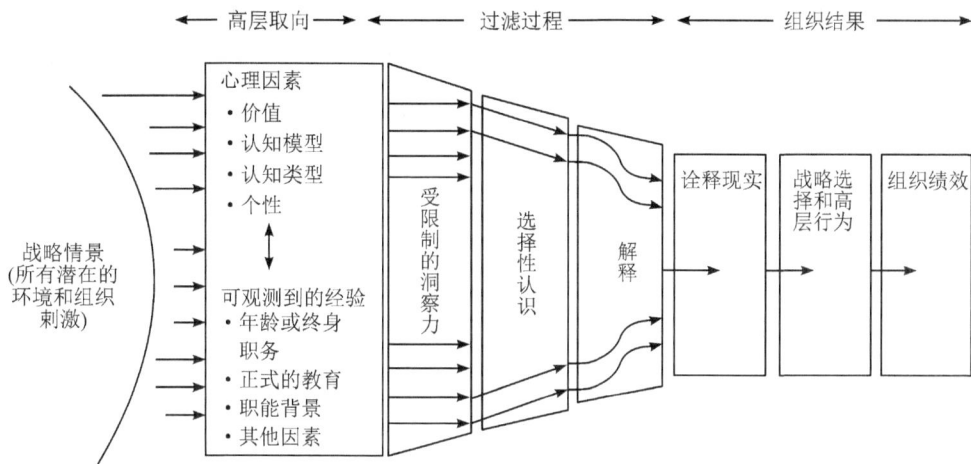

图 3-8　有限理性下的战略选择:高管诠释的现实

性,并且更能适应动态的环境。

高层管理人员的受教育程度一直受到关注。一些研究表明,高层管理人员的教育水平越高,越有利于组织创新、组织成长以及组织变革等。例如,在互联网创业热潮初期,百度的李彦宏、搜狐的张朝阳、小米的雷军等都是名校的高才生。近年的研究也关注高管人员的经历异质性、注意力分配、政治偏好、宗教信仰、自恋人格等对组织绩效的影响机制。例如,有研究就关注管理人员的从军经历对管理风格、公司治理、创新、战略选择的影响,如柳传志、张瑞敏、任正非、郑永刚等一些企业家就有从军的经历。研究指出,在道德偏好效应、风险偏好程度、服从纪律遵守规则、文化环境等因素作用下,高管从军经历对于民营企业改善公司治理的作用更大。

2. 高管团队的规模、异质性构成、团队动态发展

高阶理论认为团队整体特征比个体特征对组织产出更具解释力。首先,团队的规模。大规模团队比小规模团队拥有更多解决问题的资源和能力,能实现团队能力的优势互补,从而保证决策的高质量,进而提高组织绩效。然而,随着团队成员的增加,团队协调将会变得困难,团队内冲突也会增加,降低团队整合的程度,进而会降低组织绩效。其次,团队异质性构成。越来越多的研究认为,与组织规模相比,更重要的是高管团队的构成。团队在性别、经验、能力等方面构成异质性有助于提高组织绩效。在实践中,随着越来越多女性加入高管团队,女性高管在团队的比例及作用就越来越受到重视。例如,2008 年经济危机中,雷曼兄弟轰然倒下,而在女性高管谢丽尔·桑德伯格(Sheryl Sandberg)的领导下,脸书业绩攀升,于 2011 年实现营收增长 88%,并成功度过危机。我国有研究也指出,不少知名企业在遭遇危机时会聘任女性高管。通常情况下,女性比男性对内部环境的变化更加敏感,对危机处理更谨慎,且女性高管若不能提升业绩,就面临被男性替代的压力。因此,女性管理者的聘用往往更有利于帮助企业扭转危机。除此之外,男性和女性对问题的认知和处理方式不同,女性管理者更愿意采用新方法解决问题、履行社会责任等。最后,高管团队的形成与动态发展。汉布里克提出了高层管理团队内部的"行为融合"(behavior integration),这一概念是指一个群体内部集体互动的程度,主要包括信息交换、协作行为和联合决策等三个方面。行为融合程度高的高层管理团队会共享信息、共享资源和共享决策,从而影响企业绩效。恩斯利(Ensley)等以70家新成立的企业为对象,研究高管团队的凝聚力和冲突对于团队绩效以及组织绩效的影响。结果表明,团队凝聚力越高,新成立的企业绩效越好,而冲突则影响了团队的凝聚力。其中,认知冲突有利于团队凝聚力形成,而情感冲突则会负向影响团队凝聚力。

3. 管理自主权

管理者对组织绩效的影响主要取决于管理者有多少自主权。自主权来源于环境、组织以及管理人员本身。在自主性很小的情境中,年长的首席执行官由内部晋升,津贴较低,报酬激励作用较低,战略较稳定,组织绩效的变化与任务环境的变化紧密相连。在自主性较低的情境中,最佳和最差的高层管理者之间的绩效不会存在很大的差异性,董事会会更保守地支付报酬。然而,在自主性较大的情境中,情况则相反,高层管理人员的特征(如经验、价值观)等对组织绩效的影响会进一步增强。同时,企业家、高层管理人员的薪酬与绩效奖金也随着环境自主权的增加而提高。在新创企业中,绩效与薪酬之间的关系会有更高的敏感度,创新企业一般采用股票期权方式来激励创业团队。

(二)多样性理论

多样性管理被认为是最热门的商业话题之一。美国在1964年通过了民权法,其中明确禁止了由于种族、性别、宗教等差异而存在的雇佣歧视,提出了平等就业机会的要求。随后,企业不得不遵守法律,被动地尊重差异性。到了20世纪80年代,企业从生存问题中衍生对员工多样性问题的关注。在《劳动力2000》(Workforce 2000)中第一次使用了员工多样性这一术语,企业领导者开始意识到成员的构成具有多样性,更重视员工多样性对组织经济绩效、社会绩效带来的影响,并逐渐承认、尊重与利用多样性。人们对多样性的理解经历了从被动应对、主动规避、积极利用到和谐共生等阶段。今天,随着从工业化大生产到数字经济的过渡,人们对个性化需求、人本主义提出诉求,员工多样性与包容性在全球范围内都日益受到重视。在实践上,员工多样性管理被看作是影响企业发展的重要课题;在理论上,学界也在进一步检验员工多样性与组织绩效之间的关系。

1. 员工多样性

员工的多样性(workforce diversity)是指组织中员工的差异程度,包括表层多样性与深层多样性。表层多样性主要是指人口统计学差异,包括国籍、年龄、种族、性别、民族、残疾/健全等差异性。深层多样性是指价值观、个性、工作偏好、能力、宗教信仰、性取向等差异性。员工多样性对组织的人员管理、组织绩效、组织战略等带来了益处。对于个体来说,员工多样性有利于员工的才能得到充分发挥,有助于提升团队整体能力,也有助于吸引和留住多元化背景的员工。对于组织绩效来说,既能降低高离职率、缺勤和法律诉讼相关的成本,更能提升组织整体的问题解决能力以及系统灵活性。对于组织战略来说,员工多样性有利于企业的组织创新,有助于企业更好地理解市场需求,采取更精准的营销方案,从而增加市场份额。例如,随着代际差别越来越大,为了更好捕捉新生代的需求,不少企业都会调整人力资源管理方式,雇佣新生代员工去开拓市场。进一步来说,雇佣多样性的员工,也是企业社会责任的体现。在我国政府的倡导与鼓励政策下,越来越多的企业会尊重残疾人的权益,并基于岗位需求尝试聘用残疾人。

2.多样性管理

拥有多样性的员工不仅仅会带来绩效,也会增加歧视和冲突。因此,如何对员工多样性进行管理显得更为重要。多样性管理的定义随着时代背景有所变化。早期倾向于减少歧视,保证不同群体拥有公平待遇,而近期则更强调组织对劳动力多元化的开发与利用。可以说,多样性管理主要是指组织为有效管理多样性的员工而开发和实施的一系列人力资源管理实践,旨在重视多方利益相关者的多元化关系,并基于这种积极的多元化关系来创造价值。针对多样性管理,主要有社会伦理视角、社会关系视角与战略管理视角。

(1)社会伦理视角。该视角从社会责任、道德伦理的角度,认为对员工实施多元化管理有助于减少歧视、保证雇用的公平性,是组织的一种社会责任和道德行为。多元化管理不仅应该强调公平,如男女员工升职的评价,还需要重视组织对于员工的关怀,如对已婚已育女性员工采取灵活的工作时间安排,发放小孩的补贴等,会使得她们对于组织的多元化氛围感知更为正面,并且能够提升员工的工作满意度、组织承诺等态度。平等的机会、反歧视的措施和组织的关怀,不仅能够减少歧视方面的诉讼,提高组织的声誉,还能够通过提升员工对公平的感知增强员工的组织承诺,从而进一步提升组织绩效。

(2)社会关系视角。该视角强调情境因素的重要作用,主要从组织、环境及其他利益相关者互动的角度,认为多样性管理不仅是针对组织内部多元化员工的管理实践,还应该包括对组织外部环境、社会以及其他利益相关者的协调,旨在实现组织的内外包容性增长,进一步促进企业的创新。

(3)战略管理视角。该视角主要从管理实践与组织战略目标相结合的角度,提出人力资源的多样性管理。在持续变化及充满不确定性的环境中,企业为了在竞争激烈中生存下来,需要从人力资源的角度,在劳动者多样化的属性、尊重差异的人际关系、多样化才能素养培养等方面开展人力资源的战略性混合管理。具体来说,包括高层领导的重视、企业文化的塑造、多元化管理部门设计、明确的招聘-晋升-培训-待遇计划、特定的晋升路径设计、公司内多元沟通网络的形成等创新性措施,从个体、团队、组织各个层面上有效地实现多样性管理,使多元化的人力资本真正成为企业可持续竞争优势的来源。

(三)创业胜任力理论

创业者是新企业的灵魂。创业者的素养、能力、经验等长期以来都受到关注。一些学者把组织行为学领域的胜任力概念引入创业研究,提出了创业胜任力概念。创业胜任力是组织行为学研究与创业研究有机结合而产生的一个概念,已经得到了学术界的广泛认可。胜任力意指个体领导者完成工作所必需的知识、技能、能力、动机、态度等内容。在实践中,胜任力理论被广泛用于组织招聘、选拔、绩效评估、潜力开发等人才管理工作。然而在创业领域中,创业者从0到1构建新企业,并推动新企业生存发展,创业胜任力的内涵及作用有所不同。创业胜任力是创业者成功完成角色任务而必须具备的知识、技能和能力的总和。目前,对创业胜任力具体内涵的解释,学术界还没有定论。现有研究主要从创业者特质、综合能力以及创业过程等三个视角进行分析。

1.创业者的特质

早期的创业研究关注"谁是创业者",对创业者个体特征展开研究,关注创业者是否有异于其他人的才能与品质,认为创业者的个人特质就是创业者胜任力的体现,具体表现在动机、性格、社会角色、人格、特质、技能和知识等方面。例如,成就动机、内控倾向、风险承担倾向、不确定性容忍、自信和创新意识等是一个成功创业者的基本素养。

2.创业者的综合能力

越来越多的研究者认为创业活动的特殊性体现在机会识别和开发过程中,而非体现在少数人天赋使然的特质上。因此,创业者胜任力是一种综合能力,指与开展创业活动相关的能力与组织管理能力的总和。国外研究者提出创业胜任力包含六个维度,分别为机会能力、关系能力、概念能力、组织能力、战略能力和承诺能力。我国学者张炜、王重鸣等结合我国科技企业创业实践,增加了情绪要素与学习要素。

创业胜任力是一个复杂的概念。有学者认为创业胜任力包括能力胜任力、心理胜任力和社会胜任力。首先,能力胜任力是指与创业相关的智力、技能、经验等。其中,创业者的相关行业经验、创业经验被认为是影响创业者识别机会,成功创造机会价值的重要因素。其次,一般认为创业者在创业过程中需要承受巨大压力,因此心理胜任力显得尤为重要。心理胜任力主要包括创业热情、乐观、敢于冒险、自我效能、创业毅力等心理相关因素。最后,创业是创业者与多方主体互动的过程,创业者的社会胜任力会影响创业的成败。社会胜任力是指利用社交技能获取创业资源和构建社交网络,用自身反应力和洞察力对市场做出回应的能力。社会胜任力包括市场洞察力、适应能力和社交能力等。

3.基于创业过程的创业胜任力

创业是一个动态的发展过程,不同阶段需要创业者扮演不同角色、完成不同任务,因此也有研究根据创业的阶段来探讨创业者的胜任力。创业者在创立组织前与组织成立后所要处理的任务及所需的能力并不一样。在创业初始阶段,创业者需要感知、发现和开发机会,因此需要创业者的机会识别能力、开发能力、运营能力。当新企业成立后,创业者肩负着运营管理新企业,构建组织能力并实现企业成长等任务,创业者需具备产品/服务开发能力、组织管理能力、战略能力、关系能力和承诺能力等。

如何获得创业胜任力?创业是在不确定的环境下克服资源约束,利用有效的资源创造价值的过程。新企业内、外部环境持续动态变化,创业者过往的胜任力往往不能再适应企业新发展的需求。创业者必须具备学习能力,开展持续性的创业学习,从而使得创业胜任力与环境所匹配。创业学习是指从各种积累的经验和学习方法中开展学习,根据创业实践不断提升自己的知识禀赋的过程。创业学习分为初始学习、经验学习、模仿学习、搜寻与顿悟学习和嫁接学习。

初始学习指在创业前开展的学习,主要表现为创业者在创业之前接受的学校教育、创业前积累的工作经验。通过初始学习,创业者为日后的创业积累能力和获取资源,并获得相应的学历文凭、证书等。

经验学习指在实践中学习,从过去的经历中积累经验,并把经验用于解决当前或未来的问题,因此也称为实践学习。创业者在创业过程中经历了小成功或者挫折等关键事件,通过这些关键事件的亲身经历、反思性观察、概念抽象、积极试验等学习过程,把经验转换成自身的隐性知识。例如,对于连续创业者来说,多次的创业实践有助于在机会识别、团队组建、融资、产品开发与销售、组织构建等创业过程中积累经验。创业者通过对成功或者失败的经历进行深刻的反思,总结经验,并在新的创业项目中提高绩效,从而持续提升自身的创业胜任力。

模仿学习指通过观察别人行为获得知识并进行模仿和尝试践行,主要表现为榜样学习、与有经验的人交流、接受相关的培训等。对于创业者来说,可以模仿成功创业者的创业思维及被检验过的创业行为。同时,在不同创业阶段中,创业团队的成员构成会越来越多样化。这些人员具备不同的信息或技能,他们都是模仿学习的榜样,创业者从而获得新信息,增加间接经验。

搜寻与顿悟学习指为了解决某个特定的问题而进行有针对性的信息收集,并在信息收集过程中不断学习、分析和积累经验。信息与资源的来源主要体现在创业者的社会关系网络中。创业者通过组织内外部的渠道、个人渠道或者媒体的正式渠道获得新的信息,识别创业机会。

嫁接学习是指通过吸收掌握新知识的成员加入创业团队,丰富创业团队的构成,获得多样化的知识。尤其在跨界创业中,团队需要具备不同知识背景成员。这些多样化的成员之间的密切交流,有助于创业者获得异质性的信息。

本章要点

1.创业团队并不是简单意义上的人的组合和聚集,它同一般意义上的群体有着很大的区别。其中,最根本的区别在于:团队成员是互补的,而群体中的成员在工作上很大程度是互相替代的。创业团队也不同于一般团队。创业团队是在企业初创时期建立的,目的在于成功创办新企业,而一般团队的组建只是为了解决某类或者某个特定问题。

2.依据创业团队的内部成员关系来划分,创业团队可以分为两大类:核心主导型创业团队和群体型创业团队。

3.创业团队的关键因素,即创业团队的 5P 模型:目标(purpose)、人(people)、定位(place)、权力(power)、计划(plan)。

4.创业团队的组建是一个相当复杂的过程,不同类型的创业项目所需的团队不一样,创建步骤也不完全相同。概括来讲,创业团队的组建程序包括:明确创业目标、制订创业计划、招募合适的人员、职权划分、构建制度体系、团队调整融合。

5.对于创业团队来说,可能出现利益纷争、情感问题、资源分配、个体特质差异、沟通、信任六类冲突。

6.高度信任关系中的创业团队成员表现出五个基本的品质特点:①认同创业团队的核心价值观;②认同一定的共同目标;③具有实现信任者期望的能力;④为人诚实;⑤关心创业团队成员和团队的利益。

7.领导行为有多种模式,最为经典的还是任务导向(task-oriented)行为和关系导向(relationship-oriented)行为。创业团队发展的不同阶段具有不同的特点和团队环境,创业团队领导需要据此采取相对应的领导行为方式。

复习思考题

1.创业团队与一般团队相比,有哪些特点?

2.简述创业团队组建的一般程序。

3. 团队冲突的类型有哪些?

4. 简述领导行为四分图模型。

5. 简述创业团队管理的多样性理论。

案例分析

腾讯的团队管理

一、创始人团队精神为榜样

腾讯的团队精神在其创立开始便一以贯之,其创始人团队的精神为腾讯内部各团队作出了很好的榜样作用。在2007年第三届中国优秀企业公民表彰大会上,腾讯创始人团队获得了中国企业公民特别贡献奖,评委会给予他们的颁奖词为:"九年来,他们以责任为导航,视员工为最宝贵的财富,以为用户创造最大价值为目标,延续通过互联网提高人类生活品质的梦想。2007年他们成立了国内互联网第一家企业公益基金会,倡导企业公民责任,致力公益慈善事业,关爱青少年成长,推动社会的和谐与进步!"

虽然现在腾讯的创始人团队解散了,但创始人的团队精神将会在腾讯内部传播。

二、小团队运营

腾讯内部拥有着众多规模不等的团队,主要以产品策划、产品研发和产品运营为核心,共同组成了一个从策划研发到上线运营的完整环节。在产品策划团队中,大方向由产品经理把控,具体的工作则交给不同的设计师去完成专业的设计工作。在产品研发团队中,项目经理则成为重要的中间环节,在与产品策划团队沟通之后,安排具体的工程师进行研发工作,其中,开发工程师、测试工程师和运维工程师分别负责不同类型的专业工作。在产品运营团队中,运营经理负责整体上的工作,并与运营专员一起承担起产品的用户运营、活动运营和渠道运营的工作。

这种团队运营机制可以很好地将大规模的团队拆分成10个或是20个小规模的团队,从而在产品生产的各个环节安排合适的团队,而在这些10人或是20人的小团队中,还会在产品策划、产品研发和产品运营等角度进行细划,进一步厘清每个人的工作职责。每个人独立工作,团队成员彼此又互相协作,从而完成整体上产品的策划、研发和运营工作。

现在这种"小团队"运营机制和管理方式发挥了很大的作用,特别是以产品经理为核心的产品团队,贡献了许多具有创新性和巨大市场前景的产品,比如微信就是诞生于这样的优秀团队之中。

三、团队信息共享

除了上面这些方面的团队协作机制外,为了更好地协调内部成员的工作,腾讯内部始终秉承着透明的理念,让每个团队之间的信息能够及时快速地得到共享。

腾讯内部各团队每天早上都会用十多分钟开一次晨会。在晨会上,每个人轮流讲述自己前一天的工作以及新的一天需要完成的工作,同时将自己在工作之中遇到的问题与团队之中的其他成员进行交流,根据问题的难易程度来安排具体的解决方案。而在会议结束后,如果问题仍然没有解决,相关人员则会继续讨论解决方案,其他团队成员则开始新的工作进度。这种方式既保证了团队间信息的互通,也有利于更高效地完成工作任务。

腾讯每个团队都有属于自己的"进度墙",上面会实时更新团队成员的工作进度以及产品的完成程度。从最初的产品计划,到产品完成进入待发布阶段,整个产品推进过程都会展现在进度墙上,其中也会包括各个环节中出现的问题。这种"进度墙"可以实现产品生产的透明化,让每个团队成员都能够及时地了解到产品的整体进度,在遇到问题时,也能够通过整体的力量进行解决,是一种十分高效的工作方法。

腾讯还开发了一套适用于互联网的项目管理工具——TAPD,这是产品信息的汇聚地。其中存有全部待开发、已开发、已发布的产品信息,以及用户反馈和产品漏洞的信息,进一步将"进度墙"的透明功能扩大,团队成员在了解各产品的"前世今生"的同时,还能够看到产品未来的发展方向。

腾讯内部还设置了经营分析系统和实时监控系统,既可以对每个产品实现业务数据的实时汇总,还能够实时监控这些数据的异常,减少产品发生问题的可能性。

在马化腾看来,一个好的团队,必须是一个角色完备、功能齐整的团队。所以腾讯内部的团队大多是根据产品所需要的岗位标准来组建的,不同的成员承担着不同的岗位职责,任何一个完整的团队,都可以独立地完成产品的开发和运营工作,在满足用户需求的同时,为企业创造出更多的经济效益。

腾讯内部各团队在彼此独立的同时,也要承担起整体上的产品开发工作,除了团队内部各个岗位之间需要相互合作外,腾讯内部的各个团队之间也需要相互协同,这样才能从整体上提升腾讯的竞争实力。腾讯的团队管理经验也正是其在互联网领域取得巨大成功的关键性因素。

资料来源:HR 人力资源管理案例网(http://www.hrsee.com/?id=1093)。

案例思考题:

1.腾讯的团队管理有何特点?

2.试分析腾讯的团队管理对其他企业有什么借鉴意义?

2.结合案例分析创业团队组建对于创业行为的重要性。

实践练习

团队合作精神测试题

1.如果某位大学校长请你为即将毕业的学生举办一次介绍公司情况的晚间讲座,而那天晚上恰好播放你最喜欢看的电视剧的大结局,你如何选择:

A.立即接受邀请

B.同意去,但要求改期

C.以有约在先为由拒绝邀请

2.如果某位重要客户在周末下午 5:30 打来电话,说他们购买的设备出了故障,要求紧急更换零部件,而主管人员与维修师已经下班,你该如何处理:

A.亲自驾车去公司 30 千米以外的地方送货

B.打电话找维修师,要求他立即处理此事

C.告诉客户下周才能解决

3.如果某位与你竞争最激烈的同事向你借一本经营管理畅销书,你如何处理:

A.立即借给他

B.同意借给他,但声明此书的价值并没有那么好

C.欺骗他书被别人借走了

4.如果某位同事为方便自己出去旅游而要求和你调换休息时间,在你还未决定如何度假的情况下,你如何处理:

A.马上应允

B.告诉他你要回家请示妻子

C.拒绝调换,推说自己已经参加旅游团了

5.在你急匆匆地驾车去赴约途中看到一位同事的车出了故障,停在路边,你如何处理:

A.毫不犹豫地下车帮忙修理

B.告诉他你有急事,不能停下来帮他修车,但一定帮他找修理工

C.装作没看见

6.如果某位同事在你准备下班回家时,请求你留下来听他倾诉内心的苦闷,你如何处理:

A.立即同意留下来

B.劝他等第二天再说

C.以妻子生病为由拒绝其请求

7.如果某位同事因要去医院探望妻子,要求你替他去接一位乘夜班机来的大人物,你如何处理:

A.马上同意替他去接

B.找借口劝他另找别人帮忙

C.以汽车坏了为由拒绝

8.如果某位同事的儿子想选择与你同样的专业,请你为他做些求职指导,你如何处理:

A.马上同意

B.答应他的请求,但同时声明你的意见可能已经过时,他最好再找些最新资料做参考

C.只答应谈几分钟

9.你在某次会议上发表的演讲很精彩,会后几位同事都向你索取讲话提纲,你如何处理:

A.同意,并立即复印

B.同意,但并不重视

C.不同意,或虽同意,但转眼就忘记了

10.如果你参加了一个新技术培训班,学到了一些对许多同事都有益的知识,你会怎么处理:

A.返回后立即向大家宣布并分发参考资料

B.只泛泛地介绍一下情况

C.把这个课题贬得一钱不值,不泄露任何信息

结果分析:

全部回答为 A,表示你是一位极善良、极有爱心的人,但你要当心,千万别被低效率的人拖后腿。

大部分回答为 A,表示你很善于合作,但并非失去个性,认为礼尚往来是一种美德,在商业生活中亦不可或缺。

大部分回答 B,表示你以自我为中心,不愿意为自己找麻烦,不想让自己的生活规律、工作秩序受到任何干扰。

大部分回答 C,表示你不喜欢与他人共事,团队配合精神比较差。

本章参考文献

[1] 尹建华.创业管理[M].北京:对外经济贸易大学出版社,2017.

[2] 陈葆华.创业管理[M].北京:北京理工大学出版社,2017.

[3] 杨光.创业管理[M].武汉:武汉大学出版社,2016.

[4] 刘志阳,李斌,任荣伟,等.创业管理[M].上海:上海财经大学出版社,2016.

[5] 姚裕群,孔冬.团队管理[M].长沙:湖南师范大学出版社,2007.

[6] 李旋旗,吴雨桐,万玉龙.团队管理与建设[M].青岛:中国海洋大学出版社,2017.

[7] 赵海霞.自我与团队管理[M].成都:电子科技大学出版社,2019.

[8] 李慧.个人与团队管理[M].大连:大连海事大学出版社,2008.

[9] 邓俊荣.企业组织设计与创业团队建设[M].西安:西安电子科技大学出版社,2018.

[10] HOLEMS K,LEECH C.个人与团队管理:下[M].3 版.天向互动教育中心,编译.北京:中央广播电视大学出版社,2016.

[11] 陶陶,王欣,封智勇,等.创业团队管理实战[M].北京:化学工业出版社,2018.

[12] 刘燕,吴道友.创业团队研究的理论视角及其进展[J].人类工效学,2008(01):66-68.

[13] 蒋建武,贾建锋,潘燕萍.创业企业人力资源管理[M].南京:南京大学出版社,2021.

[14] 张炜,王重鸣.中小高技术企业创业者组合模式与胜任特征研究[J].科学学与科学技术管理,2004(03):90-93,135.

[15] 赵荔,丁栋虹.创业学习实证研究现状探析[J].外国经济与管理,2010,32(07):8-16.

[16] 蔡远利.大学生创业基础知识[M].成都:电子科技大学出版社,2019.

[17] 孙继伟,邓莉华.创业团队冲突导致创业失败的探索性研究[J].科技进步与对策,2021,38(17):134-143.

[18] 边舫,孟琳.创业团队中的冲突管理研究回顾与展望[J].生产力研究,2017(05):117-121,135.

[19] 唐富川.KM 公司创业团队冲突管理的案例分析[D].成都:电子科技大学,2021.

[20] 郭朝阳.冲突管理:寻找矛盾的正面效应[M].广州:广东经济出版社,2000.

[21] 陈万思,魏住兴,周卿钰.小微企业创业团队冲突管理问题及应对策略[J].人才资源开发,2019(03):68－69.

[22] 刘璐.创业团队的信任建构及其动态演进[D].南京:东南大学,2017.

[23] 张国才.团队建设与领导[M].4 版.厦门:厦门大学出版社,2017.

第四章
创业企业组织设计、岗位设置与工作分析

本章学习目标

1. 了解常见的组织结构形式。
2. 了解创业企业组织设计的特点与影响因素。
3. 掌握创业企业的岗位分类与岗位设置。
4. 掌握创业企业工作分析的内容与方法。

开篇案例

和尚撞钟

庙里有一个小和尚担任撞钟一职，半年下来，他觉得无聊之极，认为不过是"做一天和尚撞一天钟"而已。有一天，庙里主持宣布调他到后院劈柴挑水，原因是他不能胜任撞钟一职。小和尚很不服气地问："我撞的钟难道不准时、不响亮?"老主持耐心地告诉他说："你撞的钟虽然很准时，也很响亮，但钟声空泛、疲软，没有感召力。钟声是要唤醒沉迷的众生，因此，撞出的钟声不仅要洪亮，而且要圆润、浑厚、深沉、悠远。"

我们从小和尚的话中，大约可以推断，他在担任撞钟一职时，根本就不知道该职位真正的岗位职责是什么，他以为只要敲钟准时且钟声响亮就行了，殊不知钟声还需要有感召力，要用心去敲，要敲出有"文化内涵"的钟声。如果这个小和尚在任职之前，就能拿到主持给他的"岗位说明书"，那么也就完全清楚岗位职责和要求之所在，可以自己衡量工作的好坏。后面如果他再没做好，主持对他进行"调岗"，他也不会有这样的不满了。

所以，我们可以看到岗位说明书实际上就是一种大家公认的岗位标准规范文件，这些文件的缺失或者不完备对于企业的人力资源管理将会造成重大的影响!

制作岗位说明书是企业人力资源管理的常规工作之一，岗位说明书是工作分析之后的结果，企业后续的招聘、培训、绩效考核等工作都离不开它。因此，它的重要性不言而喻。但是，由于工作分析本身耗时耗力耗财，有的企业人力资源部门从网上直接下载别人的岗位说明书修改一通后胡乱对付着使用，有的企业干脆就不做，你跟他们说再多的道理就是不听。我们可以利用上面的小故事，将岗位说明书的一些作用蕴含其中，让人更易明白用岗位说明书给自己做衡量。

资料来源:HR人力资源管理案例网 (http://www.hrsee.com)。

第一节 创业企业组织设计

一、组织结构与组织结构设计

(一)组织结构

企业的组织结构,是企业全体员工为实现企业目标,在工作中进行分工协作,在职务范围、责任、权力方面所形成的结构体系。这一定义说明:

(1)组织结构的本质是员工的分工协作关系。组织结构的设计,首先要进行分工,在分工的基础上,还要将这些工作进行整合,这样才能完成组织目标。设计组织结构就是建立分工合理、协作关系明确的组织模式,并使组织的分工协作体系能够始终适应组织的发展。

(2)设计组织结构的目的是为了实现企业的目标。组织结构是实现组织目标的载体和手段,是组织活动有序进行的支撑体系。组织结构的优劣直接影响着组织行为的效果和效率,影响着组织目标能否顺利、高效地实现。

(3)组织结构的内涵是成员在职、责、权方面的结构体系,所以,组织结构又可简称为权责结构。这个结构体系的内容主要包括:

①职能结构,即完成企业目标所需的各项业务工作关系;

②层次结构,即各管理层次的构成,又称为组织的纵向结构;

③部门结构,即各管理部门的构成,又称为组织的横向结构;

④职权结构,即各层次、各部门在权力和责任方面的分工及相互关系。

(二)组织结构设计

"组织设计"有两个含义,因为"设计"一词既可以作为动词,也可以作为名词。当它作动词用时,"组织设计"的意思是建立组织的过程,就像建筑师设计一个建筑物的过程一样。当它作名词用时,"组织设计"指的是设计过程的结果。大多数有关组织设计的定义都将组织设计等同于组织结构设计,例如,"组织设计是指对各组织的结构进行规划、构设、创新或再构造,以便从组织的结构上确保组织目标的有效实现。""组织设计,主要指组织结构的设计,是把组织内的任务、权力和责任进行有效组织协调的活动。"

本书持以下观点:组织结构设计是个动态的工作过程,包含了众多的工作内容。归纳起来,主要有以下几点:①确定组织内各部门和人员之间的正式关系和各自的职责——组织图与职位说明书;②规划出组织最高部门向下属各个部门、人员分派任务和从事各种活动的方式;③确定出组织对各部门、人员活动的协调方式;④确立组织中权力、地位和等级的正式关系,即确立组织中的职权系统。

(三)常见的企业组织结构形式

1.直线制组织结构

直线制组织结构是企业发展初期的一种简单的组织结构模式,如图4-1所示。直线制组织结构,又称军队组织形式,指企业各级行政单位从上到下实行垂直领导,没有职能机构,形同直线。直线制组织结构的优点是:结构简单,命令统一,人员较少,责任和权力明确,沟通不易失真,管理成本比较低。直线制组织结构的缺点是:它要求行政负责人通晓多种知识和技能,亲自处理各种业务。在业务比较复杂、企业规模比较大的情况下,把所有管理职能都集中到最高主管一人身上,这显然是难以承受的。因此,直线制组织结构只适用于规模较小、生产技术比较简单的企业,对生产技术和经营管理比较复杂的企业并不合适。创业企业成立之初,人员少、规模小,宜采用直线制组织结构,发挥创业企业灵活性高的优势。

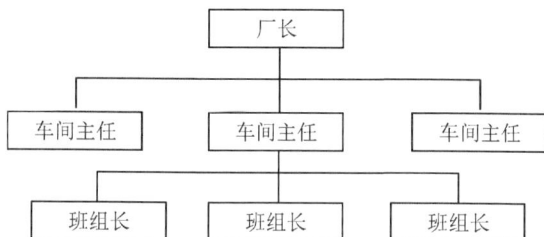

图 4-1　直线制组织结构

2.职能制组织结构

职能制组织结构起源于 20 世纪初法约尔在其经营的煤矿公司担任总经理时所建立的组织结构形式,故又称"法约尔模型"。它是按职能来组织部门分工,即从企业高层到基层,均把承担相同职能的管理业务及其人员组合在一起,设置相应的管理部门和管理职务,如图 4-2 所示。当企业组织的外部环境相对稳定,而且组织内部不需要进行太多的跨越职能部门的协调时,这种组织结构模式对企业组织而言是最为有效的。对于只生产一种或少数几种产品的中小企业组织而言,职能制组织结构不失为一种好的选择。

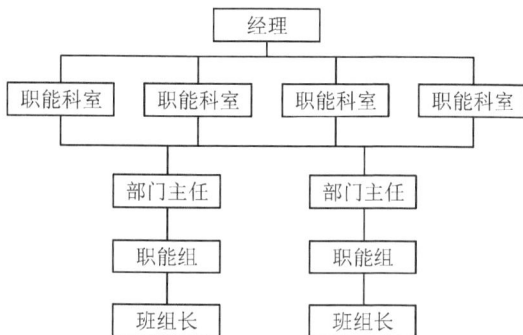

图 4-2　职能制组织结构

职能制组织结构的优点是:通过设置职能部门,并要求它们发挥作用,可以大大减轻管理者的负担。行政组织按职能或业务性质分工管理,选聘专业人才,能充分发挥职能部门的专业管理作用,减轻直线领导人员的工作负担,利于业务专精,思考周密,提高管理水平。职能制组织结构的缺点是:由于下属部门面临多个职能领导,容易造成管理混乱。同时,还容易形成职能部门间各自为政的现象,使行政领导难以协调。

3.直线-职能制组织结构

直线-职能制组织形式,是以直线制为基础,在各级行政领导下,设置相应的职能部门,即在直线制组织统一指挥的原则下,增加了参谋机构,如图4-3所示。目前,直线-职能制仍被我国绝大多数企业采用。直线-职能制组织结构模式适合于复杂但相对来说比较稳定的企业组织,尤其是规模较大的企业组织。复杂性要求企业的管理者有能力识别关键变量,评价它们对企业经营业绩的影响,并且充分考虑到它们之间的相互关系;如果这些因素是相对稳定的,而且对经营的影响也是可以预知的,直线-职能制组织结构模式则是相对有效的。直线-职能制组织结构模式与直线制组织结构模式相比,其最大的区别在于更为注重参谋人员在企业管理中的作用,它既保留了直线制组织结构模式的集权特征,同时又吸收了职能制组织结构模式的职能部门化的优点。

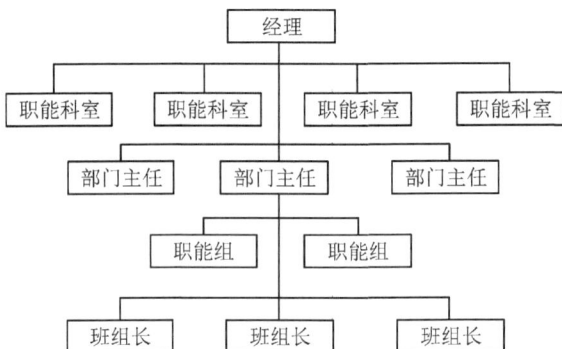

图4-3 直线-职能制组织结构

4.事业部制组织结构

事业部制组织结构是欧美、日本大型企业所采用的典型的组织形式,是一种分权制的组织形式,如图4-4所示。事业部制组织结构即在总经理的领导下,按地区、市场或商品设立事业部,各事业部有相对独立的责任和权力。企业战略方针的确定和重大决策集中在总经理层,事业部在总经理的领导下,依据企业的战略方针和决策实行分权化的独立经营。各事业部作为利润中心,实行独立的财务核算,总部一般按事业部的盈利多少决定对事业部的奖惩。但事业部的独立性是相对的,不是独立的法人,只是总部的一个分支机构。它的利润是依赖于公司总部的政策计算的,在人事政策、形象设计、价格管理和投资决策方面一般没有大的自主权。

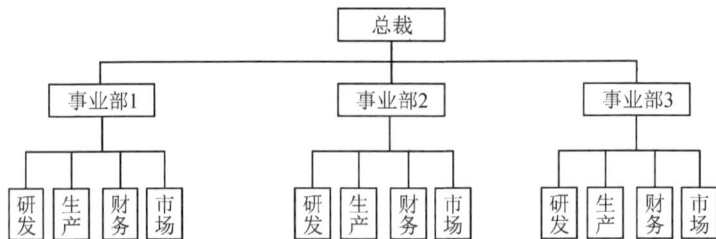

图4-4 事业部制组织结构

5.矩阵制组织结构

矩阵制组织结构是在直线-职能制垂直形态组织系统的基础上,再增加一种横向的领导系统,如图4-5所示。矩阵制组织结构模式的独特之处在于事业部制与职能制组织结构特征的同时实现。矩阵制组织结构的高级形态是全球性矩阵组织结构,目前这一组织结构模式已在全球一些大企业组织中进行运作。这种组织结构除了具有高度的弹性外,同时,在各地区的全球主管可以接触到有关各地的大量资讯。它为全球主管提供了许多面对面沟通的机会,有助于公司的规范与价值转移,因而可以促进全球企业文化的建设。

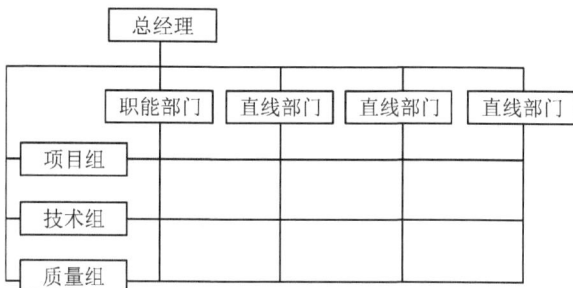

图 4-5 矩阵制组织结构

二、创业企业组织设计的特点

(一)创新是创业企业组织结构设计的核心

创业企业组织结构设计需要做多方面的配套工作,但必须围绕创新这一核心因素。众所周知,企业之间的竞争不局限于资本、技术和市场的竞争,归根结底是知识的生产、占有和创新能力的竞争。这就要求创业企业的组织结构能够使组织内各要素在质和量上发生新的重组,从而推动企业向更高、更深层次发展。为此,创业企业在设置组织结构时要重视创新领导小组、技术开发部等部门的建立。

(二)组织结构简单化是创业企业组织结构设计的基础平台

组织结构简单化,是指企业内部部门的设置要尽可能简单,实现纵向的扁平化和横向的合并精简。纵向的扁平化要求创业企业在设置组织结构时应尽可能压缩层次,上下级指挥权限的划分清晰明了;横向的合并精简要求企业组织系统的构成,在横向联系的层次上应尽可能少,部门职责明确。组织结构简单化使得创业团队和基层员工之间的沟通能够较为顺畅,发挥创业企业灵活性的优势;同时也能够减小管理成本,减小创业企业的资金压力。

(三)信息管理、人本管理、知识管理是创业企业组织结构设计的辅助手段

信息管理是指创业企业要利用组织结构简单、信息传递快的优势,建立快速、先进、智能化的信息传输和处理系统,努力缩短信息收集、整理、沟通、反馈及更新的时间。人本管理是指通过企业管理活动,使人的积极性、主动性和创造性得到充分发挥,从而使个性化的人得到全面发展。创业企业的员工主体一般是以"90后""00后"为代表的新生代员工,这些员工与前代员工相比,更加追求个性,追求自由,这种变化对企业管理的人性化程度提出了更高的要求。因此,创业企业要设置和完善人力资源开发部门,并建立起完整地衡量职工绩效的激励约束机制和职工培训机制,给员工提供发展的机会和获利的空间。知识管理就是对企业生产和经营所依赖的知识通过收集、加工、利用和开发等一系列过程而进行的管理。

三、创业企业组织设计的任务与影响因素

(一)创业企业组织设计的任务

为了保证目标与计划的有效实现,创业者必须设计合理的组织架构,整合这个架构中不同员工在不同时空的工作并使之转换成对组织有用的贡献。组织设计涉及两个方面的工作内容:横向的管理部门设计、纵向的管理层级设计。

因此,创业企业组织设计的任务就是:设计清晰的组织结构,规划和设计组织中各部门的职能和职权,确定组织中职能职权、参谋职权、直线职权的活动范围并编制职务说明书。

(二)创业企业组织设计的影响因素

1.环境的影响

环境包括一般环境和特定环境两部分。当今世界,科技发展日新月异,国际政治力量的对比不断变化,环境的改变速度和不确定性都和过去不可同日而语。同时,创业企业由于生存压力大,对少数核心成员依赖性高等原因,使得创业企业本身面对环境变化的承受能力也比较低。因此,环境对于创业企业组织设计的影响不容小觑。创业企业组织设计者可以通过以下几种原则性方法提高组织对环境的应变性:对传统的职位和职能部门进行相应地调整;根据外部环境的不确定程度,设计不同类型的组织结构;根据组织的差别性、整合性程度设计不同的组织结构;通过加强计划和对环境的预测减少不确定性;通过组织间的合作,尽量减小组织自身要素资源对环境的过度依赖性;等等。

2.战略的影响

和成熟企业相比,创业企业的业务边界模糊,灵活性高,同时发展迅速,因此企业的发展可能会面临多次的战略调整。而不同的战略,适用的组织结构也不尽相同。当创业企业战略调整时,应该积极去调整组织结构,以适应其变化。比如,按照企业产品规模的划分,企业战略发展通常有四个不同阶段,每个阶段应有与之相适应的组织结构:数量扩大阶段——单一组织结构;地区开拓阶段——建立职能部门;纵向联合发展阶段——建立职能结构;产品多样化阶段——建立产品型组织结构。

3.技术的影响

组织的活动需要利用一定的技术和反映一定技术水平的手段来进行。技术以及技术设备的水平,不仅影响组织活动的效果和效率,而且会作用于组织活动的内容划分。例如,信息处理的计算机化,必将改变组织中的会计、文书、档案等部门的工作形式和性质。创业企业应该适当参考公司内现有的和管理相关的技术和知识,选择出合适的组织结构。

4.组织规模与生命周期的影响

企业的规模往往与企业的发展阶段相互联系,企业创立初期一般规模小、员工少,组织结构往往较为简单。但伴随着企业活动内容的日趋复杂,人数会逐渐增多,活动的规模会越来越大,企业组织结构也需随之调整,以适应变化了的情况。

四、创业企业组织设计的原则

创业企业组织设计结构要从垂直分工和水平分工的合理性、组织统一性和灵活性以及效

率效益几方面出发,遵循以下原则。

(一)目标一致性原则

设计组织结构的目的是为了实现企业的目标。组织结构是实现组织目标的载体和手段,是组织活动有序进行的支撑体系。组织机构应与组织经营理念和经营目标相适应,根据组织目标设置机构,否则整个组织将效率低下、人浮于事。创业企业的组织结构设计更应该以企业目标为导向,保证创业团队凝聚一心,致力于企业的长远发展。

(二)效率原则

效率原则是设置组织结构最根本的准则。效率是组织结构合理协调的标志,是设置组织结构的目的。这一原则要求创业企业的组织结构必须能实现高效率运转,增加创业企业在激烈的市场竞争中生存的可能性。

(三)管理宽度原则

管理宽度要与横向分工的精细程度相适应,各级管理幅度大小确定的合理性直接影响到组织整体结构的合理性。创业企业成立初期人员少,其各级管理幅度一般较宽,但是也应注意限度,否则将造成管理人员任务繁重、决策不科学等现象。

(四)分级原则

管理层次要与垂直分工的精细程度相适应,考虑各组织等级之间的沟通和联络。一般而言,创业企业的员工数量较少,在很多员工"身兼多职"的情况下,管理层次应尽可能追求扁平,不宜过多。

(五)职权和职责对等的原则

职权和职责是同一事物的两个方面。职权和职责对等是指组织中确定的职权和职责必须对等,即每一管理层次上的各个职位既要赋予其具体的职位权限,又要规定对该职位职权相对应的职责范围。这一原则要求创业企业为提高创业企业的工作效率、实现管理公平,应职权与职责相互对应,职权和职责要形成规范,使各职位之间的权力责任关系清晰,指挥明确,否则易造成管理混乱、创业团队内部矛盾等问题。

(六)统一指挥的原则

统一指挥的原则是指组织设计必须使组织的各分系统和个人在完成任务的过程中服从一个上级的命令和指挥,以达到协调统一,避免"多头领导"造成的权责不清、管理混乱的现象,充分发挥创业企业运作效率高的优势。

(七)分工协作原则

创业企业组织目标的实现,要靠全体成员共同努力。这就要求创业企业必须坚持分工协作原则,把组织目标分解并落实到各个部门、各层次和各个成员。组织结构设计要规定各个部门、各层次、各成员的工作内容、工作范围,以及规定各个部门、各个层次和各岗位相互之间的关系、协调配合方法,以确保创业企业成员上下一心,共同为组织目标的实现和企业的长远发展努力。

(八)灵活性原则

创业企业面临动态变化的内、外部环境,其组织结构设计应使组织内部的部门和机构最大限度地发挥其主观能动性,并根据内外条件的变化,自行调整一部分范围内的组织工作,而不牵动整体结构的变化,增强整体结构稳定条件下的内部灵活性,充分发挥创业企业灵活性的优势。

五、创业企业组织设计的程序

(一)确定组织设计基本方针和原则

这就是要根据企业的任务、目标以及企业的外部环境和内部条件,确定企业进行组织设计的基本思路,规定一些设计的主要原则和主要参数。例如,企业纵向组织结构分为几个层次为宜,实行集权程度较高还是分权程度较高的管理体制等,这些都是具体负责部门与人员进行组织设计的基本依据,一般是通过企业高层领导研究讨论,并听取专家和有关部门意见而确定。对于创业企业而言,其创业者或者创业团队自身经验不足,应聘请外部专家,根据创业企业现实情况确定。

(二)职能分析和设计

这就是确定为了完成企业的任务和目标,而需要设置的各项管理职能,特别是其中的关键职能;确定公司总的管理职能及其结构,并把它们分解为各项具体的管理业务和工作;在确定具体的管理业务时,还应进行初步的管理流程总体设计,以优化流程,提高管理工作效率。

进行基本职能分析和设计时要注意解决以下三个重要问题:

(1)企业应具备哪些基本职能?凡实现企业目标和战略任务所需的职能,均不能遗漏,以便进一步确定承担各项职能的部门。对于创业企业而言,创新和市场营销是最基本的职能,创业企业在技术、产品或者服务创新基础上成立,但是市场地位不稳定,因此需要借助各种营销活动扩大自身影响力。

(2)什么是关键职能?进行职能分析,一定要在各项基本职能中找出关键职能,明确其中心位置;否则,即使各项职能健全,但由于不分主次,平均使用力量,企业组织管理仍然是低效的,不能切实保证企业目标的实现。

(3)各职能之间的关系如何?紧密联系的职能应置于同一管理子系统内,不宜把它们分开;而相互制约的职能则不能由同一部门或子系统承担,应把它们分开。

(三)组织结构的框架设计

框架设计是企业组织设计的主要部分,其内容简单来说就是纵向的分层次、横向的分部门。从设计内容看,组织结构的框架设计可以分为纵向组织结构和横向组织结构两个方面。前者主要是确定企业的管理层次以及上下层次之间集权与分权的关系,从而把企业的组织体制(亦称管理体制)确定下来;后者主要是确定各个管理层次的部门设置及其相互关系,寻找适合企业具体条件的横向分工形式即部门化方式,处理好既要实行专业化分工又不要分工过细的问题。

创业企业组织结构框架从设计方法来看,可以沿着两个方向进行:①自下而上的设计方法。即先具体确定企业运行所需的各个岗位和职务;然后将某些岗位和职务组合成多个独立的管理部门;再根据部门的多少和有效管理幅度的要求,划分出各个管理层次。②自上而下的设计方法。即先根据企业的各项基本职能及集权程度的设计原则,确定企业的管理层次;再进一步确定各管理层次应设置的部门(职能处室);最后将每一个部门应承担的工作分解成各个管理职务和岗位。由于职务(岗位)、部门、层次这三者是相互联系、相互制约的,所以在实践中,这两种方法一般结合起来使用,相互修正,经过多次反复才能最后将框架设计确定下来。

(四)协调方式的设计

这一步是设计上下管理层次之间、左右管理部门之间的协调方式和控制手段。创业企业协调方式的设计就是要把各个组成部分再联结成为一个整体,即实现组织的一体化,从而使各层次、各部门之间以企业长久发展目标为导向,相互配合、步调一致,整个组织结构协调运转,企业管理的整体功能得以有效实现和不断强化。

协调方式的设计包括横向协调方式和纵向控制手段两个方面内容,以横向协调方式的设计为主。这是因为,有关纵向控制手段的问题,由于同集权与分权设计、管理规范设计等工作密切相关,实际上是在相关设计步骤中分散解决的;又因为搞好各项业务活动过程中的协作配合主要依据横向协调,所以,联系方式的设计这一步骤,要突出重点,着力解决好多种横向协调方式灵活运用问题。

(五)管理规范的设计

这一步骤是在确定了组织结构的框架及联系方式的基础上,进一步解决组织运行方面的问题,内容就是确定各项管理业务的管理工作程序、管理工作应达到的要求(管理工作标准)和管理人员应采用的管理方法等,建立健全各项规章制度,构建起以管理业务流程为中心的规章制度体系。这些工作管理程序、管理工作标准、管理工作方法以及各项规章制度,统称为管理规范。搞好管理规范设计,一方面,它为各管理层次、部门和人员提供行为准则,保证组织的统一性和高效率;另一方面,它对组织结构设计具有反馈作用,可以发现组织结构设计中妨碍组织顺畅运行的环节并加以修正,同时它使设计出来的组织结构合法化和规范化,起到巩固和稳定组织结构的作用。

(六)组织运行机制

组织的高效顺畅运行不仅需要管理规范给人们规定行为准则,还需要有一套良好的运行机制来提供动力,这就是运行机制设计所要解决的问题。这一步工作包括制定管理部门和管理人员的绩效评价与考核制度、奖惩制度、工资分配制度、人员聘用和晋升制度等,完善包括精神激励和物质激励在内的一整套激励与约束机制,充分调动全体员工的积极性、主动性和创造性,使组织始终具有蓬勃的生机与活力。

六、创业企业组织结构类型

由于创业企业的组织形式可以采用公司制、独资企业和合伙企业,各类中小企业的规模、行业、地区等特征差异也很大,因此创业企业可以采用多种类型的组织结构模式。

(一)传统组织结构类型

传统组织结构类型包括直线型组织结构、职能型组织结构、直线-职能型组织结构、事业部型组织结构、矩阵型组织结构等,这些组织结构的设计、优点、缺点和适用范围在前面已有讲述,此处不再赘述。

(二)创新的组织结构类型

创业企业与大企业相比,具有组织结构简单、管理灵活的特点,在组织结构创新方面具有优势。在激烈的市场竞争中,国外创业企业近年形成了多种新的组织结构类型,其中具有代表性的有柔性化组织、战略联盟和虚拟企业。

1.柔性化组织

此种结构模式在国外已得到广泛的运用,是指与动态竞争条件相适应的具有不断适应环境和自我调整能力的组织。具体做法是企业根据需要建立研发、生产、销售及财务等一体化的跨部门横向组织,此类组织以临时团体或项目小组的形式存在,不同部门的人员在小组里相互协作、同步地进行工作。柔性化组织无论在管理体制上,还是在机构的设置上都具有较大的灵活性,一般效率很高,能迅速解决难题,而且能极大地发挥个人的创造力,从而保证企业快速、灵活地决策和管理。如今市场环境瞬息万变,创业企业可以采用柔性组织以提高对经营环境的应变能力,在动态的内、外部环境下谋得长远发展。

2.战略联盟

战略联盟是指两个或两个以上的企业,为了某种战略目的通过一定的方式组成的网络式的联合体。战略联盟的特征主要体现在当其达成共同利益目标时,可以快速组合,作为一个整体参与市场竞争;当其共同目标不存在时,各成员企业可迅速散伙,且不会带来太大的损失和风险。同时,战略联盟还可以减少企业间的恶性竞争,起到优化和规范市场竞争秩序的作用。其实现形式有以下两种:

第一种,集群化组合。例如,对那些分散在城市居民区内的同行业中小企业,为有效解决工厂拥挤和环境污染等问题,可联合起来购地另建,组成新的工业区或商业区。

第二种,联盟组合。这是一种由不同行业的中小企业组织起来的联合经营体,主要对生产、销售、订货、技术开发等关键问题进行有机结合,使人才、资金、技术、信息均不充足的中小企业能互享彼此优势资源,取长补短。

3.虚拟企业

虚拟企业是指某一企业经过市场的调查研究后完成某一产品的概念设计,然后组织其他具有某些设计制造优势的企业合作,快速完成产品的设计加工,抢占市场,在此模式下,企业只把知识和技术依赖性强的高增值部分掌握在自己手里,即只掌握核心功能,而把低增值部分虚拟化,达到内部机构精简,外部协作强化的目的,从而使企业内部资源得到合理的整合与利用。它通常只有1~2人负责联系业务,但一旦需要,可在短时间内招募众多的员工,待业务完成以后,公司又恢复到1~2人的常态,是一种能够动态变化的技术先进的组织形态。创业企业如果拥有在产品、技术等方面的创新能力,可以考虑采用虚拟企业组织结构,实现组织的精简高效,通过动态的组织规模适应市场,发挥高度灵活性。

第二节 创业企业岗位设置

一、岗位的概念与作用

岗位,即职位,它是组织的基本元素,是根据组织目标需要设置的具有一个人工作量的单元,是职权和相应责任的统一体。科学地设计岗位和明确岗位职能,能够确保将整个组织企业目标转化为所有员工的个人目标,使企业的经营压力转化为每个员工的工作动力和责任约束。

岗位设计存在一整套系统的思路和方法。科学地定岗定责,能够使企业各个环节顺利运转,快速提升企业整体的运营效率,并有效地避免企业冗员、人浮于事、企业压力大而员工压力小等不良现象,从而提高工作效率,进而提升企业竞争力。

岗位的作用,是以其特定的工作保证整个分工协作体系的正常运作。每一个工作岗位,都是由职务、责任、权力、利益构成。职务即该岗位应该完成的工作任务,具有具体性和稳定性,这是设置岗位的基础。责任是组织对职务完成状况的约束,体现为相应的组织约束手段。权力是完成工作的条件,每个岗位都必须占有一定的人力、财力、物力,并以人、财、物为依托进行工作,否则工作难以开展。

二、创业企业岗位分类及其设置原则

(一)岗位分类

岗位分类,是一种以人的工作岗位为分类结构的基本单位的分类方法,是将各岗位按工作性质、责任轻重、繁简难易、所需资格条件和工作环境等因素,划分为不同的类别和等级,为考核、录用、聘任、升降、培训、奖惩和工资待遇等各项人力资源管理活动提供依据。

对岗位进行分类的目的,在于通过对岗位进行分类,实现对岗位任职者的分级管理,从而提高管理的针对性、有效性。科学合理地设置岗位,是有效地进行岗位分类的前提。

(二)创业企业岗位设置的基本原则

岗位设置一般可以参考两种原则:因事设岗,因人设岗。一般来说,成熟企业职能确定、岗位划分明确,更多采用因事设岗原则;而创业企业成立初期,职能划分并不明确,管理体制不够成熟,因事设岗易导致资源浪费、效率低下,因此多采用因人设岗原则。

1. 因事设岗

因事设岗是指企业从单位职能出发,根据工作需要,结合单位实际,按照科学合理、精简效能的原则设置岗位的一种现象。因事设岗是设置组织系统的一个重要原则。因事设岗具体体现在以下几个方面。

(1)最低岗位数量原则。任何一个组织,其岗位的数量由于受到组织工作任务的大小、复杂程度及经费预算等因素的限制,因而是有限的。为了使一个组织以最少的耗费获得最大的效益,其岗位数量应限制在有效地完成任务所需岗位的最低数。设少量岗位就可完成任务的,绝不多设岗位,要做到使每个岗位的工作量满负荷。

(2)系统原则。所谓系统,就是由若干个既有区别又相互依存的要素所组成,处于一定环境之中的有机整体。任何一个完善的组织机构都是一个相对独立的系统。因此,在考虑一个机构的岗位设置时,应从系统论出发,把每一个岗位放到组织系统中,从总体上和相互联系上,看它在组织系统中是否有独立存在的必要。同时,要使所设岗位在组织目标体系中,都追求同一目标,发挥积极作用,岗位之间协调有序,没有交叉重叠、职责不清的现象。

(3)能级原则。这里所讲的"能级",是指一个组织中各岗位功能的等级,也就是岗位在该组织这个"管理场"中所具有的能量等级。一个岗位的功能大小,是由它在组织中的工作性质、任务大小、工作的繁简难易以及责任轻重等因素所决定的。功能大的岗位,它的能级就高;反之,就低。

(4)低岗位层次原则。在岗位设置中,要坚持能设低层次岗位的绝不设高层次岗位,从而达到降低用人成本的效果。

2.因人设岗

因人设岗是指企业中由于存在某一位或某一类人才而特地设立相应工作岗位的一种现象，因人设岗能发挥一些特殊人才的作用，减少战略人才流失。

创业企业和一般的成熟企业不同。首先，和成熟企业相比，创业企业的业务边界较为模糊，无法设置类似成熟企业的十分明确的岗位划分。其次，创业企业组织规模较小，组织内的岗位数量少，岗位调整的成本低。最后，创业企业成立初期，对核心人才的依赖较强，人才是创业企业在市场中生存与竞争的关键。因此，为了发挥人才作用、减少人才流失，很多创业企业会选择"因人设岗"的方式。

具体而言，创业企业很难有充足的资源去专门成立人力资源管理部门进行岗位的设置、人才的招聘，而是创始人或者其他创业团队成员亲自招聘，与候选人进行详细的沟通，争取在企业的需求和候选人的个人意向之间达成一致，希望候选人能够对团队产生更多的认同感，能够更加长期地和团队进行合作。

第三节　创业企业工作分析

一、工作分析的内涵

一个企业要有效地进行人力资源管理，一个重要的前提就是要了解各种工作的特点以及能胜任各种工作的人员的特点，而这就是工作分析的主要内容。所谓工作分析（也称职位分析或岗位分析），是指对某一特定的工作的目标、性质做出明确规定，并确定完成这项工作的具体实施行为的过程。工作分析是人力资源管理的基本工具，工作分析又是一个动态变化的过程，随着公司的发展和组织结构的调整，应适时修正。只有把这项工作做好，基础才能扎实，人力资源的管理才能有根有据，实现"人本管理"也就有了坚实的基石。

我们一般把工作分析分成两部分：工作描述（即职位描述）与工作规范（即任职说明）。工作描述具体说明了工作的物质特点和环境特点，主要包括以下几方面：职务名称、工作活动和工作程序、工作条件、社会环境及聘用条件。工作规范是指要求从事某项工作的人员必须具备的生理要求和心理要求，如年龄、性别、学历、工作经验、健康状况、体力、观察力、事业心、领导力、速度感等。个人工作描述加上部门职能描述很容易使管理人员明了当前企业内部人员的"性能"，即人力资源是否符合当前的工作和企业发展规律的需要，人员是多了还是少了。工作描述和工作规范是根据工作需要，由经理和人事部门共同做出分析并商定的。工作分析的流程就是对工作进行全方位评价的过程，一般分为四个阶段，即准备阶段、实施阶段、分析描述阶段、应用阶段。

二、工作分析的内容

工作分析的内容应包括哪些项目，需视工作分析的目的不同而有所不同。一般情况下，工作分析的内容包括以下几项：

(一)工作基本资料

1.工作名称

工作名称必须明确,使人看到工作名称就可以大致了解工作内容。它是公司招聘人员,或工作人员之间所用。工作名称要标准化,应按照有关职位分类命名的规定或通行的命名方法和习惯确定工作名称。如果该工作已经完成了工作评价,在工资上已有固定的等级,则在名称上可加上等级。例如技师,必须加以细分为何种性质何种等级的技师。

2.工作代码

各项工作应按照统一的代码体系编码,使工作代码既能反映出工作岗位所属部门,又能反映出工作岗位的上下级关系,如果能反映出该岗位的工作性质和其在组织中的地位更好。

3.工作地点

它是指从事本岗位工作的员工的工作地点。有时又将工作地点和办公地点分开考虑,这主要是因为有的岗位工作地点和办公地点是不同的。如果是这样的话,就应该分开来考虑,设置两个项目分别进行考察。

4.所属部门

所属部门即本岗位属于企业中的哪一个部门。

5.直接的上下级关系

它是指本工作岗位的直接上级和其直接领导的下级的工作岗位名称和相应的人数。

6.员工数目

它是指企业中从事同一岗位的员工数目。如果同一岗位的员工人数经常变动,其变动范围应予以说明;如员工是轮班使用,也应予以说明,由此可以了解员工的工作负荷量及人力配置情况。

(二)工作内容

工作内容是指与员工工作有关的一切事件,具体如下:

1.工作任务

工作任务即工作应该完成的工作活动是什么,即明确、规范工作行为,如工作的中心任务、工作内容、工作的独立性和多样化程度,完成工作的方法和步骤、使用的设备和材料等。

2.工作责任

工作责任即承担该工作应负有的责任。通过对工作相对重要性的了解,配备相应权限,保证责任和权力对应,且尽量用定量的方式确定责任和权力。工作责任主要包括对原材料和产品的责任、对机械设备的责任、对工作程序的责任、对其他人员工作的责任、对其他人员合作的责任、对其他人员安全的责任等。

3.工作量

工作量即工作强度,其目的在于确定标准工作量,如劳动的定额、工作量基准、工作循环周期等。

4.工作标准

工作标准即用什么来衡量工作的好坏,确定工作标准可以为考核和薪酬等人力资源管理活动提供依据。

5.机器设备

机器设备即从事本岗位工作的员工在实际工作过程中所需要使用的机器、设备、工具等，其名称性能、用途均应有详细的记录。

6.工作时间与轮班

工作时间与轮班即从事本岗位工作的员工的工作时数、工作天数及一次轮班的时间幅度等，这些是工作分析的重要资料。

（三）工作关系

1.监督指导关系

监督指导关系即隶属关系，包括直属上级、直属下级、该工作制约哪些工作、受哪些工作制约等。

2.职位升迁关系

职位升迁关系即该工作岗位可以晋升或降级到企业中的哪些岗位，可以与哪些岗位之间进行同级调度等，从而为员工做好职业生涯规划。

3.工作联系

工作联系即本岗位在具体工作中会与哪些岗位或部门发生工作上的往来，发生联系的目的、方式是什么等。

（四）工作环境

1.工作的物理环境

工作的物理环境即工作地点的湿度、温度、照明度、噪声、振动、异味、粉尘、空间、油渍等，以及工作人员和这些因素接触的时间。

2.工作的安全环境

工作的安全环境即从事本岗位工作的工作者所处工作环境的工作危险性、劳动安全卫生条件、职业病患病率及危害程度等。

3.工作的社会环境

工作的社会环境包括工作群体的人数、完成工作要求的人际效应的数量、各部门之间的关系、工作地点内外的文化设施、社会风俗习惯等。

4.聘用条件

聘用条件包括工作时数、工资结构、支付工资方法、福利待遇、该工作在组织中的正式位置、晋升的机会、工作的季节性、参加培训的机会等。

（五）任职条件

1.教育培训情况

教育培训情况即从事本岗位工作的员工所应接受的教育、培训程度。其一般可分为内部训练、职业训练、技术训练和一般教育等几个方面。内部训练是指由企业所提供的培训。职业训练是由个人或职业学校所进行的训练，其目的在于发展普通或特种技能，并非为任何企业现有的某一特种工作而训练。技术训练是指中学以上含有技术性的训练。一般教育是指所接受的大、中、小学教育。

2.必备知识

必备知识即从事本岗位工作的员工对使用的机器设备、材料性能、工艺过程、操作规程及操作方法、工具的选择和使用、安全技术等本岗位所必须具备的一些专业知识的掌握。

3.经验

经验即从事本岗位工作的员工完成工作任务所必需的操作能力和实际经验,包括过去从事同类工作的年限和业绩,从事该项工作所需的决策力、创造力、组织力、适应性、注意力、判断力、智力以及操作熟练程度等。

4.素质要求

素质要求即从事本岗位工作的员工所应具备的完成工作要求的职业性向,包括:体能性向,即任职者应具备的行走、跑步、爬行、跳跃、站立、旋转、平衡、拉力、推力、视力、听力等;气质性向,即任职者应具备的耐心、细心、沉着、勤奋、诚实、主动性、责任感、支配性、情绪稳定性等。

以上所列分析项目,并非对所有职位进行工作分析时均需包括在内,企业可以根据实际需要来确定相关工作分析内容和工作分析指标。

三、工作分析的基本流程

工作分析的流程就是对工作进行全方位评价的过程,一般分为四个阶段,即准备阶段、实施阶段、分析描述阶段、应用阶段。

(一)准备阶段

在这一阶段,主要工作有如下几点:

(1)明确工作分析的目的。

(2)制订工作分析的实施计划。

(3)组建工作分析小组。

(4)收集、分析有关的背景资料。

(5)分析信息收集的类型。

(6)确定信息收集的方法。

(二)实施阶段

这一阶段的主要工作有:

(1)取得相关人员的理解。

(2)收集工作信息的实际操作。

(3)审查确认工作信息。

(三)分析描述阶段

这一阶段就是出成果的阶段,具体工作如下:

(1)实际工作信息的分析。

(2)相关人员的意见反馈。

(3)工作说明书的形成。

(四)应用阶段

这是工作分析的最后一个阶段,应该包含如下工作:

(1)工作说明书的应用。

(2)工作说明书的评价。

(3)工作说明书的反馈与调整。

四、工作分析的方法

职务工作分析需要相应的方法和技术,现将常用的工作分析方法做简单介绍。

(一)访谈法

访谈法主要是由工作分析专家与被分析工作的任职者就该项工作进行面对面的谈话,是应用最广泛的职务分析方法,适用于工作任务周期长、工作行为不易直接观察的工作。一般有三种访谈的方式:个人访谈、群体访谈与职务上司访谈。

(二)观察法

观察法即在工作现场运用感觉器官或其他工具对员工的工作过程、行为、内容、特点等进行实地观察,并进行记录,再进行分析与归纳总结的方法。它适用于变化少而运作性强的工作。

(三)问卷调查法

问卷调查法是工作分析中最常用的一种方法,就是采用问卷来获取工作分析中的信息,实现工作分析的目的。问卷调查法适用于脑力工作者、管理工作者或工作不确定因素很大的员工,比如软件设计人员、行政经理等。问卷调查法比观察法更便于统计和分析。

(四)工作日志法

工作日志法即由员工本人每天按时间顺序详细地记录自己的工作内容、工作负荷、责任权力及感受等内容,在此基础上进行工作分析的方法。

(五)典型事例法

典型事例法也称为关键事件扩展法,是对实际工作具有代表性的工作者的工作行为进行描述。这是由职务专家向一些对某职务各方面情况比较了解的人员进行调查,要求他们描述该职务半年到一年内能观察到并能反映其绩效好坏的一系列事件(典型事例)来获得工作信息,从而达到分析目的的方法。

本章要点

1.组织结构是为了完成组织目标而设计的,是指组织内各构成要素以及它们之间的相互关系。它是对组织复杂性、正规化和集权化程度的一种度量。它涉及管理幅度和管理层次的确定、机构的设置、管理职能的划分、管理职责和权限的认定及组织成员之间的相互关系等。

2.组织设计涉及两个方面的工作内容:横向的管理部门设计、纵向的管理层级设计。组织设计的任务就是:设计清晰的组织结构,规划和设计组织中各部门的职能和职权,确定组织中职能职权、参谋职权、直线职权的活动范围并编制职务说明书。

3.岗位分类,是一种以人的工作岗位为分类结构的基本单位的分类方法,是将各岗位按工作性质、责任轻重、繁简难易、所需资格条件和工作环境等因素,划分为不同的类别和等级,为考核、录用、聘任、升降、培训、奖惩和工资待遇等各项人力资源管理活动提供依据。

4.工作分析(也称职位分析或岗位分析),是指对某一特定的工作的目标、性质做出明确规定,并确定完成这项工作的具体实施行为的过程。工作分析就是对工作进行全方位评价的过程,一般分为四个阶段,即准备阶段、实施阶段、分析描述阶段、应用阶段。工作分析的常用方法包括访谈法、观察法、问卷调查法、工作日志法、典型事例法等。

复习思考题

1.创业企业组织设计的影响因素有哪些?

2.创业企业组织设计有何特点?

3.什么是岗位分类? 什么是岗位设置表?

4.创业企业工作分析的内容包括哪些?

案例分析

任正非:华为将来的岗位划分为三类

最近,华为的心声社区刊登了任正非与战略预备队学员和新员工座谈会上的讲话。在这个座谈会上,任正非透露华为将来的岗位将划分为三个类别:职员类、专家类、管理类。

第一个是职员类别,也叫专业化岗位。这些岗位对年龄没有限制,因为有经验,可以做到50~60岁,职级只有15、16级也可以,将来他们还会有工龄津贴、岗位补贴、质量补贴,保持一定的合理收入;职员类岗位采用绝对考核,不涉及末位淘汰,你适合这个岗位就安安心心做下去,为什么要换个年轻的呢? 为什么不能干到六七十岁呢? 都是用纤纤细手去敲键盘,又不是"拼刺刀",只要力气按得动键盘就行了。

第二类是专家队伍,专家要快速适应社会变化,赶不上时代变化就会掉队,华为没有收容队。初级专家应该一专多知,在做好本职工作的基础上,再想别的;中级专家应一专多能或两专多能;高级专家要有场景化的合成作战能力。比如,现在你说只懂 1G、2G,那是要被淘汰的;如果你懂 3G、4G,可以作为师傅带带徒弟,完成产品线生命周期管理。我们已经跳到新领域来了,专家就一定要在这个领域里搞明白。专家的工作方式与组织形式,要有垂直循环,也要有横向循环;垂直循环使你能知"天气",又能吸收"地气",一些做出突出贡献的员工也容易在循环中冒出来,但是不适应发展的专家淘汰也快。让优秀分子能浮上来,我们才能保护这个人才。大家都想做专家,那要有真本事,要去炼钢,多苦啊。是"拼刺刀"啊,拼不动"刺刀",就要及时换岗,找不到合适的岗位怎么办? 年龄不是问题,看你个人的学习与实践情况。

第三类是行政管理队伍,主官和主管每年强制性 10% 的末位淘汰,即使全优秀也是硬性的,这样才有新的血液循环。

所以,我们的岗位没有年龄限制,而是看你的能力和贡献能不能适应作战,如果只看年龄,我早就被淘汰了。当然,我们的退休机制也很宽松,公司已经有明确规定,带病可以退休,允许保留一定的股票。如果你认为自己病了,写个报告给领导即可,不需要医生证明,只有你最了解你自己,退休后把身体养好;如果你认为自己还年轻,想奋斗,那就好好学习,努力贡献,一定要跟上队,要有驾驭工作的能力,否则没人会同情你。华为不会对工龄实施保护,只会对你的贡献进行保护。

资料来源:HR人力资源管理案例网(http://www.hrsee.com)。

案例思考题:

1. 试分析华为将来的岗位划分的优点。

2. 这样的岗位划分对初创企业是否具有借鉴意义,有何借鉴意义?

实践练习

组织结构设计实操练习

一整天的公司高层例会结束后,D公司S总经理不禁陷入沉思。

例会由S总经理主持、几位副总经理参加。原本他就想商谈一下公司今后的发展方向问题,不过会上的意见争执却出乎自己的预料。很明显,几位高层领导在对公司所面临的主要问题和下一步如何发展的认识上,存在着明显的分歧。

6年来,D公司由初创时的几个人、1500万元资产、单一开发房地产的公司,发展到今天的1300余人、5.8亿元资产、以房地产业为主,集娱乐、餐饮、咨询、汽车维护、百货零售等业务于一体的多元化实业公司,已经成为本市乃至周边地区较有竞争实力和有知名度的企业。

作为公司创业以来一直担任主帅的S总经理在成功的喜悦与憧憬中,更多了一层隐忧。在今天的高层例会上,他在发言时也是这么讲的:"公司成立已经6年了,在过去的几年里,经过全体员工努力奋斗与拼搏,公司取得了很大的发展。现在回过头来看,过去的路子基本上是正确的。当然也应该承认,公司现在面临着许多新问题:一是企业规模较大,组织管理中管理信息沟通不及时,各部门协调不力;二是市场变化快,我们过去先入为主的优势已经逐渐消失,且主业、副业市场竞争都渐趋激烈;三是我们原本的战略发展定位是多元化,在坚持主业的同时,积极向外扩张,寻找新的发展空间,应该如何坚持这一定位?"面对新的形势,就公司未来的走向和目前存在的主要问题,会上各位高层领导都谈了自己的想法。

管理科班出身、主管公司经营与发展的L副总经理在会上说:"公司的成绩只能说明过去,面对新的局面必须有新的思路。公司成长到今天,人员在膨胀,组织层级过多,部门数量增加,这就在组织管理上出现了阻隔。例如,总公司下设5个分公司,即综合娱乐中心(下有戏水、餐饮、健身、保龄球、滑冰等项目)、房地产开发公司、装修公司、汽车维修公司和物业管理公司。各部门都自成体系,公司管理层次过多,如总公司有3级,各分公司又各有3级以上管理层,最为突出的是娱乐中心的高、中、低管理层次竟达7级,且专业管理机构存在重复设置现象。总公司有人力资源开发部,而下属公司也相应设置了人力资源开发部,职能重叠,管理混乱。管理效率和人员效率低下,这从根本上导致了管理成本加大,组织效率下降,这是任何一个公司的发展大忌。从组织管理理论的角度看,一个企业发展到1000人左右,就应以制度管理代替'人治',我公司可以说正是处于这一管理制度变革的关口。我们公司业务种类多、市场面广、跨行业的管理具有复杂性和业务多元化的特点,现有的直线职能制组织结构已不能适应公司的发展,所以进行组织变革是必然的,问题在于我们应该构建一种什么样的组织机构以适应企业发展需要。"

坐在 S 总经理旁边的另一位是公司创立三元老之一的始终主管财务的大管家 C 副总经理,他考虑良久,非常有把握地说:"公司之所以有今天,靠的就是最早创业的几个人,他们不怕苦、不怕累、不怕丢了饭碗,有的是闯劲、拼劲。一句话,公司的这种敬业、拼搏精神是公司的立足之本。目前,我们公司的发展出现了一点问题,遇到了一些困难,这应该说是正常的,也是难免的。如何走出困境,关键是要强化内部管理,特别是财务管理。现在公司的财务管理比较混乱,各个分部独立核算后,都有了自己的账户,总公司可控制的资金越来越少。如果要进一步发展,首先必须做到财务管理上的集权,该收的权力总公司一定要收上来,这样才有利于公司通盘考虑,共同发展。"

高层会议各领导的观点在公司的管理人员中间亦引起了争论,各部门和下属公司也产生了各自的打算:房地产开发部要求开展铝业装修,娱乐部想要租车间搞服装设计,物业管理部提出经营园林花卉的设想。甚至有人提出公司应介入制造业,成立自己的机电制造中心。

任务1:请讨论公司目前进行改革是否成熟。

任务2:请根据以上信息,为该公司设计一套合适的组织机构,并画出相应的组织结构图。

本章参考文献

[1] 廖新平.中小企业创业管理[M].重庆:重庆大学出版社,2012.

[2] 李学东,顾海川,刘万兆.创新创业管理[M].北京:北京邮电大学出版社,2017.

[3] 邓俊荣.企业组织设计与创业团队建设[M].西安:西安电子科技大学出版社,2018.

[4] 陶莉.创业企业组织设计和人力资源管理[M].北京:清华大学出版社,2005.

[5] 赵永乐,朱燕,邓冬梅,等.工作分析与设计[M].上海:上海交通大学出版社,2006.

[6] 周文,刘立明,黄江瑛.工作分析与工作设计[M].长沙:湖南科学技术出版社,2005.

[7] 许玉林.组织设计与管理[M].上海:复旦大学出版社,2010.

[8] 赵慧英,林泽炎.组织设计与人力资源战略管理[M].广州:广东经济出版社,2003.

[9] 毛文静,唐丽颖.组织设计[M].杭州:浙江大学出版社,2012.

[10] 李贺,王畅.大学生创新创业基础[M].北京:北京理工大学出版社,2019.

第五章
创业企业人力资源获取

本章学习目标

1. 了解创业企业人力资源规划的内容。
2. 掌握创业企业人力资源供给与需求预测的内容与方法。
3. 掌握创业企业员工招聘与甄选的原则和基本程序。
4. 了解创业企业员工招聘的基本渠道、人员测评与甄选的方法。
5. 掌握创业企业招聘活动评估的内容与方法。

开篇案例

民营企业的人力资源规划案例

某民营企业是一个由几十名员工组成的小作坊式机电企业发展起来的,目前已拥有3000多名员工,年销售额达几千万元,其组织结构属于比较典型的直线职能制形式。随着本行业的技术更新和竞争的加剧,高层领导者开始意识到,企业必须向产品多元化方向发展。其中一个重要的决策是转产与原生产工艺较为接近、市场前景较好的电信产品。恰逢某国有电子设备厂濒临倒闭,于是他们并购了该厂,在对其进行技术和设备改造的基础上,组建了电信产品事业部。然而,企业在转型过程中的各种人力资源管理问题日益显现出来。除了需要进行组织结构的调整之外,还需要加强企业人力资源管理的基础工作,调整不合理的人员结构,裁减一批冗余的员工,从根本上改变企业人力资源管理落后的局面。此外,根据购并协议,安排在新组建的电信产品事业部工作的原厂18名中低层管理人员,与公司新委派来的12名管理人员之间的沟通与合作也出现了一些问题。如双方沟通交往较少,彼此的信任程度有待提高;沟通中存在着障碍和干扰,导致了一些不必要的误会和矛盾,甚至是冲突的发生。他们希望公司能够通过一些培训来帮助他们解决这些问题。

资料来源:HR人力资源管理案例网(http://www.hrsee.com)。

第一节　创业企业人力资源规划

一、人力资源规划概述

(一)人力资源规划的概念

人力资源规划是在企业发展战略和经营计划的指导下,对人员的供求关系进行预测,并根据预测结果采取相应措施平衡供求关系,为企业发展提供符合质量和数量要求的人力资源。人力资源规划是一个预测和分析的过程,人力资源的预测是整个人力资源规划中最重要的部分。人力资源预测是在对企业人力资源的历史情况和现状进行评估的基础上,对未来一定时期内的人力资源状况进行的一种假设,有需求预测和供给预测两种。需求预测是指为实现企业的战略目标,对未来所需员工的数量和类型进行估计,而供给预测是指对企业内部人力资源调配能力和外部人力资源供给状况的分析。

(二)人力资源规划的内容

人力资源规划包括两个层次,即人力资源整体规划和人力资源业务规划。

1.人力资源整体规划

人力资源整体规划是针对计划期内人力资源规划结果的总体描述,包括预测的需求和供给分析是多少,这些预测的依据是什么,供给和需求的比较结果是什么,企业平衡供需的指导原则和总体政策是什么等。在总体规划中,最主要的内容就是供给和需求的比较结果,也可以称作净需求,进行人力资源规划的目的就是得出这一结果。

2.人力资源业务规划

人力资源业务规划是整体规划的分解和具体化,包括人员补充计划、人员配置计划、人员接替和提升计划、人员培训开发计划、工资激励计划、员工关系计划和退休解聘计划等内容。每一项应设定出自己的目标、政策和预算,具体如表5-1所示。

表5-1 人力资源业务规划内容

规划名称	目标	政策	预算
人员补充计划	类型、数量、层次对人员素质结构的改善	人员的资格标准、人员的来源范围、人员的起点待遇	招聘选拔费用
人员配置计划	部门编制、人力资源结构优化、职位匹配、职位轮换	任职条件、职位轮换的范围和时间	按使用规模、类别和人员状况决定薪酬预算
人员接替和提升计划	后备人员数量保持,人员结构改善	选拔标准、提升比例、未提升人员的安置	职位变化引起的工资、福利变动
人员培训开发计划	培训的数量和类型,提升内部供给,提高工作效率	培训计划的安排、培训时间和效果的保证	培训开发的总成本
工资激励计划	劳动供给增加、士气提高、绩效改善	工资政策、激励政策、激励方式	增加工资奖金的数额
员工关系计划	工作效率提高、员工关系改善、离职率降低	民主管理、加强沟通	法律诉讼费用
退休解聘计划	劳动力成本降低、生产率提高	退休政策及解聘程序	安置费用

(三)创业企业人力资源规划的要点

创业初期的人力资源规划,需要抓住以下几个核心要点:核心业务定位、利益分配机制、业务规模、战略定位。

(1)创业初期的人力资源规划,应该主要从业务开展的层面(包含技术、生产、营销等几个主要方面)以及企业整体运营来进行思考,同时结合企业的长远发展来进行规划。

(2)从人力资源规划的角度而言,创业企业要先建立一个比较完善的薪酬分配制度,即利益分配机制,这是最基本的游戏规则,先有规则再请人。也就是说,创业企业管理者必须先明确要设什么部门,设什么岗位,这个岗位的职责是什么,请来的人需要完成哪些基本目标或任务,等等。这些问题明确了,再谈分配制度就顺理成章了。

(3)人力资源规划方面需要考虑的一个重要因素是企业的业务规模的定位问题。提前预估企业生产能力和销售前景是比较关键的。创业企业的产品或服务、市场需求、消费者的反应等通常比较模糊,创业企业更应该花费功夫对预期的业务规模进行估计。如果预估失准,要么会造成人力资源的浪费,要么会造成人员的紧缺。

(4)关于企业的战略定位,从整体而言,企业人力资源的规划也肯定受其影响。可能受制于多方面的因素,很多新创办的企业开始往往没有战略规划;如果有战略,人力资源规划肯定是企业整体战略的一部分。

二、创业企业人力资源规划的意义与作用

(一)创业企业人力资源规划的意义

人力资源规划在各项管理职能中起着桥梁和纽带的作用,在所有的管理职能中,人力资源规划是最具战略性和主动性的。人力资源规划对创业企业的意义主要体现在以下几个方面。

1.企业人力资源规划是企业目标实现的基础

企业人力资源规划为企业目标实现提供人力资源保障,企业要维持生存和发展,拥有合格、高效的人员结构,就必须进行人力资源规划。创业企业成立初期,企业内外部环境在不断快速变化,企业的人力资源管理目标以适用性为导向,以当前企业环境动态性需求为主,因此创业企业必须进行人力资源规划,不断进行动态调整,以适应内外部环境的变化。

2.企业人力资源规划是各项人事决策的依据

企业运行过程中的各项人事决策应尽可能按照人力资源规划来进行。初创企业的人力资源需求、供给与一般企业不同,存在因人设岗、一人兼任多职等情况,因此人事决策必须按照人力资源规划进行,考虑企业实际情况。

3.企业人力资源规划能够促进员工的成长

人力资源规划(包含职业生涯规划)结合员工个人的能力、兴趣和家庭,把个人的需要和企业的需要有机结合起来,促进员工的成长,提高员工满意度。创业企业的人力资源规划可以通过员工职业生涯规划等稳定员工队伍,增加员工满意度,留住优秀人才。

(二)创业企业人力资源规划的作用

当创业企业需要某类人员,而在人力资源市场上又无法寻找到该类人员时,企业应该如何处理?如果企业付出了高昂的培训费用,但是员工跳槽使企业必须再次支付培训费用,企业应

该怎样应对?创业企业为了避免人力资源短缺储备了大量人才却造成人力资源浪费和人工成本上升,企业又该怎么办?这些问题都是企业尤其是管理经验不足的创业企业在日常人力资源管理中司空见惯的。

企业解决在人力资源日常工作中所发生问题的方法无非是:遇到这些问题及时解决;或分析这些问题,找到产生这些问题的原因,避免再次出现类似情况;或预先估计出现各种问题的可能性,在管理中有意识地加以避免。在这三种方法中,最为有效的方法就是第三种,即人力资源规划法。人力资源规划的实施,对于企业的良性发展以及人力资源管理系统的有效运转具有非常重要的作用。

总的来说,人力资源规划对于创业企业具有以下几方面的作用。

1.有利于企业战略、目标、愿景的实现

首先,人力资源规划可以帮助创业企业识别战略目标。企业在不断变化的社会环境中生存,战略目标不可能一成不变。人才的稀缺性使企业认识到,战略是现实的,不是理想化的,那个需要什么人才就可以找到什么人才的时代已经远去了,在当今社会,必须将"需要什么人才与能够获得什么人才"结合起来,才能形成理性的战略。创业企业的优秀人才需求大,但是企业自身对人才的吸引力不高,因此需要通过人力资源规划将创业企业的"需要什么人才"和"能够获得什么人才"结合起来,同时通过需求预测、供给预测,以使企业辨识战略、目标的现实性和科学性。

其次,人力资源规划有助于创造创业企业实现战略目标的内部环境。企业的内部环境是一个多种资源综合作用的复杂体系,人力资源是其中一个关键要素。创业企业的人力、财力等各种资源都相对稀缺,更需要通过人力资源规划,进行合理的员工配置、流动,实现多种资源的优化配置,促进资源使用效率的提高,为企业战略目标的实现提供一个良好的内部环境。

2.有利于人力资源管理工作的开展和提升

首先,人力资源规划能够确保创业企业生存发展过程中对人力资源的需求。创业企业在不同的发展阶段,对人力资源的需求也不同,在激烈的市场竞争中,创业企业需要不断地开发新产品、引进新技术,才能在竞争中立于不败之地。创业企业的产品或技术的创新必定引起员工配置比例的变化,这就需要企业对其所拥有的人力资源不断进行调整,以保证新产品和新技术条件下工作对人的需要以及人对工作的适应性,如果不能事先为企业发展提供各个阶段所需的人才,企业则不可避免地会出现人力资源短缺的现象,从而影响正常的生产活动。企业通过人力资源规划,可以减少企业发展过程中的人事安排的困难,使企业在用人的时候能够事先考虑好员工将来在企业中的可能位置。

其次,人力资源规划有助于创业企业降低人工成本的开支,缓解现金流压力。创业企业在成立初期一般都面临现金流的压力,有低成本需求,而企业又是以利润最大化为目标的,追求以最小的投入实现最大的产出。创业企业通过人力资源规划可以将员工数量与质量控制在合理的范围内,满足企业需要的同时尽量避免人力资源的浪费,从而节省人工成本的开支。

3.有利于员工制订个人发展计划和实现其长期利益

人力资源规划在企业层面展开,也会对个体产生重大的影响。人力资源规划可以使个体看到未来企业在各个层面对人力资源的需求,也就是对个体的发展要求。这就为个体设定了一个目标,可以指导个体设计自己的职业生涯发展规划,这对提高个体综合素质、实现个体目

标、提高个体工作质量和生活质量都是非常有益的。对于创业企业而言,员工能够通过人力资源规划看到自己和企业发展的前景,有助于提高员工的企业忠诚度,从而为创业企业稳定员工、留住人才。

三、创业企业人力资源的预测与平衡

(一)人力资源预测概述

人力资源预测是指在调查分析企业内外部环境的基础上,根据企业的战略目标和经营计划,对一定时期内的人力资源供求进行预测。人力资源预测包括两个方面:人力资源需求预测和人力资源供给预测。人力资源需求预测是指根据企业的发展战略、经营计划以及生产技术和经营方式的变化等各种指标,对企业未来所需员工的数量和类型进行估计;人力资源供给预测是指根据企业人力资源的现状和变化,对未来某一特定时刻的人力资源供给进行预测。

要做好人力资源规划工作,首先要做好人力资源预测。没有预测的规划是不科学的规划。人力资源规划作为一个组织成功的决定性规划之一,必须把预测作为制定整个规划的第一步。预测可以为人力资源管理者制定所有的规划准则,目的是使人们能够更好地做好规划,以适应未来市场环境的变化。预测的范围随着领导的级别和组织的规模而变化。例如,一个公司的总经理的目标可能是使公司在不久的将来在创收方面跃居全国前列,或者他的目标是创造更高的年增长率。而负责运营部门的经理,作为营销部门的领导,其主要目标可能是销售增长多少,以及销售利润提高多少。同样地,人力资源部门的经理应该把预测的重点放在人力资源需求的管理上。

(二)创业企业人力资源需求预测

创业企业人力资源需求预测是指以企业战略目标、发展规划和工作任务为出发点,综合考虑各种因素的影响,对企业未来人力资源的数量、质量和时间等进行估计的活动,它是制定人力资源规划的起点。只有在科学的人力资源需求预测基础上进行的人力资源规划,才能使创业企业有计划、有目的地协调组织人力资源发展,使其与企业发展战略相适应。

1. 创业企业人力资源需求预测的步骤

人力资源需求预测分为当前人力资源需求预测、未来人力资源需求预测和未来流失人力资源预测三个部分。人力资源需求预测的典型步骤如下:

(1)根据职位分析的结果,确定职位编制和员工配置;

(2)进行人力资源盘点,统计人员的缺编、超编及是否符合职位资格的要求;

(3)将上述统计结论与部门管理者进行讨论,修正统计结论;

(4)步骤(3)的统计结论为现实人力资源需求;

(5)对未来可能发生的退休和离职情况进行预测;

(6)步骤(5)的统计结果为未来流失人力资源数量;

(7)根据组织发展规划,如引进新产品等,确定各部门的工作量;

(8)根据工作量的增长情况,确定各部门还需要增加的职位及人数,并且进行汇总统计;

(9)步骤(8)的统计结论为未来增加的人力资源需求;

(10)将现有人力资源需求、未来流失人力资源和未来增加的人力资源需求汇总,即得出企业整体人力资源需求预测。

通过人力资源需求预测的典型步骤,可以预测出创业企业的人力资源需求。值得注意的是,创业企业内、外部环境变化快,人力资源需求预测应注意各种环境变化可能导致的离职、特殊需求等,以提高预测的准确性。在实际的操作中,还应分别对企业的短期、中期和长期人力资源需求进行预测。预测的准确性可以用预测结果与到时的实际结果对照,不断加以调整,使预测结果与实际结果相接近。

2.创业企业人力资源需求预测的方法

目前国内外对人力资源需求进行预测的方法和技术,常用的有如下几种。

1)主观判断法

主观判断法主要是根据预测人以往经验、学识、直觉等对人力资源需求进行分析预测。主观判断法又分为经验预测法和德尔菲法。

(1)经验预测法。经验预测法也叫作比率分析,即根据以往的经验对人力资源需求进行预测。具体的方法是根据企业往年的生产经营计划及劳动定额或每个人的生产能力、销售能力、管理能力等进行预测。这种方法比较简单,适用于技术较稳定的企业的短期人力资源需求预测。由于创业企业面临复杂动态不确定的市场环境,故这一方法往往并不适用于创业企业。

(2)德尔菲法。德尔菲法是使专家们对影响组织某一领域的发展的看法达成一致意见的一种预测方法。这里所说的专家,既可以是来自第一线的管理人员,也可以是高层经理;既可以是组织内的人员,也可以是外请人员。专家的选择取决于他们对影响组织的内部因素的了解程度。

2)定量分析预测法

定量分析预测法是利用数学和统计学的方法实行分析预测。常用的、较为简便的定量分析预测法有以下几种:工作负荷法、趋势预测法、多元回归预测法等。

(1)工作负荷法。工作负荷法是按照历史数据,先算出对某一特定的工作每单位时间(如每天)的每人的工作负荷(如产量),再根据未来的生产量目标(或劳务目标)计算出需完成的总工作量,然后根据前一标准折算出所需的人力资源数。

(2)趋势预测法。这是一种比较简单的方法。预测者必须拥有过去一段时间的历史数据资料,然后用最小平方法求得趋势线,将该趋势线延长,即可预测未来的数值。趋势预测法以时间或产量等单个因素作为自变量,人力资源数为因变量,且假设过去人力的增减趋势保持不变,一切内外影响因素保持不变。

(3)多元回归预测法。与趋势预测法不同的是,它是一种从事物变化的因果关系来进行预测的方法,不再把时间或产量等单个因素作为自变量,而将多个影响因素作为自变量。它运用事物之间的各种因果关系,根据多个自变量的变化来推测与之有关的因变量的变化。组织中人力资源需求的变化总是与某个或某几个因果关联的,所以,找出和确定人力资源需求随各因素的变化趋势,就能推测出将来的数值。

运用多元回归预测法有以下五个步骤:

①确定适当的与人力资源需求量有关的组织因素。组织因素应与组织的基本特征直接相关,而且它的变化必须与所需的人力资源需求量变化成比例。

②找出历史上组织因素与员工数量之间的关系。例如,医院中病人与护士数量的比例关系,学校中学生与教师的比例关系,等等。

③计算劳动生产率。

④确立劳动生产率的变化趋势以及对趋势的调整。要确定过去一段时期内劳动生产率的变化趋势,必须收集该时期的产量和劳动力数量的数据,依此算出平均每年生产率变化和组织因素的变化,这样就可预测下一年的变化。

⑤预测未来某一年的人员需求量。

很显然,多元回归预测法由于不以时间作为预测变量,能够考虑组织内外多个因素对人力资源需求的影响,因此预测的结果要比趋势预测法准确,但是这种方法非常复杂。

(三)创业企业人力资源供给预测

创业企业人力资源供给预测和传统企业类似,包括两种方式:一种是内部人力资源供给,通过人员的晋升和调动,提供企业发展所需的人力资源;另一种是外部人员补充,通过招聘、吸收等方式,提供企业发展所需的人力资源。因此,人力资源供给的预测可以分为外部供给预测和内部供给预测。由于外部供给在大多数情况下不是由企业直接控制的,因此对外部供给的分析主要是判断影响供给的因素。一般来说,影响外部供给的因素主要是外部劳动力市场的状况、人们的就业意识、企业的吸引力等。由于外部供给的可控性低于内部供给,因此人力资源供给预测主要集中在内部供给方面。内部供给主要从现有人力资源、人员流动、人员素质等方面进行分析。

1.创业企业人力资源供给预测的步骤

人力资源供给预测是一个比较复杂的过程,它的步骤呈现出多样化的特征。一般情况下,企业的人力资源供给预测可采取如下步骤:

(1)对现有人力资源进行盘点,了解员工状况;

(2)分析组织的职位调整政策和员工调整历史数据,统计出员工调整的比例;

(3)向各部门的人事决策者了解可能出现的人事调整情况;

(4)将步骤(2)和步骤(3)的情况汇总,得出组织内部人力资源供给预测;

(5)分析影响外部人力资源供给的地域性因素;

(6)分析影响外部人力资源供给的全国性因素;

(7)根据步骤(5)和步骤(6)的分析,得出组织外部人力资源供给预测;

(8)将组织内部人力资源供给预测和组织外部人力资源供给预测汇总,得出组织人力资源供给预测。

创业企业在进行人力资源供给预测时,需要考虑到创业企业员工流动性大、对人才的吸引力较弱等特点,以提高人力资源供给预测的准确性。

2.创业企业人力资源供给预测的方法

人力资源供给预测的方法主要是针对内部供给预测而言的,预测的方法也有很多,这里选取几种有代表性的、对创业企业较为有效的方法进行简单介绍。

1)技能清单

技能清单是一份反映员工工作能力的特征清单,包括培训背景、以前的经验、持有的证书、通过的考试、主管人员的能力评级等。技能清单是员工竞争力的反映,可以用来帮助人力资源规划人员估计现有员工转到其他工作岗位的可能性,并确定哪些员工可以填补公司目前的空缺。技能清单被用来确定晋升的候选人,做出工作调动的决定,为特殊项目分配工作,进行培训,以及规划职业生涯。技能清单能帮助创业企业厘清手头的人力资源情况,从而据此做出更有效的人力资源配置。

2）管理人员接替图

管理人员接替图是对现有管理人员的状况进行调查评价后，列出未来可能的管理人选，又称职位置换卡。这种方法被认为是把人力资源规划和企业战略结合起来的一种较为有效的方法。这种方法记录各个管理人员的工作绩效、晋升的可能性和所需要的训练等内容，由此来决定有哪些人员可以补充企业的重要职位空缺。技能清单描述的是个人的技能，而职位置换卡描述的是可以胜任关键岗位的个人。

3）人力资源"水池"模型

"水池"模型是在预测企业内部人员流动的基础上来预测人力资源的内部供应，与人员替换有些类似，不同的是人员替换是从员工出发来进行分析，而且预测的是一种潜在的供给；"水池"模型是从职位出发进行分析，预测的是未来某一时间现实的供给。"水池"模型一般要针对具体的部门、职位层次或职位类别来进行，通过对每一层次职位的人员流动情况进行分析，得出各个层次职位的内部供给量以及总的供给量。

（四）创业企业人力资源供需平衡与决策

预测了人力资源的需求与供应之后，创业企业必须对人力资源的供求关系进行综合平衡，如供需出现不平衡，则需做出调节，使之趋于平衡。企业人力资源供给与需求预测的结果，一般会出现以下三种可能：一是人力资源供大于求；二是人力资源供小于求；三是人力资源供求总量平衡，结构不平衡。针对三种不同的情况，创业企业应采取不同的措施。

1.人力资源供大于求时采取的措施

（1）通过企业自身的发展，即开拓新的企业发展生长点来调整人力资源供给配置。例如，企业可通过扩大经营规模、开发新产品、实行多种经营等增加人力资源需求的方式来吸收过剩的人力资源供给。

（2）撤销、合并机构，减少冗员，这样可以在一定程度上提高人力资源的利用率。

（3）减少人员补充。当出现员工离职等情况时，对空闲的岗位不进行人员补充。

（4）加强培训工作，使员工掌握多种技能，增强其业务能力。同时，通过培训，也可为企业的发展储备人力资本。

2.人力资源供不应求时采取的措施

（1）内部调剂。企业应当考虑从内部进行调剂，通过企业内部的岗位流动，增加人力资源的供给。例如，将企业内部符合条件又处于相对富余状态的员工调往空缺职位。

（2）外部招聘。对企业内部无法满足某些职位需要的人员，可有计划地由外部招聘。

（3）技能培训。对公司现有员工进行必要的技能培训，使他们不仅能适应当前的工作，而且还有可能兼职其他方面的工作，或适应更高层次的工作。

（4）聘用非全日制临时工，如返聘已退休者或聘小时工。

总之，以上措施虽然是解决企业人力资源短缺问题的有效途径，但最有效的方法是通过激励和培训来提高员工的业务技能，以及通过改进工艺设计来调动员工的积极性，提高劳动生产率，从而减少对人力资源的需求。

3.人力资源供求总量平衡，结构不平衡时采取的措施

人力资源结构失衡的调整方法通常是上述两种调整方法的结合。事实上，在制定人力资源平衡措施的过程中,不可能出现单一的供过于求或供不应求的情况,企业往往存在人力资源结构性失衡,可能是高层次人才供不应求,低层次人才供过于求。企业应根据本企业的具体情况采取不同的对策,制定相应的人力资源部门或业务规划,使各部门的人力资源在数量和结构上达到平衡。这里有一点需要注意的是,如果创业企业已经比较僵化,应招聘一些外部的员工,给企业带来一些新的生产技术、新的管理措施等,这时应以外部调整为主。

四、创业企业人力资源管理信息系统

(一)人力资源管理信息系统概述

1.人力资源管理信息系统的概念

人力资源管理信息系统(human resource management system,HRMS)是结合信息技术和人力资源管理思想,依靠信息技术对企业人力资源进行优化配置的一种管理方式。从某种意义上讲,人力资源管理信息系统更像是一种观念、一种思想、一种在信息技术和软件系统支持下得以体现的管理思想。拥有这种思想和观念的人是人力资源管理信息系统的神经中枢。

人力资源管理信息系统是20世纪70年代末产生的一个概念,是组织进行有关人力资源信息收集、保存、分析和报告的过程。它为收集、汇总和分析与人力资源管理有关的信息提供了一种方法。在小型组织中,人工档案管理和索引形式的人力资源管理信息系统比较有效。对规模很大的组织来说,很难用人工的方式管理其人事资料,需要采用计算机信息系统,以记录工作经验代码、产品知识、行业工作经验、训练课程、外语能力、调职意愿、前程抱负和绩效评估结果等。20世纪80年代中期,80%左右的美国大公司开始建立与使用人力资源管理信息系统,目前我国也有越来越多的企业开始建立这样的系统。

2.人力资源管理信息系统的作用

建立人力资源管理信息系统,能够在企业的整体战略、员工关系管理等方面起到重要的作用。人力资源管理信息系统的作用主要有以下几个方面。

(1)有助于提高人力资源管理部门的工作效率。影响人力资源管理部门工作效率的因素主要包括以下三个:①员工每月的工资计算与处理。②员工的考勤休假处理。③信息技术在人力资源管理中的应用,将极大地降低例行性工作所占用的时间比例。人力资源管理信息化强调员工的自助服务,如果员工的个人信息发生了变化,那么HRMS就可以及时更新信息,再经过批准,程序即可生效。

(2)有利于人力资源管理业务流程优化。①信息系统的投入,避免了手工作业分散、隔离、盲目等现象的出现,实现了各管理功能的关联,充分保证了信息共享,促使人力资源业务流程规范化,从而使各项人力资源管理职能在实际运用中得到很好的衔接。②人力资源管理信息系统能够快捷、方便获得各种统计分析报告,同时可以为企业的管理与决策提供准确、全面、及时的人力资源信息支持。

(3)避免企业人事决策的盲目化,规避运作风险。企业在进行重要的人事和经营决策之前,需要收集大量的相关信息,并进行有效的信息筛选。企业使用人力资源管理信息系统,可以为企业管理中的人事决策和经营决策提供更加翔实、丰富的信息,从而避免了决策的盲目性,使每一项决策都有据可依。同时,人力资源管理信息系统操作的程序化和层次化、功能化授权也避免了未经授权的行为或权责不清的情况。工作流程和权限分配的设置,明确了工作中各层级之间的关系,使每项工作都有明确的责任人。此外,人力资源管理信息系统为不同权限的负责人提供不同的功能,从而避免了越权操作带来的潜在风险,减少不必要的损失。

3.人力资源管理信息系统的功能模块

人力资源管理信息系统是企业全面实现人力资源管理的支撑平台,其主要包括以下 10 个方面的功能模块。

(1)人事管理:实现员工的基本信息管理,档案、合同、奖惩等信息的录入、统计,人员流动的管理。

(2)员工招聘与配置:①通过应用互联网,能够在供给方和需求方两个层面分别创建员工自助服务系统,使求职者能与空缺岗位匹配,并处理其他环节;②进行员工招聘过程的管理,优化员工招聘过程,减少业务工作量;③对招聘员工的成本进行科学管理,从而减少员工招聘成本;④为选择聘用人员的岗位提供辅助信息,并有效帮助企业进行人才资源的挖掘。

(3)员工薪酬管理:①随着安全性电子邮件的处理和电子签名的诞生,员工薪酬的调整实现了各层级之间无障碍的审批程序;②能够根据企业跨地区、跨部门、跨工种的不同薪资结构及处理流程,制定与之相适应的薪资核算方法;③与时间管理直接集成,能够及时更新员工的工资信息,对员工的薪资核算实现动态化管理;④通过和其他模块的集成,自动根据要求调整员工的薪资结构及相关数据。

(4)员工福利管理:运用互联网和其他先进技术,将员工福利管理推进到一个新的高度。企业可以根据自身需求制定员工福利整体解决方案,实现多层次、全方位的员工福利体系。

(5)企业绩效管理:通过互联网和相关软件,企业可以掌握组织核心竞争力的状况,并合理利用员工已有的知识、技能配置岗位。同时,平衡计分卡、绩效考核等现代管理理念的引入,为企业绩效管理工作的有效开展提供了管理技术和信息技术的双重保障。

(6)员工培训管理:通过互联网,企业可以进行培训课程的安排和公告、演示。

(7)企业组织架构:实现了企业组织架构的建立与重组,以及职务和职称体系的建立和调整。

(8)人力资源规划和分析:实现了对企业的人事、薪资、考勤、培训、机构等基础数据的分析,能够快捷、方便地获得各种统计分析结果报表或统计图,为企业实现战略目标提供了人力资源要素的决策支持。

(9)绩效考核反馈评价:提供了一个科学、系统的绩效考核反馈评价系统,使企业获得对所有员工综合素质、工作能力的评价,并为企业评价员工工作效果、规划员工职业发展方向和员工自我管理职业发展道路提供了理论依据。

(10)员工满意度调查和分析:提供了员工在线满意度调查,并对调查结果进行分析,为企业了解员工、改善管理提供了科学的依据。

(二)创业企业人力资源管理信息系统建设

1.创业企业人力资源管理信息系统建设的模式

企业的规模不同,人力资源管理信息系统的建设模式也不同,企业不同的发展阶段,其人力资源管理信息系统的建设模式也可能不同。常见的人力资源管理信息系统的建设模式主要有以下四种。

1）自主开发模式

自主开发模式主要依靠企业自身的力量从事企业信息化建设,能够充分、真实地反映企业的实际业务要求,系统实施比较容易且风险较小,但对于企业自身员工的素质要求较高,因此该模式不适合中小企业使用。

2）合作开发模式

合作开发模式是企业与系统集成商、软件公司联合进行企业信息化建设,它可以有效规避企业自主开发模式中开发经验少、技术力量薄弱的问题。企业人员参与开发与建设全过程可以使系统的实用性得到保证,且系统的使用与维护也比较方便。合作开发模式比较适合中小企业使用。

3）整体引进模式

整体引进模式实际上是通过购置商品化软件实现企业信息化,一般商品化软件功能完善、使用方便、价格昂贵。对于中小企业来说,成本过高可能造成软件包中的很多功能模块根本无法使用。据统计,购置成套商品化管理软件的用户模块使用率不足40％,浪费十分严重。由于商品化软件不是根据中小企业的实际需要量身定制的,因此容易脱离企业实际,且它的适用性较差,项目实施风险也较大,因此该模式不适合中小企业使用。

4）系统托管模式

系统托管模式是经济和技术实力较差的中小企业的最佳信息化模式。系统托管模式是指中小企业租用专业软件托管服务商的融合业务平台提供的企业信息化系统,在平台上实施企业信息化应用,系统建设和维护升级的工作由托管服务商完成。对于中小企业来说,企业信息化费用昂贵是主要问题,在线托管企业信息化系统可以很好地解决这一问题,从一次性大量建设投资到租用企业信息化系统的模式,从而降低企业的成本支出。这种模式适用于所有企业的信息化建设工作,尤其适用于中小企业。

综合以上四种人力资源管理信息系统建设模式可以看出,创业企业在成立初期可以采用合作开发模式和系统托管模式。因为创业企业资金压力大、经验不足、技术水平不高,无法负担自主开发和整体引进人力资源管理信息系统的技术和资金压力,而合作开发模式和系统托管模式的技术和资金门槛低,非常适合创业企业。

2. 创业企业人力资源管理信息系统的建设流程

创业企业可以从以下三方面建设企业信息化。

1）充分利用资源,完善网络基础设施建设

计算机网络基础设施是加速信息化建设的前提条件,创业企业必须建设充分体现本企业特色的、生产过程自动化和管理现代化的计算机信息网络,充分利用现有资源建设高速、大容量、高水平的信息网络,从而实现资源共享。

2）分步实施,层层开展

分步实施又称渐进式实施,主要是指企业为了避免项目实施风险,使信息化能够在平稳的状态下顺利执行,在具体实施步骤上遵循“分步实施,层层开展”的基本原则,这是中小创业企业实施信息化的有效途径。

（1）信息化的建设目的是增进信息交流,包括企业内的信息交流,这是通过企业内部网络联通实现的。企业可以利用企业局域网实现办公自动化,以达到信息的快捷传递和共享的目的。

（2）从最基本的管理系统开始，由于各种管理软件在企业的应用比较早，且大多数已发展完善，因此选用完善的管理软件对于创业企业实施企业信息化几乎没有任何风险。

（3）建立企业网站，逐步探索电子商务。互联网在全球迅速普及，建立企业门户网站不仅可以展示企业形象，提高企业知名度，而且有助于加强企业与社会之间的联系、沟通及信息互动交流。

（4）在企业管理等诸多方面条件具备的情况下，建立完善的企业信息化系统，包括生产过程控制的自动化、管理决策的信息化等。企业信息化建设是一个庞大的系统工程，从"分步实施，层层开展"的具体过程来说，每一步的目标应该是"一步到位"的，而对于建设长远目标来说，应该是"循序渐进"的。

3）建立一支高素质的信息技术队伍

企业要加速信息化建设进程，必须制定有效措施加强综合人才的培训，通过各种方式将现代信息技术与先进管理理念和管理模式进行融合，发挥信息技术与经济管理工作在企业员工管理中的重要作用。

第二节　创业企业员工招聘与甄选

一、员工招聘与甄选概述

企业的竞争归根结底是对员工素质、能力和水平的竞争，能否招聘和选择到合适能力的员工关系到企业的兴衰。招聘是人力资源管理的重要环节，也是基础部分，对人力资源的合理形成、管理和发展起着关键作用。因此，任何组织都在寻找吸收和保留有竞争力的、有价值的和有才华的人的方法。

（一）创业企业员工招聘与甄选的含义

招聘与甄选是企业创立初期寻找、吸引那些有能力又有兴趣到企业工作的人，并从中选出适宜人选，在此基础上予以录用的过程。招聘与甄选是组织获取合格人才的渠道，是创业企业为了生存和发展的需要，根据企业人力资源规划和职务分析对人力资源的数量与质量要求，通过信息的发布和科学甄选，获得本企业所需合格人才，并安排他们到企业所需岗位上工作的过程。

（二）创业企业员工招聘与甄选的原则

1. 匹配最优

创业企业招聘的目的是找到最合适的人一起工作以实现目标。合适的人选意味着符合公司的需求，但不一定是最好的。同时，寻找最优秀的人才需要花费大量资金，对于资源相对较少的初创企业来说是负担不起的。另外，即使一个人拥有无可挑剔的知识、技能和经验，如果他或她不认同公司的价值观和经营理念，对公司的后续发展也是非常不利的。例如，阿里巴巴在发展过程中就曾聘请"能人"却无处安放。对此，马云表示，这就好比把飞机引擎装在拖拉机上，最终还是飞不起来一样，由此看出，招聘适合企业发展的人才绝非易事。

合适的人选不仅要有合适的硬性标准，如经验和技能，还要有合适的软性标准，如价值观和人格特质。当有人提出一个想法时，可以立即得到理解，这可以大大减少沟通成本，使工作更有效率。因此,初创企业不应专注于招聘的卓越性,而应努力在合适的范围内找到与公司相匹配的合适人员。

2. 德才兼备

初创企业是经不起折腾的,对于一个刚刚组建、经常面临竞争和不确定性的初创企业来说,齐心协力的重要性不言而喻,如果有道德缺失的人搅局,这对企业的破坏性也就可想而知。

例如,谷歌招聘的原则之一就是雇佣那些道德高尚、坦诚沟通的人,不雇佣那些趋炎附势、工于心计的人。因此,良好的品德应该是员工的基本要求,有才无德最危险,创业企业应该充分地考察,慎重地取舍。

3. 宁缺毋滥

相较于成熟、稳健发展的大公司,创业企业的资源没那么充裕,招聘相对较难,但这不能成为企业降低招聘标准的理由,反而要更为慎重,因为你无法让一个"锤子"发挥"钉子"的作用。

如果招到了不合适的人,企业不仅要付出很大的解聘代价,还要承受因此耗费的时间成本和机会成本。因此,一个职位宁可暂时空缺,也不可让不合适的人占据,否则后患无穷。

(三)创业企业科学招聘与甄选的意义

员工招聘与选拔对新创企业意义重大。如同生产高质量的产品必须有高质量的原材料一样,企业的生存与发展也必须有高质量的人力资源。科学、有效的招聘与选拔对企业的意义可归纳为以下几个方面。

1. 确保录用人员的质量,提高新创企业核心竞争力

企业的竞争归根结底是人才的竞争,人力资源已经成为一个企业最重要的核心竞争力。员工招聘一方面关系到创业企业人力资源的形成,另一方面也直接影响企业管理其他环节工作的开展。只有高素质的一线员工才能保证高质量的产品和服务;招聘到高素质的研发人员,才能保证企业研发计划的高效率完成。

2. 降低招聘成本,提高招聘效率

创业企业资金压力大,各项活动都应尽量减少开支。创业企业招聘时应同时考虑三方面的成本:一是直接成本,包括招聘过程中的广告费、招聘人员的工资和差旅费、测评费、办公费及聘请专家的费用等;二是重置成本,即因招聘不慎,重新再招聘时所花的费用;三是机会成本,即因招聘人员离职及新员工尚未完全胜任工作造成的费用。创业企业科学、有效地招聘能在保证录用人员的素质达到企业要求的同时,有效降低招聘成本,符合创业企业的低成本要求。

3. 扩大创业企业知名度,树立企业良好形象

招聘工作涉及面广,创业企业利用各种各样的形式发布招聘信息,如电视、报刊、广播、多媒体等,能扩大创业企业的知名度,让外界更多地了解本企业。有的企业以震撼人心的高薪、颇具规模和档次的招聘过程来表明本企业对人才的渴求和本企业的实力,这样的企业在实现招聘目的的同时,也是在向外界展现本企业的良好形象。

4. 减少离职,增强企业内部的凝聚力

创业企业招聘的原则之一是匹配最优,即招聘与企业的需求相匹配,但并不一定是最优秀的员工。因为寻找最优秀的人加入企业需要耗费巨大的成本,同时如果一个人不认同企业的价值观和经营理念,对企业后期的发展是非常不利的。有效的招聘,一方面,可以使创业企业更多地了解应聘者到本企业工作的动机与目的,可以从诸多候选者中选出个人发展目标与企业目标趋于一致并愿意与本企业共同发展的员工;另一方面,也可以使应聘者更多地了解本企业及招聘岗位,让他们根据自己的能力、兴趣和发展目标来决定是否加入该企业。有效的双向选择,不仅可以使员工愉快地从事胜任的工作,而且也可以使创业企业降低员工流动性,减少员工离职带来的损失,从而增强企业内部凝聚力。

(四)创业企业招聘与甄选的基本程序

1. 制订招聘计划

首先,必须对所聘的职务进行完整的调查和分析;其次,根据职务分析有关材料,制定员工选拔的行动方案,包括确定招聘的方式和准备相关的资料等。

2. 发布招聘信息

发布招聘信息的形式可以通过广告,也可将所需人员的条件、数量和时间等信息输入人才交流中心,或者向有关部门提报需用高校毕业生的计划。

3. 选择与测试

该阶段大体又可细分为资格审查与初选、面试、测试、征询意见和决定录用五个步骤。测试有认知能力测试、体格测试、性格与兴趣测试、专业技能与知识测试及情景模拟测试等。在决定应聘者是否适合工作时,可以采用各式各样的技术,如面谈、求职申请表、推荐函、评价中心等。

4. 人员招聘决策

根据选择与测试的结果,对应聘人员按标准进行录用。在候选人的基本素质相差无几时,以往的工作经验应该是创业企业首要的录用条件。

5. 效果检验

该阶段是指通过研究来确定选拔方法的精确性。招聘效果评价一般是通过对新聘员工工作成绩的评价来进行的。

二、创业企业招聘渠道

一个新创企业在人力资源管理方面面临的一个最直接问题就是为企业设立的职位配备相应的人员,而这就需要进行人员的招聘。创业企业对第一批员工的选择一定要秉持小心谨慎的原则,因为新创企业的成功与否与第一批员工的素质、技能、态度等有着至关重要的联系。如果新创企业的员工素质低下,专业技能不够,又缺乏对企业的热爱、忠诚,那么企业就很难发展下去了,更谈不上实现长远的目标。

(一)熟人介绍

一般来说,企业家由于其独特的创业素质,往往在社会上有广泛的人脉,在这些人脉中一定有不少的企业家,或者企业的管理者,或者与他所创企业有关的一些人。通过这些人,创业者可以得到一些他们所需要的人的信息和推荐,通过这些人介绍的方式招到合适的人。另外,当企业已经建成,已经有了自己的内部员工,也可以通过内部员工的推荐来获得自己需要的人员。通过熟人介绍这种途径招聘的员工一般比较可靠。

（二）职业介绍机构

职业介绍机构是专门向企事业单位提供劳动者信息的机构,同时也向劳动者提供雇主信息。通常情况下,这些机构拥有大量关于各类求职者的信息,以便将求职者提供给寻找他们的机构。职业介绍机构对自己的服务收取一定的费用。使用职业介绍机构进行招聘的好处是节省时间和能提供广泛的候选人,特别是对于还没有人力资源部门的小型初创企业,他们可以提供专业服务和建议;缺点是对成本和招聘过程缺乏控制。

（三）猎头公司

猎头公司,顾名思义,是专门为公司挑选和雇用有经验的专业人士和管理人员的组织。越来越多的公司使用猎头公司为其寻找中高级管理人员。猎头公司区别于其他职业介绍机构的特点是,他们一般不为个人服务,每次服务都必须向猎头公司付费,无论公司是否招聘到心仪的候选人。此外,猎头公司通常与客户保持密切的关系,只有当猎头公司熟悉他们所服务的公司的目标、结构、企业文化和空缺职位时,才能为公司找到合适的人选。

（四）大中专院校

大学和学院往往是公司进行外部招聘的最直接和最主要的方式。在大中专院校中,创业企业可以发现潜在的专业技术人员和管理人员,他们在接受公司培训后,往往会成为公司未来的支柱。成功的校园招聘需要新创企业做出一定的努力。例如,与学校建立友好关系,支持学校的建设,定期到学校进行招聘宣传,组织学生到公司参观,等等。能否积极与学生沟通,发现招聘质量的差异并作出准确判断,决定了校园招聘的成功与否。因此,企业应该对派往学校的招聘人员进行一定的培训,使他们在招聘过程中尽量做到友好和蔼,并能积极向学生推荐自己的企业。

（五）招聘洽谈会

人才交流中心或其他人才机构每年都要举办多场人才招聘洽谈会,在洽谈会中,用人企业和应聘者可以直接进行接洽和交流,节省了企业和应聘者的时间。随着人才交流市场的日益完善,洽谈会呈现出向专业方向发展的趋势,比如有中高级人才洽谈会、应届生双向选择会、信息技术人才交流会等。洽谈会由于应聘者集中,企业的选择余地较大,但招聘高级人才还是较为困难的。通过参加招聘洽谈会,企业招聘人员不仅可以了解当地人力资源素质和走向,还可以了解同行业其他企业的人事政策和人力需求情况。

（六）广告

创业企业可以利用在报纸、杂志或电视、电脑网络等媒体上做广告的方法来招聘外部求职者。通过一定的媒体以广告的形式向特定的人群传播有关企业人员需求的信息,并以此吸引他们,是企业最常用的外部招聘方法。借助广告进行招聘,企业需要考虑两个方面的因素:一个是如何选择媒体,也就是决定是在报纸、杂志上刊登广告还是利用广播电视、电脑网络进行招聘宣传;另外一个需要精心策划的是广告本身的制作,能够引人注意、有吸引力的广告才能达到好的招聘效果。

广告媒体的选择,依新创企业所处行业与地理位置的不同、招聘职位的层次以及招聘时限的长短而异。总的来说,适于招聘专业技术和管理人员的专业期刊通常需要一个较长的提前时间,因为这类期刊通常都是月刊或需要更长一些时间出版。而一般的报纸则发行率高,适用于招聘那些比较大众化的人员。在选择报纸或杂志刊登广告时,还要注意其地区性,按照人员的可能来源地区选择一定区域发行的报纸或杂志。另外,利用广播、电视等视听媒体做广告的费用较高,但制作精良的广告视听效果可以深深吸引人们的注意;其缺点是信息短暂,缺乏持久性。电脑网络也为企业进行外部人员的招聘提供了新的方法。利用网络招聘方便快捷,而且能取得很好的动态效果。

(七)网络招聘

目前,通过网络进行招聘的方式逐渐兴起。创业企业可以在现有招聘平台或自身官网、微博、微信公众号等发布招聘信息。网络招聘成本较低且方便快捷,覆盖面广,能在一定程度上为创业企业提升招聘效率、节省招聘成本。但是,网络招聘也具有一定的缺点。因为网络的隐蔽性,有时网上的信息真实度较低,应聘者可能利用这一特点而提供虚假的信息,因此创业企业在选择网络招聘时,应该谨慎考虑。

招聘的质量对创业企业的人力资源质量有直接影响。在创业阶段的人员招聘过程中,存在着一些制约因素。首先是企业的形象宣传,创业阶段由于资源紧张、经营时间短,往往社会公众对企业的认知度低,企业形象无从谈起,对求职者的吸引力比较低;其次是企业的招聘渠道有限,影响招聘信息的传播,特别是企业所需的高级人才。

对此,在创业企业的招聘过程中,首先要考虑的是内部人才,通过内部招聘来选择合适的人才。这样做的最大好处是为员工提供了一条上升通道,有利于提高员工的积极性。当然,这也有不利的一面,就是容易"近亲繁殖",增加内部矛盾。如果内部没有合适的人才,就要通过外部渠道招聘。对于普通员工,网络招聘、校园招聘都是非常合适的招聘渠道,关键是要展现企业的独特性和发展优势,吸引求职者。对于重要岗位,如高科技企业的技术负责人、研发人员,则需要更有针对性的招聘方式,如风投推荐、员工介绍、猎头公司推荐等都是可行的方法。

三、创业企业人员测评与甄选的方法

在创业企业人员招聘甄选过程中,通常笔试、面试、心理测试和评价中心技术等是比较常用的测评与甄选方法。

(一)笔试

笔试是用以考核应聘者特定的知识、专业技术水平和文字运用能力的一种书面考试形式。这种方法可以有效地测量应聘人的基本知识、专业知识、管理知识、综合分析能力和文字表达能力等素质及能力的差异。笔试是使用最为频繁的甄选方法之一,其优点是内容广、评分相对客观公正、可以大规模进行,且费时少、效率高;其局限在于难以考察应聘者的工作态度、品德修养、组织能力、口头表达能力、操作技能等素质和能力。因此,笔试往往作为应聘者初试,成绩合格者方能继续参加面试或下一轮测试,在应聘者众多时,这可以大大减轻筛选工作量。

(二)面试

面试是一种经过精心设计,在特定场景下,以面试官对应聘者面对面交谈与观察为主要手段,由表及里测评应聘者的知识、能力、经验等有关素质的一种考试活动。面试是企业挑选员工最常用的一种重要方法,给企业和应聘者提供了进行双向交流的机会,能使企业和应聘者之间相互了解,从而使双方都可更准确地做出聘用与否、受聘与否的决定。按照不同的标准,面试可以分为不同的类型。

1.按结构化程度分类

按结构化程度不同,面试可以分为结构化面试(标准化面试)、非结构化面试、半结构化面试三种类型。

结构化面试,又称标准化面试,是遵循固定程序,采用事先命好的题目、评价标准和评价方法,对应聘者进行系统的程序化的面试方法。这种方法的优点在于面试过程采用标准化的方式,每位应试者面临相同的处境和条件,避免随机性,因而面试结果具有可比性。但这种方法缺乏一定的灵活性,不利于对某些问题进行深入了解。

非结构化面试是指根据实际情况随机进行提问的面试方式。面试官可以针对应聘者的特点进行有区别的提问,但容易受面试官主观因素的影响,面试结果无法量化,无法同其他应聘者的评价结果进行横向比较。

半结构化面试是将前两种方法结合起来的面试方式。面试内容既要事先拟定,"有的放矢",又要因人而异,灵活掌握;既要让应聘者表现自己的水平,又不能完全让应聘者自由发挥,应该在恰当的控制下灵活掌握面试的进程及内容,防止跑题。

2.按组织方式分类

按组织方式不同,面试可分为集体面试和个别面试。集体面试,即很多应聘者在一起进行的面试,就企业来讲,这样可以在专业、地域及其他各方面都有较大的选择余地,也可以节约大量面试时间,但是由于面试官要同时观察多个应聘者的表现,容易出现观察不到的情况;个别面试,是指多个面试官对应聘者单独进行的面试,这种方法可以对应聘者做出比较全面的评价,但是比较耗费时间。

3.按氛围分类

按氛围不同,面试可以分为压力面试、非压力面试。压力面试是将应聘者置于一种人为的紧张气氛中,使应聘者接受诸如挑衅性、刁难性或攻击性的提问,以考察应聘者的抗压能力、情绪调节能力,以及应变和解决紧急问题的能力等。非压力面试则是在没有人为制造压力情境下的面试。

实践中,企业通常会将上述类型的面试结合起来使用。面试官一般均包括人力资源部与业务部管理者,部门不同,则评估范围和侧重点也各不相同。

对于创业企业来说,他们每天都在面临新的挑战,需要有新的产品、新的商业模式去适应市场发展和解决各种问题,这个时候,员工的学习和成长能力就显得至关重要。创业企业在招聘面试员工时,应该以实用主义为导向,着重考察员工的能力,而非学历。这样的招聘标准能帮助创业企业招到更适合本公司的得力干将,也更可能招到那些愿意与公司共进退的员工。比如,戴尔公司在面试时,就会提出一些问题从侧面考察应聘者的学习能力。

(三)心理测试

1.能力测试

能力是一个人顺利完成某种活动所必备的心理特征,任何一种活动都要求从事者具备相应的能力。能力测试包括一般能力测试、能力倾向测试和特殊能力测试三种。

一般能力测试,是指通常所说的智力测试。智力作为一般能力,是工作应当具备的必要条件,但与工作绩效的相关度不十分显著。国外比较知名的智力测验有韦克斯勒智力量表和瑞文推理测验。韦克斯勒智力量表新版本适用于 16～89 岁的成人。它分为言语量表和操作量表两部分,共有 11 项分测验,测量了 26 种能力和速度。瑞文推理测验是一种非文字的测验,主要测试一个人的观察能力和清晰的形象思维推理能力。

能力倾向测试,是指经过适当训练或被置于适当环境下完成某项任务的可能性。职业能力倾向是指一个人所具有的有利于在某一个职业方面成功的潜力素质的总和。职业能力倾向可以有效地测量人的某种潜能,从而预测一个人在一定职业领域中成功的可能性,或者筛选出在该职业领域中没有成功可能性的个体。

特殊能力测试,是鉴别个体在某一方面是否具有特殊潜能的一种工具。最早出现的特殊能力倾向测验是机械能力倾向测验。由于职业选拔与咨询的需要,各种机械、文书、音乐及艺术能力倾向测验纷纷出现,同时视力、听力、运动灵敏度方面的测验也广泛应用于工业、军事上的人事选拔与分类中。

2.个性测试

个性是一个人具有的独特而稳定的对现实的态度和习惯的行为方式。个性测试的目的是为了了解内隐于应聘者中能够驱动组织绩效的人格特质,以此作为人员甄选的依据。个性测试主要有自陈式量表法和投射法两种。

(1)自陈式量表法。自陈式量表法通过向被测试者提出一组有关个人行为、态度方面的问题,由被测试者根据自己的实际情况回答,测评人员将被测试者的回答与标准进行比较,从而判断被测试者的个性特征。常用自陈式量表法有:卡特尔 16 种人格因素问卷、明尼苏达多项人格量表等。

(2)投射法。投射法的假设前提是人们对于外界刺激的反应都是有原因的,这些反应主要取决于个体的个性特征。测试人员向被测试者提供一些刺激物或设置一些刺激情景,让他们在不限制的条件下自由地做出反应,测试者通过分析反应的结果,从而判断被试者的性格。罗夏墨迹测验及主题统觉测验是两种常用的投射测试方法。

3.职业性向测验

职业性向是指人们对具有不同特点的各类职业的偏好和从事这一职业的愿望。职业性向测验就是提示应聘者对工作特点的偏好,即应聘者喜欢从事什么样的职业,应聘者的这一态度在很大程度上影响其工作绩效和离职率。目前,广泛应用于招聘甄选的职业性向测验主要是霍兰德的职业性向测试。

(四)评价中心技术

评价中心技术是基于多种信息来源对个体行为进行的标准化的评估。这种方法通常将被评价者置于一个模拟的工作情境中,采用多种测评技术,包括面试、心理测试等测评方法,由多个评价者观察被评价者在这种模拟工作情境中的行为表现,用以识别被评价者未来的工作潜能。评价中心所采用的情景性测验包括多种形式,评价中心技术主要包括文件框测试、无领导小组讨论、案例分析、角色扮演、管理游戏、演讲、模拟面谈等。其中,最常用的是文件框测试、无领导小组讨论、案例分析、角色扮演等。

文件框测试,也称公文框测试,是评价中心最常用、最具特色的工具之一。在文件框测试中,被评价者假定要接替某个领导或管理人员的职位,测试要求受测人员以领导者的身份模拟真实生活中的情景和想法,在规定条件下(一般是比较紧迫而困难的条件,如时间较短、提供信息有限、孤立无援、外部环境陌生等),对各类公文材料进行处理,并写出公文处理报告。评价人员通过观察应聘者在规定条件下处理过程的行为表现、分析公文处理报告、事后的访谈等手段,评估应聘者的计划、组织、预测、决策和沟通能力。

无领导小组讨论又叫无主持人讨论,是评价中心中应用较广的测评技术。无领导小组讨论就是把几个应聘者组成一个小组,给他们提供一个议题,事先并不指定主持人,让他们通过小组讨论的方式在限定的时间内给出一个决策,评价者通过对应聘者在讨论中的言语表现及非言语行为的观察来对他们做出评价的一种测评形式。已有研究和管理实践表明,无领导小组讨论对评价应聘者的分析问题、解决问题能力,衡量他们的社会技能,尤其是领导素质有很好的效果。

案例分析通常是让应聘者阅读一些关于组织中存在问题的材料,然后提出问题,在问题中要求应聘者阅读分析给定的资料,依据一定的理论知识,或做出决策,或做出评价,或提出具体的解决问题的方法或意见等。案例分析题属于综合性较强的题目类型,考察的是高层次的认知目标。它不仅能考察应聘者了解知识的程度,而且能考察应聘者理解、运用知识的能力,更重要的是,它能考察应聘者综合、分析、评价方面的能力。研究表明,不同职业背景、不同职位、不同学历、不同经历的人在案例分析中的表现存在明显差异,因此,案例分析题目得当,将非常适用于中高层管理者的选拔。案例分析既可以个别施测,也适用团体施测,尤其当条件受限,其他测评方法不便使用时,适合采用。

角色扮演要求多个应聘者共同参与一个管理性质的活动,每个人扮演特定的角色,模拟实际工作中的一系列活动。角色扮演能够有效地考察应聘者的实际工作能力、团队合作能力、组织协调能力、创造性等。

除以上方法外,人力资源甄选的方法还有工作申请表、履历分析、笔迹分析、背景调查、体检等方法,以上方法可以综合采用,以提高甄选的科学性与准确性。

四、创业企业招聘的过程管理

人力资源是企业最重要的资源,招聘是企业与潜在的员工接触的第一步,人们通过招聘环节了解企业,并最终决定是否为它服务。从企业的角度看,只有对招聘环节进行有效的设计和良好的管理,才能招聘到适合企业的高质量的员工,否则招聘到的很可能只是平庸之辈。但是,如果高素质的员工不知道企业的人力需求信息,或者虽然知道但是对这一信息不感兴趣,或者虽然有些兴趣但是还没有达到愿意来申请的力度,那么企业就没有机会选择这些有价值的员工。有效的招聘方法取决于劳动力市场、工作空缺的类型和组织的特征等多种因素,但是不管怎样,以下四个问题是人力资源部门在制定招聘策略时必须牢记的:第一,开展招聘工作的目标;第二,需要招到怎样的员工;第三,需要工作申请人接收到什么样的信息;第四,这些信息怎样才能最好地传达给工作申请人。

招聘和选拔员工,是企事业组织最重要也最困难的工作之一。员工招聘和选拔出现错误,对组织会产生极其不好的影响。生产线上的员工如果不符合标准,就可能导致花费额外的精力去进行修正。而与客户打交道的员工如果缺乏技巧,就可能使企业丧失商业机会。在小组中工作的人缺乏人际交往技能,就会打乱整个团队的工作节奏,影响产出效率。招聘的错误,还关系到企事业组织员工队伍的构成。员工的等级越高,其招聘和选拔就越难。要想估计一个一般工人的价值,几天甚至几个小时就够了;但是如果要评判一个工段长的价值,有时需要几周甚至几个月的时间;要想评判一个大企业管理者的价值,则要几年时间才能确切地评价。因此,在招聘和选拔高层管理人才方面,一定不能出现失误。在当今知识经济发展的新格局下,处于组织人力资源金字塔顶端的人才资源在企事业发展中的重要地位越来越突出,而人才的形成基础是平时对人力资源的招聘和选拔。因此,人才对组织的发展来说是至关重要的。

(一)招聘的制约因素

招聘的成功取决于多种因素,如外部影响、企事业职务的要求、应聘者个人的资格与偏好等。有许多外部因素对企事业招聘决策有影响。外部因素主要可以分为两类:一是经济条件,二是政府管理与法律的监控。

有许多经济因素影响招聘决策,这些因素是人口和劳动力、劳动力市场条件、产品和服务市场条件等。

(二)招聘过程的重要性

招聘过程的第一步是确定与组织人力资源供给相关的劳动力市场。第二步是以此为对象开展征召活动。对组织的征召活动做出积极的事实反应的人就成为工作申请人。第三步是组织对申请人的挑选工作,由此产生录用的员工。再经过组织在人力资源管理方面对员工的保持工作,那些持续为组织服务的员工就成为组织的长期雇员。

征召环节在整个招聘过程中具有重要地位,因为今天来应聘的员工有可能成为组织明天的高级主管。在这种意义上,招聘工作实际上决定着组织今后的发展与成长。即使组织的员工选拔技术和员工保持计划十分有效,但是如果在征召环节上没有吸引到足够数量的合格申请人,这些选拔技术和保持计划也就不会发生作用。因此我们一定要记住,招聘的成效是申请人的数量、申请人的质量、组织的遴选技术和员工保持政策共同作用的结果。

(三)招聘人的选择

组织在进行招聘过程中,工作申请人是与组织的招聘组成员接触而不是与组织接触,而且招聘活动是工作申请人与组织的第一次接触。在对组织的特征了解甚少的情况下,申请人会根据组织在招聘活动中的表现来推断组织其他方面的情况。因此,招聘人员的选择是一项非常关键的人力资源管理决策。

一般来说,招聘组成员除了包括组织人力资源部门的代表以外,还可以包括直线经理人等。申请人会将招聘组作为组织的一个窗口,由此判断组织的特征。因此,招聘组成员的表现将直接影响到申请人是否愿意接受组织提供的工作岗位。那么,这些"窗口人员"什么样的表现能够增加申请人的求职意愿呢?有研究显示,招聘人员的个人风度是否优雅、知识是否丰富、办事作风是否干练等因素都直接影响着申请人对组织的感受和评价。

(四)招聘收益金字塔

招聘从企业获得应征信函开始,经过笔试、面试等各个筛选环节,最后才能决定正式录用或试用。在这一过程中,应征者的人数变得越来越少,就像金字塔一样。这里所谓的招聘收益指的是经过招聘过程中的各个环节筛选后留下的应征者的数量,留下的数量大,我们就说招聘收益大;反之,就说招聘的收益小。企业中的工作岗位可以划分为许多种,在招聘过程中针对每种岗位空缺所需要付出的努力程度是有差别的。为招聘到某种岗位上足够数量的合格员工应该付出多大的努力,可以根据过去的经验数据来确定,招聘收益金字塔就是这样一种经验分析工具。

如图 5-1 所示,假设根据企业过去的经验,每成功地录用到 1 个销售人员,需要对 5 个候选人进行试用,而要挑选到 5 个理想的候选人又需要有 15 人来参加招聘测试和面谈筛选程序,而挑选出 15 名合格的测试和筛选对象又需要有 20 人提出求职申请。那么,如果现在企业想最终招聘到 10 名合格的销售人员,就需要有至少 200 人递交求职信和个人简历,这进一步要求能够接收到企业发出的招聘信息的人数要远多于 200。由此可见,招聘收益金字塔可以帮助企业的人力资源部门对招聘的宣传计划和实施过程进行准确的估计与有效的设计,可以帮助企业决定为了招聘到足够数量的合格员工需要吸引多少应征者。

图 5-1 招聘收益金字塔

在确定工作申请资格时,组织有不同的策略可以选择。一种策略是把申请资格设定得比较高,于是符合标准的申请人就比较少,然后组织花费比较多的时间和金钱来仔细挑选最好的员工。另一种策略是把申请资格设定得比较低,于是符合标准的申请人就比较多。这时组织有比较充分的选择余地,招聘的成本会比较低。一般而言,如果组织招聘的工作岗位对于组织而言至关重要,员工质量是第一位的,就应该采取第一种策略。如果劳动力市场供给形势比较紧张,组织也缺乏足够的招聘费用,同时招聘的工作对于组织而言不是十分重要,就应该采取第二种策略。

在招募新员工时,组织面临的问题是如何在众多的工作申请人中挑选出合格的有工作热情的应征者。特别是在我国现阶段,就业形势严峻,劳动力过剩将是一个长期存在的现象。那些经营业绩出众的大公司,在招聘中面对的将是申请人众多的情况。组织的招聘是一个过滤器,它影响着什么样的员工能成为组织的一员。一个理想的录用过程的一个重要特征是被录用的人数相对于最初申请者的人数少得多。这种大浪淘沙式的录用可以保证录用到能力比较强的员工,而且能力强的员工在接受培训后的生产率提高幅度将高于能力差的员工经过相同的培训后的生产率提高幅度。

(五)招募过程管理与招聘周期

企业的招募工作很容易出现失误,而且一旦招募过程出现失误就可能损害组织的声誉,为此应该注意以下问题。

第一,申请书和个人简历必须按照规定的时间递交给招聘部门,以免丢失。

第二,每个申请人在招聘过程中的某些重要活动(如来公司见面),必须按时记录。

第三,组织应该及时对申请者的工作申请做出书面答复,否则会给申请人造成该组织工作不力或傲慢的印象。

第四,申请人和雇主关于就业条件的讨论应该以公布的招聘规定为依据,并及时记录。如果同一个申请人在不同的时间或不同的部门得到的待遇相差很大,必然会出现混乱。

第五,没有接受组织雇用条件的申请者的有关材料应该保存一段时间。

企业招聘周期的长度受到许多因素的影响。首先,不同的工作岗位空缺,填补的时间有所不同;其次,在不同的社会中,劳动力市场的发达程度不同,组织的招聘周期也不一样;最后,组织人力资源计划的质量对招聘周期也有影响。一般而言,组织中空缺持续的时间既反映了发现申请人的难度,也反映了组织招聘和选择过程的效率。

五、创业企业招聘活动的评估和审核

(一)招聘评估的含义

招聘评估是招聘过程必不可少的一个环节。招聘评估是在完成招聘流程各阶段工作的基础上,对整个招聘活动的过程及结果进行评价及总结,检查是否达到预期的招聘目的的过程。招聘评估通过对录用员工的绩效、实际能力、工作潜力的评估,也即通过对录用员工质量的评估,检验招聘工作成果与方法的有效性,以利于招聘方法的改进。招聘评估通过成本与效益核算,能够使招聘人员清楚地知道费用的支出情况,区分哪些是应支出项目,哪些是不应支出项目,从而有利于降低今后招聘的费用,有利于为组织节省开支。

(二)招聘评估的作用

招聘评估是对招聘前期工作的总结和今后招聘工作的经验积累的过程。组织中的人力资源管理人员通过各种方式招收进组织的人员的数量、质量、留用状况以及招聘人员自身的工作效率如何,在某种程度上影响着招聘工作的成功与否、组织的投资能否得到回报,这部分工作将由最后的招聘评估来完成。总之,招聘评估有利于提高招聘绩效。

具体来讲,招聘工作评估的作用主要表现在以下三个方面。

1.有利于提高招聘工作质量

通过招聘评估中招聘效果的评估,可以发现我们所确定的招聘渠道是否有效,评价指标是否合适,使用的评价方法是否可靠和准确,进而甄选招聘渠道,改进评价指标,完善评价方法,不断积累招聘工作的经验并修正不足,提高招聘工作的质量。通过招聘评估中录用员工数量评估,可以分析招聘数量是否满足原定的招聘要求,及时总结经验(当能满足时)或找出原因(当不能满足时),从而有利于改进今后的招聘计划且对制定策略提供依据。

2.有利于节省开支

招聘评估分为招聘结果的成效评估(具体又包括招聘成本与效益评估、录用员工数量与质量评估)和招聘方法的成效评估(具体又包括招聘的信度与效度评估),因而通过招聘评估中的成本与效益核算,能够使招聘人员清楚费用支出情况,区别出应支出与不应支出的项目。对于不应支出的项目,在以后的招聘工作中可以去除,从而降低招聘费用,为组织节省开支。

3.为人力资源管理的多项业务工作提供信息和依据

通过对录用人员的质量评估,可以了解员工的工作绩效、行为、实际能力、工作潜能与招聘岗位要求之间的符合程度,从而为人力资源规划、修订工作说明书、改进招聘方法、实施员工培训和绩效评估提供必要的、有用的信息。如通过分析招聘完成比、录用比、新员工的贡献率等指标,可以验证任职资格是否符合要求。如果某职位招聘完成率比较低,并且新员工留存率较低,说明该职位的任职资格要求可能过高,难免会因为"大材小用"而导致高离职率。

(三)招聘评估的标准

从宏观来看,评价招聘工作是否成功,可以从以下四个方面进行把握。

1.准确性

准确性即招聘测试内容的正确性、合理性以及其与工作性质相吻合的程度,这取决于负责招聘的人员是否真正了解空缺职位的要求。例如,如果要招聘高级会计师,就需要在专业技能测试当中着重于会计、统计、金融、资产评估、会计法规等方面的知识,否则,测评将失去意义。

2.可靠性

可靠性即评判结果能在多大程度上客观反映申请者的实际情况。

3.客观性

客观性包括两方面的要求:一是招聘者不受主观因素(个人偏好、价值观、感情)的影响;二是申请者不因其所处的社会地位、种族、宗教、党派、性别、容貌等因素受到不公正的待遇。

4.全面性

全面性即测评内容是否具有完整性,能否全面反映胜任该职位所必需的技能。比如,要招聘一名医药业务代表,测评的科目就不能仅仅局限于医药专业知识一方面,还应包括社交能力、沟通能力、推销技巧等科目。

(四)招聘效果的评估

1.录用人员数量评估

$$录用比 = \frac{录用人数}{应聘人数} \times 100\%$$

$$应聘比 = \frac{应聘人数}{计划招聘人数} \times 100\%$$

$$有效录用比(招聘完成比) = \frac{录用人数}{计划招聘人数} \times 100\%$$

如果录用比越小,则说明录用者的素质可能越高;应聘比说明招募的效果,该比例越大,则招聘信息发布的效果越好;当招聘完成比等于或大于100%时,则说明在数量上全面完成招聘任务。

2.录用人员质量评估

录用人员质量评估主要依据人与岗位的匹配率考察;或根据录用标准对录用人员进行等级排列来评估;录用比和应聘比这两个数据也在一定程度上反映录用人员的质量。

(五)成本效益评估

成本效益评估是指对招聘中的费用进行调查、核实,并对照预算进行评价的过程。

1.招聘成本

招聘成本分为招聘总成本和招聘单位成本。

其一,招聘总成本是人力资源的获取成本,由直接成本和间接成本构成。

(1)直接成本,包括广告费、招聘会费用、猎头公司费用、职业中介费用、选拔费用、录用员工的家庭安置费用和工作安置费用等;

(2)间接成本,包括招聘人员工资、福利、差旅费、内部提升费用、工作流动费用及其他管理费用等。

其二,招聘单位成本,是总成本与录用人数的比。

2.成本效用评估

成本效用评估是对招聘成本所产生的效果进行的分析。

$$总成本效用 = \frac{录用人数}{招聘总成本}$$

$$招募成本效用 = \frac{应聘人数}{招募期间的费用}$$

$$选拔成本效用 = \frac{被选中人数}{选拔期间费用}$$

$$人员录用效用 = \frac{正式录用的人数}{录用期间的费用}$$

3.招聘收益成本比

$$招聘收益成本比 = \frac{所有新员工为组织创造的总价值}{招聘总成本}$$

招聘收益成本比越高,则说明招聘工作越有效。

(六)招聘方法的评估

1.信度评估

信度主要指测试结果的可靠性或一致性,指通过某项测试所得的结果的稳定性和一致性。它可分为稳定系数、等值系数、内在一致性系数。

稳定系数,又称重测信度,是指用同一种测试方法对一组应聘者在两个不同时间进行测试结果的一致性。稳定系数可用两次结果之间的相关系数来测定。

等值系数,是指对同一应聘者使用两种对等的、内容相当的测试,其结果之间的一致性。等值系数可用两次结果之间的相关程度来表示。如对同一应聘者使用两张内容相当的个性测试量表时,两次测试结果应当大致相同。

内在一致性系数,是指把同一应聘者进行的同一测试分为若干部分加以考察,各部分所得结果之间的一致性。它主要反映同一测试内部不同题目的测试结果是否具有一致性。

2.效度评估

效度即有效性,或称精确性,是指实际测到应聘者的有关特征与想要测的特征的符合程度。效度主要有三类:内容效度、预测效度、同侧效度。

内容效度,即测试方法能真正测出想测的内容的程度。例如,某测试方法可以测试应聘者的人际交往能力,那么高分就意味着此人有很强的人际交往能力。

预测效度是说明测试用来预测将来行为的有效性。可以把应聘者在甄选中得到的分数与他们被录用后的绩效分数进行比较,两者的相关性越大,则说明所选的测试方法越有效。

同侧效度是指对现在在岗员工实施某种测试,然后将测试结果与员工的实际工作绩效考核得分进行比较。用两者的相关系数说明此测试方法的有效性。

本章要点

1.人力资源规划是指在新创企业发展战略和经营规划的指导下,对人员的供给和需求进行预测,并根据预测的结果采取相应的措施来平衡供需,为新创企业的发展提供符合质量和数量要求的人力资源保证。创业企业成立初期,企业内外部环境在不断快速变化,企业的人力资源管理目标以适用性为导向,以当前企业环境动态性需求为主,因此创业企业必须进行人力资源规划,不断进行动态调整,以适应内外部环境的变化。

2.人力资源预测是指在对企业的内外环境进行调查分析的基础上,根据企业的战略目标和经营计划对未来一定时期内人力资源供需状况所作的预测。预测了人力资源的需求与供应之后,创业企业必须对人力资源的供求关系进行综合平衡,如出现不平衡,则需做出调节,使之趋于平衡。

3.人力资源管理信息系统是结合信息技术和人力资源管理思想,依靠信息技术对企业人力资源进行优化配置的一种管理方式。创业企业在成立初期可以采用合作开发模式和系统托管模式。创业企业资金压力大、经验不足、技术水平不高,而合作开发模式和系统托管模式的技术和资金门槛低,非常适合创业企业。

4.员工招聘与甄选是企业获取合格人才的渠道,是组织为了生存和发展的需要,根据组织人力资源规划和职务分析对人力资源的数量与质量要求,通过信息的发布和科学甄选,获得本企业所需合格人才,并安排他们到企业所需岗位上工作的过程。对于创业企业来说,他们每天都在面临新的挑战,需要有新的产品、新的商业模式去适应市场发展和解决各种问题,因此创业企业应该更多地关注员工的学习和成长能力。

复习思考题

1.什么是人力资源规划? 创业企业为什么要进行人力资源规划?

2.什么是人力资源预测? 人力资源预测包括哪些内容和方法?

3.创业企业人员招聘与甄选的渠道和方法主要有哪些? 创业企业在招聘过程中应关注哪些重点?

4.请简述员工招聘与甄选的基本程序。

5.创业企业在员工招聘时应如何有效地管理招聘过程?

案例分析

西门子通过人力资源规划来确定培训需求和目标

西门子公司的业务主要集中在能源、医疗、工业、基础建设等领域,它要求员工具备一流的个人素质,特别是在工程、IT、医学等专业方面拥有出色的知识和能力。但是随着业务环境的变化,公司对于员工能力上的要求也在发生变化。

西门子公司对于人力资源规划非常重视,将其纳入整体的战略规划之中。通过人力资源规划,公司能够从系统的角度去确定实现既定目标所需的人力资源数量;也能通过对现有技能的盘点,来确定实现业务目标所需的技能差距,因此,西门子员工培训需求的来源正是基于人力资源规划。每家企业在进行人力资源规划时,都有类似的操作步骤,下面的内容主要是探讨西门子如何确定员工培训需求的。

(1)环境分析:每当西门子由于生产计划需要搬迁到新的城市和地区的时候,就会对环境开展分析。新环境在意味着新机会的同时,对企业也提出了新的要求,比如说需要额外的工作人员,需要现有员工去学习掌握新的技能等。

(2)当前劳动力盘点:通过对员工以往档案的分析,西门子分析和掌握现有员工拥有什么样的工作能力和技能。

(3)未来劳动力分析:通过对当前劳动力盘点后,西门子确定未来的需求,员工需要学习什么样的技术或者是需要哪种类型的培训。

(4)分析和确定目标:确定了培训需求,就可以拟定未来的预期或者是培训目标。

(5)缩小差距:有了目标,就可以通过一系列的有效方式来缩小乃至弥补技能上的差距。

针对培训需求的分析可以分为两类:基于任务的分析和基于员工绩效的分析。无论是新员工,还是现有员工,西门子都将评估他们的培训需求。由于西门子非常重视创新,如何快速地去应对业务环境不断的变化就显得格外重要。例如,随着当前地球气候的变化,碳足迹的环保理念越来越流行,西门子现在专注于风力涡轮机和可再生能源。这样一来,西门子就有两种办法来解决问题:一是雇佣更多的能够操作风力涡轮机的新员工;二是对现有员工进行培训,让他们掌握风力涡轮机的运行。

人力资源规划对于未来的发展也是至关重要的。比如,在2012年时,西门子参与竞标伦敦奥运会的某些建设项目。如果竞标成功,西门子需要提供安全保障、医疗保障、运动项目的沟通及媒体技术等。因此,如果他们想要得到积极的结果,他们应该雇佣新人或培养现有的拥有合适技能的员工。通过人力资源规划,西门子可以保持竞争优势,并且建立一个人才发展的模式:通过让新老员工替换来缩小技能差距,通过让现有员工提升技能来填补空白。通过这种方式,人力资源计划可以帮助西门子确定其培训需求和目标。

资料来源:HR人力资源管理案例网(http://www.hrsee.com/?id=799)。

案例思考题:

1.结合案例分析人力资源规划的重要性。

2.你认为西门子的人力资源规划对其他企业有何借鉴意义。

实践练习

无领导小组讨论案例模拟——谁当总经理最合适？

本案例以"选人决策"作为讨论情景，要求被评价人根据公司和候选人的背景材料，做出人事决策。

某通信集团公司，拥有六家下属工厂，经营计算机软件开发、手机制造等业务。为了达到二次创业的目标，董事会决定另外聘请总经理。现有甲、乙、丙三位优秀候选人，请你根据他们各自的特点，进行分析比较，提出任用意见。

下面是甲、乙、丙三个候选人的个人资料。

甲：学术带头人，是高科技企业的技术领导者！男，36岁，计算机专业博士，工龄5年。毕业后一直在本公司从事技术研发工作，主持开发过多种公司主干产品，曾负责过与某外资合作项目的建设，1997—1998年被任命为一分公司总经理，业绩优良。现任公司副总经理，主管研发及企业战略工作。甲对通信技术发展趋势敏感，熟悉行业特性，能正确把握企业产品定位，做出果断决策；现在公司主导产品由他主持开发；精通英、日两种外语，与外商谈判水平高；爱惜技术人才，为他们提供良好的发展空间。甲自信、坚韧，工作干劲大，精力充沛。但是，甲个性内向，人际交往能力较欠缺，不喜欢应酬性的公关活动。在战略重点上，甲主张把资金投向技术开发而不是市场开拓，强调技术带动市场。

乙：只有把握市场的人，才能成为市场经济条件下的领导者！男，32岁，毕业于某名牌大学电信专业，本科学历，在读MBA，1990—1992年在某大型国有企业从事技术研究工作，1993—1995年在某外资通信企业从事市场营销工作，1996年至今一直在本公司从事市场营销工作，业绩优良。现任公司副总经理，主管市场。乙有很强的品牌意识，重视广告与经营策略，注意市场研究与营销网络的建设，强调企业必须以市场为导向组织生产经营活动。乙的企业策划能力、市场洞察能力、公关能力和指挥协调能力都很强；有良好的社会关系，既与许多客户保持良好的个人关系，又有许多同学与朋友在各省市的通信相关部门担任领导职务；公司在其领导下，营业额年年上升。乙个性热情，开朗，应变能力强，有魄力，开拓进取，雄心勃勃。但是，乙自负，性情比较急躁，自我控制情感能力较差。

丙：优秀管理人才是企业成功的关键！男，38岁，通信技术专业毕业，大专毕业后在一中型国营电子企业工作10年，任技术员、技术科长、车间主任、副厂长、厂长。丙在工作期间，利用业余时间进修学习，获得了上海交通大学MBA学位。1996—1999年进入一家美国独资企业，在其上海办事处任首席代表，全面主持工作，业绩优良。丙重视企业内部管理，注重组织机构的合理设置，在理顺企业内部关系、制定规章制度、企业文化建设等方面有丰富的经验；重视企业内部人才培养，上上下下关系都能搞好；主张通过管理创新推动技术创新和市场创新。丙办事沉稳，喜欢深思熟虑，三思而后行；待人谦和，彬彬有礼，说话办事通情达理，在群体中威望很高。但是，丙为人求稳，开拓进取精神不是很强。

本章参考文献

[1] 杨光.创业管理[M].武汉：武汉大学出版社，2016.

［2］胡振兴.现代创业管理［M］.武汉：华中师范大学出版社,2007.

［3］李学东,顾海川,刘万兆.创新创业管理［M］.北京：北京邮电大学出版社,2017.

［4］陶莉.创业企业组织设计和人力资源管理［M］.北京：清华大学出版社,2005.

［5］刘燕,曹会勇.人力资源管理［M］.北京：北京理工大学出版社,2019.

［6］王长城,关培兰.员工关系管理［M］.武汉：武汉大学出版社,2010.

［7］王丽娟.员工招聘与配置［M］.2版.上海：复旦大学出版社,2012.

［8］谌新民.员工招聘成本收益分析［M］.广州：广东经济出版社,2005.

［9］张顺.成功招聘［M］.深圳：海天出版社,2002.

［10］郭黎勇.员工关系管理：图解版［M］.北京：人民邮电出版社,2015.

［11］林忠.人力资源招聘与选拔［M］.沈阳：辽宁教育出版社,2006.

［12］马远.员工招聘与配置［M］.广州：华南理工大学出版社,2017.

［13］李旭旦,吴文艳.员工招聘与甄选［M］.2版.上海：华东理工大学出版社,2014.

［14］徐俊祥.大学生创业基础知识训练教程［M］.北京：现代教育出版社,2014.

［15］蒋建武,贾建锋,潘燕萍.创业企业人力资源管理［M］.南京：南京大学出版社,2021.

第六章
创业企业员工培训与开发

本章学习目标

1. 掌握创业企业员工培训与开发的需求分析。
2. 了解创业企业员工培训与开发的方法。
3. 了解创业企业员工培训与开发的组织管理。
4. 掌握创业企业员工职业生涯管理的策略。

开篇案例

海尔：得人心者得人才

海尔作为一个世界级名牌企业，每年招录上千名大学生，但是离职率一直很低，离开的员工大部分是被淘汰的（海尔实行10/10原则，奖励前10％的员工，淘汰后10％的员工），真正优秀的员工绝大部分会留下来。下面来看看海尔是怎样一步一步进行新员工培训的。

1. 稳定员工的心态

毕业生新到一个陌生的与学校完全不同的环境，总会有些顾虑：待遇与承诺是否相符，会不会得到重视，升迁机制对自己是否有利，等等。在海尔，公司首先会肯定待遇和条件，让新人把"心"放下，做到心里有"底"。接下来有新老大学生见面会，人力中心、文化中心和旅游事业部的主管领导与新人面对面沟通，使新员工尽快客观地了解海尔，解决他们心中的疑问，不回避海尔存在的问题，并鼓励他们发现、提出问题。另外，公司还与员工就如何进行职业发展规划、升迁机制、生活方面等问题进行沟通，让员工真正把心态端平放稳。

2. 鼓励员工说心里话

让员工把话说出来是解决矛盾的最好办法。如果你连员工在想什么都不知道，解决问题就没有针对性。所以应该为他们开条"绿色通道"，使他们的想法第一时间反映上来。海尔给每个新员工都发"合理化建议卡"，员工有什么想法，无论制度、管理、工作、生活等任何方面都可以提出来，对合理化的建议，海尔会立即采纳并实行，对提出人还有一定的物质和精神奖励。而对不适用的建议也给予积极回应，因为这会让员工知道自己的想法已经被考虑过，他们会有被尊重的感觉，更敢于说出自己心里的话。例如，在新员工提的建议与问题中，有的居然把"蚊帐的网眼太大"的问题都反映出来了，这也从一个侧面表现出海尔的工作相当到位。

3. 培养员工"家"的感觉

海尔不像外界传说的那样，好像除了严格的管理，没有一点人性化的东西。"海尔人就是要创造感动"，在海尔每时每刻都在产生感动。领导对新员工的关心到了无微不至的地步。你会想到在新员工军训时,人力中心的领导会把他们的水杯一个个盛满酸梅汤,让他们一休息就能喝到吗? 你会想到集团的副总专门从外地赶回来的目的就是为了和新员工共度中秋吗? 你会想到集团领导对员工的祝愿中有这么一条——"希望你们早日走出单身宿舍"吗? 海尔还为新来的员工统一过生日,每个人都能得到一个温馨的小蛋糕和一份精致的礼物。海尔首席执行官曾特意抽出半天时间和700多名大学生共聚一堂,沟通交流。对于长期在"家"以外的地方漂泊流浪、对"家"的概念逐渐模糊的大学生来说(很多人从高中就开始住校),海尔所做的一切又帮他们找回了"家"的感觉。

4.树立员工职业心

当一个员工真正认同并融入企业当中,就该引导员工树立职业心,让他们知道怎样去创造和实现自身的价值。海尔对新员工的培训除了开始的导入培训,还有拆机实习、部门实习、市场实习等一系列的培训。海尔花费近一年的时间来全面培训新员工,目的就是让员工真正成为海尔躯体上的一个健康的细胞,与海尔同呼吸、共命运。

资料来源:HR人力资源管理案例网(http://www.hrsee.com/?id=306)。

第一节 员工培训与开发概述

一、员工培训与开发的含义

员工培训与开发指组织为实现经营目标和员工个人发展目标而有计划地组织员工进行学习和训练以改善员工工作态度、增加员工知识、提高员工技能、激发员工创造潜能,进而保证员工能够按照预期标准或水平完成所承担或将要承担的工作和任务的人力资源管理活动。

为了更好地理解员工培训与开发的定义,我们可以从以下几个方面把握其内涵:

(1)员工培训与开发的最终目的是实现企业发展和员工个人发展的和谐统一。

(2)员工培训与开发是企业实施的有计划的、连续的、系统的学习行为或训练过程,通过这种学习和训练改善员工工作态度,增加员工知识,提高员工技能,激发员工创造潜能。

(3)培训是员工发展的基础和核心部分。对于企业来说,培训不仅是为了填补现有技能的空白,更重要的是着眼于企业最核心的资源——人力资源的长远发展。

(4)培训侧重于企业通过外在需求加给员工的某些知识、技能,以适应企业发展的需要;开发则侧重于挖掘员工本身所固有的知识和技能,使这些知识和技能能够在企业发展中得到良性显现,并能融入企业发展之中。

二、创业企业员工培训与开发的意义

创业企业不同于其他企业,缺少完善的人力资源管理制度和成熟的工作模式,且创业企业的规模较小,其中的每名员工皆是企业不可或缺的一部分,是推动创业企业前进的重要力量。因此,创业企业员工培训与开发是完善企业工作模式的重要途径和探索过程,具有至关重要的意义。

(一)帮助创业企业达成具体的目标

创业企业的首要目标是绩效,绩效是创业企业维持和发展的基础。员工的培训与开发有利于创业企业获取更高的绩效。绩效公式表明,一个组织的绩效是其员工的能力、工作意愿和工作机会三者相乘的函数关系,缺少其中任何一项,都不可能取得理想的绩效。可见,决定绩效的重要因素之一就是企业成员的专业知识和技能。同时,员工的士气和多种精神状态的问题,也都需要通过培训加以解决。

(二)实现创业企业与员工的"共赢"

创业企业大都不具有完整而又完善的工作模式,只有鼓励员工发展个性并激发其潜能,通过每名员工发挥才能和力量的过程来实现创业企业对工作模式的最优化探索,才能推动企业不断前进。培训与开发能够提升创业企业员工的能力,促进个人的成长。这一结果不论对员工个人,还是对企业整体来说,都大有裨益,有利于促成一种合作共赢的局面。

(三)塑造优秀的员工,即塑造优秀的组织

创业企业通常面临着动荡、不确定和高风险的市场环境,因此更需要进行不断地学习以应对市场的需求。通过培训建立学习型团队,企业便可以调动员工的学习积极性。另外,相对于其他企业,创业企业的人力资源管理者不是把精英们搜罗在一起,而更应该是把他们组织起来,通过培训,创造出共同的事业。

三、创业企业培训与开发的原则

创业企业培训与开发在实施阶段往往处于一种比较尴尬的状态,有创业者表示,"培训对于创业企业来说,是说起来重要,做起来次要,忙起来可以不要"。创业企业与大型企业相比,在企业管理、人力资源配置和资金运作等方面有着较大差距,这些因素导致了创业企业与大型企业相比,在实施培训与开发的过程中存在一定的差距。在此背景下,采取合适的原则和方式实施培训与开发对创业企业来说显得至关重要。在开展培训与开发时,创业企业应把握好以下两个原则。

(一)考虑创业企业自身特点

创业企业要深入实施员工培训,必须要考虑创业企业自身的特点。创业企业员工培训体系建设不仅要体现领导者或创业团队的意志,同时也要体现多数员工的意志。因为创业企业资金紧缺,所以为了在有限的资源范围内达到更好的培训效果,可以根据培训对象的学习特点设计科学的培训方法并改善培训流程,让受训者积极参与培训学习活动,提升效率。

(二)考虑受训者自身需求

创业企业在深入实施员工培训前,应该考虑受训者需求。愿意加入创业企业的员工,自身往往具有更高的成就需要,更看重个人的成长和发展,创业企业可以考虑这一特点设计培训与开发的内容。在开展培训活动时,要根据受训者的培训需求制订培训计划。同时要在企业内部建立浓郁的学习氛围,鼓励员工的自主性学习,通过企业内部制度安排来强化形成竞争性的学习环境。

四、创业企业员工培训有效性的标准

培训的有效性,是指公司和员工从培训中获得的收益。对员工个人来说,收益意味着学到新的知识或技能;对公司来说,收益包括员工态度和行为的转变,顾客满意度的增加,市场占有率的增加,最终是企业效益的增加。培训有效性往往是通过培训结果体现出来的,培训结果指的是用于评估培训的准则,而这些准则就成了培训有效性的标准。

一般而言,培训有效性的标准常表现在以下几个方面。

(一)员工知识的增加

通过培训,员工具备了完成本职工作所必需的基本知识,而且员工能很好地了解企业经营的基本情况,如企业的发展前景、战略目标、经营方针、规章制度等。

(二)员工技能的提升

经过培训,员工具备了完成本职工作所必备的技能,如谈判技能、操作技能、处理人际关系的技能等。

(三)员工态度的转变

通过培训,企业与员工之间建立了相互信任的关系,增强了员工的职业精神,培养了员工的团队合作精神,同时也增加了员工适应并融于企业文化的主动性。

(四)员工行为的改变

员工知识技能的提高和工作态度的积极转变,主要体现在员工回到工作岗位后的行动中,把新知识技能运用到实践中,解决了以往工作中所遇到的困难和问题;转变原来的工作态度,增强企业主人翁责任感及团队合作意识,积极主动地为企业发展做出贡献。

(五)企业效益的增加

员工将培训结果及时运用到工作中,提高企业产品和服务质量,降低企业的生产成本,最终提高了顾客的满意度,增加了企业的效益。

五、创业企业员工培训与开发的需求分析

创业企业员工培训与开发的需求分析和一般企业类似,主要包括以下三方面。

(一)工作任务需求分析

工作任务需求分析是指明确地说明每一项工作的任务要求、能力要求和其他对人员的素质要求。工作任务的需求分析使每个人都能够认识到接受一项工作的最低要求是什么,只有满足了工作的最低要求,人员才能上岗,否则就必须接受培训。工作分析的结果应该准确、规范,并由此来确定相应的培训标准。

(二)人员需求分析

人员需求分析包括以下两个方面。

1.人员的能力、素质和技能分析

这是与工作分析密切相关的工作。工作分析明确了每项工作所要求的能力、素质和技能水平,从人员的角度进行同样的分析是用以考察员工个体是否达到了这些要求,以及其能力、素质和技能达到了什么样的水平,并由此决定对培训的需求状况。创业企业通常规模较小,资源也较为有限,很多时候需要员工身兼数职。对员工个人能力和技能的分析不仅有利于创业企业日常业务的正常开展,更有利于创业企业集中资源开展培训与开发工作。此外,对人员的能力、素质和技能加以分析,不仅仅是为了满足当前工作的需要,也是为了满足组织发展的未来工作的需要。培训的目的之一就是发挥人的潜能,通过培训使组织的人力资源系统得到合理地利用,但这一切都要求对人员的能力、素质和技能状况进行全面准确地分析。

2.针对工作绩效的分析

从绩效的角度分析培训与开发需求也是一种常用手段。如果人员的工作绩效不能达到组织提出的效益标准,就说明某方面需要培训。

(三)组织需求分析

组织需求分析开始于组织目标设置,长期目标与短期目标决定了开展培训的深度,具体包括人力资源需求分析、效率分析和文化分析三个方面。

1.组织人力资源需求分析

对传统企业来说,人力资源需求分析决定了组织的宏观与微观设计,以及组织的发展、组织的正常运行等对人力资源的种类、数量和质量的需求状况。从人力资源的角度要求组织人员在能力水平上必须满足组织运行与发展的需要,对创业企业来说,这一点同样也应得到满足。

2.组织效率分析

效率分析包括组织的生产效率、人力支出、产品的质量和数量、浪费状况、机器的使用和维修等。组织可以对这些因素加以分析,制定出相应的效率标准,如有不能达到效率标准要求的,就要考虑使用培训的手段加以解决,这些标准也是培训效果的评价指标。对于那些处于初创和发展阶段的创业企业,其资源较为有限,因此通过合理准确的效率分析实现更高效的资源配置尤为重要。

3.组织文化分析

组织文化是组织的管理哲学及价值体系的反映。通过培训可以将组织完整的价值体系输入每一个员工的头脑中,从观念上指导他们的工作行为。

第二节　创业企业员工培训与开发的方法

一、创业企业员工培训与开发的主要方法

(一)讲授法

讲授法属于传统的培训方式。其优点是:操作起来方便,便于培训者控制整个过程;缺点是:单向信息传递,反馈效果差。讲授法常被用于一些理念性知识的培训。

(二)视听技术法

视听技术法通过现代视听技术(如投影仪等工具)对员工进行培训。其优点是:运用视觉与听觉的感知方式,直观鲜明,容易激发员工的兴趣;缺点是:学员的反馈与实践较差,制作和购买的成本高,内容易过时。视听技术法多用于企业概况、概念性知识、传授技能等培训内容。

(三)讨论法

讨论法包括一般小组讨论与研讨会两种方式。研讨会多以专题演讲为主,中途或会后允许学员与演讲者进行交流沟通。研讨会的优点是:信息可以多向传递,与讲授法相比,反馈效果较好;缺点是:费用较高。一般小组讨论的特点是:信息交流时信息为多向传递,学员的参与

性高,费用较低。讨论法多用于巩固知识,训练学员分析、解决问题与人际交往的能力,但运用时对培训教师的要求较高。

(四)案例研讨法

案例研讨法是通过向培训对象提供相关的背景资料,让其寻找合适的解决方法。这一方式使用费用低,反馈效果好,可以有效训练学员分析、解决问题的能力。另外,近年的培训研究表明,案例、讨论的方式也可用于知识类的培训,且效果更佳。

(五)角色扮演法

角色扮演法是受训者在培训教师设计的工作情境中扮演一定角色,其他学员与培训教师在学员表演后作适当的点评。由于它具有信息传递多向化、体验感强、反馈效果好、实践性强、费用低等优势,因此多用于人际关系能力的训练。

(六)互动小组法

互动小组法也称敏感训练法,主要适用于管理人员的人际关系与沟通训练。它以学员在培训活动中的亲身体验来提高他们处理人际关系的能力。敏感性训练要求学员在小组中就参加者的个人情感、态度及行为进行坦率、公正的讨论,相互交流对各自行为的看法,并说明其引起的情绪反应。其目的是要提高学员对自己的行为和他人的行为的洞察力,了解自己在他人心目中的形象,感受自己与周围人群的相互关系和相互作用,学习与他人沟通的方式,发展在各种情况下的应变能力,并在团队活动中采取建设性行为。这一方法的优点是:可明显提高学员的人际关系与沟通的能力,但其效果在很大程度上依赖于培训教师的水平。

(七)网络培训法

网络培训法是一种新型的计算机网络信息培训方式,投入较大。网络培训法使用灵活,符合分散式学习的新趋势,可节省学员集中培训的时间与费用。这种方式信息量大,新知识、新观念传递优势明显,很适合成人学习,因此特别为实力雄厚的企业所青睐,也是培训发展的一个趋势。

(八)管理游戏法

管理游戏法是当前一种较先进的高级训练法,培训的对象是企业中较高层次的管理人员。与案例研讨法相比较,管理游戏法具有更加生动、更加具体的特点。管理游戏法因游戏的设计使学员在决策过程中面临更多切合实际的管理矛盾,决策成功或失败的可能性同时存在,需要受训人员积极参与训练,运用有关的管理理论与原则、决策力与判断力对游戏中所设置的种种遭遇进行分析研究,采取必要的有效办法去解决问题,以争取游戏的胜利。但是,管理游戏法培训对事先准备即游戏设计、胜负评判等都有相当高的难度要求。

(九)行动学习法

行动学习法是一种让受训者将全部时间用于分析、解决其他部门而非本部门问题的学习型培训方法。该方法把受训者按每4～5人一组的方式分成许多小组,定期开会,就研究进展和结果进行讨论。这种方法能够为受训者提供解决实际问题的真实经验,可提高团队成员分析问题、解决问题以及制订计划的能力,而且能够潜移默化地提高团队成员协作解决问题的团队意识。

类似的培训方法还有很多。总而言之,采用纯粹的专业授课是无法达到多方位提高团队成员素质功效的,只有引用一些其他方式的训练或者将多种训练方法配合使用,培训效果才会较好。

二、创业企业员工培训与开发的方法选择

在人力资源管理中,对于培训方法的选择,创业企业经常需要考虑的因素主要有以下几个方面。

(1)学习的目标。学习目标对培训方法的选择有着直接的影响。一般说来,学习目标若为认识或了解一般的知识,那么,程序化的教学、多媒体教学、演讲、讨论、个案研读等多种方法均能采用;若学习目标为掌握某种应用技能或特殊技能,则示范、实习、模拟等方法应列为首选。

(2)所需的时间。创业企业面对的市场生存压力比一般的成熟企业更大,甚至是时刻处于"备战状态",通常没有足够的精力支持员工长期的培训,尤其是脱产培训。因此,培训需要花费的时间是重要的考量因素。有的训练方法所需要的学习时间较短,如多媒体教学、录像带教学等,有的培训方法则需要很长的投入时间,如军训、项目培训、自我学习等,这就需要根据企业、学习者以及培训教员个人所能投入的时间来选择适当的培训方法。

(3)所需的经费。创业企业由于资金受限,往往没有足够的物质基础对员工进行完整而充分的培训,因此在能够达成培训效果的基础上,对于培训过程进行成本控制是有必要的。有的培训方法需要的经费较少,而有的则花费较大。如演讲、头脑风暴、小组讨论等方法,所需的经费一般不会太高,差旅费和食宿费是主要的花费;而影音互动学习和多媒体教学则花费惊人,各种配套设备购买等需要投入相当大的资金。因此,在选择培训方法时,需考虑到企业组织与学员的消费能力和承受能力。

(4)学员的数量。学员人数的多少影响着培训方法的选择。创业企业的员工数量一般较少,可以采用灵活性较高、个性化色彩较强的小组讨论或者角色扮演的培训方法。当创业企业经过创建期,进入成长期,员工数量增加时,可以考虑演讲、多媒体教学、举行大型研讨会等适用人数较多的培训方法。

(5)学员的特点。学员所具备的基本知识和技能的多少,也影响着培训方法的选择。如当学员毫无电脑知识时,电脑化训练或多媒体教学就不太适用;当学员的教育水平较低时,自我学习的效果就不会很好;当大多数学员分析能力欠佳并不善于表达时,辩论或小组讨论的方法将难以取得预期的效果。因此,培训方法的选择还应考虑到学员本身的知识状况和应对能力等特点。

(6)相关科技的支持。创业企业培训方式的选择还应考虑企业现有的硬件基础。有的培训方式需要相关的科技知识或技术工具予以支持,如电脑化训练自然需要电脑的配合;影音互动学习至少需要会用电脑和影碟机;多媒体教学则需要更多的声光器材的支持。所以,培训单位或组织能否提供相关的技术和器材,将直接影响培训方法的采用。

第三节 创业企业培训与开发的组织管理

创业企业培训与开发的流程一般可以分为五个步骤,依次分别为:培训需求分析、培训方案设计、培训方案实施、培训成果转化、培训评估,如图6-1所示。

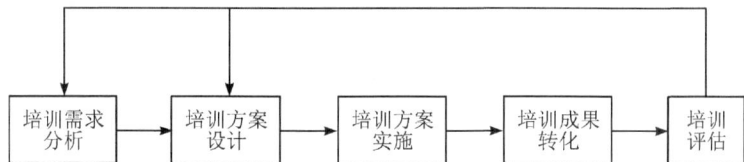

图 6 - 1　培训与开发一般流程

一、培训需求分析

(一)培训需求分析的含义和作用

培训需求分析是指在规划与设计每一项培训活动之前,由人力资源或培训部门、主管人员、工作人员等采用各种方法与技术,对各种组织及其成员的目标、知识、技能等方面进行系统的鉴别与分析,以确定是否需要培训及培训内容的一种活动或过程。

培训需求分析既是创业企业确定培训目标、设计培训方案的前提,也是进行培训评估的基础,因而成为培训活动的首要环节。如果培训需求分析不准确,那么培训计划的制订、培训内容的确定、培训方法的选择就会很盲目,培训的效果就会大打折扣。实际工作中,很多组织正是培训需求分析工作不足,导致最终培训效果不佳,因此产生了"培训无用"的错误观念。此外,科学的培训需求分析还能节约培训经费,提高培训的投资回报率。对于那些处于初创和发展阶段的创业企业,其资源较为有限,因此通过合理准确的效率分析实现更高效的资源配置尤为重要。

(二)培训需求分析的程序

培训需求分析的程序常常分为以下三个步骤。

1.准备工作

这个阶段的工作主要有两个:一是制订培训需求分析工作计划,确定培训需求分析的时间、地点和方法等;二是组织培训需求分析小组,查阅人力资源信息库,准备好各类表格和文件。一些常见的分析工具如表 6 - 1、表 6 - 2、表 6 - 3 所示,人力资源部门可以根据自己的实际情况进行工具的准备和设计。

表 6 - 1　高层管理者培训需求访谈表

1.你对目前管理团队的素质是否满意? 如果不满意,具体表现在哪些方面?
2.你希望本次培训是进行系统的管理知识讲授还是就某一方面的管理技能进行深入训练?
3.你期望培训后能看到什么样的效果?
4.你有什么指导性建议?

表6-2 部门培训需求调查表

姓名:	部门:	填写日期:
1.明年的业务会有什么变化?		
2.现有人员的工作技能有哪些不足?		
3.本部门岗位会有什么变化?		
4.对今年的培训有何看法?		
5.对培训工作有何建议?		

表6-3 员工培训需求调查表

姓名:	部门:	职务:	填写日期:
1.你是否参加过有关方面的培训? □是　　□否			
2.请根据你的实际工作体会,归纳本岗位的工作:			
3.你迫切希望提高的技能有哪些? □×××　□×××　□×××　□×××　其他_____			
4.你最希望接受的培训内容是: □×××　□×××　□×××　其他_____			
5.你乐意接受的培训方式有: □×××　□×××　□×××　其他_____			
6.你乐意接受的培训教材有: □公开教材　　□定制教材　　□自编讲义			

2.培训需求分析的执行

执行培训需求分析方案,可通过访谈法、问卷法、观察法、重点团队分析法、工作任务分析法等,从组织层面、任务层面和员工个人层面展开分析,收集培训需求信息。

(1)访谈法。访谈法是通过同被访谈人进行面对面的交谈来获取培训需求信息的方法。访谈的对象一般有组织管理层、有关工作负责人、员工、客户等。

访谈法的优点有:能面对面交流,可以充分了解信息;有利于培训双方相互了解,建立信任关系;能引导培训对象认识工作中的问题和不足,激发其学习的动力和参加培训的热情;等等。但是,访谈法也存在不足:通常需要较长的时间,对培训者面谈技巧要求较高,等等。

(2)问卷法。这是将所需分析的事项设计成问题,制作成问卷,发放给培训对象填写后,再收回分析,得出培训需求信息的方法。通常,它在信息收集方面较流行,也很有效。根据问卷发放对象的不同,问卷可分为个人的培训需求调查表和部门的培训需求调查表。

问卷法的优点有:能有效节省培训组织者与培训对象双方的时间;调查成本相对较低;能实现大规模调查;等等。问卷法的不足有:所收集的信息真实性难以判断,问卷设计分析工作难度大,且分析统计工作也较复杂,对技术性要求较高。

(3)观察法。这是指调查人员直接到员工的工作现场了解员工工作技能、行为表现,并从中发现问题的方法。这是最原始、最基本的需求调查工具之一,比较适合生产作业和服务性工作人员。

这种方法的优点是比较直接、简单,可操作性强,但是它要求观察者必须对所观察的岗位熟悉,能了解岗位职责、工作流程及其中的细节。观察时,通常要设计一份观察记录表,如表6-4所示。

表6-4　观察记录表

观察项目:	员工姓名:	日期:	编号:
1.时间安排			
2.工作完成情况			
3.存在的不足			
4.拟改善的内容			

(4)重点团队分析法。这是从拟调查的对象中,选出一批熟悉问题的代表组成讨论小组,以小组讨论来获知培训需求的方法。通常,这个讨论小组由1~2名调查者和8~12名参加者组成。在选择受访者成员时,要求受访者对需要调查的问题十分熟悉,且能代表培训对象的培训需求。

这种方法的优点有:耗时少,能快速获得培训需求结果;大家共同讨论,对培训信息掌握充分;能激发出各成员对组织培训的使命感和责任感;等等。但是,这种方法也对访谈的组织者提出了较高要求。

(5)工作任务分析法。这是以职位说明书、工作规范或工作任务分析记录表作为确定员工达到要求所必须掌握的知识、技能和态度的依据,将其和员工平时工作中的表现进行对比,以判定员工要完成工作任务的差距所在的过程。这是非常正规的需求分析方法。工作任务分析法的结果比较准确,可信度高,但通常耗时耗力,成本较高,通常适合于那些非常重要的项目的培训需求分析。

3.撰写培训需求分析报告

报告对培训需求分析进行总结,得出结论,将所用的图表、问卷等原始资料以附件的形式进行说明。常见的培训需求分析报告的内容包括以下方面:

(1)需求分析实施的背景。

(2)开展需求分析的目的和性质。

(3)概述需求分析实施的方法和过程。

(4)阐明分析结果。

(5)解释、评论分析结果和提供参考意见。

(6)附录。

二、培训方案设计

在明确了培训需求的情况下,为了保证培训过程的规范性和高效率,创业企业在正式开展培训工作之前,需要对具体如何展开培训工作进行规划,并设计一份切实可行的培训方案,为培训工作做好制度化的保障。

(一)培训方案的内容

不同的情况下所制定的培训方案略有不同,但大部分包含培训与开发的目的,应遵循的原则,培训需求阐述,培训项目,培训对象,培训内容,培训时间和地点,培训形式和方式,培训教师、培训组织人,考评方式,计划变更或者调整方式,培训费预算,签发人等内容。一份简略的培训方案内容如图6-2所示。

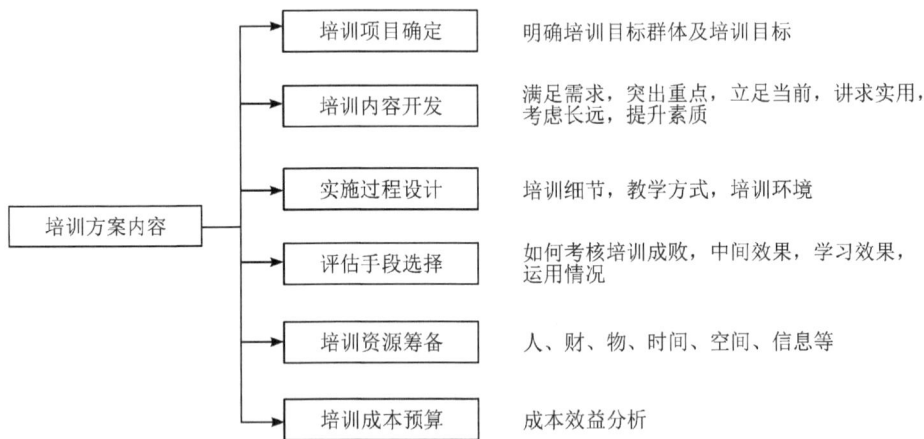

图6-2 培训方案的内容及解释

(二)培训与开发方案中应包含的要素

具体来说,一份培训方案应当包含的要素可归纳为"5W2H"。

(1)why:培训目的。这是对培训目标、预期效果进行的阐述,属于培训方案中纲领性的内容。从创业企业的角度来讲,这是企业通过培训要达到何种目的;从受训者角度看,是通过培训能获得何种技能的提升。

(2)what:培训什么。这是对培训内容所进行的安排,即为了达到培训目标,应准备哪些内容,比如开设何种课程、提供何种培训资料等。

(3)who:谁来培训以及谁来接受培训。这是对培训教师和受训者的安排。培训教师既可以来自组织的内部,也可以来自组织的外部。选择内部教师还是外部教师进行培训,各有优缺点,如表6-5所示。谁应接受培训通过前一步骤的培训需求分析已经有了结果。需要说明的是,培训是有成本的,组织的资源是有限的,因此创业企业没有必要将每次培训的受训者设定为全体员工。

表6-5 内部教师与外部教师的优缺点对比

教师	优点	缺点
外部教师	有先进的理念和方法,有利于培训成果的转化,可引起组织上下的关注	对组织不了解,需支付高昂费用
内部教师	对组织的情况很了解,可以因材施教,针对性强,讲授的内容较为实用,培训费用低	新理念和新思维较少,不易在组织中树立威望、烘托培训氛围

(4)when:什么时间培训。这是对培训的时间进行安排,包括何时开始培训、培训多久及培训的频率等。一般来说,除非是非常急迫的情形,企业不应使培训的时间与工作的时间相冲突,否则可能会对企业战略目标的达成产生不利影响。

(5)where:在何处培训。这是对培训的地点进行选择,不仅包括培训的场地选择,也包括对培训现场的氛围设计。研究表明,不同的培训场地和现场氛围烘托,会导致不同的培训效果。

(6)how to do:如何实施培训。这是对培训的形式、培训的方法、行政事务安排、培训过程控制、培训评估等事务进行的安排。

(7)how much:培训费用。创业企业通常面临资金有限的困境,因此对培训可能花费的各项经费支出进行预算十分必要。如果是年度计划,需要写明年度计划总支出及每季度、月度分支出的预算;如果是按次编写的方案,需要写明该次培训中各项经费的支出预算。

(三)培训方案的制定步骤

一般来说,培训方案的制定按照如下步骤进行:

(1)根据培训需求分析的结果汇总培训意见,拟写初步计划并修改。

(2)将拟写的培训方案提交上级管理者审批。

(3)培训部门组织安排内部培训过程,确定培训教师,准备培训教材和资料,或联系外派培训工作。

(4)后勤部门对与内部培训有关的场地、设备、工具、食宿、交通等予以落实。

(5)培训部门根据确认的培训时间编制培训次序表,并告知相关部门和单位。

三、培训方案实施

创业企业的培训可分为企业内部培训、企业外部培训以及外包等几种情况。企业内部培训是在组织内部展开的各种培训活动,包括邀请外部培训师来组织进行培训;外部培训是将员工派驻到组织外部其他单位去进行的培训,如到大学深造、出国交流等;外包是将培训与开发工作交由外部专门培训机构来实施。不同的培训方案,其执行情况是不一样的。

(一)内部培训的实施流程

1.前期准备

培训前期的准备包括场地布置、设备检查、教师安排、课表安排、资料准备等。在正式开始培训前,要做好相关前序工作,如学员座位安排、学员报到和签到、资料发放、设备检查和调试、茶点安排等。

2.培训介绍

这个阶段是培训正式开始的阶段,要介绍培训目的、培训主题、培训教师、培训日程、后勤保障,同时强调培训纪律,对全体成员进行培训动员,激励大家努力学习。

3.知识或技能的传授

在本阶段,培训教师开始进行知识或技能的传授,是培训的主要环节和关键环节。从破冰活动和学员自我介绍开始,逐渐进入培训主题。讲师和学员要通过各种适合的培训方法,按照既定的进程完成目标内容的培训。在这个过程中,要注意观察讲师的表现和学员在培训中的反应,及时收集培训中的各种情况,与讲师和相关方面沟通、协调,及时做出必要调整,控制作息时间,使培训向着既定目标前进。如有需要,还可以对培训情况进行记录、录音和摄影。

4.对学习进行回顾和评估

这一阶段是对培训内容进行总结,包括阶段性总结和训后总结。这种总结有利于学习收获的巩固和学习效果的提升。

5.培训后工作

这个阶段的工作可能包括:向各方面参与者致谢,对培训效果进行检查和考核,通过问卷调查或访谈等形式对培训开展中的意见进行收集,向各参训学员颁发结业证书,等等,此外,还要对培训场地进行清理,检查和归还设备,做好对培训教师的欢送,开好培训总结大会或结业典礼,并进行相关费用报销等收尾工作。

(二)外部培训和培训外包的实施

外部培训和培训外包都属于员工到组织外边去接受培训。

外部培训中,一般是由组织内部员工自己申请参训,由人力资源部门审核,经有管理权限的领导审批后交人力资源部备案,员工方可自行前往培训地点参训;培训完毕后,员工需要向人力资源部门提交其培训结业证书,并自行按照组织程序报销有关费用。

在培训外包中,组织将全部或部分培训工作交由外部专门的培训机构承担,此时培训与开发合同的签订十分关键,在合同中要明确规定双方的权责,并严格按照合同的约定完成对员工的培训。组织需要对外包单位的培训效果进行评价,并决定是否维持合作。

四、培训成果转化

一方面,培训成果转化是指将培训中所学到的知识、技能和行为应用到工作实际中,不断提升工作绩效的过程。一般来说,受训者如果能在实际工作中将培训中所学到的东西进行推广和维持,都算是较为成功的成果转化。所谓推广,是将培训中的所学应用于实际工作;所谓维持,是能在实际工作中长时间应用所学。如果学不能致用,那么培训就没有实际意义。另一方面,培训也应重视思想、精神的培育。创业企业想要长久地立于不败之地,就需要不断地追寻新的机会,寻求新的发展,即创业精神。创业企业在培训的过程中,也要使员工了解并理解创业精神,培育员工的创新、学习、冒险、敬业等精神。

培训成果的转化受到多种因素的影响,如受训者的特点、培训项目和工作环境等。一些受训者对培训不重视,或者缺乏将理论知识用于实践的能力,他们的转化效果可能就比较差;一些培训项目与实际工作并无多少关系,所学在工作中没有机会实践,转化的可能性也就比较小。另外,如果上级对转化与否并不重视,同事对积极转化的人进行嘲笑和打击,都不利于培训成果的转化。

五、培训评估

培训评估是培训与开发的最后一个步骤,是通过一系列的信息、资料和数据分析,对培训和开发的效果进行定性和定量评价,以不断改善和提高培训质量的过程。

对培训进行评估可以评价组织和个人的培训目标是否实现,对培训中的目标设置、项目设置、教师选择、方式选择、后勤保障等各方面的优缺点进行分析,这对今后培训工作的开展有重要的借鉴意义。

在实际工作中,培训评估并非是在最后一个阶段才实施,而是在培训的各个环节都需要进行总结和评估。比如,在进行培训需求分析时,对培训需求分析的结果应进行评价;在培训进行的各阶段,应及时进行总结和评估,以保证培训沿着既定的方向运行;在培训结束后,对培训成果应进行不同时段的跟踪评估,为下一次培训提供依据,使培训工作的质量呈螺旋式上升。

(一)培训评估的实施者

培训评估应由人力资源部门的培训与开发组织者统筹进行,但实际评估中需要多个主体共同参与。组织者应对整个评估工作进行分工,确定各相关主体的职责,并在各主体的评估基础上,最终分析得到总体评估结果。一般来说,创业企业常见的评估参与者及其职责如下。

(1)生产管理或计划部门:评估培训组织实施的时机选择是否恰当、培训的目标确定及实现情况、培训内容的设计是否科学等。

(2)主管领导:评估受训人员综合素质的提升状况。

(3)培训讲师:评估受训人员的参与程度、知识技能掌握程度、综合素质的提升情况。

(4)受训人员:评估教学方法、授课水平、授课效果等。

(二)培训评估的内容与方法

培训与开发的评估应围绕下列内容展开:培训及时性、培训目的设定合理性、培训内容设置合理性、教材选用与编辑适用性、教师水平、培训时间合理性、培训场地合理性、受训群体适宜性、培训形式有效性、培训组织与管理有效性等。美国学者柯克·帕特里克认为,培训评估应从四个层次展开:反应层、学习层、行为层、结果层,如表6-6所示。

表6-6　培训开发评估的四个层次

层次	评估内容	评估方法	评估时间	评估单位
反应评估	衡量学员对具体培训课程、讲师与培训组织的满意度	问卷调查、面谈观察、综合座谈	课程结束后	培训单位
学习评估	衡量学员对培训内容、技巧、概念的吸收与掌握程度	提问法、笔试法、口试法、模拟练习与演示、角色扮演、演讲、心得报告与文章发表	课程进行时,课程结束时	培训单位
行为评估	衡量学员培训后的行为改变是否因培训所导致	问卷调查、行为观察、访谈法、绩效评估、管理能力评鉴、任务项目法、360度评估	三个月或半年以后	学员的直接主管、同事、客户等
结果评估	衡量培训给公司业绩带来的影响	个人与组织绩效指标、生产率、缺勤率、离职率、成本效益分析、组织气候等资料分析、客户与市场调查、360满意度调查	半年、一年后公司绩效评估	学员所在组织

此外,培训评估中很重要的一个环节是对培训与开发的效果进行评估。它包括对培训的认知成果、技能成果、情感成果、绩效成果及投资回报率所进行的定性和定量的评价。其中,前三项是从受训者个人层面的评价,绩效成果是从个人层面和组织层面的评价,投资回报率是对培训整体进行投入-产出比分析。所谓认知成果,是评价员工从培训中学到了什么,比如对知识、事实、程序或过程的熟悉程度得到了多大提升;所谓技能成果,是员工从培训中掌握了什么,比如其技术技能、行为方式和技能转换是否有所进步;所谓情感成果,是员工从培训中感悟到了什么,比如他对培训的满意程度,经过培训后其态度、动机、意识等优化状况等;绩效成果既衡量个人,也衡量组织,看个人和组织从培训中收获了什么,如产量是否有所提高,成本是否有所降低,服务水平是否有所提升,工作效率是否有所改进等;投资回报率是将培训的收益与培训成本进行对比。

(三)撰写培训评估报告

培训与开发评估的结果通常要以评估报告的形式呈现,其内容一般包括以下几点:

(1)导言:对评估实施的背景、目的、性质等进行说明。

(2)概述:对评估的过程、方法等进行简单说明。

(3)给出评估结果。

(4)解释:评论评估结果和提供参考意见。

(5)附录:数据分析时用到的表格、图表等。

第四节　创业企业员工职业生涯管理

一、职业生涯与职业生涯管理

(一)职业生涯

一个人可以选择一个职业,然后终生从事这个职业,或者他可以在一生中更换几个职业。不论在哪种情况下,一个人一旦开始进入一个职业角色,他的职业生涯就开始了,并随着时间的推移而继续。职业就是这样一个动态的过程,它指的是一个人一生中在职业岗位上所度过的与工作活动有关的连续经历。换句话说,每个工作的人都有自己的职业生涯,不管他的职位高低或成功与否。职业生涯不仅是指工作时间的长短,还包括职业发展和变化的经历和过程,包括从事何种职业工作、职业发展的阶段、从一种职业到另一种职业的变化等具体内容。

职业生涯是一个复杂的现象,由行为和态度两方面组成。要全面了解一个人的职业生涯,必须从主观和客观两方面进行考察。表明一个人职业的主观内部特征是价值观、态度、需求、动机、气质、能力、个性等,表明一个人职业的客观外部特征是职业活动中的各种工作行为。一个人的职业生涯会受到多方面的影响,如自己对职业生涯的设想和计划,家庭中父母的意见,配偶的理解和支持,组织的需要和人事计划,社会环境的变化等。

(二)职业生涯发展阶段

职业发展往往随着年龄的增长而变化。虽然每个人从事的具体职业不同,但在同一年龄段往往表现出大致相同的职业特征、职业需求和职业发展任务,据此可以将一个人的职业生涯分为不同的阶段。

美国人力资源管理专家加里·德斯勒在其代表作《人力资源管理》一书中,综合其他专家的研究成果,将职业生涯划分为以下五个阶段。

1.成长阶段(从出生到 14 岁)

在这一阶段,个人通过对家庭成员、朋友、老师的认同以及与他们之间的相互作用,逐渐建立起了关于自我的概念,并形成了对自己的兴趣和能力的基本看法。到这一阶段结束的时候,进入青春期的青少年就开始对各种可选择的职业进行某种带有现实性的思考。

2.探索阶段(15 岁到 24 岁)

在这一时期,个人将认真地探索各种可能的职业选择。人们试图将自己的职业选择与自己对职业的了解以及通过学校教育、休闲活动和业余工作等途径所获得的个人兴趣和能力匹配起来。在这一阶段开始的时候,人们往往做出一些带有实验性质的较为宽泛的职业选择。随着个人对所选择的职业以及自我的进一步了解,人们的这种最初选择往往会被重新界定。到这一阶段结束的时候,一个看上去比较适合的职业就已经被选定,人们也已经做好了开始工作的准备。人们在这一阶段需要完成的最重要任务就是对自己的能力和天资形成一种现实性的评价,并尽可能地了解各种职业信息。

3.确立阶段(25 岁到 44 岁)

这是大多数人职业生涯中的核心部分。人们通常希望在这一阶段的早期找到合适的职业,并随之全力以赴地投入有助于自己在此职业中取得永久发展的各项活动中。然而,在大多数情况下,在这一阶段人们仍然在不断地尝试与自己最初的职业选择所不同的各种能力和理想。

确立阶段本身又由三个子阶段构成,具体如下:

第一,尝试阶段(25岁到30岁)。在这一阶段,个人确定当前所选择的职业是否适合自己,如果不适合,就会更改自己的选择。

第二,稳定阶段(31岁到40岁)。在这一阶段,人们往往已经定下了较为坚定的职业目标,并制订了较为明确的职业计划,以确定自己晋升的潜力、工作调换的必要性以及为实现这些目标需要开展的学习活动等。

第三,危机阶段(在30多岁到40多岁的某个阶段,人们可能会进入职业中期危机阶段)。在这一阶段,人们往往会根据自己最初的理想和目标对自己的职业进步状况进行一次重要的重新评价。人们有可能发现自己并没有朝着自己所梦想的目标靠近,或者已经完成了预定的任务后才发现,自己过去的梦想并不是自己所想要的全部东西。在这一时期,人们还有可能会思考工作和职业在自己的全部生活中到底占多大的重要性。在通常情况下,处在这一阶段的人们不得不面对一个艰难的抉择,即判定自己到底需要什么,什么目标是可以达到的,以及为了达到这一目标自己需要牺牲多少。

3.维持阶段(45岁到65岁)

在这一阶段,人们一般都已经在自己的工作领域中有了一席之地,因而把大多数精力放在保有这一位置上。

5.下降阶段(66岁之后)

当临近退休的时候,人们不得不面对职业生涯中的下降阶段。在这一阶段,许多人不得不面临这样一种前景:接受权力和责任减少的现实,学会接受一种新角色,学会成为年轻人的良师益友。接下去,就是几乎每个人都不可避免地要面对的退休,这时人们所面临的选择就是如何去打发原来用在工作上的时间。

(三)职业生涯管理

职业生涯管理主要是指对职业生涯的设计与开发,可以从个人和组织两个不同的角度来进行。

从个人的角度讲,人们越来越重视自己的职业生涯管理和职业发展机会。职业生涯管理是指对一个人的职业生涯、想去的工作单位、想达到的职业发展高度等进行规划和设计,并通过积累知识和培养技能来实现自己的职业目标。职业生涯管理一般通过选择职业、选择组织(工作机构)、选择工作岗位、在工作中提高技能和发展才能、晋升职位等方式实现。

从组织的角度讲,一个人的职业生涯设计得再好,如果不进入特定的组织,就没有职业位置,职业生涯就无从谈起。组织是个人职业生涯得以存在和发展的载体。同样,组织的存在和发展依赖于个人的职业工作,依赖于个人的职业开发与发展。所以,员工的职业发展不仅是其个人的行为,也是组织的职责。

事实上,筛选、培训、绩效考评等诸如此类的人力资源管理活动在组织中可以确保员工的长期兴趣受到企业的保护,促进员工的职业生涯规划。其作用尤其表现在鼓励员工不断成长,使他们能够发挥出全部潜能。人力资源管理的一个基本假设是,公司有义务最大限度地提高员工的能力,并为每个员工提供持续成长的机会,以及实现个人的最大潜力和建立职业成功。这一趋势得到加强的一个信号是许多组织越来越重视职业规划和职业发展。换句话说,许多组织越来越强调为员工提供帮助和机会,使他们不仅能够形成更现实的职业目标,而且也有能力实现这些目标。

从组织的角度看,员工的职业生涯管理主要是帮助员工制定职业规划,建立适合员工发展的各种职业路径,及时提供培训以满足员工的职业发展需要,并给予员工必要的职业指导,促进员工的职业成功。同时,帮助员工进行职业生涯规划也有利于员工对企业形成认同,促使创业企业吸引和留住人才,保证企业稳定运行,实现企业发展目标。

二、创业企业员工职业生涯管理的意义

创业企业开展职业生涯管理可以给予员工广阔的发展和上升空间,使企业目标与个人目标渐趋一致,并使员工自我价值得到实现,企业获得长足的人力资本,以顺利实现企业目标。其意义有以下五点。

(一)避免给企业带来损失

创业企业进行员工职业生涯规划与管理可以使员工的职业生涯目标与组织发展目标相一致,减少两者目标相违背情况的发生,避免给企业带来损失。

(二)有利于留住人才

创业企业进行员工职业生涯规划与管理有利于稳定员工队伍,可以增加员工满意度,留住优秀人才。

(三)有利于增强企业发展的可持续性

创业企业进行员工职业生涯规划与管理可以更合理高效地配置企业人力资源,满足企业未来人才需求,保证企业的可持续性发展,避免企业人才断档和后继无人情况的出现。

(四)有利于提高员工自我定位的准确性

创业企业进行员工职业生涯规划与管理可以增强员工对职业环境的把握能力和对职业困境的控制能力,从而使员工在企业提供的工作平台上更好地发挥自己的才智与能力。

(五)有利于提高人才培养的针对性

创业企业进行员工职业生涯规划与管理有利于企业根据发展需求,有针对性地培养人才,把培训、管理等资源与手段聚焦在所需的岗位人才上,实现资源的合理配置,帮助人才尽快成长。

三、创业企业员工职业生涯管理的任务

个人职业生涯管理的成功,不仅需要员工个人的努力,也需要企业的配合。在中国,职业规划和管理已经引起了许多有远见的企业的高度重视,并为此开始实施员工职业生涯管理计划,且取得了显著成效。例如,博福-益普生(天津)制药有限公司本着"对外致力于社会贡献,对内致力于人的发展"的经营理念,把员工职业生涯开发与管理提高到战略高度加以实施。他们把职业生涯管理视为综合动态的管理过程,以企业员工的心理开发、生理开发、智力开发、技能开发、伦理开发等人的潜能开发为基础,以工作内容的确定和变化、工作业绩的评定、工资待

遇和职称职务的变动为标志,以满足需求为目标,从而为企业的发展增添了新的动力。

考虑创业企业的特点,企业应结合自身实际给予员工应有的职业生涯规划指导。在进入企业阶段,企业应帮助员工了解企业特点与行业现状,使其快速融入企业;在早期阶段,企业应发现员工的才能,提升员工在企业中的归属感,从而促进员工与企业的共同成长;在中、后期阶段,企业应帮助员工解决工作中的实际问题,克服在该阶段的发展瓶颈,并为员工开展新的职业通道。

(一)招聘时期的职业生涯管理

员工职业管理是一个长期的动态过程,应该从招聘新员工时就开始。招聘过程实际上是应聘者和企业之间相互了解的过程。当企业出现职位空缺时,有的企业愿意从应届大学生中招聘,有的企业则愿意接受有工作经验的应聘者。大学生刚离开学校时,对企业和职业缺乏了解,往往有很多不切实际的幻想,即使是有工作经验的应聘者,也对自己未来的工作企业了解不够。在这个阶段,一些企业急于网罗高素质人才,应聘者也急于向企业展示自己优秀的一面,双方往往都会发出不真实的信息,这又导致了候选人和公司都给对方留下了不真实的印象。一方面,公司无法真正了解候选人,难以做出最佳的职业安排;另一方面,当新员工发现公司与自己想象中的差距较大时,就会产生离职的念头。因此,创业企业在招聘时,要提供较为现实的企业愿景与未来工作的展望,要将企业的基本理念和文化观念传达给应聘者,以使他们尽可能真实地了解企业;另外要尽可能全面地了解候选人,了解他们的能力倾向、个性特征、身体素质、受教育水平和工作经历,从而为空缺岗位配备合格的人选,并为新员工未来的职业发展奠定一个好的开端。

(二)进入企业初期的职业生涯管理

这大致相当于职业生涯确立阶段的尝试子阶段。在一个人的职业生涯中,没有哪个阶段能像初次进入企业时一样需要企业考虑职业发展情况。正是在这一阶段,员工被招募、雇用并第一次被分配工作和认识上级。在这一阶段,员工必须建立自信,必须学会与上级和同事们相处,必须学会接受责任,然而最重要的莫过于对自己的才能、需要以及价值观是否与最初的职业目标相吻合进行审视和判断。

这一时期,企业职业生涯管理的主要任务如下:

(1)了解员工的职业兴趣、职业技能和成长需求,然后把他们放到最适合的职业轨道上。这种做法是运用人事功能来帮助员工实现个人成长和自我发展需要的途径之一。

(2)进行岗前培训,引导新员工。这主要是向新员工介绍创业企业的基本情况,历史和现状,宗旨、任务和目标,相关行业的制度、政策和规定,工作职责和劳动纪律,企业文化等;目的是引导员工更快地熟悉行业情况和创业企业的服务或产品,减少焦虑感,增加归属感和认同感。

(3)挑选培训新员工的主管。新员工的第一任主管是其进入企业后的直接领导、第一个老师,主管的言行、态度、工作风格对新员工的职业生涯影响极大。主管应成为新员工的良师益友。相关的研究表明,在新员工与其上级之间往往存在一种"皮格马利翁效应",如果上级对下级有比较积极的期望,下属便会更加努力地向这一期望的方向努力。

(4)创业初期的工作往往面临很多不确定性,更需要员工主动参与和提出创造性的想法。创业企业应及时给予新员工初期绩效反馈,使他们了解自己工作的结果,以消除紧张和不安,帮助其学会如何工作。在这里特别值得一提的是,大多数专家认为,企业为新员工提供的初期工作应是具有挑战性的。

(5)协助员工进行自己的职业规划。比如,有些企业尝试开展职业生涯方面的培训,使员工意识到对自己的职业加以规划以及改善职业决策的必要性,学到职业规划的基本知识和方法。

(三)中、后期的职业生涯管理

中期大致相当于职业生涯确立阶段的稳定子阶段和危机子阶段。职业生涯中期是一个时间长、变化多,既有事业成功,又可能引发职业危机的敏感时期。这一时期的年龄跨度一般是从30岁到45岁,甚至到50岁。这一时期员工不仅家庭责任重大,需要成家立业、生儿育女、赡养父母,同时职业任务繁重,要求工作上独当一面。一般而言,进入这一年龄段的员工大都去掉了20多岁时不切实际的幻想,通过重新审视和评价自己,明确职业目标,确定自己对企业的长期贡献,积累丰富的专业工作经验,逐步走向职业发展的高峰。人到中年,一方面是年富力强,自我发展的需求还很强烈;另一方面是随着年龄的增长,意识到自己的职业机会越来越少,从而产生了职业危机感。总之,这是一个充满矛盾的复杂阶段,尤其需要企业加强对员工职业生涯的管理。

古人云:“三十而立。”这一时期的员工十分重视个人职业上的成长和发展。在这一时期的职业生涯管理中,创业企业要保证员工合理的发展机会和职位晋升。晋升是指在公司中被分配到一个更高层次的工作。通常情况下,新的工作使员工的工资和地位得到提高,并需要员工额外的技能或责任。晋升使公司能够更有效地使用员工的技能和知识,而且晋升的机会也可以被看作是员工的内在动力。因此,企业管理的一项重要任务是为员工建立合理、顺畅的职业发展通道。职业发展通道是企业中的职业晋升路线,是员工实现职业理想,获得满意工作,实现职业目标的途径。企业中的职业发展通道不应该是单一的,而应该是多元的,能让不同类型的员工都能找到自己的职业发展通道。

四、创业企业员工职业生涯管理的策略

(一)完善培训制度

企业培训是员工职业生涯目标实现的有力保障,培训和职业生涯管理是一体的。创业企业需要不断完善自身的培训体系,既要考虑企业业务的需要,还要考虑员工个人职业生涯发展的需要。

创业企业可以针对每个员工在不同阶段的具体情况,为员工提供各种具有针对性的培训。创业企业管理者由于工作事务繁杂,在企业中往往只起到“领”而未“导”的作用,导致新员工在入职之初对企业的业务和文化了解不深,融入组织的周期过长而造成人才浪费。因此,创业企业需要对新员工进行指导和培训,但企业面临资金不足和培训时间紧张的问题,且人力资源部门在员工职业规划方面的职能不完善,这给员工个人的职业生涯设计带来了很大的盲目性。因此,创业企业需要加强日常培训和教育,通过考核和能力评估,协助员工评估自身的潜力和条件,为员工提供合适的岗位和职业发展方向。

(二)建设企业文化

只有创业企业的发展与员工的个人职业生涯相契合,才能留住人才,实现企业员工的长久

忠诚。创业企业可通过建设企业文化,寻找员工个人职业生涯和企业发展的契合点,实现员工与创业企业共同成长。在此过程,关键在于建设"以人为本"的企业文化,在组织中创设出一种奋发进取、和谐平等的企业精神和氛围,为员工塑造强大的精神动力,在理念层次达到企业内部和谐一致。这就要求创业企业必须善于为员工的能力培养与发挥提供良好的制度保障、有效的机制、正确的政策和宽松的氛围,为建设完善的企业文化提供保证。

(三)完善员工职业生涯发展通道

当员工在企业中工作时间较长时,容易出现职业"瓶颈",这时创业企业应根据组织结构和员工实际情况,进一步完善或创新现有的职业发展通道,对员工的职业发展进行必要的引导,帮助员工选择适合自身性格特点、兴趣爱好和意愿的发展通道,从而给员工一个展示才华和成就自我的舞台。创业企业需要完善原有的职业发展通道,鼓励员工在原有的通道内专精所长和向上发展,使每一位员工都有机会根据自己的意愿和努力成为中高级管理人员、专业技术专家或者工人技师。同时,创业企业也需为员工开通新的职业发展通道,要明确不同发展通道的晋升评估、管理办法以及发展通道中不同级别与收入的对应关系和替补关系,给予员工更多选择上升的机会。特别是当优秀员工不能获得晋升机会的时候,企业要为他们提供水平移动的机会,让他们承担更大的责任,实现员工成功和企业发展的共赢。创业企业领导者和人力资源部门应在部门经理的配合下共同完成此项工作,定期对有潜力的员工进行定位,并对其发展道路进行指导和监督。

比如,华为在借鉴英国模式的基础上,设计了"五级双通道"模式。在这个多通道模型中,每个员工至少拥有两条职业发展通道,即管理路线和专业的技术路线,以避免由于职业发展通道的单一,出现"官导向"和"千军万马过独木桥"的现象。一般来说,员工先由初学者开始,当成为有经验者之后,即可选择管理路线还是技术路线。管理路线是以有经验者为基础,依次有监督者、管理者和领导者三个等级;而专业技术路线,在经过初学者和有经验者之后,还有专家、高级专家和资深专家三个阶段。

本章要点

1.创业企业员工培训与开发是完善企业工作模式的重要途径和探索过程,具有至关重要的意义。创业企业员工培训与开发能帮助创业企业达成具体的目标,促进员工个人的成长,实现创业企业的发展,因而可以实现创业企业与员工的"共赢"。

2.创业企业员工培训与开发的流程一般分为五个环节,依次分别为:培训需求分析、培训方案设计、培训方案实施、培训成果转化、培训评估。

3.职业生涯管理主要是指对职业生涯的设计与开发,可以从个人和组织两个不同的角度来进行。从个人的角度讲,职业生涯管理就是一个人对自己所要从事的职业、要去的工作组织、在职业发展上要达到的高度等做出规划和设计,并为实现自己的职业目标而积累知识、开发技能的过程。从组织的角度对员工的职业生涯进行管理,集中表现为帮助员工制定职业生涯规划,建立各种适合员工发展的职业通道,针对员工职业发展的需求进行适时培训,给予员工必要的职业指导,以促使员工职业生涯的成功。创业企业开展职业生涯管理可以给予员工广阔的发展和上升空间,使企业目标与个人目标渐趋一致,并使员工自我价值得到实现,企业获得长足的人力资本,从而顺利实现企业目标。

复习思考题

1.创业企业员工培训与开发的意义有哪些？创业企业培训与开发应该遵循什么原则？
2.创业企业员工培训有效性的标准有哪些？
3.简述创业企业员工培训与开发的流程。
4.简述员工职业生涯发展阶段。
5.创业企业的员工职业生涯管理有何策略？

案例分析

IBM 的新员工入职培训案例

IBM 是一家非常重视培训的企业，它作为企业管理咨询方面的专家，历来就是不断地向客户灌输对员工开展培训的重要性。那么，IBM 又是如何对自己的员工开展培训的呢？

本着对客户负责，对企业自身负责的思想，IBM 从来不允许一名未经培训或者未经全面培训的员工直接上岗。员工如果未经培训或培训不合格，上岗工作后直接面对客户，很有可能出现各种失误，从而给 IBM 带来损失，而损失所产生的费用肯定要高于培训费用。面对这样一本非常简单的经济账，IBM 算得非常清楚。特别是对于进入 IBM 的第一天起的新员工来说，IBM 更是非常重视，力求通过培训提高员工素质，同时提高员工的工作效率，使其培训后可以直接上岗工作。

对于新员工的入职培训，IBM 设置了"师傅"和培训经理这两个角色，将素质教育日常化。每个新员工到 IBM 都会有一名导师专门进行辅导，而培训经理主要是为提高培训效率而专设的职位。IBM 对于新员工的入职培训相当重视，别以为你已经拿到了 offer，就能够成为 IBM 的正式员工。因为你还有新员工入职培训这最后一关，通过之后你才算得上是真正的蓝色"IBMer"。因此，IBM 的新员工培训被称为"魔鬼训练营"，其过程异常艰辛，除了行政管理职位之外，其他岗位的新员工培训时长均为三个月。

"魔鬼"般的训练内容包括：首先是对公司要有一个整体的认识与了解，包括 IBM 内部工作方式、自己的部门职能以及 IBM 的产品和服务；之后是对销售和市场的学习，通过模拟实践的形式学习 IBM 如何做生意，以及团队之间工作和沟通的技能、表达技巧等。在这期间，各种形式的考核考试会接踵而来，需要新员工"过五关斩六将"。只有全部考试合格后，新员工才能在 IBM 有自己正式的职务和责任。

之后，负责市场和服务部门的人员还要接受 6～9 个月的业务学习，同样有严厉的考核制度，任何一个考核没有通过均不能继续留在 IBM。曾经有一位 IBM 的员工描述过他那段经历："我加入 IBM 后，直接被通知参加新员工培训。据我所知，前面一期培训中的 50 个人就有11 个人没过，结果他们就直接结束了试用期，离开了 IBM。所以，我不断地告诫自己，要打起百分百的精神，绝对不能让自己失败。"

"这个阶段的培训历时三周，包括公司介绍、产品介绍和基本销售技巧。培训中，有两次笔试和三次模拟客户拜访。平均成绩低于 70 分就完蛋了。扮演客户并为我们打分的是公司随机挑选的销售主管们。培训通常在下午 6 点结束，导师开始布置案例，两天以后就有模拟客户拜访和考试。由于白天有培训,分组讨论和做方案就只有在夜里进行,几乎每天晚上都要准备到凌晨两三点钟。

"我所在的这个小组选出了一个组长,他明显就是一个做技术的料,不善言辞,结果第一次的考试——角色扮演——他就失败了,他脸色很不好,显得压力很大。到了最后一次考试,他的成绩依然不怎么样,我心想他肯定要悲剧了。果然,在我们的结业典礼上,这个组长就没有出现。

"几个月后,我参加了另外一个培训。这一次,我们部门的一位同事没有通过,IBM从不将没有经过培训的销售代表送到客户那里。IBM认为,即使通过层层的招聘选拔,仍然有一些员工并不适合公司的岗位,如何把他们找出来呢?就只能依靠新员工入职培训了,通过这最后一关尽量把不适合公司的人筛出来,从而减少对于公司、客户带来的损失。"

对于新员工的培训,IBM的淘汰率为 $4\%\sim7\%$。不得不佩服IBM对于新员工入职培训工作的认真和重视程度。在一些企业把入职培训当作是个走过场的时候,IBM把它变成了一个挑选、锻造合适人才的手段和工具。不管是国内还是国外的名企,它们一些成功的经验我们不一定需要去百分百地进行模仿,因为每个企业的情况是不同的。但是,这些名企的做法可以给我们带来思想和认识上的启迪,从而让我们能不断地去审视和优化我们企业自身的人力资源管理。

资料来源:HR人力资源管理案例网(http://www.hrsee.com/?id=1627)。

案例思考题:

1. 结合案例,谈一谈IBM的新员工入职培训对其他企业的借鉴意义。

2. IBM"魔鬼"般的训练内容如何促进培训效果的提升?

3. 在创业初期,企业如何通过培训与开发实现人岗高度匹配?

实践练习

职业倾向小测试

本测验是以美国职业教育专家霍兰德的人才测评理论为基础,结合中国广大学生和工作者的实际而编制的。

根据霍兰德的研究成果和后人的分析论证,按照不同的职业特点和个性特征,一般可以将人分为六类:现实型(R)、研究型(I)、艺术型(A)、社会型(S)、企业型(E)和传统型(C)。这六种类型的人具有不同的典型特征。每种类型的人对相应职业类型感兴趣,具有人格特征和职业需求间合理搭配的特点。同时,人们在择业时主要受三个因素的影响:兴趣(你想做什么——兴趣倾向)、能力(你能做什么——个人经历)和人格(你适合做什么——人格倾向)。以此为依据,本套试题由三部分组成:兴趣倾向问卷、个人经历问卷和人格倾向问卷,分别对测评者的兴趣、能力和人格特点进行测评。

对测评结果的综合分析,可以帮助测评者发现和确定自己的职业兴趣和能力特长,使我们对与自身性格匹配的职业类别、岗位特质有更为明晰的认识,从而在我们就业、升学、进修或职业转向时,做出最佳的选择。

该测评适用于高中毕业生、在读大中专生、应届大中专毕业生,以及已参加工作但渴望转行,需发现和确定自己的职业兴趣和能力特长的人士。

请根据对每一题目的第一印象作答,不必仔细推敲,答案没有好坏、对错之分。具体填写方法是,根据自己的情况每一题回答"是"或"否"。

1.我喜欢把一件事情做完后再做另一件事。

2.在工作中我喜欢独自筹划,不愿受别人干涉。

3.在集体讨论中,我往往保持沉默。

4.我喜欢做戏剧、音乐、歌舞、新闻采访等方面的工作。

5.每次写信我都一挥而就,不再重复。

6.我经常不停地思考某一问题,直到想出正确的答案。

7.对别人借我的和我借别人的东西,我都能记得很清楚。

8.我喜欢抽象思维的工作,不喜欢动手的工作。

9.我喜欢成为人们注意的焦点。

10.我喜欢不时地夸耀一下自己取得的好成就。

11.我曾经渴望有机会参加探险。

12.当我一个人独处时,会感到更愉快。

13.我喜欢在做事情前,对此事情做出细致的安排。

14.我讨厌修理自行车、电器一类的工作。

15.我喜欢参加各种各样的聚会。

16.我愿意从事虽然工资少但是比较稳定的职业。

17.音乐能使我陶醉。

18.我办事很少思前想后。

19.我喜欢经常请示上级。

20.我喜欢需要运用智力的游戏。

21.我很难做那种需要持续集中注意力的工作。

22.我喜欢亲自动手制作一些东西,从中得到乐趣。

23.我的动手能力很差。

24.和不熟悉的人交谈对我来说毫不困难。

25.和别人谈判时,我总是很容易放弃自己的观点。

26.我很容易结识同性别的朋友。

27.对于社会问题,我通常持中庸的态度。

28.当我开始做一件事情后,即使碰到再多的困难,我也要执着地干下去。

29.我是一个沉静而不易动感情的人。

30.当我工作时,我喜欢避免干扰。

31.我的理想是当一名科学家。

32.与言情小说相比,我更喜欢推理小说。

33.有些人太霸道,有时明明知道他们是对的,也要和他们对着干。

34.我爱幻想。

35.我总是主动地向别人提出自己的建议。

36.我喜欢使用榔头一类的工具。

37.我乐于解除别人的痛苦。

38.我更喜欢自己下了赌注的比赛或游戏。

39.我喜欢按部就班地完成要做的工作。

40.我希望能经常换不同的工作来做。

41.我总留有充裕的时间去赴约会。

42.我喜欢阅读自然科学方面的书籍和杂志。

43.如果掌握一门手艺并能以此为生,我会感到非常满意。

44.我曾渴望当一名汽车司机。

45.听别人谈"家中被盗"一类的事,很难引起我的同情。

46.如果待遇相同,我宁愿当商品推销员,而不愿当图书管理员。

47.我讨厌跟各类机械打交道。

48.我小时候经常把玩具拆开,把里面看个究竟。

49.当接受新任务后,我喜欢以自己的独特方法去完成它。

50.我有文艺方面的天赋。

51.我喜欢把一切安排得整整齐齐、井井有条。

52.我喜欢做一名教师。

53.和一群人在一起的时候,我总想不出恰当的话来说。

54.看情感影片时,我常禁不住眼圈红润。

55.我讨厌学数学。

56.在实验室里独自做实验会令我寂寞难耐。

57.对于急躁、爱发脾气的人,我仍能以礼相待。

58.遇到难解答的问题时,我常常放弃。

59.大家公认我是一名勤劳踏实的、愿为大家服务的人。

60.我喜欢在人事部门工作。

计算方法:答对以下题号得1分,不对得0分;得分多者属于该类型。

现实型:"是"(2,13,22,36,43),"否"(14,23,44,47,48);

研究型:"是"(6,8,20,30,31,42),"否"(21,55,56,58);

艺术型:"是"(4,9,10,17,33,34,49,50,54),"否"(32);

社会型:"是"(26,37,52,59),"否"(1,12,15,27,45,53);

企业型:"是"(11,24,28,35,38,46,60),"否"(3,16,25);

传统型:"是"(7,19,29,39,41,51,57),"否"(5,18,40)。

霍兰德的职业理论,其核心假设是人可以分为六大类:R——现实型(realistic);I——研究型(investigative);A——艺术型(artistic);S——社会型(social);E——企业型(enterprise);C——传统型(conventional)。

1.R——现实型(realistic)

【共同特点】

愿意使用工具从事操作性工作,动手能力强,做事手脚灵活,动作协调。偏好于具体任务,不善言辞,做事保守,较为谦虚。缺乏社交能力,通常喜欢独立做事。

【性格特点】

感觉迟钝,不讲究,谦逊。踏实稳重,诚实可靠。

【职业建议】

喜欢使用工具、机器,需要基本操作技能的工作。要求具备机械方面才能、体力,或对从事与物件、机器、工具、运动器材、植物、动物相关的职业有兴趣,并具备相应能力。例如:技术性职业(计算机硬件人员、摄影师、制图员、机械装配工),技能性职业(木匠、厨师、技工、修理工、农民、一般劳动者)。

2. I——研究型(investigative)

【共同特点】

思想家而非实干家,抽象思维能力强,求知欲强,肯动脑,善思考,不愿动手。喜欢独立的和富有创造性的工作。知识渊博,有学识才能,不善于领导他人。考虑问题理性,做事喜欢精确,喜欢逻辑分析和推理,不断探讨未知的领域。

【性格特点】

坚持性强,有韧性,喜欢钻研。好奇心强,独立性强。

【职业建议】

喜欢智力的、抽象的、分析的、独立的定向任务,要求具备智力或分析才能,并将其用于观察、估测、衡量、形成理论、最终解决问题的工作,且具备相应的能力,如科学研究人员、教师、工程师、电脑编程人员、医生、系统分析员。

注:工作中调研兴趣强的人做事较为坚持,有韧性,善始善终,调研兴趣弱的人(如<20%)通常做事容易浅尝辄止。

3. A——艺术型(artistic)

【共同特点】

有创造力,乐于创造新颖、与众不同的成果,渴望表现自己的个性、实现自身的价值。做事理想化,追求完美,不重实际。具有一定的艺术才能和个性。善于表达,怀旧,心态较为复杂。

【性格特点】

有创造性,非传统的,敏感,容易情绪化,较冲动,不服从指挥。

【职业建议】

喜欢的工作要求具备艺术修养、创造力、表达能力和直觉,并将其用于语言、行为、声音、颜色和形式的审美、思索和感受,具备相应的能力。不善于事务性工作。例如:艺术方面的人(演员、导演、艺术设计师、雕刻家、建筑师、摄影家、广告制作人),音乐方面的人(歌唱家、作曲家、乐队指挥),文学方面的人(小说家、诗人、剧作家)。

注:艺术兴趣高的人倾向于理想化,做事追求完美。在平常中,艺术的测试不止做艺术工作,而是工作中的艺术,倾向于将事情做得漂亮、有美感、有情调、锦上添花,追求完美。

4. S——社会型(social)

【共同特点】

喜欢与人交往,不断结交新的朋友,善言谈,愿意教导别人。关心社会问题,渴望发挥自己的社会作用。寻求广泛的人际关系,比较看重社会义务和社会道德。

【性格特点】

为人友好、热情,善解人意,乐于助人。

【职业建议】

喜欢要求与人打交道的工作,能够不断结交新的朋友,从事提供信息、启迪、帮助、培训、开发或治疗等事务,并具备相应能力。例如:教育工作者(教师、教育行政人员),社会工作者(咨询人员、公关人员)。

5. E——企业型(enterprise)

【共同特点】

追求权力、权威和物质财富,具有领导才能。喜欢竞争,敢冒风险,有野心、抱负。为人务实,习惯以利益得失、权利、地位、金钱等来衡量做事的价值,做事有较强的目的性。

【性格特点】

善辩,精力旺盛,独断,乐观,自信,好交际,机敏,有支配愿望。

【职业建议】

喜欢要求具备经营、管理、劝服、监督和领导才能,以实现机构、政治、社会及经济目标的工作,并具备相应的能力。例如:项目经理、销售人员、营销管理人员、政府官员、企业领导、法官、律师。

注:工作中通常要求管理人员和销售人员要有较强的企业兴趣,企业兴趣强则做事目的性强,务实,推动性也较强;若企业兴趣弱(<40%),则做事的推动性较弱,速度较慢。

6. C——传统型(conventional)

【共同特点】

尊重权威和规章制度,喜欢按计划办事,细心、有条理,习惯接受他人的指挥和领导,自己不谋求领导职务。喜欢关注实际和细节情况,通常较为谨慎和保守,缺乏创造性,不喜欢冒险和竞争,富有自我牺牲精神。

【性格特点】

有责任心,依赖性强,效率高,稳重踏实,细致,有耐心。

【职业建议】

喜欢要求注意细节、精确度,有系统,有条理,具有记录、归档,根据特定要求或程序组织数据和文字信息的职业,并具备相应能力。例如:秘书、办公室人员、记事员、会计、行政助理、图书馆管理员、出纳员、打字员、投资分析员。

注:传统型的人做事有耐心,细致,如果人的常规兴趣弱(<20%),通常表现为做事较为粗心,容易丢三落四,不够踏实。

本章参考文献

[1] 廖新平.中小企业创业管理[M].重庆:重庆大学出版社,2012.

[2] 温志宏.中小企业创业与管理:下[M].武汉:华中科技大学出版社,2006.

[3] 褚吉瑞,李亚杰,潘娅.人力资源管理[M].成都:电子科技大学出版社,2020.

[4] 刘燕,曹会勇.人力资源管理[M].北京:北京理工大学出版社,2019.

[5] 潘颖,周洁,付红梅.人力资源管理[M].成都:电子科技大学出版社,2020.

[6] 陶莉.创业企业组织设计和人力资源管理[M].北京:清华大学出版社,2005.

[7] 邓俊荣.企业组织设计与创业团队建设[M].西安:西安电子科技大学出版社,2017.

[8] 曲孝民,郗亚坤.员工培训与开发[M].沈阳:东北财经大学出版社,2009.

[9] 郭黎勇.员工关系管理:图解版[M].北京:人民邮电出版社,2015.

[10] 蒋建武,贾建锋,潘燕萍.创业企业人力资源管理[M].南京:南京大学出版社,2021.

第七章
创业企业员工绩效管理

本章学习目标

1. 掌握创业企业绩效管理的流程。
2. 了解创业企业绩效计划的主要内容。
3. 了解创业企业绩效信息收集的内容与方法。
4. 掌握创业企业绩效考评的特点及方法。
5. 了解创业企业绩效反馈的作用。

开篇案例

阿里巴巴的绩效管理之路

1999 年,阿里巴巴成立并获得投资。在注入了强大的资金之后,阿里巴巴开始打造现代企业管理体系,这其中就包括了绩效管理体系。

一、借鉴通用电气

一开始,阿里巴巴绩效管理体系的基本理念和框架借鉴自美国通用电气公司。2001 年,为通用服务 25 年的关某加盟阿里巴巴,帮助阿里巴巴打造了一套与国际接轨的绩效管理体系,奠定了阿里巴巴绩效管理的基础。比如,借鉴和进一步强化了通用电气公司对价值观的推崇,阿里巴巴也采用了"活力曲线"法则,以及基于这个方法的淘汰和激励制度。

"活力曲线"在阿里巴巴指用"271"排名的方式来考察员工的相对业绩。各部门主管按"271"原则对员工的工作表现进行评估:20%超出期望,70%符合期望,10%低于期望。

阿里巴巴集团员工绩效评估体系采用了非常有趣的动物式排列。阿里巴巴对后 10%员工的淘汰没有像通用电气公司那么严厉。在阿里巴巴,员工通过考核被分成三种:一是有业绩,但价值观不符合的,被称为"野狗";二是事事老好人,但没有业绩的,被称为"小白兔";三是有业绩,也有团队精神的,被称为"猎犬"。对价值观表现好,但业务弱的"小白兔"型员工,阿里巴巴会给予考察、培训、转岗的机会,除了作假行贿等触犯道德底线的"野狗"型员工,阿里巴巴也很少因为价值观考核而直接开除员工。

二、阿里巴巴自己的特色

阿里巴巴的绩效管理体系基本上借鉴自通用电气公司,建立之初就有比较健康的基础。在此基础上,阿里巴巴的绩效管理形成了自己的特点。

1. 制定高目标

在阿里创立之初,阿里创始人总是提出一些在当时看来非常"疯狂"的业绩指标:2003 年,每天收入100万;2004年,每天利润100万;2007年,每天交税100万。这让公司上下都觉得匪夷所思。但是,疯狂的目标最后都实现了。这些"疯狂"的组织业绩目标也是建立在个人业绩目标基础上的。阿里巴巴的个人业务指标设计,也同样体现了目标的高难度取向。在个人绩效考核方面,阿里巴巴采用5分制的打分方式,每个季度、每年对个人进行绩效评估,大概只有10%的员工能在绩效考核中拿到4分。拿到4分不仅意味着12分的努力,还要发挥创造性。按照常规的方式方法工作,员工基本上拿不到4分,拿到4分需要突破常规进行创新。

2.价值观纳入考核

阿里巴巴的高绩效秘诀就是:不管目标多疯狂,都要向着目标跑。而能够做到这一点,阿里巴巴独特的价值观考核至关重要。价值观考核就像"定海神针",让阿里巴巴的队伍向前狂奔的同时保持凝聚力。

在阿里,价值观考核与业务考核各占到50%。阿里巴巴驰名的价值观考核就是"六脉神剑",也就是要强调六个方面:客户第一、团队合作、拥抱变化、诚信、激情和敬业。这六个方面被细分成了30条指标,包括具体的行为和精神层面的要求,其中大部分是对行为的要求,也有精神层面的要求。在细分的30条考核指标中,也突出了业绩导向的取向。

3."政委"体系

"政委"体系的创意来自阿里创始人,他一直在想如何保证在企业层级增多、跨区域发展成为趋势的情况下,在一线员工中保证价值观的传承,同时在业务和人力资源培养方面提供更快捷的支持。

2004年、2005年的两部军事题材连续剧《历史的天空》和《亮剑》,引起了阿里创始人的极大兴趣。这两部电视剧给了阿里创始人很大启发。他专门买了几十张DVD发给总监一级的管理层,要求仔细学习。某年年底,阿里巴巴的人力资源部门正在做一件事情,打算在B2B部门的一线销售团队中,派出既懂业务又代表公司政策和担负价值观宣导的人力资源专员。这套做法实际上就是电视剧里政委的作用,所以他们干脆就把这套人力资源管理系统改名为"政委"体系。

在阿里巴巴,"政委们"对价值观考核发挥软力量有重要的作用。阿里巴巴的人力资源工作分为两块,一块叫作"政委"体系,一块叫作职能体系。有超过一半的人力资源经理们从事"政委"工作,资历深职位高的被称为"大政委",年轻的经理被称为"小政委",但再小的"政委",也必须在阿里巴巴工作3年以上的阿里人才有资格担任。

"政委们"主要做"人"的工作,在价值观考核过程中也发挥着重要作用——"政委们"直接介入考核过程,起到维护考核公正客观和协调分歧的作用。就像某个"政委"说的那样,"我们像部队里的政委,但是我们更多的就是第三方的角色,去倾听员工的心声是什么。对员工来讲,会有一个第三方在听他讲什么。我们的立场是非常公正的,要去帮他解决现在困惑的问题。"

"政委"每周都会参加所对应业务部门的例会或者阅读周报,以跟进和了解业务部门的工作;每个季度都参加所负责部门的考核沟通会,与被考核员工、直接上级三方一起讨论并最终评定被考核员工的业绩。在考核过程中,员工的自评分数往往与上级打分不一致,这种情况下,就需要"政委"、上级和下属三方通过沟通协调达成一致,这时"政委"对企业价值观地把握和客观公正的态度就很重要。

阿里巴巴的"政委们"成为价值观考核推行的润滑剂。

资料来源:HR人力资源管理案例网(http://www.hrsee.com)。

第一节 绩效管理概述

一、绩效与绩效管理的含义

(一)绩效

绩效是什么？理论界对绩效的界定有三种较为流行的观点：绩效结果说、绩效行为说、技能与价值观绩效论。绩效结果说认为，绩效是员工最终行为的结果，是员工行为过程的产出，主要包括财务结果和非财务结果。绩效行为说认为，绩效是员工在完成工作过程中表现的一系列行为特征，比如工作能力、责任心、工作态度等。而技能与价值观绩效论的观点不再认为绩效是对历史的反映，该观点认为员工潜在的价值观、态度是创造绩效的原动力，只要具有这样的原动力，并具备必需的技能，就能创造出企业所期望的业绩。

对于上述三种观点，可以这样概括：对于劳动过程可见、工作结果易于评估的员工，只要控制员工的结果就可以了；而像服务行业等注重过程的企业，就要着重评估员工的行为；对于劳动过程不可见、工作结果难以评估的员工，主要是那些脑力劳动者或者说知识型员工，还应当对他们的价值观、技能和能力进行管理，激励其内在主动性，进而产生高绩效。

从层次上看，绩效是企业期望的结果，一般可分为员工个人绩效、团队绩效和组织绩效三个层次。组织绩效和团队绩效更侧重于强调集体性绩效，这样的绩效主要用产量、盈利、员工满意度等指标来衡量；相对于组织绩效和团队绩效，员工个人绩效更倾向于强调个体性绩效。

(二)绩效管理

对于绩效管理的内涵，主要有以下几种观点：

(1)绩效管理是一个持续交流的过程，该过程由员工及其与直接主管之间达成的协议来保证完成，并在协议中对未来工作达成明确的目标，将可能受益的组织、经理及员工都融入绩效管理系统中。

(2)绩效管理是利益相关者对影响绩效的各种要素和各个环节所进行的全面、系统地管理活动，其目的在于改善绩效水平，实现企业的可持续竞争优势。

(3)绩效管理是一项富有前瞻性的工作，它能使员工做好他们的本职工作，让员工知道公司期望他们做什么，他们能自主做出哪些决策，他们需要把工作做到什么标准，以及何时需要公司的帮助。

尽管绩效管理有着不同的含义，但最常见的解释是：绩效管理是为了更有效地实现组织目标，由专门的绩效管理人员运用人力资源管理的知识、技术和方法与员工一道进行绩效计划、绩效沟通、绩效评价、绩效诊断与提高的持续改进组织绩效的过程。这个定义指出了绩效管理的一般特征：

(1)绩效管理的目的是为了更有效地实现组织预定的目标；

(2)绩效管理的主体是掌握人力资源管理的知识、专门技术和手段的绩效管理人员和员工；

(3)绩效管理的客体是组织绩效。

二、绩效管理的作用

为什么要管理绩效？绩效管理有何重要作用？要回答这些问题，可以从以下几个方面理解。

(一)绩效管理是价值分配与人力资源管理决策的基础

绩效管理不仅决定了企业可以创造什么样的价值，而且还决定了企业价值如何分配。从企业整体价值链的角度思考绩效管理与价值分配的关系：企业价值链管理是人力资源管理的核心，包括价值创造、价值评估和价值分配三个基本部分。价值创造是研究企业价值的源泉，是解决企业价值创造者的问题。在企业价值创造之后，如何在众多的价值创造要素之间进行客观的价值配置成为一个关键问题。完善的价值分配体系包括分配形式、分配结构等，但这些都必须建立在准确评价的基础上。要客观地分配价值，就必须准确地评价价值创造者的贡献。从现代人力资源管理的角度来看，就是建立基于绩效和能力的分配管理机制，因此有必要建立科学的评估系统。绩效管理的结果也是人力资源管理决策的依据，如晋升、解雇、调动、培训、职业生涯规划等，这不仅有利于员工的个人发展，而且更好地促进了公司的人力资源开发。这也是为什么绩效管理已经成为人力资源管理各个环节的核心。

(二)绩效管理可以有效避免管理人员与员工之间的冲突

当员工认识到绩效管理是一种帮助而不是责备的过程时，他们会更加积极合作和坦诚相处。绩效管理可以使员工明确自己的工作任务和目标，这样员工就知道管理者需要他们做什么，需要他们怎么做，何时需要管理者的指导。通过绩效计划使员工了解自己需要具备什么样的知识来进行合理的自我决策，可以减少员工之间因职责不明而产生的误解。通过绩效反馈可以帮助员工找到错误和低效率的原因，避免日后重复错误。这样管理者就可以从日常事务中脱离出来，专心于更重大的属于管理者职责的事情。从这个认识出发，我们认为绩效管理是一种为防止问题发生而进行的时间投资。如果管理者把绩效管理看成是双方的一种合作过程，将会减少冲突，增强合作。

(三)绩效管理有助于适应组织结构调整和变化

结构调整大多是对社会经济条件的一种回应，方式多种多样，如减少管理层次、缩小规模、制定高绩效工作制度、形成战略性业务组织、给员工授权等。组织结构调整后，管理思想和作风也要相应改变，比如：给员工更多的自主权，以更快更好地满足客户的需求；给员工更多参与管理的机会，提高他们的参与度和工作满意度；给员工提供更多的支持和指导，不断提高他们的能力，所有这些都必须通过建立绩效管理体系才能实现。

(四)绩效管理可以有效推进战略实施

战略是对未来结果的一种预期，通过组织所有成员的持续努力和不断创造，按照一定的责任和绩效要求，可以实现这种预期。绩效管理的过程将看似不可估量的战略转化为实际的定性和定量目标，通过管理者和被管理者的共同沟通和分解，将其转化为每个员工的实际行动方案，使员工的目标与组织的目标相一致。绩效管理体系已经成为有效推动战略实施、将战略目标转化为实际成果的不可或缺的管理工具和手段。

(五)绩效管理可以促进员工的发展

绩效管理通过对员工进行甄选与区分，保证优秀人才能够脱颖而出，同时淘汰不适合的人员。如果员工的业绩没有预想的那样好,那么绩效管理就应该寻求如何使他们提高业绩。绩效评估过程中所给的反馈信息,经常会指出员工的缺点。理想状态下的绩效管理系统不仅能指出员工业绩中任何不足的方面,而且还能指出其不足产生的原因。例如,技能不足、激励动机问题或者其他阻碍员工的障碍因素等,这样员工就可以通过学习新知识和新技能以提高胜任力。从这点上,我们可以认为绩效管理是一种为促进员工发展而进行的人力资源开发投资。

三、绩效管理流程

从系统的角度出发,我们可以把绩效管理看作是一个系统,即绩效管理由多个相互影响的要素和各个环节构成,其系统模型见图 7-1。从此模型可以看出,一个良好的绩效管理系统主要由以下五个部分组成。

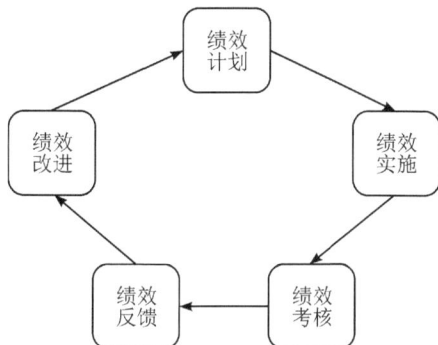

图 7-1 绩效管理系统模型图

(一)绩效计划

绩效计划的制订,就是在企业内建立起员工认同的绩效目标,也就是让各岗位的员工都明白自己努力的目标。这是进行绩效考核的基础,也是绩效管理的关键。绩效计划要以企业战略目标和企业管理文化为指导方针,依据工作说明书为员工的工作绩效设计明确的可行的目标指标体系,使员工努力的行为和方式不仅面向绩效考核指标,而且与企业战略和企业文化相一致。

(二)绩效实施

绩效的实施就是管理员工的绩效,其主要功能就是确保员工能够按照绩效计划中所设定的目标,在规定的时期内顺利完成工作任务。管理员工的绩效可采用的形式有辅导、咨询和监控。辅导是通过让员工学习来改善员工的知识行为和技能;咨询是帮助员工克服工作中的障碍,达到预期的绩效标准;监控是通过管理者以及员工自身审视和回顾绩效进展,并做出绩效判断,不断地调整和修正计划或行为。

(三)绩效考核

绩效考核是绩效管理的主体部分,在制订绩效计划的基础上再制定出一个健全合理的考核方案并有效实施绩效考评。考核方案主要包括考核内容、考核方法、考核程序、考核组织者、考核人与被考核人以及考核结果的统计处理等。

（四）绩效反馈

在绩效管理系统中进行绩效反馈，不仅可以让员工了解自己的工作情况，还能够根据考核结果说明员工达到组织期望的标准程度，且绩效考核中发现的不足之处经过分析，即可成为有针对性的培训需求。绩效反馈另一个重要的作用在于，员工考评结果可以使上级了解该员工的优缺点和个人特点等。同时，管理者根据考核结果获得的信息，可以对员工进行适当、明确地指导，使员工的个人发展与实现组织目标结合起来，达到提高绩效的目的。另外，一个企业的文化对反馈绩效的方式、重视程度都有很大影响。

（五）绩效改进

绩效考核的结果不仅可以用于管理决策，如薪酬管理、晋升管理等，还可以用于绩效改进。绩效改进是经过绩效考核、绩效反馈及环境条件的变化，制订绩效改进计划，修订绩效标准，发掘员工潜力，促进员工发展。进行绩效改进工作，促进企业绩效的不断提高，才能实现企业整体的持续发展目标。

综上所述，绩效管理系统使绩效考评的内涵更丰富，实施过程更全面、更系统，从而使绩效考评在企业中发挥出更强大的作用。

第二节　创业企业绩效计划

一、创业企业绩效计划的定义、特点与作用

（一）创业企业绩效计划的定义

绩效计划是整个创业企业绩效管理过程的开始，这一阶段主要是要完成制订绩效计划的任务，也就是说通过上级和员工的共同讨论，确定出员工的绩效考核指标和周期。

对绩效计划的定义，可以做如下理解：

第一，绩效计划是对创业企业整个绩效管理过程的工作的指导和规划，是一种前瞻性的思考。

第二，绩效计划包含如下三部分内容：员工在考核周期内的绩效目标体系（包括绩效目标、指标和标准）以及绩效考核周期；为实现最终目标，员工在绩效考核周期内应从事的工作和采取的措施；绩效监控、绩效考核和绩效反馈阶段所需要的规划和指导。

第三，绩效计划必须由员工和管理者双方共同参与，绩效计划中有关员工绩效考核的事项，如绩效目标等，需经双方共同确认。

第四，既然是前瞻性思考，就有可能出现无法预料的事情，所以绩效计划应该随着外界环境和创业企业战略的变化而随时进行调整，不能墨守成规。

（二）创业企业绩效计划的特点

创业企业绩效计划的特点主要体现在灵活性和适应性两个方面。

1.灵活性

创业企业最大的优势在于它的灵活高效、对市场反应迅速，因而在员工的绩效计划上也应体现出一定的灵活性。特别是创业企业中的研发人员，其工作结果、研发周期都具有较高的不

确定性,在为他们制订绩效计划时更需要灵活变通。

2.适应性

创业企业为员工制订的绩效计划需要考虑企业当前的战略目标。相比于成熟企业,生存问题是处于初创期或成长期的创业企业面临的严峻挑战。创业企业的战略目标更侧重于获得企业发展所必需的资源,企业当前最重视的是每项付出是否能够立竿见影地促进企业的发展。因此,创业企业的绩效计划需要较好地适应企业的战略目标,应该能通过绩效管理的实施,比较明显地提高员工和企业的绩效,增强企业的竞争力。

(三)创业企业绩效计划的作用

绩效计划对于整个绩效管理工作的成功与否甚至创业企业的发展都具有重要影响,主要体现在以下几个方面:

第一,制订行动计划,指导整个绩效管理四个环节的有效实施;增强后续工作的计划性,有效降低浪费和冗余。

第二,设定考核指标和标准,有利于创业企业对员工工作的监控和指导,同时也为考核工作提供了衡量指标和标准,使考核得以公正、客观、科学,容易被员工接受。

第三,员工参与计划制订,增强了员工的参与感和受重视感,同时也提高了员工对绩效目标的承诺。

第四,绩效计划是将创业企业战略目标和员工的考核指标相结合的重要环节,只有经过这一环节,才能使绩效考核和绩效管理上升到创业企业战略的高度,有助于创业企业战略目标的实现。

二、创业企业绩效计划的主要内容

创业企业绩效计划的主要内容有:绩效考核目标体系的构建、绩效考核周期的确定和对绩效管理其他四个环节工作的初步规划。这里仅就绩效考核目标体系的构建和绩效考核周期的确定两部分内容进行阐述。

(一)创业企业绩效目标

绩效目标,是对员工在绩效考核期间工作任务和工作要求所做的界定,这是对员工进行绩效考核时的参照系。创业企业绩效目标由绩效内容和绩效标准组成。

1.绩效内容

绩效内容界定了员工的工作任务,包括绩效项目和绩效指标两个部分。绩效项目是指绩效的维度,也就是说要从哪些方面来对员工的绩效进行考核,如工作业绩、工作能力和工作态度等。绩效指标则是指绩效项目的具体内容,它可以理解为对绩效项目的分解和细化,例如对于某一职位,工作能力这一绩效项目就可以细化为分析判断能力、沟通协调能力、组织指挥能力、开拓创新能力、公共关系能力以及决策行动能力这六项具体的指标。对于工作业绩,设定指标时一般要从数量、质量、成本和时间这四个方面进行考虑;对于工作能力和工作态度,则要具体情况具体对待,根据各个职位不同的工作内容来设定不同的指标。绩效指标的确定,有助于保证绩效考核的客观性。需要注意的是,由于创业企业通常规模较小、层级较少、业务相对集中,因而在绩效指标的设计上不必过于精细。

2.绩效标准

设定了绩效指标之后,就要确定绩效指标达成的标准。绩效标准是对员工工作要求的进一步明确,也就是说,对员工绩效内容做出明确的界定,即员工应当怎样来做或者做到什么程度,例如,"产品的合格率达到90%""接到投诉后两天内给客户以满意的答复"等。绩效标准的确定,有助于保证绩效考核的公正性,否则就无法确定员工的绩效到底是好还是不好。确定绩效标准时,应当注意以下几个问题。

(1)绩效标准应当明确。按照目标激励理论的解释,目标越明确,对员工的激励效果就越好,因此在确定绩效标准时应当具体清楚,不能含糊不清,这就要求企业要尽可能地使用量化的标准。量化的绩效标准,主要有以下三种类型:一是数值型的标准,例如"销售额为50万元""成本平均每个20元""投诉的人数不超过5人次"等;二是百分比型的标准,例如"产品合格率为95%""每次培训的满意率为90%"等;三是时间型的标准,例如"接到任务后3天内按要求完成""在1个工作日内回复应聘者的求职申请"等。绩效标准量化的方式分为两种:一种是以绝对值的方式进行量化,比如上面所举的几个例子;另一种是以相对值的方式进行量化,比如"销售额提高10%""成本每个降低5元"。这两种方式的本质其实是一样的,只是表现形式不同而已。

(2)绩效标准应当适度。制定的标准要具有一定的难度,但是员工经过努力又是可以实现的,通俗地讲就是"跳一跳可以摘到桃子"。这同样是源于目标激励理论的解释,目标太容易或者太难,对员工的激励效果都会大大降低,因此绩效标准应当在员工可以实现的范围内确定。

(3)绩效标准应当可变。灵活可变的绩效标准对于面对较高不确定性的创业企业来说尤为重要,这包括两个层次的含义:一是指对于同一个员工来说,在不同的绩效周期,随着外部环境的变化,绩效标准有可能也要变化;二是指对于不同的员工来说,即使在同样的绩效周期,由于工作环境不同,绩效标准也有可能不同。

3.绩效目标的SMART原则

尽管创业企业绩效指标设计需要避免过于复杂精细,但绩效目标的设计仍应遵循一定的原则,一般可以概括为以下五个原则,简称"明智(SMART)原则"。

第一,目标明确具体(specific)原则。绩效目标必须是具体的,以保证其明确的牵引性。由于每位员工的具体情况不同,绩效目标要明确具体地体现出管理者对每一位员工的绩效要求。

第二,目标可衡量(measurable)原则。绩效目标必须是可衡量的,必须有明确的衡量指标。所谓衡量,就是指员工的实际绩效表现与绩效目标之间可以进行比较。

第三,目标可达成(attainable)原则。绩效目标必须是可以达到的,不能因指标的无法达成而使员工产生挫折感,但这并不否定其应具有挑战性。

第四,目标相关(relevant)原则。绩效目标必须是相关的,它必须与公司的战略目标、部门的任务及职位职责相联系。

第五,目标时间(time-based)原则。绩效目标必须是以时间为基础的,即必须有明确的时间要求。

(二)创业企业绩效考核周期

绩效考核周期,是指多长时间对员工进行一次绩效考核。由于绩效考核需要耗费一定的人力、物力,因此考核周期过短,会增加企业管理成本的开支;但是,绩效考核周期过长,又会降低绩效考核的准确性,不利于员工工作绩效的改进,从而影响绩效管理的效果。因此,在准备阶段,还应当确定出恰当的绩效考核周期。绩效考核周期的确定,要考虑到以下几个因素。

1.职位的性质

不同的职位,工作的内容是不同的,因此绩效考核的周期也应当不同。一般来说,职位的工作绩效是比较容易考核的,考核周期相对要短一些;而工作绩效是不易考核的,考核周期相对要长一些。例如,由于研发周期长、结果不确定性高,创业企业的研发人员的考核周期应当长一些。同时,职位的工作绩效对企业整体绩效的影响比较大,考核周期相对要短一些,这样有助于及时发现问题并进行改进,例如,销售职位的绩效考核周期相对就应当比后勤职位的要短。

2.指标的性质

不同的绩效指标,其性质是不同的,考核的周期也应当不同。一般来说,性质稳定的指标,考核周期相对要长一些;相反,性质不稳定的指标,考核周期相对就要短一些。例如,员工的工作能力比工作态度相对要稳定一些,因此能力指标的考核周期相对比态度指标就要长一些。

3.标准的性质

在确定考核周期时,还应当考虑到绩效标准的性质,就是说考核周期的时间应当保证员工经过努力能够实现这些标准,这一点其实是和绩效标准的适度性联系在一起的。例如"销售额为50万元"这一标准,按照经验需要2周左右的时间才能完成,如果将考核周期定为1周,员工根本无法完成;如果定为4周,又非常容易实现,在这两种情况下,对员工的绩效进行考核都是没有意义的。

三、创业企业绩效计划制订的程序

创业企业绩效计划制订主要包括四个阶段:准备阶段、目标制定和考核指标编制阶段、沟通阶段、审定和确认阶段,如图7-2所示。

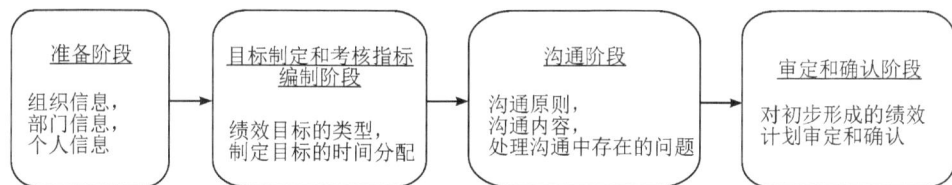

图7-2　创业企业计划制订的基本程序

(一)准备阶段

绩效计划的设定需要经过一些必要的准备,即准备好相应的信息。这些信息主要来自三个方面。一是创业企业自身的信息。为了使员工的绩效计划能够与组织的目标结合在一起,管理人员与员工需就企业的战略目标、年度经营计划进行沟通,保证在绩效计划会议之前双方都已经熟悉了组织的目标。二是部门的信息。每个部门的目标是根据组织的整体目标逐渐分解而来的,人力资源部等业务支持性部门的工作目标也应与整个企业的经营目标紧密相连。例如,公司的战略目标是将市场占有率扩展到60%,在产品的特性上实现不断创新,推行预算,降低管理成本。那么,人力资源部门的目标就可以设定为建立激励机制,鼓励开发新客户、创新、降低成本的行为;在人员招聘方面,注重在开拓性、创新精神和关注成本方面的核心胜任力;提供开发客户、提高创造力、预算管理和成本控制方面的培训。三是个人的信息,包括工作职责描述和绩效期间的评估结果,以此设定个人的工作目标。

(二)目标制定和考核指标编制阶段

制定绩效目标,创业企业需要把握两个关键问题:第一,制定的绩效目标要支撑企业战略目标的实现,实现企业战略目标是整个人力资源管理的落脚点和归宿;第二,尽量采用参与性的方法制定广大员工认同的绩效目标,因为只有企业和员工双方认可的绩效目标才能对员工产生实质性的激励和导向作用。

一旦绩效目标被确定,那么企业就可以依据实现目标所需的支持因素设定绩效考核指标。绩效考核指标可采用 SMART 的原则进行设定。依据 SMART 原则构建企业绩效指标后,仍需注意以下问题:其一,坚持能够量化的指标一定要量化,不能量化的指标不能勉强量化;其二,考核标准要坚持适度的原则;其三,考核指标要针对不同的工作岗位的性质而设定;其四,绩效指标设计不应过于精细,绩效目标能灵活适应创业企业的战略规划。

(三)沟通阶段

绩效计划是双向沟通的过程,绩效计划的沟通阶段也是整个绩效计划的核心阶段。在这个阶段,管理者与员工必须经过充分的交流,对员工在本次绩效期间的工作目标和计划达成共识。绩效计划沟通应遵循以下原则:其一,管理者与员工的沟通是一种对等的关系;其二,在制定工作的衡量标准时更多地发挥员工的主动性,更多地听取员工的意见;其三,管理者应该与员工一起做决定,员工自己做决定的成分越多,绩效管理就越容易成功。

(四)审定和确认阶段

在制订绩效计划的过程中,对计划的审定和确认是最后一个步骤,即审定绩效计划工作是否成功地完成了,是否还需要根据绩效计划过程中所出现的各种情况,尤其是员工的一些建议进行补充。

第三节　创业企业绩效实施

一、绩效实施概述

绩效实施是紧跟绩效计划之后的环节,是指员工根据已经制订好的绩效计划开展工作,管理者对员工的工作进行指导和监督,对发现的问题及时协助解决,并根据实际工作进展情况对绩效计划进行适当调整的一个过程。关于绩效实施,可以通过以下三点来理解。

(一)绩效实施是一个动态变化的过程

绩效实施过程实际上就是企业的运作和管理过程,这一过程涉及企业生产经营的方方面面。由于绩效计划已经形成了一定的目标体系,一旦某个环节失误,就会发生"牵一发而动全身"的状况,因此,管理者在绩效实施过程中进行定期的检查、沟通,及时协调处理相关问题,积极帮助下级解决工作中的困难,为下级提供必要的帮助和支持,需要时调整、修订原来的目标等,对目标的实现至关重要。绩效实施是整个绩效管理中耗时最长的活动。在这一活动中,组织的内外部环境因素在不断发生变化,因此,实施与管理只能是一个动态的变化过程。

(二)绩效实施的核心是持续沟通式的绩效辅导

绩效管理的目的在于使人的行为量化而达到管理的目标,对组织、团队和员工来说,绩效计划意味着工作数量和工作质量,意味着企业的价值体现。但是,在绩效计划的制订和执行之间,存在着一个较大的弹性空间,在绩效实施开始的时候,许多管理者和被管理者的意识、态度和行为并没有做好充分的准备,缺乏足够的对计划的执行能力。因此,在绩效实施的过程中,管理者和员工双方持续的绩效沟通至关重要。

(三)绩效实施结果是为绩效评估提供依据

绩效实施是为绩效管理的下一个环节——绩效评估准备信息数据的,所以,在绩效实施的过程中,一定要对被评估者的绩效表现做一些观察和记录,收集、整理必要的信息。记录和收集绩效信息可以为绩效评估提供充分的客观事实,为绩效改进和提高提供有力的依据,可以发现绩效问题和产生优秀绩效的关键时间及原因,可以在绩效评估和人事决策发生争议时提供事实基础。

二、持续的绩效沟通

(一)创业企业持续绩效沟通的目的

员工和管理者通过沟通共同制订了绩效计划,达成了绩效契约,但这并不意味着后面的绩效计划执行过程就会完全顺利。在创业企业绩效实施的过程中,员工与管理者进行持续沟通的目的主要有以下两点。

1.适时调整绩效计划

创业企业面临着愈发激烈的市场竞争环境和愈加严峻复杂的经济环境,变化的因素在逐渐增加。因此,在绩效实施的过程中进行持续的绩效沟通的第一目的就是为了适应环境中变化的需要,适时地对计划做出调整。在绩效期开始时制订的绩效计划很可能随着环境因素的变化变得不切实际或无法实现。例如,创业企业在创立及成长阶段通常会遇到许多意外的困难与阻碍,此时,管理者需要及时调整工作业绩的考核标准并适当放宽绩效考核时限。此外,创业企业有时不得不根据市场竞争形势而对自身产品性能等做出及时的改变,并依据战略目标的变动而调整绩效目标。因此,通过在绩效实施过程中员工与管理者的沟通,可以对绩效计划进行调整,使创业企业的绩效计划更加适应环境变化的需要而增强自身的竞争力。

2.管理者和员工及时获取信息

通过持续沟通,创业企业的管理者和员工都能获得相关的有效信息。从管理者的角度,他们需要在员工完成工作的过程中及时掌握工作进展情况的信息,了解员工在工作中的表现和遇到的困难,协调团队中的工作。如果管理者不能通过有效的沟通获得必要的信息,那么也就无法在绩效评估时对员工做出恰当的评估。另外,管理者及时了解信息还可以避免发生意外事情时措手不及,可以在事情变得棘手之前进行处理。从员工的角度,员工在执行绩效计划的过程中需要了解到关于如何解决工作中的困难的信息。在高度资源约束和不确定的条件下,创业企业的员工在制订原绩效计划时很难清楚地预期到所有在绩效实施过程中所能遇到的困难和障碍,因此,员工在执行绩效计划的过程中可能会遇到各种各样的困难,而持续的绩效沟通有利于员工得到相应的资源和帮助。另外,员工通过绩效沟通还可以得到关于自己工作绩效的反馈信息,以便不断地改进绩效、提高能力。持续的绩效沟通过程也是员工不断改进和提高自己绩效的过程。

(二)创业企业持续绩效沟通的内容

在创业企业绩效实施过程中,管理者和员工进行持续的绩效沟通是为了共同找到与达成目标有关的一些问题的答案。由于创业企业在成立初期往往任务不明确并且未来发展充满不确定性,因此沟通内容重点聚焦于企业的目标定位、未来发展,并涉及产品服务设计、市场开拓及发展等具体事宜,以帮助管理者和员工达成对绩效目标的一致理解,并通过沟通互动及时解决达成绩效目标过程中遇到的问题。一方面,管理者需要掌握沟通的基本知识和技巧,另一方面,还应将需要沟通的相关内容整理成文,如:

(1)工作进展情况如何?

(2)哪些方面的工作做得好?

(3)哪些方面的工作需要纠正或改进?

(4)面对目前的情境,绩效计划是否需要修正?

(5)如果偏离了目标,应采取什么纠正措施?

(6)如果计划需要调整,如何进行调整?

(7)是否有外界发生的变化影响着绩效目标?

(8)管理者能为员工提供什么帮助?

(三)创业企业绩效沟通的方式

创业企业的管理者与员工进行绩效沟通有多种方式,如口头方式、书面方式、会议方式、谈话方式、线上沟通方式等。所有沟通方式可以分为正式的沟通方式和非正式的沟通方式两种。

正式的沟通方式是指在正式的情境下进行的事先经过计划和安排,按照一定规则进行的沟通。在绩效管理中,常用的正式的沟通方式有:书面报告、会议、正式会谈。其中,书面报告是绩效管理中比较常用的一种正式沟通的方式,指员工使用文字或图表的形式定期或不定期地向主管人员报告工作的进展情况。鉴于书面的沟通无法提供面对面的交流机会,因此会议沟通就具有了其不可替代的优势。会议沟通可以提供更加直接的沟通形式,而且可以满足团队交流的需要。

除了上述正式的沟通方式外,非正式的沟通方式也被大量使用,例如,走动式管理、开放式办公、工作间歇时的沟通、非正式的会议等。其中,走动式管理是指主管人员在员工工作期间不时地到员工的座位附近走动,与员工进行交流,或者解决员工提出的问题。走动式管理是比较常用的也是比较容易奏效的一种沟通方式。开放式办公主要指的是管理者的办公室随时向员工开放,只要没有客人在办公室或正在开会的时候,员工随时可以进入办公室与主管人员讨论问题。此外,主管人员还可以利用各种各样的工作间歇与员工进行沟通;也可以通过各种形式的非正式的团队活动,在比较轻松的气氛中了解员工的工作情况和遇到的需要帮助的问题。

在创业初期,由于任务的不明确及未来发展的不确定,创业企业内多以团队的形式进行高频率、高强度的沟通,正式或非正式的会议成为这一时期较为适用的沟通方式。随着创业企业形成管理者与员工两个层级,管理者与员工之间的绩效沟通方式也逐渐多样。

三、绩效信息的收集

(一)创业企业收集绩效信息的作用

1.提供绩效评估的事实依据

创业企业在绩效实施的过程中对员工的绩效信息进行记录和收集,是为了在绩效评估中有充足的客观依据。这些信息除了可以作为对员工的绩效进行评估的依据,也可以作为晋升、加薪等人事决策的依据。

2.提供改进绩效的事实依据

创业企业进行绩效管理的目的是改进员工的绩效和提高工作能力,具体的绩效信息可以帮助管理者结合具体的事实向员工说明其目前的差距以及需要如何改进和提高。

3.有助于诊断绩效

对绩效信息的记录和收集还可以积累一定的突出绩效表现的关键事件,从而帮助创业企业的管理者发现员工优秀绩效背后的原因,并且可以利用这些信息帮助其他员工提高绩效。此外,还有助于发现员工绩效不良背后的原因,从而有助于企业对症下药,改进员工绩效。

(二)创业企业收集绩效信息的内容

信息收集并不是一个盲目地收集过程,收集信息同样需要占用企业的资源,而使创业企业受到的资源约束更大。在这种情况下,就需要确定收集什么样的信息数据以及收集信息数据需要的时间、精力和金钱。收集什么样的数据,部分取决于创业企业的目标,并且主要强调的是与绩效考核相关的信息。

当企业收集绩效信息时,首先要确保所收集的信息与关键绩效指标密切相关。根据关键绩效指标,所要收集的信息可以大致分为三类:第一类是来自业绩记录的信息,如销售额、利润率等,可以查找企业销售记录和财务资料;第二类是由主管人员观察得到的信息,主管人员需要注意收集此类信息;第三类是来自他人评价的信息,可以采用对客户进行问卷调查、访谈等形式获取客户评价。

一般来说,创业企业收集信息的内容关注的是与绩效有关的信息,如目标和标准达成(或未达成)的情况、证明工作绩效突出或低下的具体证据、对管理者和员工找出问题(或成绩)原因有帮助的数据、来自客户的反馈信息等。

(三)创业企业收集绩效信息的方法

创业企业收集绩效信息的方法主要有以下几种。

1.工作记录法

员工的某些工作目标完成的情况是通过工作记录体现出来的。例如,财务数据中体现出来的利润率和销售额,客户记录表格中记录下来的业务员与客户接触的情况等,这些都是日常的工作体现出来的绩效情况。

2.直接观察法

直接观察法是指主管人员直接观察员工在工作中的表现,并对员工的表现进行记录。例如,一个主管人员看到员工粗鲁地与客户讲话,或者看到一个员工在完成了自己的工作之后热情地帮助其他同事等,这些就是通过直接观察得到的信息。

3.他人反馈法

员工的某些工作绩效不是管理人员可以直接观察到的,且也缺乏日常的工作记录,在这种情况下就可以采用他人反馈的信息。一般来说,当员工的工作是为他人提供服务或者与他人发生关系时,就可以从员工提供服务或发生关系时的对象那里得到有关的信息。例如,对于从事客户服务工作的员工,主管人员可以通过发放客户满意度调查表或与客户进行电话访谈的方式了解员工的绩效。

第四节　创业企业绩效考评

一、绩效考评概述

(一)绩效考评的定义

绩效考评,也称为绩效考核,是指制定员工的绩效目标,并收集与绩效有关的信息,定期对员工的绩效目标完成情况作出评价和反馈,以改善员工工作绩效并最终提高企业整体绩效的制度化过程。在新创企业成立初期,企业要建立一套有效的员工绩效考评方案,根据人力资源管理的需要,应用各种科学的定性与定量方法,对员工的工作结果及影响员工工作结果的行为、表现和素质特征进行考核评估。企业发展需要绩效考评,员工规划职业生涯、满足实现自我的需求,也需要绩效考评。

(二)绩效考评的内容

绩效考评的内容是进行绩效考评的基础,也是设计绩效考评指标的依据,只有确定了绩效考评的内容,才能在此基础上对企业员工进行绩效考评。尽管不同的工作岗位的工作性质、方式、任务、责任等不同,但从一般意义上来讲,绩效考评的内容包括员工工作成果、工作能力和工作态度的考评。

1.工作成果

考评工作成果是以员工的工作岗位为出发点的,是对员工在工作岗位上履行工作职责产生工作结果的评价,可以从工作的数量、质量、速度、成本、准确性等方面衡量员工完成工作任务的状态。

2.工作能力

工作能力是指员工从事工作应具备的知识、技能、经验、个性特征等,这是完成工作任务、履行工作职责必备的素质,与工作业绩有着密切的关系。对工作能力的考评主要是考评能力发挥的程度,是否能达到标准和要求,对能力强弱做出判断。

3.工作态度

工作态度是在整个工作过程环节中表现出来的心理倾向性。工作态度影响工作能力的发挥,进而影响工作任务的完成。工作态度是工作能力转化为工作结果的"转换器"。所以,绩效考评的内容必须包括对工作态度的考评。

(三)绩效考评的作用

绩效考评作为创业企业经营管理和发展的重要内容,为企业的经营管理,尤其是人力资源管理的各项主要环节提供确切的基础信息。企业根据这些信息制定相应的人事决策与措施,通过奖罚、升降、淘汰,达到调整控制的目的。此外,企业通过绩效考评来揭示其运营能力、偿债能力、盈利能力和社会贡献,为企业的投资者、债权人、经营管理人员提供决策的依据,给予企业成员在自我价值实现方面的指导,从而为强化企业内外管理、挖掘各种改进潜力、获得更大的管理绩效指明方向。绩效考评还可以使企业深入了解生产、供应、销售、财务等各种职能部门的情况与问题,从而为组织的有关决策提供参考依据。

具体来说,绩效考评具有以下作用。

1.考评是人员任用的依据

一个企业要做到人与岗位的科学结合,必须"识事"和"知人"。岗位分析、岗位评价和岗位分类是"识事"的基本活动,考评则是"知人"的主要活动。只有"知人"才能"善任",通过绩效考评,能够对每个人的多方面情况进行评价,了解每个人的能力、专长、态度和工作,从而将其安置在适合的职位上,做到人岗匹配。

2.考评是员工培训开发的依据

绩效考评可以确定员工的培训需求。绩效考评是按制定的绩效标准进行的,考评结果显示的不足之处就是员工的培训需求,管理者可以据此制订培训计划。因此,绩效考评在此方面的作用是发现员工的长处与不足,对他们的长处给予发扬;了解员工在知识、技能、思想和心理品质等方面的不足,进行有针对性的培训。

3.考评是工作调动和职务升降的依据

绩效考评是对员工的工作成果及工作过程进行考察。通过绩效考评可以提供员工的工作信息,如工作成就、工作态度、知识和技能的运用程度等。根据这些信息,企业可以进行人员的晋升、降职、轮换、调动等人力资源管理的工作。这对于个人来说可以扬长避短,充分发挥其才能,对于企业尤其是新创企业而言,有利于人力资源的优化配置,提高企业的竞争力。

4.考评是确定薪酬奖罚的依据

绩效考评是进行薪酬管理的重要工具。现代管理要求薪酬分配遵循公平与效率两大原则,按照企业既定的付酬原则,通过科学、合理的绩效考评结果调整员工的薪酬,可以发挥出绩效考评应有的激励作用,达到提高工作绩效的目的。

5.考评有利于促进上下级沟通、共建目标

将绩效考评的结果向员工进行反馈,可以促进上下级之间的沟通,使双方了解彼此的期望。通过绩效考评进行沟通可以有效地加强和保持现有的良好绩效。此外,这种沟通促进了企业成员之间信息的传递和感情的融合,使成员之间的了解和协作加深,有助于员工的个人目标同企业目标达成一致,建立共同愿景,增强企业的凝聚力和竞争力。

6.考评有利于形成高效的工作气氛

通过考评经常对员工的工作表现和业绩进行检查,并及时进行反馈,既能及时发现人员任用是否合理,又能为适度的奖罚和公平的待遇提供依据。这两个问题都是影响组织效率的重要问题,因此,正确的考评有利于形成高效率的工作气氛。

二、创业企业绩效考评的特点与原则

(一)创业企业绩效考评的特点

创业企业同时具备高成长性与高风险性的特点。企业在创业之初,生存环境复杂、经营风险高,一直面临着生存率偏低的问题。并且初创期企业的各项资源十分有限,企业的一切活动都必须紧紧围绕战略发展这个中心,一切资源都必须服务于组织战略的实现。

创业企业的上述特点决定了其在初创阶段绩效管理的目的需要集中于一点,那就是战略目的。因此,讨论创业企业绩效考评之前,我们需要对创业企业的战略有所了解。

1. 创业企业战略规划的特点

一般来说,企业的生命周期包括四个阶段,即初创阶段、成长阶段、成熟阶段和衰退阶段,如图7-3所示。

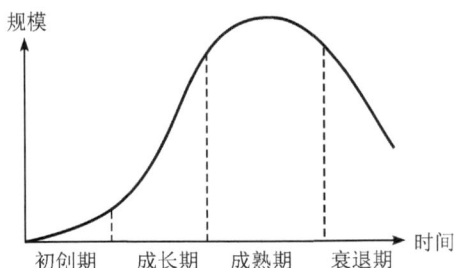

图7-3 企业生命周期

企业在不同的发展阶段有着不同的组织战略目标,与成熟阶段的企业相比,还处于初创、成长阶段的创业企业在战略规划上有明显的不同,具体表现在战略规划的生存优先、动态性、系统化程度低三个方面。

1)生存优先

创业企业面临的最严峻问题就是生存,因此,与成熟企业完整而全面的战略规划相比,创业企业战略规划的重点更侧重于获得企业发展所必需的资源,以在市场中立足。

2)动态性

由于成熟企业的经营相对稳定,它们所进行的战略规划更多的是涉及企业根本性、有长期影响的问题,其战略在经过精心选择和设计后一般不轻易改变。创业企业更注重机会的把握,与成熟企业相比,其优势在于能够更贴近市场,以更为灵活的方式有效地满足社会需求,从而得以快速发展。因此,创业企业的战略也会随着企业的内部资源和外部环境的变化而及时调整。同时创业企业规模较小,扁平的组织结构也有利于企业适时进行战略的动态调整。

3)系统化程度低

处于成熟期的企业,其战略选择会受到企业过去和现在各方面因素的影响,并且是在一定资源和能力积累的基础上考虑企业长期发展的问题。因此,其战略分析、战略选择再到战略实施,都需要进行严格地控制。与之相比,创业企业还处于战略的摸索期,企业从事的各项活动都有较高的不确定性,此时企业还没有足够的资源和精力对企业战略进行全面的研究,因此大多数创业企业并没有进行完整而全面的战略规划,其战略规划的系统性也相对较低。

2.创业企业绩效考评的特点

基于上述对创业企业战略的分析,创业企业绩效考评的特点可以总结为以下四点。

1)结果导向

创业企业在初创阶段绩效管理的目的就是战略目的,企业的一切资源都是围绕战略目标。在这一阶段,管理者在脑海里并没有形成完整的绩效管理观念,很少强调工作的规范化和流程化,只是单纯地希望员工个人绩效和组织绩效的提高。因此,创业企业在初创阶段对员工绩效考评的内容更多地为企业带来实际效益的行为结果并聚焦关键指标,较少关注员工的工作过程和工作态度,是一个"以成败论英雄"的时期。

2)追求高效便捷

通常情况下,创业企业较少有精力设计完整的绩效管理系统,甚至很少有正式的绩效评价。企业更倾向于采取一种非正式的、被动反应性的方式来处理员工的绩效考评问题。其对员工的考核强调效率优先、高效便捷,考核由人力资源部主管或各部门主管直接负责操作,且由于企业没有健全的考核体系,对员工的考核也主要依赖于直接主管的评价。

3)考核内容灵活多变

创业企业发展方向不明确、发展极不稳定,为了尽快地在市场竞争中站稳脚跟,创业企业需要发挥其灵活、快速的优势,这种优势主要体现在快速精准的商机识别、默契高效的团队配合以及对市场的迅速反应上。因此,当企业内部资源和外部环境发生变化时,以产品或服务为中心的创业企业会及时做出相应的战略调整,员工的工作安排和关键绩效指标也会随之改变。

4)考核难度大

创业企业在初创期的员工人数较少,人力资源结构不尽合理,许多员工虽说有名义上的职位,但是在具体工作安排上经常是一人多岗位、能者多劳,"哪急、哪紧、哪需要"就"往哪里去"。职责和分工具有极强的灵活性,这大大增加了员工考核的难度。此外,当企业由初创期向成长期过渡时,企业不断扩大的规模对绩效管理者的专业性、绩效考评系统的完备性等要求不断提高。

(二)创业企业绩效考评的原则

创业企业在进行绩效考核时,应遵循以下原则。

1.公平公开原则

企业绩效考核应做到公平公正,它是建立考核制度和实施考核工作的前提。只有公平合理的考核,才能使考核结果符合考核人的真实情况,从而给企业人事工作的各项主要环节提供确切的科学依据,得到公平的结果。同时,企业的绩效考核应最大限度地减少考核者和被考核者双方对考评工作的神秘感,业绩标准和水平的制定是通过集体协商来进行的,考核结果要公开,即做到考评工作的制度化。尤其是对于员工数量较少、管理较为扁平、人际关系较为简单的创业企业而言,公开绩效考核结果的利益相关者较少,不容易受到过大的阻力,更加透明公开的绩效考核方式应该被采用。

2.客观准确原则

考核要客观准确,即用事实说话,切忌主观武断。在实际中,创业企业的资源较少,运作体系不健全,通常缺乏明确的考核制度。企业对于员工的评价通常由部门主管或者创始人的主观印象而决定。这种主观的判断会引起员工的不满,使得公司的产出受到影响。如果创业企业能够在企业设立之初,快速制定客观准确的绩效考核制度,且考核结果如果能够真实准确地反映员工的情况,不仅会激发员工的工作积极性,还有利于企业人际关系的协调发展和员工的团结。这就要求在绩效考核的过程中,创业企业应当把工作标准、企业目标同考核内容联系起来,做到以下几点:

第一,考核标准明确。考核要素的划分和设置要明确,打分标准要清晰,同类同级工作人员的考核标准要统一。

第二,考核制度严格。创业企业要制定严密的考核规章制度和实施条例,包括考核的时间、种类、项目、方法等,并严格执行。

第三,考核方法科学。绩效考核的方法很多,应当根据考核对象和考核内容的特点进行选择,也可将多种考核的方法综合运用,但要注意有所侧重。在考核方法的选择上应当注意,无论使用什么方法,其宗旨都在于达到考核的客观性和公正性。

第四,考核态度认真。考核者的工作态度必须严肃认真,不得马马虎虎、不负责任地随意对待,更不能从个人好恶恩怨以及印象出发。

3.动态性原则

创业企业和成熟企业相比,业务边界模糊,项目灵活多变,发展较为迅速,在不同的时期,创业企业对于绩效考核的专业性、先进性要求不尽相同。因此,创业企业应该根据内外环境的变化,及时调整绩效考核的内容。同时创业企业的员工相较于成熟企业的员工而言,往往更加能够承受风险,乐于挑战,具有更强的学习意愿和成长空间,因此在员工的绩效考核问题上,不能只注重档案中的材料或只进行静态的考核,而应当用发展的眼光来看待考核指标和考核得分水平,要注重现实表现、注重动态的变化,要重视被考核者的态度行为、取得的业绩和个人素质的发展趋势。

4.可行性原则

可行性原则主要考虑两个方面因素:一是考核工作能够组织和实施,考核成本在可接受的范围内。创业企业的资金通常是很有限的,因此在实际的绩效考核中,总是有一定的经费限额,创业企业不可能离开经费的限制去追求最先进的考核方式。二是考核标准、考核程序以及考核主体能得到被考核者的认可。如果绩效考核的标准缺乏员工的支持和理解,考评的目的将很难达到。

5.区分性原则

区分性原则是指考核的结果应当能够有效地对员工的工作效率高低予以区分。如果考核体系不能有效区分绩效不同的情况,优秀员工和一般员工不能区分,优秀员工会认为自己的付出没有得到回报,从而挫伤员工的工作积极性。

6.一致性原则

不同的考核主体按照同样的考核标准和程序对同一员工进行考核时,其考核结果应该是相同或相近的,这反映了考核体系和考核标准的客观统一性。另外,同一个考核主体对相同(或相近)岗位上的不同员工考核,应当运用相同的评估标准。

7.反馈原则

绩效考核应及时反馈,才能达到考核的目的,起到激励员工的作用。考核结果要反馈给被考核者本人,被考核者如有不同意见,可以要求复议,考核组织则应在一定期限内对被考核者做出答复。

三、创业企业绩效考评的种类与方法

(一)创业企业绩效考评的种类

1.按时间分类

(1)日常考评:指对被考评者的出勤情况、产量和质量实绩、平时的工作行为所作的经常性考评。

(2)定期考评:指按照一定的固定周期所进行的考评,如年度考评、季度考评等。由于创业企业的发展具有较高的不确定性,因此考评周期应根据变化因素及时调整。

2.按主体分类

(1)主管考评:指上级主管对下属员工的考评。这种由上而下的考评,由于考评的主体是主管领导,所以能较准确地反映被考评者的实际状况,也能消除被考评者心理上不必要的压力。但主管考评有时也会受主管领导的疏忽、偏见、感情等主观因素的影响而产生考评偏差。由于创业企业在发展初期受资源约束大,尚未建立完备的考评系统,故主管考评成为此阶段的创业企业较常采用的方法。

(2)自我考评:指被考评者本人对自己的工作实绩和行为表现所作的评价。这种方式透明度较高,有利于被考评者在平时自觉地按考评标准约束自己,但最大的问题是有"倾高"现象存在。

(3)同事考评:指同事间互相考评。这种方式体现了考评的民主性,但考评结果往往受被考评者的人际关系的影响。

(4)下属考评:指下属员工对他们的直接主管领导的考评。一般选择一些有代表性的员工,用比较直接的方法,如直接打分法等进行考评,考评结果可以公开或不公开。

(5)顾客考评。许多企业把顾客也纳入员工绩效考评体系中。在一定情况下,顾客常常是唯一能够在工作现场观察员工绩效的人,此时,他们就成了最好的绩效信息来源。

3.按形式分类

(1)定性考评。其结果表现为对某人工作评价的文字描述,或对员工之间评价高低的相对次序以优、良、中、差等形式表示。

(2)定量考评。其结果以分值或系数等数量形式表示。

4.按内容分类

(1)特征导向型。考核的重点是员工的个人特质,如诚实度、合作性、沟通能力等,即考量员工是一个怎样的人。

(2)行为导向型。考核的重点是员工的工作方式和工作行为,如服务员的微笑和态度、待人接物的方法等,即对工作过程的考量。

(3)结果导向型。考核的重点是工作内容和工作质量,如产品的产量和质量、劳动效率等,侧重点是员工完成的工作任务和生产的产品。

在初创阶段,创业企业的首要目的是生存,因此在这一阶段企业的绩效考评内容偏结果导向。随着创业企业的不断成长以及考评系统的逐渐完备,考评内容也会增加对员工个人特质、工作行为的考评。

5.按意识分类

(1)客观考核方法。客观考核方法是对可以直接量化的指标体系所进行的考核,如生产指标和个人工作指标。

(2)主观考核方法。主观考核方法是由考核者根据一定的标准设计的考核指标体系对被考核者进行主观评价,如工作行为和工作结果。

(二)创业企业绩效考评的方法

1.定性评价法

1)比较法

比较法是指要求评估者将员工的绩效与同一群体中其他人的绩效进行比较,得出绩效相对优劣的结果的一种方法。它可以通过企业对员工的整体绩效进行直接比较,也可以通过先对每一个已经赋予权重的绩效标准进行比较,再进行加权平均得出员工在这一工作群体中的相对顺序位置或是分布区域位置。

2)排序法

排序法即被考评者按一定标准排出每人绩效的相对优劣程度,通过直接比较确定每人的相对等级或名次。排序方向可由最优排至最劣,也可反之,由最劣排至最优。排序法的优点是简便易行,并具有一定的可信性;缺点是考核的人数不能过多,以5～15人为宜,只适用于考核同类职务的人员,且考核结果是概括性的、不精确的,所评出的等级或名次只有相对意义,无法确定等级差。

需要指出的是,由于每个项目的重要性不同,对不同的考核项目最好确定不同的权重,然后进行加权计算。例如,工作业绩项目权重为50%,团队精神权重为15%,业务知识经验权重为10%,工作责任心权重为10%,创新性权重为10%,协调能力权重为5%,这样计算的结果更加合理。

3)配对比较法

配对比较法也称成对比较法,是对许多考核者的同一考核内容采用"两两比较"的方法决定其优劣,即在被考核者之间进行比较,从每一对被考核者中比较出哪个优、哪个劣,记录每个人与别人相比胜出的次数。最后,根据某一被考核者与别人相比胜出的总次数来计算其得分和评定等级。

配对比较法是一种系统比较程序,科学合理。另外,由于考核者在考核过程中很难判断每个被考核者的最终成绩,因而能克服考核者的主观影响,客观性和正确性较高。其缺点是考核的手续烦琐,工作量比较大。

2.定量评价法

1)标尺定位法

标尺定位法是使用一定的衡量尺度,对被考核者的工作情况、业绩以及个人品质进行考察。所谓"标尺定位"是指它根据工作类别选定员工共有的品质或特性,再运用分为5个或7个点的等分尺度来对员工打分。标尺定位法的基本特点是注重从事工作的员工本人情况,它主要用于非管理型工作,有时也用于中层管理职位。

在实施标尺定位法时,要对考核品质或特性界定明确,并对其进行简要的说明。标尺定位法中的尺度可以是连续的,也可以是离散的,位于标尺上的点则指出相应的分值。考核者将被考核者的个人情况与标准相对照并在标尺上合适的点打圈,对所有的特性打分完毕,就能计算出总分。首先,标尺定位法依据的是"个人与工作标准进行比较",因而可以用于对同一单位不同职业类别的员工比较;其次,标尺定位法易于理解掌握,尺度的建立相对容易;最后,考核附有注释,可减少考核的误差。但标尺定位法也存在局限性,"品质"因素方面的项目要求考核者必须具有心理学和行为学方面的知识;管理者必须接受一定的培训才能使用该方法;它不能完全消除考核者的主观成分。

2)强制选择法

强制选择法即设计一份描述员工行为规范的工作表格,即行为对照表。其中的考核项目分组排列,每个项目都有四条表述,这些表述与被评价人的工作性质有关,但每个表述并不列出对应的分数。考核者从行为对照表中挑选出他认为最能够描述和最不能够描述员工的工作陈述,然后由人事部门根据不公开的评分标准计算员工的总分。

使用这种方法的优点:首先,这种方法可以减少考核者对员工的宽容成分,能够建立更加客观的考核体系;其次,由于这种考核技术可以通过对各项评价指标的重要性设置权重,故能够进行员工之间的横向比较;最后,这种评价技术的评价标准与员工的工作内容的相关性很高,评价的误差较小。但是,设计行为对照表需要花费很多的时间和精力,因此初期成本较高。此外,强制选择法由于只能够发现一般性问题,考核者不知道他所选择的项目代表何种工作水平,因此不适合用来对员工提供建议反馈和辅导。

3)关键事件法

关键事件法是由美国学者弗拉赖根和伯恩斯共同创立的方法。其根本思想是,通过考核人在工作中极为成功或失败的事件来分析和评价被考核人的工作绩效。首先,所谓关键事件是指较突出的、与工作绩效直接相关的事件;其次,关键事件应是那些在有效工作与无效工作之间造成差别的事件或行为,不是对某种品质的评判;最后,关键事件记录本身不是评语,只是素材的积累,但有了这些具体事实,就可以归纳、整理得出可信的考评结论。

在实施此法时,首先要对每一个考评的员工保持一本"考绩日记"或"绩效记录",由负责考核的主管人员随时记载,形成一份书面报告,最后对员工的优点、缺点和潜在能力在进行评价的基础上提出改进工作绩效的意见。关键事件法是对员工不同侧面进行描述的,没有对员工评定一个综合分数,因此无法在员工之间进行横向的比较。同时,考核者用自己的标准来衡量员工,所撰写的工作报告不一定能为员工提供建议和辅导,因此不适合于人事决策。而且,关键事件法设计的成本很低,但应用的成本却很高。此外,由于工作是非结构化的,在衡量指标上缺乏一组统一的规范,很容易发生评价错误。但是,这种方法的优点也很突出。首先,它使得主管人员去考虑和分析考核者在相当长的时间里所积累的关键事件,避免了只关注最近有关绩效状况的倾向;其次,"考绩日记"使主管更清楚下属哪些方面做得较好,哪些方面需要改进;最后,借助于一系列事实记录有利于使许多评定误差得到较好的控制。

4)工作记录法

工作记录法一般用于对生产工人操作性工作的考核,也称为生产记录法。由于一般的企业对生产操作有明确的技术规范并下达劳动定额,工作结果有客观标准衡量,因此可以用生产记录法进行考核。这种方法是先设置考核指标,指标通常为产品数量、质量、时间进度、原材料消耗和工时利用状况等,然后制定生产记录考核表,由班组长每天在下班后按工人的实际情况填写,经每个工人核对无误后签字,最后由基层统计人员按月统计,作为每月考核的主要依据。

5)目标管理法

目标管理法是一种以目标成果为依据的绩效考核方法,在企业的绩效管理中被广泛使用。目标管理主要在于它对目标结果的重视,通常很强调"利润、销售额、成本"这些能带来成果的结果指标,这与目标管理法对工作绩效定量测评的关注相一致。目标管理的特点在于上下级之间双向互动的过程,目标是由上下级双方共同讨论制定的,由下级通过自我控制来完成,上级按照目标的要求定期进行检查和监督,并通过各种组织形式对目标完成情况进行评价。这是一种民主参与式的绩效管理方法,这种方法有利于调动被考核者的积极性和发挥他们的首创精神,比较适合于科技人员、管理人员和其他脑力劳动者的绩效考核。

6)360度考核法

360度考核法是一种从多角度进行的比较全面的绩效考核方法,就是让位于某一员工之上(上级)、之旁(同事以及外部客户)、之下(下级)和被考核者本人的每个人都参与对其绩效的考核,因此也称为全方位考核评价法。360度考核法是对特征法和行为法的综合运用,它既可以考核员工的行为,也可以考核员工的特征。360度考核法一般用于选拔管理人员的考核。它用量化考核表对被考核者进行考核,采用5分制将考核结果记录,最后用坐标图来表示,以供分析。

在实施考核时,考核者要听取被考核者的3~6名同事和3~6名下属的意见,并让被考核者进行自我评价。听取意见和自我评价的方法,是填写调查表。然后,考核者根据这些调查表对被考核者的工作表现做出评价。而后,考核者与被考核者见面,将评价报告拿出来与被考核者讨论。在分析考核结果的基础上,双方一起讨论,定出被考核者下年度的绩效目标、评价标准和发展计划。

360度考核法能够使上级更好地了解下级,鼓励员工参与管理和管理自己的职业生涯,同时也促使上级帮助下属发展,培养员工的责任心和改善团队合作状态。但是它花费时间太多,一般适用于管理者而不适用于普通员工。此外,这种方法的实施受组织文化的影响非常大,在我国实施这种方法,可能会遇到保密性、同事之间的竞争、人际关系的影响、缺少发展机会等方面的困难。

尽管以上阐述了多种绩效考评方法,但具体方法的选择仍需要依据创业企业的发展情况、战略规划、绩效目标等而定。在初创期,企业迫于资源约束,可能会选择成本较低、简捷高效的考评方法。随着创业企业的成长与发展,企业可以根据自身实际选择更为多样的考核方法,从而得出更为客观、全面的考评意见,助力创业企业的进一步发展。

四、创业企业绩效考评的实施

(一)创业企业绩效考评实施的程序

创业企业绩效考评实施一般包括三个阶段:实施阶段,考核结果分析、评定阶段,考核结果的运用阶段。实施阶段负责对员工实际行为进行考核。考核结果分析、评定阶段是员工与其直接主管面谈,将考核结果反馈给员工。考核结果的运用阶段是将考核结果运用于人力资源管理中,促进员工和创业企业的发展。

1. 绩效考评实施

实施绩效考评就是对员工的工作绩效进行考核、测定和记录,具体如下:

(1)将绩效考核的目的、内容和考核的办法告诉被考核者。

(2)对绩效考核的工作人员进行集中培训,统一考核的标准和尺度,使考核工作人员尽量减少主观考核误差。

(3)统计、收集考核所需的资料。

(4)在充分了解和掌握各种信息之后,绩效考核者对照考核内容、标准、程序的要求,对被考核者的工作绩效进行考核。

(5)在对被考核者进行初步考核后,考核工作人员要对考核结果进行分析、统计和审定,并初步确定考核结果。

(6)考核工作人员将考核结果报上级主管或人力资源部门进行审批。

2. 考评结果的分析、评定

在绩效考评结果确定后,人力资源部门、被考核者及其主管等都应对考评结果进行深入分析,发扬优点,克服缺点,使被考核者进一步了解组织对自己工作的看法与评价。同时,还需针对绩效考评中发现的问题,采取纠正措施。每一位主管要就考核情况,与自己的直接下属进行一次坦诚的面谈。面谈内容可以围绕以下几个方面进行:

(1)按考核指标逐项对一年来的工作业绩进行分析评价,了解制约目标实现的主要因素。

(2)主管可向下属提出以下问题:在工作中是否尽了全部的能力;能否扩展工作职责范围;能否承担别的工作;有无能力成为上一级管理人员。下属在回答此类问题的同时,可与主管一起进行分析、讨论,达成一致的意见,从而分析自己的潜能。

(3)根据在考核中所认识到的下属的优点和不足,商定下属参加培训或转换工作岗位的计划,提出下属个人发展的计划。

3. 考评结果的运用

1)考评结果将作为人力资源管理其他环节的依据

考核工作完成后,人力资源管理部门将考核表、考核报告等收集、整理、归档,并根据考核结果,落实被考核者的晋升、薪酬、奖惩、培训、工作调整等事项。

以雀巢公司为例,它十分重视通过绩效考核选拔公司的高级管理人才。公司根据考核结果,在表现出色、潜能较高的管理人员中,确定以下几方面的人选:一是马上能接任高级管理职务的;二是在一两年内能接任的;三是在三至五年内可以接任的。然后,有目的地对这些人选进行经常性的观察、分析和培养,包括调整到不同地区、不同岗位进行锻炼,使公司保持了一定数量的高级管理人员后备队伍。通过考核结果的合理运用,雀巢形成了凭绩效用人的良好的导向和机制,激励更多的人干好工作。

2)绩效考评结果可以作为促进员工发展和改进的管理手段

考核双方在沟通的基础上为被考核者设定了绩效目标,对被考核者具有相当程度的引导和激励作用。考核为被考核者找出了优势、弱项,有利于其有针对性地采取培训或转岗等行动,并合理地进行职业生涯设计,促进其个人发展。持续的沟通也使管理者易于发现制约绩效目标实现的因素,为改善管理提供了导向。

（二）创业企业绩效考评实施应注意的问题及对策

1.需要注意的问题

绩效考核对企业的作用，目前已得到了大多数企业的认可，与此同时，这也使绩效走向了另一个极端，即把绩效考核作为医治企业任何问题的良药，对其本身可能带来的问题认识不足。其实绩效考核不管是从技术方法上，还是从实施的各个环节上讲，都可能产生很多不利的影响。从一般意义上讲，创业企业需要注意的绩效考核的问题主要体现在以下几个方面：

（1）晕轮效应（halo effect）。晕轮效应是指考核者让被评价者某一方面的显著特征影响了自己对被评价者每一个单独内容的判断，通常表现为以偏概全，一好百好，或者一无是处。

（2）居中趋势（central tendency，又称平均倾向）。居中趋势是指在确定绩效考核等级时，大多数考核者会将考核结果定在中间的那一个等级上。这就意味着几乎所有的员工都有被简单地评定为"中"的可能，使绩效考核不能真正反映员工的绩效差别。

（3）评价标准掌握过宽或过严（leniency/strictness，又称宽严倾向）。过宽倾向是指有些考核者对员工的工作绩效倾向于做出过高的评价，倾向于打高分；而过严倾向则是指有的考核者对员工的工作绩效倾向于做出过低的评价，倾向于打低分。

（4）成见效应（bias effect）。成见效应是考核者以固定思维对被考核者作出刻板化的评价，以及考核者凭个人好恶而导致的不公平的评价，即通常所说的偏见。

（5）近因效应（recency effect）与首因效应。近因效应是指对员工的绩效考核仅依据考核期末一小段时间内的工作情况，以"近"代"全"。首因效应是指考核者凭第一印象判断问题，如果第一印象好，则对被考核者各方面的评价都偏高；如果第一印象不好，则对其各方面的评价都偏低。

（6）对照误差。对照误差是指考核者把被考核者与其前面的被考核者进行对照，从而做出与被考核者实际情况有偏差的结论。

（7）自我对比误差。自我对比误差是指考核者把被考核者与自己对比，并根据自己的价值判断而做出有偏差的结论。

（8）压力误差。压力误差是指考核者担心自己对被考核者的评价会对被考核者的奖金、晋升等产生重要影响，以及担心受到被考核者的责难等，而倾向于给被考核者偏高的评价。

（9）绩效考核指标理解误差。绩效考核指标理解误差是指不同考核者对同一考核标准的理解不同，从而导致考核的标准宽严不一，进而给考核带来偏差。

此外，在进行绩效考核时，还要注意到绩效的影响因素不易消除。影响员工或企业绩效的因素众多，不同的外部环境下同样的努力可能换来的结果是不一样的，如何剔除这些影响因素，客观地衡量员工的业绩本身就是困难的。同时，还要注意到考核的公平是相对的。尽管企业在实施绩效考核时会尽量做到公平，但按照认知理论，人总是觉得自己比别人要干得好，因为他对别人究竟做了什么不是非常清楚。这就会造成总有员工会觉得考核不公平，公平只可能是相对的。

2.创业企业减少绩效考核偏差的对策

绩效考核的偏差会对考核的效度与信度产生不利影响，甚至会影响到整个绩效考核作用的发挥。因而，创业企业要尽力采取相应的措施来减少绩效考核的偏差。具体而言，可以采取以下措施。

1）制定明晰、客观的考核标准

第一，绩效考核的标准要尽量明晰。一是要清楚明了，不可晦涩难懂甚至产生歧义，要使考核者能够理解和接受考核的内容和要求。二是要简洁精练。考核的指标不能过多过杂，指标之间要有良好的区分度，不可啰唆重复，要使考核者能够抓住关键点。

第二，考核的标准要尽量客观。要避免采用主观性太强的标准，要采用尽可能客观的标准。对能够量化的标准要尽量量化，对不能量化的标准也要采用一定的技术处理，使之更加科学合理。

2）运用正确的绩效考核方法

绩效考核有多种方法，每一种考核方法都有自身的优缺点，每一种考核方法都可能是有效的，关键是要正确地运用。例如，比较排序法有助于克服居中趋势，平衡计分卡法有助于引导员工注重可持续发展。因此，创业企业要善于运用不同的考核方法，以达到不同的目的。此外，创业企业应该根据自身战略规划、资源情况而灵活选用绩效考核方法，以适应激烈竞争的市场环境。

3）选择合适的考核人员和考核时间

考核人员会对绩效考核结果造成一定的影响。因此，要挑选责任心强、客观公正、能秉公办事、对被考核者的工作情况有一定接触了解的人担当考核者，而且在人数上要保证一定的数量，在结构上要合理，这样有助于减少考核偏差。

此外，绩效考核要选择合适的考核时间。考核的时间间隔不能太长或太短，要适度。一个好的办法就是坚持日常考核与年终考核相结合。日常考核有助于及时、客观、全面地反映被考核者的工作质量，有助于考核资料地及时收集和留存。年终考核有助于衡量被考核者全年的工作绩效。将日常考核与年终考核相结合，有助于减少晕轮效应、近因效应带来的偏差，从而有助于全面客观地评价被考核者。

4）培训考核者和被考核者

对考核者进行培训是减少考核偏差的关键。一是要通过培训，让考核者明确考核的内容、方法和考核的重要性，增强考核者的责任心，从而更加客观地进行考核。二是要针对考核中容易出现的偏差进行专门的培训，从而有效地避免出现这些偏差。例如，可以通过播放影像资料来生动地介绍考核过程中容易出现的偏差，以及如何避免出现这些偏差。然后让考核者进行一次模拟考核，之后再对模拟考核过程中出现的偏差进行讨论，从而让考核者明确并切身体验考核过程中容易出现的偏差，并让考核者学会如何避免出现这些偏差。

此外，对被考核者也要进行相应的培训，要让被考核者明确考核的目的、意义，积极参与并主动配合考核工作。

5）公开考核过程、规则和结果，并设置申诉程序

绩效考核也要坚持"公开、公正、公平"。对考核的过程、考核的规则和考核的结果都要公开，同时要允许员工申诉，并为之提供便利。这样，一方面，使得考核更加民主、透明，可以令被考核者更加乐于接受考核的结果，也可以使考核者更加认真负责，在考核时更加客观公正。另一方面，有助于考核者及时发现考核过程中存在的问题，并予以及时解决，从而减少考核的偏差。

6）做好反馈和总结工作

通过绩效考核反馈和总结，我们不仅可以帮助员工了解自身的业绩状况，疏导员工可能存

在的不满,引导员工改进不足,还可以发现考核体系存在的问题,以及考核过程中我们出现了哪些偏差。总结出现这些偏差的原因,并找出相应的解决对策,从而减少下一次考核的偏差,可以使我们的考核进入一个良性循环,使考核的偏差不断减少。

总之,绩效考核是创业企业的一项重要工作。考核者在进行绩效考核时,通常容易出现晕轮效应等多种偏差。但是,只要采取适当的措施,还是能够尽量减少这些偏差,从而使创业企业的绩效考核具有更高的信度和效度,真正发挥出绩效考核的功效,为企业发展做出贡献。

第五节　创业企业绩效反馈与改进

一、绩效反馈概述

麻省罗森伯格公司的总裁迪安·罗森伯格曾说过:"人事考核最主要的目的,就是要帮助员工和组织改进绩效。而能否及时而妥善地对考核结果进行反馈,将直接影响到整个考核工作的绩效。"绩效反馈是绩效管理的最后一步,如果不将考核结果反馈给被考评的员工,考核将失去极为重要的激励、奖惩和培训的功能。因此,绩效反馈对绩效管理起着至关重要的作用。

(一)绩效反馈的定义

反馈是一个双向的动态过程,由三部分组成:反馈源、所传送的反馈信息和反馈接受者。由此认为,绩效反馈是绩效管理过程中的一个重要环节。它主要通过考核者与被考核者之间的沟通,就被考核者在考核周期内的绩效情况进行反馈,在肯定成绩的同时,找出工作中的不足并加以改进。被考核者可以在绩效反馈过程中,对考核者的考评结果予以认同,有异议的向企业高层提出申诉,最终使绩效考核结果得到认可。可以认为,绩效反馈不仅仅只是将绩效考核的结果反馈给员工,更重要的是上级和员工共同探讨绩效不佳的原因,并制订绩效改进计划,以提升绩效。

(二)绩效反馈的作用

有效的绩效反馈对绩效管理起着至关重要的作用,可以从以下两个方面理解绩效反馈的作用:

第一,绩效反馈是提高绩效的保证。绩效考核结束后,当被考核者接到考核结果通知单时,在很大程度上并不了解考核结果的来由,这时就需要考核者就考核的全过程,特别是被考核者的绩效情况进行详细介绍,指出被考核者的优缺点,特别是考核者还需要对被考核者的绩效提出改进建议。

第二,绩效反馈可以排除目标冲突,有利于增强企业的核心竞争力。有效的绩效反馈,可以通过对绩效考核过程及结果的探讨,发现个体目标中的不和谐因素,借助组织中的激励手段,促使个体目标朝着组织目标方向发展,达成组织目标和个体目标的一致性。

二、创业企业绩效反馈

(一)绩效反馈的分类方式简介

1.按照反馈中被考核者的参与程度分类

(1)指令式。指令式是最接近传统的反馈模式,其主要特点是管理者只告诉员工:他们所做的哪些是对的,哪些是错的;他们应该做什么,下次应该做什么;他们为什么应该这样做,而不应该那样做。员工的任务是听、学,然后按管理者的要求去做事情。

(2)指导式。指导式以教与问相结合为特点,同时以管理者和员工为中心,而管理者对所反馈的内容更感兴趣。用指导式反馈同样信息时,主管会不断地问员工:为什么认为事情做错了? 是否知道怎样做更好? 在各种方法中,你认为哪种最好,为什么? 假如出现问题怎么办?等等。这样,员工就能在对某事取得一致意见之前,与管理者一起探讨各自的方法。

(3)授权式。授权式的特点是以问为主、以教为辅,完全以员工为中心。管理者主要对员工回答的内容感兴趣,而较少发表自己的观点。而且注重帮助员工独立地找到解决问题的办法,通过不断提出问题,来帮助员工探索和发现。这些问题与指导式所问的问题类似,但问题的内容更广泛、更深刻,很少讲授。

2.按照反馈的内容和形式分类

(1)正式反馈。正式反馈是事先计划和安排的,如定期的书面报告、面谈、有经理参加的定期小组会或团队会等。

(2)非正式反馈。非正式反馈的形式也多种多样,如闲聊、走动式交谈等。

3.按照反馈方式分类

(1)语言沟通。语言沟通是指管理者将绩效考核通过口头或书面的形式反馈给员工,对其良好的绩效加以肯定,对其不良业绩加以批评。语言沟通可满足员工一定的精神需要(当他的成绩被肯定时),同时在负激励时可起到一定的缓冲作用,且沟通能使双方彼此了解对方的意图,避免了激励不对称。但相比而言,由于被评价人得不到实惠也没失去既得的利益,激励的强度就显得较弱。

(2)暗示。暗示方式是指管理者以间接的形式(如上级对下级的亲疏)对员工的绩效予以肯定或否定。暗示方式更为间接,对被评价人不满时,采用暗示方式可能会使其保持一定的自尊心,以促使其自觉改正。暗示方式的不足是:容易引起误解,有些当事人会假装没有收到反馈,因此暗示方式的激励效果或许最弱。

(3)奖惩。奖惩方式是指通过货币(如加薪、奖金或罚款)及非货币(如提升、嘉奖或降级)形式对员工的绩效进行反馈。在绩效反馈中,奖惩方式对激励的影响最为直接,它用物质或非物质的手段刺激与强化员工的行为。

(二)创业企业绩效反馈的特点

创业企业在不同的发展阶段通常会采取上述不同的绩效反馈方式。

在企业创立初期,由于人员缺乏、组织任务繁重且任务不确定,管理者多会参与到具体的任务中来与其他成员共同完成。在这一时期,管理者可能更多采用指导式的绩效反馈方式,与员工一起探讨存在的问题及解决方法,并且可能多采用非正式的语言沟通等方式。

随着创业企业规模扩大、绩效逐渐提升,企业内部分工越来越明确,管理者逐渐从指导式绩效反馈转变为指令式的绩效反馈形式,并且可能采用较为正式的绩效面谈等形式。随着创业企业的员工异质性增大和经验积累,能够完全承担独立责任,并且管理者更加注重战略发展、战略转型和整体规划的考量,管理者会赋予员工更大的自主权力,倾向于采取授权式的绩效反馈方式,并可能采取奖惩等方式对员工绩效进行反馈。

(三)创业企业绩效面谈

1.绩效面谈的重要地位

绩效面谈是指管理者针对员工在特定考核周期内的工作业绩、工作态度、工作适应性等方面进行评估后,根据评估结果,与员工进行面对面沟通及工作问题分析。绩效面谈是绩效反馈中的一种正式沟通方法,是绩效反馈的主要形式,正确的绩效面谈是保证绩效反馈顺利进行的基础,是绩效反馈发挥作用的保障。通过绩效面谈,可以让被评估者了解自身绩效,强化优势、改进不足;同时也可将企业的期望、目标和价值观进行传递,形成价值创造的传导和放大。

绩效面谈具有多方面的作用:从创业企业的角度来看,绩效面谈可以提高绩效考核的透明度、突出以人为本的管理理念和传播企业文化;从员工的角度来看,绩效面谈有助于员工增强自我管理意识、充分发挥员工的潜在能力等。因此,成功的绩效面谈在创业企业人力资源管理中达到了双赢的效果。

2.绩效面谈的内容

1)分析工作业绩

由于创业企业在初创阶段对员工的绩效考评的内容聚焦员工所达成的实际效益,因此工作业绩的综合完成情况是创业企业主管进行绩效面谈时最为重要的内容。面谈时应将评估结果及时反馈给下属,如果下属对绩效评估的结果有异议,则需要和下属一起回顾上一绩效周期的绩效计划和绩效标准,并详细地向下属介绍绩效评估的理由。同时,通过对绩效结果的反馈,结合绩效达成的经验,找出绩效未能有效达成的原因,为以后更好地完成工作打下基础。

2)关注行为表现

尽管创业企业的绩效考核侧重结果导向,但除了绩效结果以外,还应关注下属的行为表现,比如工作态度、工作能力、与同事的团结合作、性格特征以及工作意愿等,且对工作态度和工作能力等的关注可以帮助下属更好地完善自己,提高下属工作的积极性和主动性,也有助于帮助下属进行个人开发,有利于下属的长远发展。

3)商讨绩效改进措施和下一周期绩效目标

在面谈过程中,针对下属未能达成的绩效指标与标准,主管应该和下属一起分析绩效不佳的原因,并设法帮助下属制定合理的绩效改进措施。同时结合下属下一阶段的工作任务,确定下一考核周期的工作目标,提高绩效水平。

3.绩效反馈面谈的步骤

绩效面谈以一对一沟通的形式展开,为了使绩效面谈真正发挥其应有的作用,达到绩效反馈预期的效果,在面谈中应根据面谈内容制定相应的步骤策略。

创业企业绩效面谈的步骤如下:

(1)设定此次面谈想要取得的成果。分别从考核者和被考核者两个层面去考虑,即双方分别计划通过此次绩效面谈获取哪些信息、取得什么样的绩效改善等。

(2)从软、硬指标两方面分析被考核者现状。硬指标是指在上一绩效周期内,被考核者的可量化的工作业绩完成情况;软指标是指被考核者的行为表现,包括其工作态度、工作能力、积极性、责任感、人际关系等。考核者通过引导的方式,帮助被考核者分析其上一绩效周期内的综合表现。

(3)选择绩效改进措施。根据现状分析结果,考核者向被考核者提出可供选择的改进措施,考核者帮助被考核者在可选方案中做出选择,或者引导其进一步完善这些改进措施。

(4)制定改进措施的执行方案。根据改进措施,制定出具体的执行方案,包括为达成绩效改善目标应做什么,以及在执行过程中分阶段的时间节点,即根据要做的事情,制定出详细、可行的时间进度表。

(5)对新目标的展望。绩效面谈作为绩效管理流程中的最后环节,考核者应在这个环节中结合上一绩效周期的绩效计划完成情况,并结合被考核者新的工作任务,和被考核者一起提出下一绩效周期中的新的工作目标和工作标准。这实际上是帮助被考核者一起制订新的绩效计划。

4.创业企业绩效面谈的策略

在绩效反馈面谈中,创业企业的管理者应注意选择合适的面谈策略,从而有的放矢,保证反馈效果良好。绩效反馈面谈的策略以及技巧包括以下几个方面:

1)做好面谈前的准备工作

在创业企业中,管理者通常认为自己和其他员工之间很熟悉,从而忽略了面谈准备工作,以至于在面谈开始或进行过程中,往往由于准备不充分而使面谈出现一些波折,没有达到预期的绩效反馈效果。

因此,创业企业的管理者在进行绩效反馈面谈的准备工作时,很重要的是确定面谈的时间、地点和内容,并提前通知面谈对象,这样可以使面谈对象有心理准备,对自己的工作进行反省。同时,面谈要约定一个对彼此都比较合适的时间,使面谈双方都不受其他事情的干扰,保证有充分的时间进行交流。

管理者在面谈之前,应当收集、整理和认真分析面谈对象的工作记录、绩效目标等材料,这些是绩效考核的依据,也是面谈中员工就考核结果提出异议时进行解释的有力证据。认真研究员工的绩效考核表,确定面谈的主要内容和关键部分,分析问题和原因,提出建议和希望,有的放矢,使员工心服口服,积极改正,这是面谈成功的关键。

2)把握适当的谈话技巧与方式

在进行面谈时,管理者应该注意说话方式,并注意适当运用肢体语言。管理者要做到简明扼要;要用对方熟悉的语言和日常用语;允许员工发问,鼓励员工陈述不同意见。同时,管理者在面谈中应该注意:要面带微笑;常点头,少摇头;不要双手交叉抱胸;不要皱眉头等。

此外,在面谈过程中,管理者要懂得倾听,整个面谈可以保持双向的沟通,不要随意打断谈话,允许员工发表不同的意见。在双方交换意见的过程中,对于绩效考核问题逐渐趋于一致,有利于面谈取得成功,同时也促进了创业企业集体心智和凝聚力的形成。

3)依据员工类型选择适宜的面谈方式

创业企业内员工具有异质性,绩效表现也不尽相同。因此,管理者应灵活变通,针对不同类型的员工选择不同的绩效反馈面谈方式。例如,对绩效考核优秀的员工要给予肯定,共同制定个人发展规划,在符合企业规定的前提下予以一定的奖励;对绩效考核合格的员工要给予肯定,寻找差距,帮助员工进行绩效改善;对绩效考核不合格的员工要寻找造成此种情况的原因,寻求改进方案,制定下一阶段的绩效目标,同时要予以必要的提醒和警告。

三、创业企业绩效改进

创业企业进行绩效管理的根本目的是不断提高员工和企业的绩效,以在高度不确定的环境中得以生存、发展乃至成功。因此,利用绩效考核结果来帮助员工提高绩效,是考核结果运用非常重要的方面之一。

绩效改进是包括一系列活动的过程:首先,分析员工的绩效考核结果,明确其中存在的不足和问题;其次,由管理者和员工一起对绩效问题进行分析,找出导致绩效问题出现的原因;再次,和员工一同沟通,针对存在的问题制订绩效改进目标和绩效改进计划,并与员工达成一致;最后,以绩效改进计划补充绩效计划,进入下一个绩效考核周期,并适时指导和监控员工的行为,与员工保持沟通,帮助员工实现绩效计划。

(一)绩效诊断

绩效诊断的过程包括两层内容:指明绩效问题、分析问题出现的原因。绩效诊断通过绩效反馈面谈来实现。绩效反馈面谈提供了一个正式的场合,既让员工接受自己绩效的反馈,提高了员工的重视程度,也让创业企业在面谈中获得员工的意见、申述和反馈。

诊断创业企业员工的绩效问题通常有两种思路:第一,从知识、技能、态度和环境四个方面着手分析绩效不佳的原因;第二,从员工、主管和环境三个方面来分析绩效问题。不管用哪种方法,都要充分认识到创业企业所面临的动荡的市场竞争以及资源约束困境,全面地分析导致员工绩效不佳的原因。

(二)制订绩效改进计划

在绩效改进过程中,员工和直接主管都扮演着非常重要的角色。员工个人对自己的绩效负有责任,应尽力提高自己的绩效,以胜任工作岗位的职责要求;直接主管也应该对员工提供指导和支持,以帮助员工顺利提高绩效。

1.个人绩效改进计划

制订个人绩效改进计划,应包括以下内容:

首先,回顾自己上个周期内的工作表现、工作态度以及绩效反馈面谈中所确认的绩效病因,思考如何通过自己的努力去改善绩效不佳的状况。

其次,制订一套完整的个人改进计划,针对每项不良的绩效维度提出个人可以采取的改进措施和方法,如需要学习的新知识和技能等。

最后,针对改进措施,向企业提出必要的资源支持,综合调配自己的时间和可以利用的现实资源,以确保改进措施能够付诸实践。

个人绩效改进计划需要企业的支持和上级的配合,所以员工应该在制订个人绩效改进计划完毕后,与上级主管沟通,获得其认可。

2.创业企业绩效改进支持

上级和企业的支持对于员工的绩效改进具有重要的作用。上级在这个过程中所需要做的工作主要包括:

首先,凭借自己的经验为员工提供建议,告诉员工在改进绩效的过程中需要或可以采取的措施,帮助员工制订个人改进计划。

其次,针对员工的计划,提出自己的完善意见,确保该计划是现实可行的,并且对绩效改进确实有帮助。

再次,为员工提供必要的支持和帮助,满足员工的需求。

最后,管理者也可以从创业企业的角度出发,为员工指定导师或让员工参与某些通用的培训课程。

(三)指导和监控

在制订好绩效改进计划后,员工进入下一个绩效改进周期,管理者在这个过程中要不断与员工进行沟通,适时向员工提供指导和辅助,帮助员工克服改进过程中所遇到的困难,避免员工再次出现偏差,确保下一个绩效考核周期中员工的绩效能够顺利实现提升。

本章要点

1.绩效管理是为了更有效地实现组织目标,由专门的绩效管理人员运用人力资源管理的知识、技术和方法与员工一道进行绩效计划、绩效沟通、绩效评价、绩效诊断与提高的持续改进组织绩效的过程。

2.绩效计划包含如下三部分内容:员工在考核周期内的绩效目标体系(包括绩效目标、指标和标准)以及绩效考核周期;为实现最终目标,员工在绩效考核周期内应从事的工作和采取的措施;绩效监控、绩效考核和绩效反馈阶段所需要的规划和指导。

3.绩效实施是紧跟绩效计划之后的环节,是指员工根据已经制订好的绩效计划开展工作,管理者对员工的工作进行指导和监督,对发现的问题及时协助解决,并根据实际工作进展情况对绩效计划进行适当调整的一个过程。

4.绩效考评是指制定员工的绩效目标,并收集与绩效有关的信息,定期对员工的绩效目标完成情况做出评价和反馈,以改善员工工作绩效并最终提高企业整体绩效的制度化过程。

5.绩效反馈是绩效管理过程中的一个重要环节,主要通过考核者与被考核者之间的沟通,就被考核者在考核周期内的绩效情况进行反馈,在肯定成绩的同时,找出工作中的不足并加以改进。

复习思考题

1.创业企业绩效管理的流程包括哪几个主要部分?

2.创业企业绩效目标设定的原则是什么?

3.创业企业收集绩效信息的内容和方法包括哪些?

4.创业企业绩效考评的特点和原则有哪些?

5.创业企业绩效反馈的方式有哪些?

案例分析

小米公司没有KPI[①],如何做绩效管理?

KPI作为绩效管理中最为常见的一种绩效考核工具,在国内企业中已经大行其道、司空见惯了。而作为一家互联网企业,小米公司却没有实行KPI考核制度。小米副总裁在其《参与感》一书中指出:在小米这里,客服也要忘掉KPI。我们把KPI指标只当作辅助的参考,真正

---

① KPI,一般指关键绩效指标,英文翻译为 key performance indicator。

重要的是"和用户做朋友",让大家发自内心地去服务好用户,这比其他一切都重要。那么,没有了 KPI,小米公司是怎么做绩效管理的呢?

一、给予小米客服充分的信任,越下放权限,他们就会越谨慎

小米客服人员在回答客户的问题时,不用向主管申请,便可直接送给客户一些本公司的小礼物。每个人都有自主判断的权力,只要员工认为可以送,那么就可以直接送出。小米的内部系统也只会对此进行简单记录,没有人会细问他们送礼物的理由等。

这就是企业对一线服务人员充分的信任。在小米副总裁看来,越是给予他们信任,越是给予他们权限,他们做起工作来就会越谨慎。早期刚开小米之家的时候,一个店会存放 500 台以上的手机以方便用户上门自提,一个店隔三天调一次货,一个地方调那么多台,结果年终盘点下来,全国各地的小米之家内库,一台手机都没有丢过。

信任是企业实行任何 KPI 考核制度都无法得到的东西;信任的效果,也是任何 KPI 考核制度都无法带来的。

二、给员工极大的自由度

小米内部员工的待遇让很多人都美慕不已:小米员工的薪酬要比业内同行高出 20% 左右;员工的卡位也要比其他企业大很多,员工可以根据自己的意愿设计工作卡位,而且办公椅价格不菲;在公司工作半年以上并且有良好表现的人,就能够得到小米公司的期权;公司还建立了"米粒学院",对员工进行专业培训。

小米公司制定的这一切措施,都给了员工极大的自由度,让员工产生了很强的归属感,让每一位员工都可以发自内心地热爱自己的工作。

三、用户体验,是小米员工的 KPI

小米公司没有 KPI 考核制度,却有 KPI:小米用户的体验满意度就是小米公司的内部 KPI。例如,公司不会关心你完成了多少任务,而是关心用户对你所研发产品的满意度,考察你为提升用户体验做了多少贡献。也就是说,小米将用户体验之后的回馈当成员工考核的重点。

除了小米公司外,1 号店也是采用这种考核方法。为此,他们还专门聘请了第三方公司进行产品调查。每一位员工的月酬金都是和用户体验指标挂钩的。如果客户的体验值上升了,那么员工的薪酬也会随之上涨。这样一来,员工服务客户的热情就会更高涨,工作激情也会上涨。

四、责任感第一

小米公司主张将他人的事情当作第一等事情,以此来提升员工的责任感。例如,一位员工的工作完成了,就需要让其他的工程师检查一下。而接到这个任务的工程师,就必须放下手头的工作,第一时间进行检查。

资料来源:HR 人力资源管理案例网(http://www.hrsee.com)。

案例思考题:

1.请总结小米公司绩效管理的特点。

2.结合所学知识,请对比分析 KPI 考核制度和小米公司所采用的绩效考核制度的优缺点。

实践练习

绩效管理方案设计实操练习

A 公司是一家从事植物药品及保健品投资、研发、生产及销售的专业公司,现有员工 148 人。现将 A 公司近几年绩效管理工作介绍如下:

2016 年以前,A 公司尚处于创建期,无暇实施绩效管理。随着公司规模不断扩大,A 公司为了提高员工与公司绩效,2016 年成立了人力资源部。

2017 年底,A 公司人力资源部遵照上级领导指示,对员工进行了第一次绩效考核。绩效考核从上级考评、自我考评与同事考评三个层面进行,考核内容主要涉及员工的态度、表现与业绩。由于没有制定统一的绩效目标与绩效标准,且员工行为、态度与表现等方面又缺乏详细过程监管,因此在绩效考评环节形式大于结果,主要表现为各部门经理或主管凭印象对员工评价,而员工自我评价、同事评价部分也都是凭感觉应付。考核结束后,公司给每个员工发放了当年工资总额的 5% 作为考核结果的奖励。

2018 年,A 公司员工按部就班地工作,工作效率与业绩并没有明显改善,到 2018 年底,公司业绩仍保持在原有水平。

2019 年,为了加强绩效管理工作,公司召开了由公司高层、人力资源部主管与管理咨询公司专家组成的绩效管理工作专题会议,重新制定了绩效考核方案。根据该方案,公司在绩效考核结果奖惩环节上加大了力度。具体做法是将考核结果按照 10% 优秀、70% 良好、15% 合格、5% 不合格进行强制分级,并对奖励标准做了规定:对考核结果为优秀的员工,奖励额度由当年工资总额的 5% 提高到 10%,考核结果为良好的员工按其年工资总额的 5% 进行奖励,考核结果为合格的员工月工资下调 5%,对考核结果处于最后 5% 的不合格员工则实行辞退。方案的公布给员工施加了很大的压力,同时员工工作主动性有所改变。2017 年底,公司按照绩效考核办法辞退了 7 名员工。考核结束后员工反响强烈,尤其是按比例淘汰员工的做法使大部分员工不解甚至倍感压力,还有部分员工则愤愤不平。

2020 年后,A 公司表面上还一团和气,但内部关系却开始发生变化:员工之间的关系开始紧张,互相攻讦、彼此不合作甚至拆台,刻意经营人际关系、恶性竞争等现象日益严重,随着企业之间竞争的加剧,公司稳定与发展也面临着严峻的挑战。

任务 1:请讨论,A 公司在绩效管理中存在哪些问题?产生问题的原因是什么?

任务 2:结合所学知识及上述信息,请为 A 公司设计一个绩效管理的改进方案。

本章参考文献

[1] 温志宏.中小企业创业与管理:下[M].武汉:华中科技大学出版社,2006.

[2] 陶莉.创业企业组织设计和人力资源管理[M].北京:清华大学出版社,2005.

[3] 杨东.员工激励[M].北京:中国轻工业出版社,2010.

[4] 徐凤翔.绩效管理理论与实务[M].沈阳:沈阳出版社,2014.

[5] 余泽忠.绩效考核与薪酬管理[M].2 版.武汉:武汉大学出版社,2016.

[6] 胡君辰,宋源.绩效管理[M].成都:四川人民出版社,2008.

[7] 贺小刚.绩效管理[M].上海:上海财经大学出版社,2008.

[8] 赵曙明.绩效管理与评估[M].北京:高等教育出版社,2004.

[9] 诸葛剑平.绩效管理与薪酬设计实务[M].杭州:浙江工商大学出版社,2016.

[10] 李敏.绩效管理理论与实务[M].上海:复旦大学出版社,2015.

[11] 付亚和,许玉林.绩效管理[M].3版.上海:复旦大学出版社,2014.

[12] 王莉.我国中小企业绩效考核反馈应注意的问题及面谈技巧[J].中国商贸,2010(23):
44-45.

[13] 刘燕,曹会勇.人力资源管理[M].北京:北京理工大学出版社,2019.

[14] 姚德超,向红梦.企业绩效管理工作实施要点探析:以 S 公司为例[J].中国人才,2010
(07):65-66.

第八章

创业企业员工激励之
短期激励——薪酬管理

本章学习目标

1. 掌握经典激励理论与原理。
2. 掌握创业企业的薪酬结构和薪酬体系。
3. 了解创业企业薪酬设计的内容与原则。

开篇案例

微软公司的薪酬管理

微软公司是全球最大的电脑软件提供商、世界 PC 软件开发的先导。一直以来,薪酬体系是微软公司吸引人才的关键,实践也表明微软的薪酬体系无疑是成功的。那么,微软公司的薪酬管理体系究竟是什么样的呢?

一、货币性薪酬体系

首先,微软有体现能力和级别的工资激励机制,微软在每个专业里都设立了"技术级别",这个级别用数字表示,反映了员工的资历、技术水平和工资待遇;其次,微软有奖励普通员工的认股权激励机制。

微软是全球第一家用股票期权来奖励员工的公司,也是全球因为持有股权而诞生百万富翁最多的公司。关于这一点,可以重点进行介绍。在微软的薪酬构成中,薪金部分只处在同行业的中等水平,很多中、高级人员加入微软时的工资都低于原来所在公司的水平。但是,"持有微软股权"的分量足够吸引公司大部分所需要的人才。它的设计是这样的:相当级别以上的员工被雇用即得到一部分认股权,按当时市场最低价为授权价,所授认股份分期在几年内实现股权归属,员工可以按授权价认购已归属自己的股权,实际支付的认购价与认购当时市场价的差价就是股权收益。员工被雇用后每年都可能得到新的持股权奖励,这取决于个人的绩效和对于公司的长期价值。这实际上是公司在为员工投资而公司又不冒任何风险,而这种方式能很好地激励和留住员工。

二、与薪酬配套的绩效管理制度

企业想要激励、鞭策收入不菲的员工自觉地努力工作,还必须有一套强有力的绩效管理体制。微软的绩效管理体制的核心是:形成内部竞争,保持员工对绩效评定的焦虑,驱使员工自觉地寻求超越自己和超越他人。其主要成分有三个:个人任务目标计划、绩效评分曲线和与绩效评分直接挂钩的加薪、授股和奖金。个人任务目标计划由员工起草,由经理审议,再修改制订。制订计划有几个原则:具体、可衡量、明确时限、现实而必须具有较高难度。绩效评分曲线的形状和角度是硬性的,不允许改变。评分等级有:最佳、较好、及格、不及格。微软的绩效体制能不断地驱使本来优秀的人群更努力地进行竞争,置优秀的一群人于危机感的压力之下,使其自觉保持巅峰竞技状态。年度加薪、授权、奖金与绩效评分直接挂钩,不及格就什么都得不到,还要进入"绩效观察期",一个进入观察期的人通常会主动辞职,这也就自然失去了所有未到期归属的股票认购权,这是最沉重的损失。

三、非货币性薪酬体系

首先,微软有别具一格的晋升机会,他们会把技术贡献突出的老员工推向管理层岗位,打造一个既懂技术又善于经营的管理层。其次,他们有一个内部的技术培训环节,微软员工都有机会接触公司对技术感兴趣的人,包括盖茨本人。再次,他们有一个很好的沟通氛围,微软公司有个出名的文化叫"开放式交流",每个员工都被给予足够的尊重,能够畅所欲言。最后,微软的工作环境优美,每个人都有足够的自由按照自己的喜好来布置工作区域。

四、体贴的福利

微软有体贴入微的福利保障机制,比如,温馨的生日祝福,全家总动员的家庭体验日,男性员工一个月的产假陪护妻子等。

资料来源:HR人力资源管理案例网(http://www.hrsee.com)。

第一节 激励理论与原理

一、外在诱因激励理论

外在诱因激励理论是指在激励的过程中,着重强调外在诱因起关键性作用的激励理论。该激励理论主张,当个体表现出适当或正确行为后给予奖赏和强化,而在表现不当或错误行为时施以惩罚,个体行为就会随之受到影响。这种强化和惩罚不仅是针对事后的结果,也包括了事前的引导和诱发,通过事前的引导和诱发,也可以使个体表现出相应的动机和行为。外在诱因激励理论主要包括强化激励理论、目标激励理论和双因素理论。

(一)强化激励理论

强化激励理论的代表人物是斯金纳(Skinner),他是行为主义学派极负盛名的代表人物,也是世界心理学史上最为著名的心理学家之一。在哈佛大学攻读心理学硕士的时候,他被行为主义心理学所吸引,从此开始了他一生的心理学家生涯。他在华生等人的基础上向前迈进了一大步,提出了有别于华生和巴甫洛夫理论的另一种行为主义理论,即操作性条件反射理论。在此基础上,他提出了强化激励理论。

1.强化激励理论的内容

斯金纳在对动物学习进行大量研究的基础上提出了强化理论,该理论十分强调强化在学习中的重要性。斯金纳认为,强化就是通过"强化物"增强某种行为的过程,而强化物就是增加反应可能性的任何刺激。该理论认为人的行为是其所受刺激的函数。如果这种刺激对他有利,那么这种行为就会重复出现,若对他不利,则这种行为就会减弱直至消失。因此,管理者要采取各种强化方式使人们的行为符合组织的目标。根据强化的性质和目的,强化可以分为正强化和负强化两大类型。

1)正强化

所谓正强化,就是奖励那些符合组织目标的行为,以使这些行为得到进一步加强,从而有利于组织目标的实现。对于创业企业员工而言,正强化的刺激物不仅包含奖金等物质奖励,还包含表扬、晋升、改善工作关系等精神奖励。

为了使强化达到预期的效果,还必须注意实施不同的强化方式。有的正强化是连续的、固定的,譬如对每一次符合组织目标的行为都给予强化,或每隔一段固定的时间给予一定数量的强化。尽管这种强化有及时刺激、立竿见影的效果,但久而久之,人们就会对这种正强化有越来越高的期望,或者认为这种正强化是理所应当的。因此,管理者需要不断加强这种正强化,否则其作用会减弱甚至不再起到刺激行为的作用。

有的正强化的方式是间断的、时间和数量都不固定的,管理者根据组织的需要和个人行为在工作中的反应,不定期、不定量实施强化,使每次强化都能起到较大的效果。实践证明,这种正强化更有利于组织目标的实现。

2)负强化

所谓负强化,就是惩罚那些不符合组织目标的行为,以使这些行为削弱甚至消失,从而保证组织目标的实现不受干扰。实际上,不进行正强化也是一种负强化,譬如,过去对某种行为进行正强化,现在组织不再需要这种行为,但基于这种行为并不妨碍组织目标的实现,这时就可以取消正强化,使行为减少或者不再重复出现。同样,负强化也包含着减少奖金或罚款、批评、降级等。实施负强化的方式与正强化有所差异,应以连续负强化为主,即对每一次不符合组织要求的行为都应及时予以负强化,消除人们的侥幸心理,减少直至消除这种行为重复出现的可能性。

2.强化激励理论对创业企业的启示

在激励的实际应用中,强化理论给我们的启发在于,如何使强化机制协调运转并产生整体效应,为此,在运用该理论时,创业企业应注意以下五个方面。

1)应以正强化方式为主

在企业中设置鼓舞人心的目标,是一种正强化方法,但要注意将企业的整体目标和员工个人目标、最终目标和阶段目标等相结合,并对在完成个人目标或阶段目标中做出明显绩效或贡献者,给予及时的物质和精神奖励(强化物),以充分发挥强化作用。但是,由于创业企业的资金有限,在实施正强化的措施时,也要做好成本管理,防止企业"吃不消"的情况出现。

2)采用负强化(尤其是惩罚)手段时要慎重

负强化应用得当会促进创业企业目标的达成,应用不当则会带来一些消极影响,它们可能使人由于不愉快的感受而出现悲观、恐惧等心理反应,以至于产生对抗性消极行为。创业企业员工数量通常较少,每一个员工的行为都会对企业的业绩产生重要影响。因此,在运用负强化时,应尊重事实,讲究方式方法,处罚依据准确公正,尽量消除其副作用。实践证明,将负强化与正强化结合应用,一般能取得更好的效果。

3)注意强化的时效性

强化的时间对强化的效果有较大的影响。一般来说,及时强化可提高行为的强化反应程度,但需注意,及时强化并不意味着随时都要进行强化。不定期的非预料的间断性强化,往往可以取得更好的效果。

4)因人制宜,采用不同的强化方式

近年来,90后、00后开始逐渐代替80后、70后,成为职场的"主力军",相较于80后、70后,新生代员工的自我意识较强,个性也变得更加鲜明。同时,创业企业的员工数量较少,相较于成熟企业,创业企业有条件逐一听取公司每一个员工的内心需求。因此对于创业企业而言,可以考虑采用更加定制化的强化方式,增强激励的效果。

5)利用信息反馈增强强化的效果

信息反馈是强化人们行为的一种重要手段,尤其是在应用安全目标进行强化时,定期反馈可使员工了解自己参加安全生产活动的绩效及结果,既可使员工得到鼓励、增强信心,又有利于员工及时发现问题、分析原因、修正所为。

(二)目标激励理论

目标激励理论也称作目标管理理论,是由美国管理心理学家彼得·德鲁克(Peter Drucker)根据目标设置理论而提出的目标激励方案。综合来说,目标激励理论认为组织群体共同参与并制定具体可行的、能够客观衡量的目标是激励的关键所在。

1.目标激励理论的内容

目标管理是在泰勒的科学管理和行为科学管理理论的基础上形成的。它强调"凡是在工作状况和成果直接严重地影响公司生存和繁荣发展的地方,目标管理就是必要的,而且希望各位经理所能取得的成就必须来自企业目标的完成,同时他的成果必须用他对企业的成就有多大贡献来衡量"。

德鲁克认为,企业的目的和任务必须转化为目标,目标的实现者同时也应该是目标的制定者。首先,他们必须一起确定企业的航标,即总目标,然后对总目标进行分解,使目标流程分明。其次,在总目标的指导下,各级职能部门制定自己的目标。再次,为了实现各层目标,必须把权力下放,培养一线职员的主人翁意识,以唤起他们的创造性、积极性和主动性。除此之外,绝对的自由必须有一个绳索,强调成果第一,否则总目标只是一种形式,而没有实质内容。

企业管理人员必须通过目标对下级进行领导并以此来保证企业总目标的完成,如果没有方向一致的分目标来指导每个人的工作,则企业的规模越大,人员越多时,发生冲突和浪费的可能性就越大。只有每个管理人员和工人都完成了自己的分目标,整个企业的总目标才有完成的希望。同时,企业管理人员对下级进行的考核和奖励也需要依据这些分目标。

此外,德鲁克还主张,在目标实施阶段,应充分信任下级员工,实行权力下放和民主协商,使下级员工进行自我控制,独立自主地完成各自的任务。成果评价和奖励也必须严格按照每个管理人员和工人的目标任务完成情况和实际成果大小来进行。这样有利于激发其工作热情,发挥其主动性和创造性。

2.目标激励理论的主要观点

总体来说,目标激励理论有如下几个观点:

(1)明确的、具体的目标能提高员工的工作绩效。设置具体明确的目标要比笼统的模糊不清的目标效果更好,具体的目标规定了员工努力的方向和强度。例如,一个销售人员在一个月内要销售 5000 件产品,要比只有笼统目标"尽最大努力"的销售员做得更好。也就是说,目标的具体性本身就是一种内部激励因素。

(2)目标越具挑战性,绩效水平越高。目标激励理论认为,如果能力和目标的可接受性这样的因素不变,目标越困难,绩效水平就越高,即困难、压力越大,则动力越强。

(3)绩效反馈能带来更高的绩效。如果人们在朝向目标努力的过程中能得到及时的反馈,人们会做得更好,因为反馈能帮助人们了解他们已做的和要做的之间的差距,也就是说,反馈引导行为。

(4)通过参与设置目标可以提高目标的可接受性。目标设置理论认为在某些情况下,参与式的目标设置能带来更高的绩效,而在另一些情况下,上级指定目标时绩效更高,也就是参与设置目标不一定比指定目标更有效。但是,参与设置目标的一个主要优势在于提高了目标本身作为工作努力方向的可接受性。这是由于人们一般更为看重自己劳动成果的心理趋向使然。如果人们参与目标设置,即使是一个困难的目标,相对来说也更容易被员工接受。因此,尽管参与设置目标不一定比指定目标更有效,但参与设置目标可以使困难的目标更容易被接受。

3. 影响目标与绩效关系的主要因素

目标激励理论表明,除了明确性、挑战性和绩效反馈以外,还有三个因素影响目标和绩效的关系。

1)目标承诺

目标激励理论的前提假设是每个人都忠于目标,即个人作出承诺不降低或不放弃这个目标。因此,当目标是当众确定的、自己参与设置而不是指定的时,可能会产生出较高的工作绩效。

2)自我效能感

自我效能感是指一个人对他能胜任的工作的信心。自我效能感越高,对自己获得成功的能力就越有信心。研究表明,在困难情况下,具有高自我效能感的人会努力把握挑战,而自我效能感低的人则降低努力程度或放弃目标;同时,高自我效能感的人对消极反馈的反应是更加努力,而自我效能感低的人面对消极的反馈则可能降低努力程度,甚至偃旗息鼓,萎靡不振。

3)个体差异

目标激励理论假设的条件是:下级有相当的独立性,管理者和下属都努力寻求挑战性的工作,管理者和下属都认为绩效是非常重要的。如果这些前提条件不存在(事实上也不一定存在),则有一定难度的具体目标不一定能带来员工的高绩效。

(三)双因素理论

20 世纪 50 年代末期,赫茨伯格和他的助手们在美国匹兹堡地区对 9 个企业中的 203 名工程师、会计师进行了调查访谈。结果他发现了两种性质不同的因素:使员工感到满意的,都是属于工作本身或工作内容方面的;使职工感到不满的,都是属于工作环境或工作关系方面的。他把前者叫作激励因素,把后者叫作保健因素。具体如图 8-1 所示。

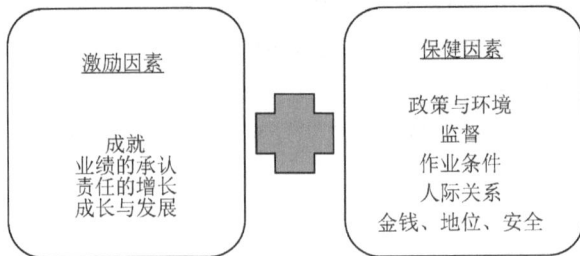

图 8-1　双因素理论两种因素分类图示

1.保健因素

保健因素的满足对员工产生的效果类似于卫生保健对身体健康所起的作用。保健从人的环境中消除有害于健康的事物,它不能直接提高健康水平,但有预防疾病的效果。因此,它不是治疗性的,而是预防性的。保健因素包括公司政策、管理措施、监督、人际关系、物质条件、工资、福利等。当这些因素恶化到人们认为可以接受的水平以下时,就会产生对工作的不满意。但是,当人们认为这些因素很好时,它只是消除了不满意,并不会导致满意。因此,赫茨伯格认为,传统的满意与不满意是相反概念的观点是不正确的。满意的对立面应当是没有满意,不满意的对立面应该是没有不满意。在图 8-2 中,(a)图为传统观点,(b)图为赫茨伯格的观点。

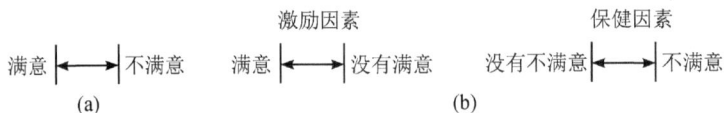

图 8-2　传统观点与赫茨伯格观点的比较

2.激励因素

在满意和不满意中,那些能带来积极态度、满意和激励作用的因素就叫作激励因素,这是那些能满足个人自我实现需要的因素,包括成就、赏识、挑战性的工作、增加的工作责任,以及成长和发展的机会。如果这些因素具备了,就能对人们产生更大的激励。从这个意义出发,赫茨伯格认为传统的激励假设,如工资刺激、人际关系的改善、提供良好的工作条件等,都不会产生更大的激励。虽然它们能消除不满意,防止产生问题,但这些传统的激励因素即使达到最佳程度,也不会产生积极的激励。按照赫茨伯格的意见,管理当局应该认识到保健因素是必需的,不过它一旦使不满意中和以后,就不能产生更积极的效果,只有激励因素才能使人们有更好的工作成绩。

二、内驱力激励理论

相比于外在诱因激励理论来说,内驱力激励理论更强调在激励过程中个体内在意向所起的关键作用。内驱力激励理论主要包括马斯洛的"需要层次理论"、奥尔德弗的"ERG 理论"、麦克利兰的"成就需要理论"、弗鲁姆的"期望理论"等,下面详细介绍这些理论。

(一)需要层次理论

需要层次理论是由亚伯拉罕·马斯洛(Abraham Maslow,1908—1970)提出来的,马斯洛是美国心理学家,早期曾从事动物社会心理学的研究。其 1940 年发表《灵长类优势品质和社会行为》一文,之后又转向研究人类社会心理学,提出了融合精神分析心理学和行为主义心理学的人本主义心理学。

1. 需要层次理论的内容

在《人类动机的理论》(1943 年)一书中,马斯洛提出了需要层次理论,他将人类的需要分为 5 个层次,即生理需要、安全需要、归属与爱的需要、尊重的需要和自我实现的需要,如图8-3 所示。

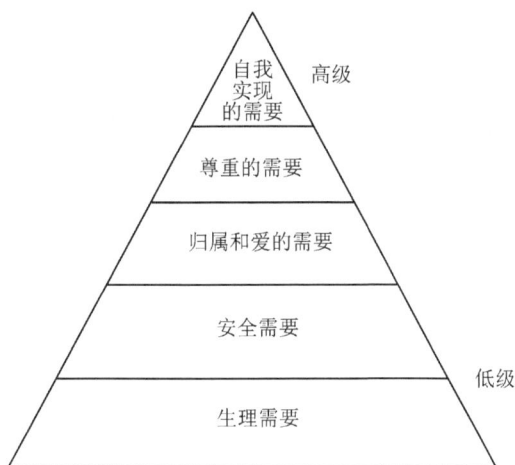

图 8-3　马斯洛需求层次理论图

1)生理需要

凡是属于基本生理需要的大都可以归纳在这一栏目内,包括食物、睡眠、性等,这些需要在所有需要中占绝对优势。如果这些需要没有得到满足,此时有机体将全力投入到满足这些需要的活动之中。如果员工还在为生理需要而忙碌,那么他们所真正关心的问题就会与他们所做的工作无关。此时,企业在激励员工时就应该重点考虑增加工资、改善劳动条件、给予更多的业余时间和工间休息、提高福利待遇等。

2)安全需要

人们趋向于喜欢一个安全、有秩序、可预测、有组织的生活环境。一般来说,如果个体的生理需要相对充分地得到了满足,就会出现安全需要。对许多员工而言,安全需求表现为生命健康以及是否有医疗保险、失业保险和退休福利制度等。如果管理人员认为对员工来说安全需要最重要,那么就应该在管理中着重满足这种需要,强调规章制度、职业保障、福利待遇,并保护员工不致失业。

3)归属和爱的需要

归属和爱的需要指个人对爱、情感和归属的需要。比如人们需要朋友,渴望在团体中与同事间有深厚的关系等。如果生理需要和安全需要都很好地得到了满足,归属和爱的需要就会产生。如果这些需要得不到满足,就会影响员工的精神状态,导致高缺勤率、低生产率、对工作不满以及情绪低落等状况的产生。当管理者意识到下属在努力追求满足这类需求时,通常需要采取支持与赞许的态度,并积极地开展诸如有组织的体育比赛和集体聚会等业务活动,满足员工的这些需要。

4）尊重的需要

社会上的所有人都希望自己有稳定而牢固的地位，希望得到别人的认可和高度评价。一般来说，尊重的需要可分为两类：一是希望有实力、有成就、能胜任、有信心，以及要求独立和自由；一是渴望有名誉或威信、被赏识、被关心、被重视和被高度评价等。

在企业管理中，第一，激励员工时应特别注意采取公开奖励和表扬的方式；第二，布置工作要特别强调工作的艰巨性以及成功所需要的高超技巧等；第三，颁发荣誉奖章、在公司的刊物上刊登表扬文章、公布优秀员工光荣榜等方式都可以提高人们对自己工作的自豪感，进而满足员工的自尊需要。

5）自我实现的需要

自我实现的需要是指促使人的能力得以实现的趋势，这种趋势就是希望自己越来越成为所期望的人物，完成与自己能力相称的一切事情。例如，音乐家必须演奏音乐，画家必须绘画，这样他们才能感到最大的快乐。

马斯洛的需求层次理论假定，人们会被激励起来去满足一项或多项在他们一生中很重要的需求。更进一步地说，人们对特定需求的强烈程度取决于它在需求层次中的地位，以及它和其他更低层次需求的满足程度。此外，马斯洛认为，激励的过程是动态的、逐步的、有因果关系的。比如，自我实现需要的产生有赖于前述四种需要的满足。

2. 需要层次理论对创业企业的启示

需要层次理论认为，这五种需要是以一种渐进的层次表达出来的，也就是说必须满足低层次的需要，然后个体才会关注更高层次的需要。这一理论对创业企业管理的启示有如下几点：

首先，依据马斯洛需要理论，人的生理需要和安全需要是较低层次的"匮乏性的基本需要"，也就是说，只有满足这两种需要，员工才能有更高层次的需要。因此对于创业企业而言，应该参考行业内各个岗位薪资的平均水平，给予员工合理的待遇。但是，创业企业通常资金有限。在这种情形下，创业企业可以考虑采用"低工资，高提成"的方式，在给予员工合理待遇，调动员工积极性的同时，尽可能控制人力资源经费的支出。

其次，管理者不要总是固执地认为，员工所关心和追求的仅仅是物质待遇，即薪酬足够，就能够激励员工更好地投入。随着现代社会物质财富日益丰富，人类素质不断提高，人类的需要层次也逐渐从生理性的、安全的低级需要向高级的归属和爱的需要、尊重的需要和自我实现的需要演进，金钱和物质需要的比重不断下降，而尊重、自我实现等精神性的需要比重则明显上升。同时随着社会的进步，人类需要层次的高端化和"空洞化"也越来越明显。

最后，实践表明，高层管理人员和基层管理人员相比，前者更能够满足他们较高层次的需求，因为高层管理人员面临着有挑战性的工作，在工作中他们能够自我实现；相反，基层管理人员更多地从事常规性工作，满足较高层次需求就相对困难一些。

（二）ERG 理论

ERG 理论是美国耶鲁大学教授克雷顿·奥尔德弗（Clayton Alderfer）于 20 世纪 70 年代提出的一种新的人本主义需要理论，该理论是在马斯洛提出的需要层次理论和赫茨伯格的双因素理论的基础上形成的。

1. ERG 理论的内容

奥尔德弗把人类的需要层次整合为三种需要，即生存（existence）需要、相互关系（relatedness)需要和成长(growth)需要。因为这三种需要的英文首字母为"E""R""G",所以该理论被称为 ERG 理论(见图 8 - 4)。

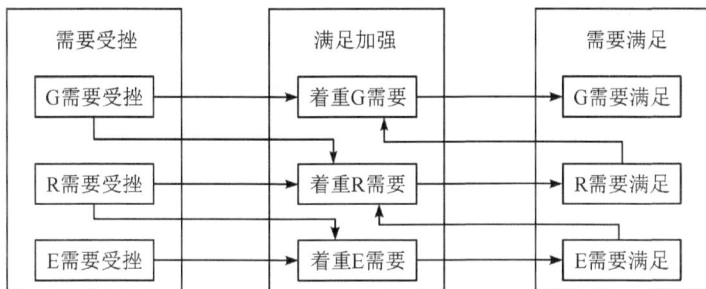

图 8 - 4 ERG 理论示意图

奥尔德弗认为这三种需要之间是没有明显界限的,它们是一个连续体。ERG 理论的特点表现在它对各种需要之间内在联系的有力阐述上:

(1)各个层次的需要得到的满足越少,则这种需要就越为人们所渴望。比如,满足生存需要的工资越低,人们就越希望得到更多的工资。

(2)与马斯洛需要层次理论类似的是,当个体的较低层次需要满足得越充分,则其对较高层次的需求越强烈。比如,在 E、R 的需要到满足后,G 需要就会突出出来。

(3)较高层次的需要满足得越少,则对较低层次的需要的渴求越强烈。

此外,奥尔德弗还认为在任何一段时间内,人都可以有一个或一个以上的需要同时发生作用。并且这些需要由低到高的顺序也并不一定那样严格,可以越级上升。

2.ERG 理论对创业企业的启示

奥尔德弗的 ERG 理论告诉我们,创业企业管理者应该了解员工的真实需要,这种需要和工作成果有着一定的关系,这种关系具体如图 8 - 5 所示。

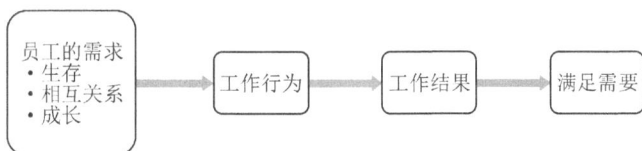

图 8 - 5 ERG 理论的需要与工作成功关系图

由图 8 - 5 我们可以知道,管理人员要想有效地掌控员工的工作行为或工作结果,首先,需要从调查研究入手,了解员工的真实需要;其次,应该在调查研究的基础上,对员工的需要进行综合分析,同时考虑下属的个性心理特点,逐步地、合理地解决其问题。管理人员可通过对员工需要的满足来达到控制员工行为的目的。需要本身就是激发动机的原始驱动力,一个人如果没有什么需要,也就没有什么动力与活力。反之,一个人只要有需要,就表示存在着可激励的因素。由于每一层次包含了众多的需要内容,具有相当丰富的激励作用,因而这些需要就为管理者提供了设置目标、激发动机和引导行为的依据。此外,低层次需要满足后,又有上一层次需要要继续激励,因而对于创业企业的领导者而言,无论员工处于什么阶段,是什么背景,都有合适的激励方式可以采用。管理者要想对员工进行有效的激励,提高企业运作的有效性和高效性,就要将满足员工需要所设置的目标与企业的目标密切结合起来。

此外,ERG理论还提出了一种叫作"受挫-回归"的思想。ERG理论认为多种需要可以同时作为激励因素而起作用,并且较高层次需要的满足受挫会导致人们向较低层次需要的回归。因此,创业企业的激励手段应该随着人们需要结构的变化而做出相应的改变。当有些需要不能满足,或一时得不到满足时,也应该向下属解释清楚,做好思想引导工作,以防止"受挫-回归"现象的发生。

(三)成就需要理论

成就需要理论是美国哈佛大学心理学家戴维·麦克利兰(David McClelland)经过长期的研究之后于20世纪60年代提出来的一种新的理论。

1.成就需要理论的内容

成就需要理论认为,个体在较高层次上存在三种需要,即权力需要、归属需要和成就需要。

1)权力需要

权力需要是指影响和控制别人的一种愿望或驱动力。不同的人对权力的渴望程度有所不同。一般来说,具有较高权力欲的人,对施加影响和控制他人表现出很大的兴趣,也就是我们通常所说的喜欢对别人"发号施令",注重争取地位和影响力;他们喜欢具有竞争性和能体现较高地位的场合和情境,追求出色的成绩,但他们这样做并不像高成就需要的人那样是为了个人的成就感,而是为了获得地位和权力。

2)归属需要

归属需要是指寻求被他人喜爱和接纳的一种愿望和需要。具有这方面需要的人通常会从友爱、情谊、人与人之间的社会交往中得到欢乐和满足,同时他们也在设法避免被某个组织或社会团体拒之门外而带来的痛苦。这种人喜欢保持一种融洽的社会关系,享受亲密无间和相互理解的乐趣,并随时准备去安慰和帮助处在困境之中的伙伴。可以说,归属需要是保持社会交往和人际关系和谐的重要条件。

3)成就需要

成就需要指个体追求成功的一种欲望。该理论认为具有强烈成就需要的人渴望将事情做得更为完美,提高工作效率,获得更大的成功,他们追求的是在争取成功的过程中克服困难、解决难题、努力奋斗的乐趣,以及成功之后的个人的成就感,他们并不看重成功所带来的物质奖励。个体的成就需要与他们所处的经济、文化、社会、政府的发展程度有关,同时社会风气也制约着人们的成就需要。

2.成就需要理论的基本观点

麦克利兰认为,不同的人对成就、权力和归属的需要程度不同,层次排列不同。个体行为主要取决于那些被环境激活起来的需要。经过大量广泛的研究,他得出如下结论:

(1)具有高成就需要的人更喜欢具有个人责任、能够获得工作反馈和适度冒险性的环境。当具备了这些特征,高成就者的工作积极性会很高。例如,不少证据表明,高成就需要者在创新性活动中更容易获得成功。例如,开发新产品,管理一个大组织中的一个独立部门。

(2)高成就需要的人不一定就是一个优秀的管理者。高成就需要者感兴趣的是他个人如何做好,而不是如何影响其他人做好。例如,高成就需要的销售人员不一定是优秀的销售管理者。

（3）归属和权力需要与管理者的成功有密切关系。高权力需要可能是有效管理的必要条件，这种观点认为，一个人在组织中的地位越高，权力动机就越强。因此，有权和较高的职位是高权力需要者的激励因素。

（4）可以通过培训激发员工的成就需要。具有高成就需要的人才可以通过教育培训的方法加以培养。培训人员指导个人根据成就、胜利和成功来思考问题，并以高成就者的方式行动，设计具有个人责任、反馈和适度冒险性的环境；提供取得成就的榜样，刺激人们取得成功的愿望和行为。

（四）期望理论

期望理论（expectancy theory）是一种过程型的激励理论。它是由美国心理学家维克托·弗鲁姆（Victor Vroom）提出来的。弗鲁姆在出版的著作《工作与激励》中正式提出了期望理论这一经典的过程型激励理论。弗鲁姆认为，人总是渴求满足一定的需要并设法达到一定的目标。这个目标在尚未实现时，表现为一种期望，此时目标反过来对个人的动机又是一种激发，而这个激发力量的大小，取决于目标价值（效价）和期望概率（期望值）的乘积，用公式表示如下：

$$M = \sum V \times E$$

其中，M 表示激发力量，是指调动一个人的积极性，激发人内部潜力的强度。V 表示目标价值（效价），这是一个心理学概念，是指达到目标对于满足他个人需要的价值。同一目标，由于每个人所处的环境和需求不同，其需要的目标价值也就不同。同一个目标对每一个人可能有三种效价：正、零和负。效价越高，激励力量就越大。E 是期望值，是人们根据过去经验判断自己达到某种目标的可能性是大还是小，即能够达到目标的概率。目标价值大小直接反映人需要动机的强弱，期望概率大小反映个体实现需要和动机的信心强弱。这个公式说明：假如一个人把某种目标的价值看得很大，估计能实现的概率也很高，那么此时这个目标激发动机的力量越强烈。

关于怎样使激发力量达到最高值，弗鲁姆提出了人的期望模式：

个人努力→个人成绩（绩效）→组织奖励（报酬）→个人需要

在这个期望模式中的四个因素需要兼顾如下三个方面的关系：

（1）努力和绩效的关系。这两者的关系取决于个体对目标的期望值。期望值又取决于目标是否适合个人的认识、态度、信仰等个性倾向，以及个人的社会地位、别人对他的期望等社会因素。

（2）绩效与奖励关系。人们总是期望在达到预期成绩后，能够得到适当的合理奖励，如奖金、晋升、提级、表扬等。组织的目标如果没有相应有效的物质和精神奖励来强化，时间一长，积极性就会消失。

（3）奖励和个人需要关系。奖励需要匹配各种人的不同需要，要充分考虑效价。同时，要采取多种形式的奖励，满足各种需要，最大限度挖掘人的潜力，最有效地提高工作效率。

期望值也叫期望概率，在日常生活中，个体往往根据过去的经验来判定一定的行为能够导致某种结果或某种需要的概率。一个人对某个目标，如果他估计完全可能实现，这时概率最大（$P=1$）；反之，如果他估计完全不能实现，那么此时概率则最小（$P=0$）。当一个人对某项结果的效价很高，并且判断自己获得这项结果的可能性也很大时，用这项结果来激励就会起到很好的作用。例如，对于一些创业企业的员工来说，他们可能更追求在企业内的发展空间，因此创业企业的发展空间大对这些员工来说效价（V）很高，如果他们觉得自身获得发展的可能性比较大（期望值 E 比较高），那么用升职对其进行激励，则能收到较好的激励效果。

期望理论的出现推进了对组织个人行为和动机更深刻、更全面的理解，同时也为描述员工行为提供了新的有力工具。但其也有着一些固有的局限性：第一，期望理论的模式太过理想化；第二，由于期望理论的模式过于复杂，所以很难进行全面的试验；第三，人们在做努力之前，还可能存在按照模式的要求在内心进行复杂的计算。此外，期望理论中涉及的效价和自我期望值，这些概念和变量中包含着动机的成分，而动机要受到个性和个人价值观的影响，这其实是很复杂的，有待进一步的研究。

第二节　创业企业薪酬管理

一、薪酬理论与薪酬管理概述

（一）薪酬相关理论

1.现代西方工资决定理论

1）边际生产力工资理论

19 世纪末，西方经济学发生了一场著名的"边际革命"，杰文斯和门格尔两名经济学家同时提出了边际效用理论，该理论成为现代西方经济学的主要理论基础。以边际理论为基础，美国经济学家约翰·贝茨·克拉克首先提出了边际生产力工资理论。直至今日，该理论仍是最广泛流行的工资理论之一。

边际生产力工资理论的前提是一个充满竞争的静态社会，这个静态社会有以下特征：

（1）在整个经济社会中，不论是产品市场还是要素市场均是完全自由竞争的市场，价格和工资不由政府或串通的协议操纵。

（2）假定每种生产资源的数量是已知的，顾客的爱好或者工艺的状态都没有发生变化，即年年都是用相同的方法生产出同等数量的相同产品。

（3）假定资本设备的数量是固定不变的，但是这些设备的形式可以改变，可以与可能得到的任何数量的劳动力最有效地配合。

（4）假定工人可以相互调配，并且具有同样的效率。也就是说，完全没有分工，对同行业的工人只有单一的工资率，而不是多标准的工资率。

在静态社会这一理论前提下，克拉克认为，劳动和资本是两个重要的生产要素，每个要素的实际贡献按其投入量而变动，并且呈边际收益递减的趋势；用劳动边际生产力递减来解释工资的决定，用资本边际生产力递减来解释利息的决定。

劳动边际生产力递减是指随着工人的人数不断增加，刚开始产量会增加，但人数增加到一定数量后，每增加一个工人，工人所分摊到的设备数量会减少，从而使每一单位劳动力的产品数量减少，追加的新工人的边际生产力递减，最后增加的工人的边际生产力最低。

根据边际生产力工资理论，工资取决于劳动的边际生产力，换句话说，工资是由投入的最后一个劳动单位所产生的边际产量决定的，雇主雇用的最后那个工人所增加的产量等于付给该工人的工资。当工人所增加的产量大于付给他的工资时，企业愿意继续增加工人，只有在工人所增加的产量等于付给他的工资时,雇主才不再多雇用工人。这是因为企业的目的是获得最大收益,如果再增加工人,该工人所增加的产量就会小于付给他的工资,没有收益。比如,在雇用4个员工之前,产量递增;超过4个员工后,产量递减;直至雇用第10个员工,其产量最小,企业就不再雇人也不再减人,其边际生产力曲线如图8-6所示。

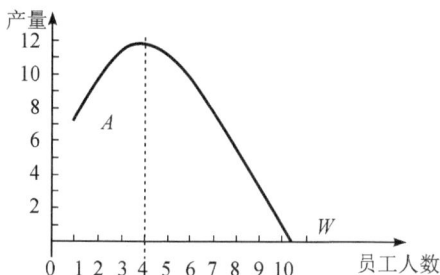

图8-6　边际生产力曲线

2)均衡价格工资理论

边际生产力工资理论只是从劳动力的需求方面揭示了工资水平的决定,而没有考虑劳动力的供给方面对工资的影响。英国经济学家阿弗里德·马歇尔从劳动力供给和需求两个方面研究了工资水平的决定,他是均衡价格工资理论的创始人,认为工资是劳动力供给和需求均衡时的价格。劳动力的需求和供给如图8-7所示,图中E是均衡点,OP是均衡工资水平,OQ是均衡条件下雇用劳动力的数量。

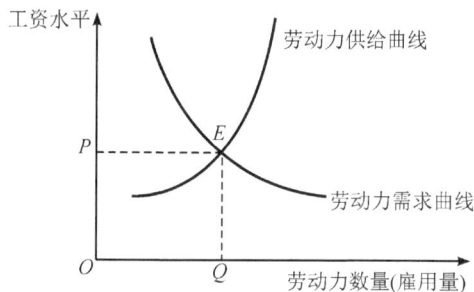

图8-7　劳动力的需求和供给

从劳动力的需求看,工资取决于劳动的边际生产力。根据克拉克的理论,劳动的边际生产力递减,所以雇主愿意支付的工资水平也递减。

从劳动力的供给看,工资取决于两个因素:一是劳动者及家属的生活费用以及接受培训和教育的费用,二是劳动的负效用。所谓劳动的负效用是指由劳动引起的不舒适和不愉快程度,劳动的负效用需要用金钱或闲暇时间来补偿。所以,工资水平提高,对工人就业的吸引力也随之增加,劳动力的供给递增。

3)集体谈判工资理论

集体谈判是指以工会为一方,以雇主或雇主组织为另一方进行的谈判。早在18世纪,亚当·斯密等经济学家就注意到了在劳动力市场上集体交涉对工资决定的影响,但是并没有重视起来。第二次世界大战后,工会在西方发达国家迅速发展,工会对工资决定的影响也越来越大。集体谈判工资理论认为,在一个短时期内,工资的决定取决于劳动力市场上劳资双方在谈判中交涉力量的对比。在工业化初期,工资谈判是雇员工人与雇主之间个别进行的,由于工人的相互竞争,所以单个工人无法遏制工资水平的下降。随着工业社会的发展,雇用单位和雇员之间的谈判力量进行了组合与分化,双方工资谈判的过程日益趋向于集体方式。工会成为劳动力供给的垄断者,工会的壮大有效地阻止了工人之间的恶性竞争,工会能够控制劳动力的供给量和工资量。所以,集体谈判工资理论实际上也是工会起作用的工资理论。工会提高工资的方法一般有四种:限制劳动供给、提高工资标准、改善对劳动的需求、消除雇主在劳动力市场上的垄断。

诺贝尔经济学奖获得者希克斯提出了集体谈判过程的模式,比较准确地描述了劳动力供求双方的行为轨迹,如图8-8所示。谈判一开始,工会一方提出新的工资需求OP_1,雇主只同意OP。由于工会和雇主都不愿意为长期停产付出代价——雇员损失工作和工资,雇主损失产值和利润。所以,雇主的让步曲线向上倾斜,工会的抵制曲线向下倾斜。表明雇主愿意接受一个高于OP的工资率,工会愿意接受一个低于OP_1的工资率,最后在OP与OP_1这一谈判区间内达成工资率协议。由于工会和雇主在谈判时所提出的工资率的依据是诸多经济因素,所以,虽然从表面上看工资的水平取决于双方力量抗衡的结果,而实际上那些经济因素才是最终决定工资的因素。

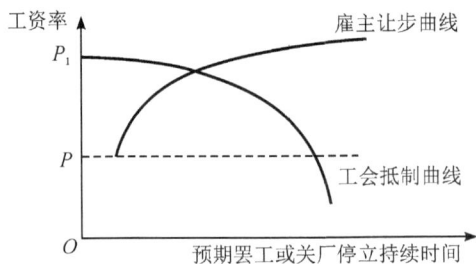

图8-8 集体谈判过程的模式

4）人力资本理论

人力资本理论不是工资决定理论,但它对工资具有影响。1960年美国经济学家西奥多·舒尔茨在发表的演讲"人力资本投资"中认为,人的劳动能力不是与生俱来的,而是通过家庭和社会的培养以及个人的努力,通过大量稀缺资源的投入而形成的,劳动者之间不会由于遗传的原因而具有同样的才能。人的劳动能力同样也具有资本形态,是以资本存量的形式(包括劳动者的知识存量、技能存量和健康存量等)投入生产性活动。人力资本是通过人力资本投资形成的,人力资本投资是多方面的。

第一,有形支出。有形支出又称直接支出或实际支出,主要投资形式包括教育支出、保健支出、劳动力国内流动(移居)支出或用于移民入境支出(为了寻找工作)等,其中最主要的投资形式是教育支出。

第二,无形支出。无形支出又称机会成本,它是指因为投资期间不可能工作,至少不能从事全日制工作而放弃的收入。

第三,心理损失。心理损失又称精神成本或心理成本,它是指诸如学习艰苦、令人厌烦,寻找职业令人乏味和劳神,迁移需要远离朋友等而带来的损失。

2.工资效益理论

工资效益是指工资投入所产生的直接经济效益,即每支付一定量工资产生多少产品或创造多少价值,它反映投入的工资成本所能得到的利润。工资效益是决定工资水平的重要依据。只有企业经济效益好,有了财务支付能力,员工的工资水平才能提高。工资的增长是对员工劳动的认同,必然会激励员工更加有效地劳动,为企业进一步提高效益创造条件,实现工资和效益的良性循环。反之,工资提高而效益下降,会导致通货膨胀,物价上涨,经济衰退,企业的人工成本提高,产品的市场竞争力下降,效益下滑。

工资效益统计可以量化地反映实行某种薪酬制度所取得的经济效益。常用的工资效益统计指标如表8-1所示。

表 8 - 1　常用的工资效益统计指标

序号	指标名称	计算公式
1	每百元工资产品产量	每百元工资产品产量＝产品产量/工资总额(百元)
2	每百元工资产品产值	每百元工资产品产值＝产值/工资总额(百元)
3	每百元工资利润额	每百元工资利润额＝实现利润总额/工资总额(百元)

工资效益即一定的工资所带来的产出,可以分解为一定的工资带来的劳动量和一定的劳动量带来的产出,而产出等于总产值减去物耗价值。提高工资效益的手段有按效益投入工资、增加工资带来的劳动量、增加劳动的产出量。

(二)薪酬管理概述

1.薪酬

1)薪酬的含义

薪酬是组织对其员工为组织所做的工作或贡献,包括他们实现的绩效,付出的努力、时间、学识、技能、经验与创造所付给的相应的回报。其实质是一种公平的交易或交换关系,是员工在向所在单位让渡其劳动或劳务使用权后获得的报偿。薪酬有不同的表现形式,如精神的与物质的、有形的与无形的、货币的与非货币的、内在的与外在的等。

2)薪酬的构成要素

薪酬是由基本薪酬、福利薪酬、各种津贴、薪酬的柔性部分、激励薪酬构成的。

(1)基本薪酬:又叫基本工资,由职位工资和技能工资两部分组成。职位工资是通过对各类不同职位的价值进行评价分析后将其分为若干个等级,并与相应的薪酬相对应。技能工资需要根据任职者本人的学历、功能、能力等因素确定等级,并与相应的薪酬相对应。但是由于职位评价分析和技能等级评定是一个系统工程,需要完善的管理体系及在岗位相对固定的情况下才能进行,所以,创业企业通常暂时在控制薪酬总量的情况下采用等级定额工资制,待时机成熟后再进行薪酬改革。

(2)福利薪酬:福利薪酬是另一种形式的薪酬,强调对员工的未来提供保障,如医疗保险、失业保险、养老保险等。其项目和水平以国家、地区及公司有关规定为准。

(3)各种津贴:各种津贴是薪酬的补充,是一些比较特殊的工作,或者在企业担任特殊的职务,或为企业做出特殊贡献,因而有权接受的特殊优惠待遇。

(4)薪酬的柔性部分:薪酬的柔性部分是指个人发展、心理收入、生活质量、教育培训、文化生活。这是除了物质激励以外的精神激励,而且对许多人来说,它的分量举足轻重,这是一种让员工终身受益的薪酬。

(5)激励薪酬:绩效工资全额浮动,按照公司绩效考核标准对每一个员工的工作表现及工作业绩进行考核,根据考核结果确定其应享受的绩效工资。绩效薪酬将员工的利益和员工个人业绩及公司业绩相结合,体现多劳多得的分配原则,充分调动员工潜能。绩效工资按月、季度或年发放。

2. 薪酬管理

1)薪酬管理的内涵

薪酬管理是在组织发展战略的指导下,对员工的薪酬支付原则、薪酬策略、薪酬水平、薪酬结构以及薪酬构成进行确定、分配和调整的动态管理过程。

薪酬管理要为实现薪酬管理目标服务。薪酬管理目标是基于人力资源战略设立的,而人力资源战略服从于企业的发展战略。

薪酬管理包括薪酬体系设计、薪酬日常管理两个方面。薪酬体系设计主要包括薪酬水平设计、薪酬结构设计和薪酬构成设计。薪酬日常管理是由薪酬预算、薪酬支付、薪酬调整组成的循环,这个循环可以称为"薪酬成本管理循环"。

2)薪酬管理的目标

薪酬要发挥应有的作用,薪酬管理应达到以下三个目标:效率、公平、合法。达到效率和公平目标,就能促使薪酬激励作用的实现,而合法性是薪酬的基本要求,因为合法是公司存在和发展的基础。

(1)效率目标。效率目标包括两个层面:第一个层面是站在产出角度来看,薪酬能给组织绩效带来最大的价值;第二个层面是站在投入角度来看,实现薪酬成本控制。薪酬效率目标的本质是用适当的薪酬成本给组织带来最大的价值。

(2)公平目标。公平目标包括三个层次:分配公平、过程公平、机会公平。

分配公平是指组织在进行人事决策、决定各种奖励措施时,应符合公平的要求。如果员工认为受到不公平对待,将会产生不满。员工对于分配公平的认知,来自其对于工作的投入与所得进行的主观比较,在这个过程中,员工还会与自己过去的工作经验,以及同事、同行、朋友等进行对比。分配公平分为自我公平、内部公平、外部公平三个方面。自我公平,即员工获得的薪酬应与其付出成正比;内部公平,即在同一企业中,不同职务的员工获得的薪酬应与其各自对企业做出的贡献成正比;外部公平,即在同一行业、同一地区或同等规模的不同企业中,类似职务的薪酬应基本相同。

过程公平是指在决定任何奖惩决策时,组织所依据的决策标准或方法符合公正性原则——程序公平一致、标准明确、过程公开等。

机会公平指组织赋予所有员工同样的发展机会,包括组织在决策前与员工互相沟通,组织决策考虑员工的意见,主管考虑员工的立场,建立员工申诉机制等。

(3)合法目标。合法目标是企业薪酬管理的最基本前提,要求企业实施的薪酬制度符合国家、省区的法律法规、政策条例要求,如不能违反最低工资制度、法定保险福利、薪酬指导线制度等的要求规定。

二、创业企业薪酬体系设计

(一)薪酬体系概述

薪酬体系是企业整体人力资源管理体系的重要组成部分。薪酬体系是指薪酬的构成和分配方式,即一个人的工作报酬由哪几部分构成。一般而言,员工的薪酬包括以下几大主要部分:工资、奖金、津贴、福利四大部分。

1.工资

工资有狭义和广义之分,狭义的工资是指支付给从事体力劳动的员工的货币形式的报酬。这里包括两个方面的含义:一是接受报酬的主体是体力劳动者;二是报酬的客观表现形式是货币。如果接受报酬的主体是脑力劳动者,则人们常把报酬称为薪水;如果报酬的客观表现形式是实物而非货币,人们则常称之为福利。广义的工资从内涵上讲,包括货币形式和非货币形式的报酬;从外延上讲,包括支付给体力劳动者和脑力劳动者的报酬。

目前,企业中广泛运用的主要工资形式包括计时工资、计件工资、浮动工资、提成工资,其中计时工资和计件工资是基本的工资形式。

(1)计时工资。计时工资是根据员工的计时工资标准和工作时间来计算工资并支付给员工劳动报酬的形式。职工的工资收入是用职工的工作时间乘以工资标准得出来的,计算公式为

$$计时工资 = 工资标准 \times 实际工作时间$$

(2)计件工资。计件工资是根据劳动者生产的合格产品的数量或完成的作业量,按预先规定的计件单价支付给劳动者劳动报酬的一种工资形式。它包括三种形式:一是实行超额累进计件、直接无限计件、限额计件、超定额计件等,按劳动部门或主管部门批准的定额和计件单价支付给个人的工资;二是按工作任务包干方法支付给个人的工资;三是按营业额提成或利润提成办法支付给个人的工资。计件工资的计算公式为

$$工资数额 = 计件单价 \times 合格产品数量$$

与计时工资相比,计件工资的特点在于它与计时工资计量劳动的方式不同。在实行计时工资的情况下,劳动由直接的持续时间来计量;在实行计件工资的情况下,则由在一定时间内劳动所凝结的产品的数量来计量。因此,从这个意义上说,计时工资是计件工资的一种转化形式。

2.奖金

1)奖金的含义

奖金是单位对员工超额劳动部分或劳动绩效突出部分所支付的奖励性报酬,是单位为鼓励员工提高劳动效率和工作质量而付给员工的货币奖励。按照国家统计局 1990 年颁布的《关于工资总额组成的规定》,奖金是指支付给员工的超额劳动报酬和增收节支的劳动报酬。不管是哪个定义,都表明奖金是对员工超额劳动部分的一种补偿,是贯彻按劳分配原则的一种劳动报酬形式,是基本工资制度的一种辅助形式。奖金的支付客体是正常劳动以外的超额劳动,随劳动绩效而变动,支付给那些符合奖励条件的单位员工。奖金的表现形式包括红利、利润分享及通常所说的奖金等。

2)奖金的特点

奖金具有多种多样的特点,能够较为灵活地反映员工的实际劳动差别,可以弥补计时、计件工资的不足,特别是对员工在生产过程中提高质量、节约材料和经费、革新技术等方面所做的贡献,用奖金作为补充显得尤为重要。奖金的特点具体表现在以下几个方面:①单一性。工资反映员工在企业中的综合性表现,包括年资、技能、业绩等。奖金在报酬上则只反映员工某方面的实际劳动效果的差别,比如员工在收旧利废中,为企业节约资金 5 万元,企业立即给予1000 元的奖金。②灵活性。奖金的形式灵活多样,奖励的对象、数额、计获奖人数均可随生产的变化而变化。工资一般以规范的形式制定出来,每一个提供了正常劳动的员工都可以按公司章程的规定获取报酬。奖金则不一样,它只授予提供了超额劳动和有突出业绩的员工。③及时性。奖金的使用不受工资发放的限制,能及时反映劳动者向社会提供劳动量的变化情况。奖金一般在员工提供了超额劳动或者取得突出业绩以后立即予以兑现,它体现的是即时激励的作用。④荣誉性。奖金不仅是对员工的物质奖励,还有精神鼓励的作用。员工获得奖金是企业对员工超额劳动的承认或认可,这本身就是一种奖赏。另外,获得奖金的员工会得到周围员工的称颂,使其获得一种精神上的满足。

3)奖金的类型

奖金的形式多种多样,根据不同的标准,奖金可分为不同的类别,其中有的相互交叉。

(1)根据奖金的周期划分,可划分为月度奖、季度奖和年度奖。

(2)根据在一定时期内(一般指一个经济核算年度)发奖次数划分,有经常性奖金和一次性奖金。

(3)根据奖金的来源划分,可分为由工资基金中支付的奖金和非工资基金中支付的奖金。

(4)根据奖励范围来划分,有个人奖和集体奖。

(5)从奖励的条件区分,有综合奖和单项奖。

3.津贴

1)津贴的含义

津贴是指为了补偿职工特殊或额外的劳动消耗和因其他特殊原因支付给职工劳动报酬的一种工资形式,包括补偿职工特殊或额外劳动消耗的津贴、保健性津贴、技术性津贴、年功性津贴及其他津贴。习惯上,人们一般把属于生产性质的称为津贴,属于生活性质的称为补贴。津贴、补贴的种类、发放范围和标准等,一般由国家统一规定。对国家没有统一规定的,用人单位也可以根据生产工作需要,在政策允许的范围内,自行设立一些津贴、补贴项目。津贴在统计上又分为工资性津贴和非工资性津贴。工资性津贴是指列入工资总额的津贴项目。非工资性津贴是指不计入工资总额支付的津贴项目。工资性津贴的划分标志不是看开支来源如何,而是看它是不是属于工资总额的统计范围。

2)津贴的特点

津贴是职工工资的一种补充形式,具有以下几个特点:

(1)津贴是一种补偿性的劳动报酬。多数津贴所体现的不是劳动本身,即劳动数量和质量的差别,而是劳动所处的环境和条件的差别,从而调解地区、行业、工种之间在这方面的工资关系。

(2)津贴具有单一性,多数津贴是根据某一特定条件,为某一特定目的而制定的。

(3)津贴有较大的灵活性,可以随工作环境、劳动条件的变化而变化,可增可减,可减可免等。

3）津贴的类型

我国的津贴制度项目繁多，按其补偿性质和目的不同，主要可分为以下几种类型：

（1）具有补偿职工在特殊劳动条件下的劳动消耗性质的津贴。

（2）兼具补偿职工的特殊劳动消耗和额外生活支出双重性质的津贴。

（3）具有维护职工在有毒有害作业中身体健康的保健性津贴。

（4）属于补偿职工在本职工作以外承担较多任务所付出的劳动消耗的津贴。

（5）具有补偿职工因物价的差异或变动而增加生活费支出性质的津贴。

（6）属于鼓励职工提高科学技术水平和奖励优秀工作者的津贴。

（7）具有生活福利性质的津贴。

4. 福利

在企业薪酬体系中，工资、奖金和福利是三个不可或缺的组成部分，分别发挥着不同的作用。工资具有基本的保障功能，奖金具有明显而直接的激励作用，福利的作用则是间接而深远的。

1）福利的含义

一般来说，福利有三个层次：第一是由政府主管，以全体国民为对象的社会福利；第二是由企业主管，以企业全体员工为对象的企业福利；第三是由工会等劳动组织主管，以会员为对象的部分劳动者福利。因而，广义的员工福利包括国家、地方政府和企业劳动组织提供的文化、教育、卫生、各种社会保障、集体公益服务事业和福利待遇等；狭义的员工福利仅指企业为满足员工的生活需要，在工资收入之外，向员工本人及其家属提供的货币、实物及一些服务形式。

2）福利的功能

从管理者的角度看，福利具有如下一些功能：改善和优化劳动及生活条件，从而协助吸引员工、留住员工；能提高企业在员工和其他企业心目中的形象；能协调人际关系和劳资关系，使员工之间及员工与管理层之间的关系融洽，使员工在企业工作具有安全感和归属感；能提高员工对职务的满意度。与员工的工资收入不同，福利一般不需要纳税。由于这一原因，相对于等量的现金支付，福利在某种意义上对员工具有更大的价值。因此，福利管理同工资管理等人力资源管理项目有着密切的关系，并补充其不足，起到了提高人力资源管理综合效果的作用。

3）福利的主要内容

企业员工福利可以分为集体福利和个人福利两种基本形式。

集体福利是企业举办或通过社会服务机构举办的、供员工集体享用的福利性设施和服务，包括：①住宅；②集体生活设施和服务，如托儿所、幼儿园、浴室、食堂、卫生及医疗保健设施、文娱体育设施、集体交通工具等；③休假、旅游待遇。

个人福利是以货币形式直接支付给员工个人的福利补贴，目的是为了减轻员工因特殊需要而增加的额外经济负担，如员工探亲假期、工资补贴和旅费补贴、上下班交通补贴、防寒补贴、防暑降温补贴、生活困难补贴、婚丧假等。

集体福利和个人福利的内容丰富，各企业规定不尽相同。一般来说，大型的效益比较好的企业比较重视员工的福利待遇，费用支出比较高；小型的或效益比较差的企业，员工福利待遇相对较差。

(二)薪酬设计概述

1.薪酬设计的概念

薪酬设计指在周密调查、征求意见和系统分析的基础上,明确薪酬分配的目标和原则,确定薪酬分配的内容,拟订薪酬方案的实施办法和步骤,使之形成一个用文字表述的,各个组成部分具有内在联系的有机整体的工作过程。

从企业视角看,薪酬设计是提供一个支持和保证企业经营战略目标实现的利益分配机制;从薪酬本身来看,薪酬设计是为经常性的利益分配提供一个科学合理的薪酬政策文件,以作为处理日常薪酬支付问题的准则和操作规范。

2.薪酬设计的主要内容

薪酬设计应围绕薪酬制度进行。薪酬制度由薪酬体系、薪酬结构和薪酬水平组成。其中,薪酬体系是指薪酬的构成,即一个人的工作报酬由哪几部分构成。员工的薪酬主要包括基本薪酬、奖金、津贴、福利四大部分。薪酬结构是指在同一组织内不同职位或不同技能的员工薪酬水平的排列形式,强调薪酬水平等级的多少、不同薪酬水平之间级差的大小以及决定薪酬级差的标准,它反映了企业对不同职务和能力的重要性及其价值的看法。薪酬水平是指企业内部各类职位和人员平均薪酬的高低状况。薪酬水平反映了企业薪酬相对于当地市场薪酬行情和竞争对手薪酬绝对值的高低,它对员工的吸引力和企业的薪酬竞争力有着直接的影响。

围绕薪酬制度体系,薪酬设计的内容有以下几个方面:

(1)薪酬分配的指导思想、原则和目标设计,即明确薪酬分配的政策和内容。

(2)薪酬组成项目设计,即薪资总额在基本薪酬、奖金、津贴、福利之间的分配。

(3)薪酬等级制度结构设计,即选择什么模式的薪酬等级制度,是职位型的、能力型的、技术型的,还是多元型的。

(4)岗位评价设计与实施,即确定具体的岗位评价方法,并实施岗位评价计划。如果实行以能力为基础的薪资等级结构,则要进行职能评价的设计与实施。

(5)薪酬标准测算,即采取数学测算和市场薪酬调查的方法,确定薪酬和其他支付项目的标准。

(6)薪酬支付形式设计,即确定劳动计量(或称绩效考核)的办法,以及依据实际劳动数量(绩效水平)计算应发工资数量的办法。

(7)特殊劳动者群体薪酬设计,如对经营者(侧重年薪制和长期报酬激励设计)、科技人员、营销人员的薪酬设计。

(8)特殊情况下的薪酬支付政策设计,即对加班加点、各类假期、停工等报酬支付标准的设计。

(9)集团企业子公司分配设计。

(10)奖金方案或绩效工资体系设计。

(11)岗位设计(岗位职责内容、工作标准等)。

(12)整体薪酬设计,即包括基本薪酬、社会保险、基本福利和补充的保险福利在内的一揽子计划。

3.薪酬设计的基本原则

根据公平、效率和合法的薪酬目标,确立企业薪酬设计的基本原则包括:内部一致性、外部竞争性、内部激励性、管理可行性。

1）内部一致性

内部一致性是指薪酬结构与组织设计和工作之间的关系。它强调薪酬结构设计的重要性，即薪酬结构要支持工作流程，要对所有员工公平，要使员工行为与组织目标相符。

薪酬结构是指在同一组织内不同职位或不同技能薪酬水平的排序形式。它强调薪酬水平等级的多少、不同薪酬水平之间级差的大小以及决定薪酬级差的标准。

2）外部竞争性

外部竞争性指雇主如何参照市场竞争对手的薪酬水平给自己的薪酬水平定位。它强调的是薪酬支付与外部组织的薪酬之间的关系。它具有相对性，即与其他竞争对手相比。

尽管决定与竞争对手相对的薪酬水平是一个基本决策，但竞争也包括选择多种薪酬形式，如红利、持股、灵活的福利、职业机会、具有挑战性的工作等。对于在资金方面处于劣势的创业企业而言，往往很难给予优秀员工高额的物质奖励。因此，创业企业可以更多关注非物质性的薪酬形式，以缓冲当下的资金压力。

在实际运作中，薪酬的竞争力是通过选择高于、低于或与竞争对手相同的薪酬水平来实现的。在组织内，不同职位平均薪酬的排列就是该组织的薪酬水平。

3）内部激励性

内部激励性是指要拉开员工之间的薪酬差距，使不同绩效的员工在心理上能觉察到这个差距，并产生激励作用。业绩好的员工认为得到了鼓励，业绩差的员工认为值得去改进绩效以获得更好的回报。激励的差异性也叫激励的针对性，即针对不同岗位、不同技能、不同兴趣爱好等差异的员工给予差异性或个性化的薪酬、福利，这样的薪酬激励更具备激励性，往往会起到事半功倍的效果。尤其是对于员工热情程度较高，乐于接受挑战的创业企业而言，对不同业绩员工的薪酬进行合适的区分，产生的效果和成熟企业相比会更加显著。

内部激励性是企业对员工业绩的重视。对绩效和（或）工龄的重视程度是一项重要的薪酬决策，因为它直接影响着员工的工作态度和工作行为。清楚地制定了绩效工资政策的企业，在制定薪酬制度时会更为注重绩效工资和激励工资。

4）管理可行性

薪酬管理运行是薪酬制度的最后一块基石。企业有可能设计一种包括内部一致性、外部竞争性、内部激励性在内的薪酬制度，但如果管理不善，则不可能达到预定目标。管理者必须把各种形式（如基本工资、短期和长期激励工资）规划在该制度之内，做好与员工的沟通，同时还要对该制度能否达到目标做出准确判断。在实现前面三个基本原则的前提下，企业应当充分考虑自己的财务实力和实际的支付能力，根据企业的实际情况，对人工成本进行必要的控制，防止人力资源经费花费过多，导致资金本就不充裕的创业企业的资金更加紧张。一般来说，在企业全员劳动生产率以及经济效益没有明显提高的情况下，不能盲目地提高员工的薪酬水平，企业应当始终坚持"效率优先，兼顾公平，按劳付酬"的行为准则，才能有效地实施薪酬管理。

（三）创业企业薪酬设计的原则及程序

1. 创业企业薪酬设计的原则

1）高工资、低福利原则

一般来说，创业企业规模较小，企业的人工成本费用相对大企业要小。在企业用于人工费用的投入较少的情况下,通常难以拿出更多的资金用于福利,所以,对于创业企业尤其是处于初创期的企业来说,在设计企业薪酬制度时,一般应将资金用在加大工资激励力度上,在有限的资金内,尽可能提高员工的工资水平,使企业的工资水平更有市场竞争力,以更好地吸引和保留优秀人才。

2)简明、实用原则

创业企业的薪酬设计应该做到简明、实用,主要有两点原因:一是创业企业的从业人员数量较少,薪酬体系不应太复杂而使薪酬分配的导向作用减弱;二是创业企业必须降低管理成本,企业不可能有太多的人去进行薪酬管理,所以,简明的薪酬体系设计,有利于企业减少管理人员,节约管理费用。

3)公平原则

公平分配也是薪酬设计的核心问题,员工不仅关心个人的付出所得报酬的绝对量,也关心自己的报酬与付出和他人的报酬与付出之间的对比关系,即报酬的相对量。如果薪酬的分配不能够做到公平公正,势必会使得优秀的员工认为自己的付出没有得到回报,甚至进一步导致核心员工的离职。这对于员工数量本就较少,人才竞争力弱的创业企业而言,无疑是致命的。

4)强激励原则

创业企业生存环境和成熟企业相比较为恶劣,经营风险较高,企业员工的回报有着高度的不稳定性。因此,创业企业员工和成熟企业员工相比,离职风险较高,从而加剧了企业运营的不确定性。为了降低员工离职风险,创业企业适宜建立刺激性工资制度,将员工的收入与企业效益、企业销售收入联系起来,充分发挥灵活性的优势。比如某年的企业目标超额完成时,创业企业可以灵活地提高员工奖金的发放额度,从而提升企业内部士气,增强员工对企业的认同感。

2.创业企业薪酬设计的程序

1)进行薪酬调查

在一个较大的范围内进行详细的薪酬调查是一项成本很高的工作,创业企业一般是难以负担这样一笔费用的。但这并不是说创业企业可以不必或不可能参考劳动力市场的价格,创业企业可以采取其他的费用较低廉的信息渠道达到相同的目的。

(1)通过报纸、杂志等各种媒体查阅每周的有关招聘、求职广告,从中了解企业所想招聘的岗位或员工的市场价格。

(2)通过劳动部门劳动力价位的信息发布,了解有关岗位需求和工资信息。

(3)用试错法了解信息等。

2)利用岗位评价建立正式的薪酬结构

对于只有几个员工的创业企业来说,根据薪酬调查就可以建立员工正式的薪酬结构。但对于十几个人以上的创业企业,应该制定岗位职位说明书,通过岗位评价,确定每个岗位的责任和价值,根据岗位评价的结果进行岗位排序并确定每个岗位的点值,然后确定岗位工资标准。

3)建立薪酬的动态管理体系

要使薪酬制度更好地运转,还需要建立动态的薪酬管理体系。要根据城镇居民生活费用价格指数的变动建立定期加薪的制度,一般在每年4~5月份比较合适。因为这时上一年的企业各项经济指标完成情况已清楚,企业财务结算已完成。此外,对于工资支付的一些细节问题,也应该以书面形式公之于众,避免发生劳动纠纷时无据可考。同时,创业企业可以灵活地对核心员工进行适当的股权激励,吸收核心员工参股,实行劳动合作和资本合作相结合,按劳分配与按资分配相结合的制度,增强薪酬设定的动态性。

(四)创业企业薪酬水平设计

1.薪酬水平的内涵

薪酬水平是指从某个角度按照某种标志考察的某一领域内员工薪酬的高低程度,它决定了企业薪酬的对外竞争力,对员工队伍的稳定性也有一定的影响。

薪酬水平包括企业内部各岗位薪酬水平和企业在劳动力市场上的薪酬水平。内部岗位薪酬水平指组织之间的薪酬关系,组织相对于其竞争对手的薪酬水平的高低。薪酬的外部竞争力实质上是指薪酬水平的高低以及由此产生的企业在劳动力市场上所形成的竞争能力大小。

2.创业企业薪酬水平的影响因素

影响创业企业薪酬水平的因素主要是外部因素,如劳动力市场的供求水平、地区工资水平、生活水平和物价水平、行业工资水平等。创业企业内部经营状况、财务支付能力及企业产品的市场竞争力也会影响企业的薪酬水平。

1)劳动力市场的供求水平

劳动力市场供大于求,创业企业可以以较小的代价招到合适的人选;劳动力市场供不应求,创业企业将要花费较高的代价来满足企业对人力资源的需求。

2)地区及行业薪酬水平

创业企业应参考所在地居民生活水平、薪酬水平,不能将本企业各岗位的薪酬水平定位于低于所在地区同行业企业同岗位的薪酬水平,否则会失去对外竞争力。对于需要吸引高适应人才、培养高潜能人才的创业企业来说,不低于地区同行业工资水平的薪酬可以才能起到较好的激励作用。

3)生活水平和物价水平

创业企业在制定薪酬标准时,要考虑到社会物价水平的上涨,必须能满足企业员工基本的生活需要,保证其基本购买力。

4)企业经营状况及财务支付能力

员工薪酬水平原则上应该控制在创业企业财务承受能力范围之内,并且与企业的生产率增长保持步调一致。由于创业企业所受资源约束较大,在确定薪酬水平时应充分考虑企业的资金情况。

上述因素主要影响创业企业在劳动力市场上的薪酬水平。而在创业企业内部,各职位之间的薪酬水平,即员工个人的薪酬水平也有着很大的区别,这些区别的主要影响因素来源于职位本身和员工本人。职位本身是影响员工个人薪酬水平的外在因素,如该职位在企业内部的价值;职位任职者本人是影响个人薪酬水平的内在因素,如员工个人客观存在的一些潜在能力是其中的一部分,员工主观意愿付出的是另外一部分。

3.创业企业确定薪酬水平的方法

具备对外竞争力的薪酬水平是创业企业吸引、留住关键人才的重要筹码,更是创业企业促进并维持高效生产率的重要手段。创业企业在确定薪酬水平时,通常采用以下方法:

1)根据市场薪酬水平确定本企业薪酬水平

以市场薪酬水平为导向来确定创业企业的薪酬水平,关键是对本企业竞争对手的薪酬水平进行摸底。竞争对手主要是指同行业生产同类产品或类似、替代品的企业,以及使用类似技术的企业,因为它们对劳动力市场的需求是相似的、有竞争的,因此只有这样的企业才有可竞争性。

根据市场薪酬水平确定本企业薪酬水平是通过市场调查获取相关数据并在分析后确定本企业的薪酬策略,进而测算每个岗位的薪酬水平,结合企业的经济承受能力确定本企业的总体薪酬水平。

2)根据企业经济能力确定薪酬水平

以创业企业的经济承受能力为主导确定薪酬水平,主要是指结合劳动力市场的薪酬调查数据,从企业的实际经营状况出发进行调整。

市场对产品的需求是创业企业对劳动力需求的根源。市场对产品的需求决定了企业的薪酬水平。产品的需求价格弹性越大,企业越注意与竞争对手采取一定的价格策略,对产品进行成本控制,意味着对人工成本也要控制,进而需要对企业内部薪酬水平进行控制。

总体来说,创业企业在确定企业薪酬水平时,首先要考虑企业薪酬水平的对外竞争力和企业的实际承受能力,其次要考虑员工的基本生活费用和人力资源市场行情等。

(五)创业企业薪酬结构设计

1.薪酬结构的内涵

薪酬结构是薪酬体系的核心,实际上是对同一组织内部的不同职位或者技能之间的工资率所做的安排。因此,一个完整的薪酬结构通常都是由薪酬等级、薪酬范围及相邻薪酬等级间的交叉重叠关系构成的。换句话说,薪酬结构就是指在同一组织内不同职位或不同技能的员工薪酬水平的排列形式,强调薪酬水平等级的多少、不同薪酬水平之间级差的大小以及决定薪酬级差的标准,它反映了企业对不同职务和能力的重要性及其价值的看法。

薪酬结构的研究主体虽然是某一组织内部的薪酬水平一致性问题,但是在确定薪酬结构的过程中,也并不排除对于薪酬外部竞争性的考虑。因此,薪酬结构的确定其实是对内部一致性和外部竞争性的综合考量。在具体实践应用中,对于两者的具体偏好要根据企业面临的实际情况来定,有时对内部一致性因素的考虑多些,有时会更偏向于对外部竞争性因素的考虑。

2.创业企业薪酬结构的影响因素

创业企业的薪酬结构主要受三大因素的影响:外部环境因素、企业内在因素和员工自身因素。

1)外部环境因素

外部环境因素是指与工作本身的特性以及意义并没有直接关系,但对薪酬确实有很大影响力的社会、文化和经济等各方面因素,具体表现为政府的政策、法律和法规,劳动力市场状况,当地生活水平等。

(1)政府的政策、法律和法规。创业企业在设计薪酬结构时,必须要考虑国家的有关政策和法规。很多国家和地区对薪酬设定的下限和种族、性别问题都用立法形式加以规定,如美国的《公平薪酬法案》和《公民权利法案》都要求同工同酬,只要工作的责任大小、技术能力、环境等都相同,无论是男是女,是亚洲人还是欧洲人,信仰何种宗教,企业都必须付之以相同的报酬。《中华人民共和国劳动法》第 48 条设立了关于"国家实行最低工资保障制度"的规定,任何单位支付劳动者的工资不得低于当地最低工资标准,并为最低薪酬率的测算制定了严格的方法。

(2)劳动力市场状况。劳动力市场上劳动力的供求失衡和竞争对手之间的人才竞争都会影响到薪酬的设定。例如,劳动力市场上某种人才过剩,企业之间就会缺少竞争,这部分人的薪酬就会降低;相反,劳动力市场上某种人才紧缺,社会增加企业竞争压力,为了获得这些紧缺人才,企业就必须增加薪酬。尤其是在互联网高度发达的今天,求职者很容易获得自己所处行业内的市场工资分布情况。如果创业企业不能够提供有竞争力的薪资待遇,便会在市场的人才竞争中处于不利地位。

(3)当地生活水平。生活水平是人们收入状况、消费指数以及生活质量的具体表现。某一地区生活水平提高了,那么人们对生活的期望就会相应提高。要提高生活质量、扩大消费指数,就必须增加收入,这样就会给该地区的企业造成薪酬压力,影响创业企业的薪酬设定。当地生活水平较高时,为了保证企业内员工的生活水平,创业企业必须适当上调员工的薪酬。而对于生活消费水平较低的地区,创业企业不会选择支付太高的薪酬。

除上述因素外,创业企业的特殊性在于其外部市场环境具有较大的不确定性。特别是对于新创企业来说,其产品可能尚未推出,或者刚刚走向市场,潜在的需求能否被开发出来没有明确的答案,因而企业战略方向不明确,战略失误的风险非常大。一旦企业的战略定位失误,或者战略方案力度不够,往往会造成创业企业存活失败的后果。因此,高度不确定的市场环境对于创业企业高管团队的战略规划能力要求非常高,这一要求需要在薪酬结构设计上有相应的激励措施予以保障。

2)企业内在因素

企业内在因素包括企业经营战略、资源禀赋、企业文化等,它们对创业企业薪酬结构有着很大的影响。

(1)企业经营战略。企业经营战略是指企业为了自身的生存和发展,从实际出发,明确制订的企业中长期发展计划和确定的具体工作方针及行动方式。创业企业经营战略对薪酬结构的设计起着决定性的作用,例如,创业企业以创新战略为指导,将薪酬战略目标定位于维持和吸纳勇于创新的员工,重视员工参与及信息公开,它主张弹性较大、薪酬差距小的薪酬结构。在成本领先战略之下,创业企业则注重提高生产经营效率,将薪酬战略目标定位于薪酬成本控制,同时为了不影响员工的工作效率及工作稳定性,往往会强调薪酬的内部一致性,主张用基本薪酬稳定员工,此时,创业企业倾向于推行弹性较小、薪酬差距较小的薪酬结构。在差异化战略指导下,创业企业强调提高服务,赢得竞争优势,引导员工改善行为、提高绩效,企业的薪酬目标在于激励员工提高服务的质量与效率,此时,创业企业主张弹性较大、薪酬差距较大的薪酬结构。

(2)企业的资源禀赋。创业企业所拥有的资源是其实施薪酬激励的必要保证。资源是企业作为一个经济实体,在向社会提供产品或服务的过程中,所拥有或者所能够支配的能够实现公司战略目标的各种要素以及要素组合。在创业活动中,企业同样需要各种必要的生产要素和支撑条件,尤其是各种财务资源,这是创业企业能够持续经营的基本保证。在制定薪酬规划时,企业能够支配多少资源,对于薪酬方案的构建至关重要。对于处于初创期的企业来说,财务资源特别是现金资源极其匮乏,这就导致在新创企业的整体薪酬方案中现金部分比例非常小,而与企业未来业绩相关的薪酬方案则占据更大的比重。只有企业成长到一定阶段,获取足够多的财务资源之后,才可能逐步建立起接近于成熟企业的较为系统性的薪酬制度。

(3)企业文化。企业文化是指企业中长期形成的共同信念、作风、价值观和行为准则等。企业文化以企业精神为内核,包括三个层次:企业物质文化层(厂房设备、产品外观等)、企业制度文化层(领导体制、管理制度等)、企业精神文化层(行为价值观、员工素质等)。它反映企业整体的行为倾向和偏好,如果创业企业注重员工个人业绩与技能的提高,强调个人承担责任、勇于冒险、适应性,那么企业采用复合结构的薪酬结构以及高差别的薪酬策略,才能更好地激发员工的积极性与主动性。

3)员工自身因素

员工自身因素主要包括与员工个体所受的教育程度、专业技能以及自身的经验等一系列相关的情况,而这些情况又恰恰会影响创业企业薪酬的设定。

(1)教育程度。一般而言,员工所受教育程度越高,则应得到的薪酬越高。这是因为,薪酬不仅会补偿原学习过程中所花费的各种生理、心理能量,而且还是影响员工进一步学习、提高技能,促进产量提高的动力。研究表明,教育水平高的人员具有更高的信息利用能力和学习能力,能够帮助创业企业克服"新生劣势",提高企业绩效。因此,创业企业通常重视以高薪吸纳教育水平高的人才进入企业。

(2)专业技能背景。员工所具备的专业技能背景也会影响其薪酬。在创业阶段,企业急需关键性人才加盟实施差异化战略,重视员工对企业所做的贡献和价值。因此,企业通常会给具有某些专业技能背景的关键岗位人才支付高薪,采取领先薪酬策略,对一般岗位员工采取跟随薪酬策略。

(3)经验。一般来说,经验多、工作时间长的员工可获得较高的薪酬。很多企业把员工的薪酬和经验放在一致的位子上,即经验与薪酬匹配。例如,高级管理人才需要有12年以上的相关工作经验,管理人才需要8年以上的相关经验,而一般技术员工则需要5年左右的时间,同时他们的薪金也与此相对应,由高转低。

3.创业企业的薪酬结构类型及其选择

创业企业薪酬管理将面临的决策问题还有:薪酬结构是建立在工作、技能、绩效还是市场的基础之上? 如何将外部的薪酬数据与企业组织结构结合起来?

1)薪酬结构类型概述

(1)工作导向的薪酬结构。决定基本薪酬的一个重要因素是工作的价值。以工作为导向的薪酬结构的特点是薪酬根据工作中所包含的付酬因素如工作的重要程度、技术高低、责任大小及工作环境来决定。正因为员工的薪酬与工作岗位和职务直接挂钩,所以,它刺激员工不断向更高一级的工作岗位晋升。

工作导向薪酬结构的优点是具有客观性,不受个人情感的影响,可激发员工的工作热情和责任心,容易实现薪酬管理的公正性目标;主要缺点就是员工薪酬缺乏激励和竞争性。一旦员工的岗位确定,就决定了薪酬标准和薪酬水平。一些具有创造力的员工,难以充分发挥出潜力。所以,许多企业在推行岗位薪酬制度的同时,也设立了一系列激励制度,来鼓励和激发员工的工作主动性和积极性。

实施工作导向薪酬结构的难点主要在于工作岗位等级的评价。如何形成一个统一的、具有可操作性的工作岗位等级评价标准,是成功实施工作导向薪酬结构的关键。在实践中,一些咨询公司结合企业实际情况,成功地开发出了一些评价标准。岗位薪酬制(岗位薪点薪酬、岗位等级薪酬)、职务薪酬制等属于这类薪酬结构。它适用于各工作之间责、权、利明确的企业或专业化程度较高、分工较细、工种技术较单一、工作物对象和工作物等级较固定的企业。

(2)技能导向的薪酬结构。这是以员工掌握的技能来确定薪酬的薪酬结构。技能导向的薪酬结构可分为以下两种形式:

①以知识深度为基础,即将与一项职业相关的知识深度作为支付薪酬的基础。例如,教师的聘用合同规定了一系列的等级,每一个等级都要求相应的教育水平。两位老师尽管都是给大学本科生上课,但是博士学位的老师的薪酬会高于硕士学位的老师的薪酬,其根据是"学识更高的教师能更有效地授课,可以承担要求更高的教学科研工作"。

②以技能广度为基础,即将员工能从事不同工作(相关生产工作)的能力作为支付薪酬的基础。例如,伯戈-华纳公司(Borg-Warner)是一家为汽车传动系统装配传动链的企业。在汽车传动链的装配过程中,有7种不同的职业,如装运工、包装工、装配工、铆工等。该公司将原薪酬支付系统转为以技能为基础的薪酬结构后,这7种职业被归集为A、B、C三大类操作员。当C类操作员能令人满意地证明自己已精通从装运工到测量员的各种职业后,就有资格接受B类操作员职业的训练。每精通一种职业,薪酬就会长一级,B类操作员可以轮流做其精通的各种职业,也包括C类职业。B类操作员做包括装配工在内的需要其做的不同种类的职业,拿的是B类操作员的薪酬。A类操作员可以做所有的职业,还可以承担计划和领导团队的职责。对该公司来讲,这样的薪酬结构的优势是劳动力的灵活性,以及由此带来的雇员配置层次的缩减。

技能导向薪酬结构的优点是在实施过程中具有灵活性。它既可以在整个企业中实施,也可以在企业内部的某些员工中实施。例如,在大中型制造企业中,通常都有技术中心或研究院等机构,积累了大批技术人员。一些企业就专门为从事技术开发和产品开发的企业设立了技能薪酬制度,以使其劳动得到公正评价。技能导向的薪酬结构在实际运用中,职业化任职资格体系和职业化素质与能力评价体系的建立是关键。该薪酬结构的缺点是忽略工作绩效及能力的实际发挥程度等因素,成本较高。它适宜于规模小、技术人才集中的企业(如高科技企业),技术复杂程度高、劳动熟练程度差别大的企业,或者是处在困难时期、急需提高企业核心能力的企业。

实施技能导向薪酬结构的主要难点在于技能等级的评价标准和相应的薪酬水平。在一个企业中,各种技能人才的技能类型差异很大,相互之间难以比较。所以,开发一种统一的技能评价标准是成功实施这种薪酬制度的关键所在。

(3)绩效导向的薪酬结构。绩效导向薪酬结构的特征是将员工的收入与个人绩效挂钩。绩效是一个综合的概念,它不仅包括产品数量和质量,还包括员工对企业的其他贡献。绩效薪酬在企业薪酬范围足够大、各档次之间拉开距离的情况下,其使用效果会比较好。业绩评估系统的实施和运作需要有浓厚竞争性的企业文化氛围来支持,以实现企业优胜劣汰的目的。

在企业管理实践中,绩效薪酬在不同企业表现出不同的形式,归结起来大致有两种类型:一是纯粹的绩效薪酬,即员工的所有收入都与其工作业绩挂钩。例如,一些销售人员的薪酬就是由其销售产品的数量来决定的,完全没有固定薪酬或者只有极少部分固定薪酬。二是绩效薪酬制度与其他类型的薪酬制度结合使用,形成固定薪酬加业绩薪酬的薪酬结构。在这种薪酬结构中,固定薪酬部分通常是其岗位薪酬或技能薪酬,而业绩薪酬部分才是真正意义上的绩效薪酬。

现在,越来越多的企业采用绩效导向的薪酬结构。绩效导向的薪酬结构之所以能够流行,关键在于它能够将员工的贡献与收入结合,增强了薪酬的公平性、激励性和竞争性特征。但是,绩效导向的薪酬结构可能容易形成只重视眼前效益,不重视长期发展;只重视自己的绩效,不重视与他人合作交流等缺点。

计件薪酬、销售提成薪酬、效益薪酬属于绩效导向的薪酬结构。绩效导向薪酬结构的适用范围是任务饱满、有超额工作的必要、绩效能自我控制、可通过主观努力来改变工作成绩的企业。

(4)市场导向的薪酬结构。市场导向薪酬结构的方法是,根据市场上本企业竞争对手的薪酬水平来决定本企业内部的薪酬。具体做法有:

第一,将企业内部所有工作岗位依其对企业的贡献大小来排序;

第二,对与本企业有竞争关系的若干企业的薪酬水平进行调查;

第三,按照竞争对手与本企业相同工作岗位的薪酬水平来决定可比较的工作岗位的薪酬水平;

第四,参照可比较岗位的薪酬水平来决定那些不可比较的工作岗位的薪酬水平。

市场导向的薪酬结构注重的是由外部竞争来决定内部的薪酬水平,而不是本企业内部各种工作之间在对企业目标贡献上的相对关系。

现在许多企业实行的谈判薪酬(或称为协议薪酬)实际上是一种基于市场的薪酬模式,就是根据劳动力市场上的供求状况,企业和求职者双方在平等自愿的基础上,协商约定劳动合同期限内薪酬的标准。

2)创业企业理想的薪酬结构

创业企业理想的薪酬结构应达到以下目的:提供具有市场竞争力的薪酬以吸引有能力的人才;确定组织内部的公平,合理确定组织内部各个岗位的相对价值;激励员工的工作动机,奖励优秀的工作业绩者。因此,创业企业理想的薪酬结构应具备以下特点:第一,薪酬结构体现效率、公平、合法;第二,固定薪酬和变动薪酬的比例适当;第三,薪酬结构的导向清晰。创业企业在进行薪酬结构设计时,需要注意以下方面:

首先,创业企业薪酬结构的设计需要考虑其效率、公平、合法。就效率而言,企业的薪酬结构必须有助于达成企业在人力资源上的目标,甚至是组织的目标。例如,创业企业希望员工能致力于创新,那么,薪酬就不应该以员工的年资来决定。此外,各部门的工作性质不同,竞争优势也不同,因此应该避免使用同一种薪酬模式,以免降低部门原有的竞争优势与能力。例如,生产、营销导向的部门,可以选择低固定薪酬,配合高变动薪酬的方法;而行政管理部门,除了薪酬的给付,还配合与工作丰富化、强调个人成长有关的内在报酬因素。就公平而言,创业企业薪酬结构的设计必须能够有效反映岗位责任和能力大小,也就是薪酬差别必须合理。为确保薪酬差别合理,创业企业应该做好企业内部的职位评价和职位分析。职位评价和职位分析是针对职位本身,从职位的复杂性、责任大小、工作量多少、难易程度、控制范围、所需知识和能力以及工作态度等方面来对职位的价值进行量化评估。职位评价和职位分析是创业企业薪酬设计的基础,也是从根本上解决薪酬对内公平的关键所在。

其次,创业企业必须明确激励员工的因素,让员工明白什么样的行为是企业所鼓励的,且设定的目标必须是可衡量的,以便有效地区别员工的贡献程度。此外,还必须让员工知道企业如何来衡量目标的达成度，衡量效标的明确、一致化可以提高创业企业的绩效。由于经营风险较高，创业企业的员工所承担的劳动风险也相应加大，所以员工与企业容易结为命运共同体。因此，为加强抗风险能力，创业企业适宜建立绩效导向的薪酬结构，将员工的收入与企业效益、企业销售收入结合起来，形成"绩优薪优"的导向。同时，创业企业可建立个人技能评估制度，以员工的能力为基础确定其薪水。这种技能导向的薪酬结构可以真正做到人尽其能，最大限度地开掘和利用创业企业员工已有的技能。

3）创业企业薪酬结构的调整

由于创业企业发展迅速，且面临高度不确定的外部环境，因此，在实施薪酬结构的过程中，创业企业还要实时地根据环境变化和企业战略及时调整薪酬结构，修正实施过程中出现的问题。薪酬结构的调整应当遵循三个原则，即公平性、激励性和可操作性。常用的薪酬结构调整方法包括以下三种：

（1）增加薪酬等级。为了将职位之间的差别更细致化，从而设计出与职位要求及贡献更加相符的薪酬，企业可以选择增加薪酬结构中的等级数量。

（2）减少薪酬等级。减少薪酬等级是指通过合并和压缩职位等级将薪酬级别减少，将薪酬等级线延长，其结果便是各薪酬等级之间，尤其是相邻薪酬等级之间，可能会出现薪幅的交叉重叠。减少薪酬等级使企业在员工薪酬管理上具有更大的灵活性。

（3）调整不同等级人员的规模和薪酬比例。企业可以在薪酬等级结构不变动的前提下，定期对每个等级的人员数量进行调整，即调整不同薪酬等级中的人员规模和比例，其实质是通过职位等级人员数量来调整薪酬比例。例如，为了降低创业企业的薪酬成本，可采取降低高薪人员规模的方式。一个高级管理人员的收入往往是低级和中级员工的数倍，甚至是数十倍，因此减少高级员工降低该薪酬等级的薪酬支出，是控制薪酬成本的最佳方案。

创业企业的薪酬结构调整还应关注其生命周期所处阶段的定位、人才结构、资金实力、薪酬预算等方面。例如，在初创期，企业的启动资金有限，如何利用有效的资金、资源聘用到最合适最恰当的人才，是薪酬结构设计的关键。在这一时期，企业的薪酬设计以工作和岗位为主，兼顾员工的技能和特长，人员聘用时约定较高的固定薪酬，以达到员工初始满足感强，工作积极性好，工作成效显著的薪酬激励效果。随着企业发展，企业员工会发现彼此薪酬差距较大，内部公平性差，加之长时间工资固定，缺乏工资增长机会，员工可能产生离职意愿。企业若发现核心员工的薪酬满意度低，则应尽快启动薪酬结构调整的方案。在成长期，企业资金实力增强，可以考虑以基本工资和绩效工资并重的方式留住高端人才，注重薪酬结构的公平性，且薪酬支付可从多方面体现、多元素增长，以激励员工多元化努力。

（六）创业企业特殊岗位的薪酬设计

1.基层管理人员的薪酬

企业管理人员划分为高层管理人员、中层管理人员和基层管理人员，对于这三类管理人员，薪酬管理设计的侧重点有所不同，这是由管理人员的工作特点所决定的。创业企业员工数量少，管理较为扁平，一般不设置中层管理人员，而高层管理人员通常由创业团队成员担任，且创业团队成员的薪酬主要依赖于创业企业股份，不适合大部分员工，故在此不做过多讨论。本书此处主要讨论基层管理人员的薪酬。

基层管理人员是公司战略的最终落实者，公司政策能否得到执行，公司业务能否顺利开展,业务范围能否不断扩大,效益能否提高,很大程度上取决于基层管理人员的主观努力程度和能否有效地调动下属的积极性。其管理活动和管理行为不仅是员工行为的示范,而且直接影响员工的工作效率和工作业绩。

基层管理人员的工作特点决定了基层管理人员的薪酬管理模式:基本薪金+奖金+福利。基本薪金的确定可采取职位等级工资制,职位等级的晋升要体现其管理能力、管理责任、管理难度和管理业绩。奖金的设计要充分体现其业绩水平,发挥奖金的激励作用,同时,也要有利于改善基层管理人员与普通员工的关系,拉近基层管理人员与普通员工之间的距离。对于基层管理人员的福利计划也要体现其特点,在素质要求方面,为基层管理人员设计一些技术业务方面的培训计划,帮助基层管理人员提高技术技能。根据基层管理人员是一线管理人员的特点,即管理任务重,工作时间长,无暇照顾家庭,因此,要有意识地增加服务性福利项目,为基层管理人员提供更多的家庭服务,解决其后顾之忧。对于基层管理人员薪酬管理的设计,应注意将重点放在如何通过薪酬管理,改善其工作绩效,提高其管理职能上。

2.专业技术人员的薪酬

专业技术人员包括工程师、经济师、会计师等具有专业知识或专业技术职称,并在相关岗位上从事专业技术工作的专门人员。专业技术人员的工作特点是工作业绩不容易被衡量,工作时间无法估算,工作压力大,市场价格高。根据专业技术人员的工作特点,专业技术人员的薪酬管理可采用多种模式,如高薪资模式、较高薪资+奖金模式、较高薪资+科技成果提成模式、科研项目承包模式、薪资+股权激励模式等。专业技术人员的薪酬管理设计应注意注重激励,鼓励创新,除了外在薪酬福利外,必须重视内在薪酬福利的激励作用,如工作成就感、满意度。同时,要结合企业实际状况,实行多样性、灵活性的激励形式,且薪酬福利设计中重点关注专业技术人员工作态度、实际工作效果的考核。

3.销售人员的薪酬

销售人员是企业从事销售业务的人员,他们相对于基层管理人员和专业技术人员来说,具有其独特性:工作业绩直接影响到企业的生存,工作时间不确定,工作过程无法实施有效的控制和监督,业绩不稳定,波动性大。在设计初创期销售人员的薪酬模式时,要考虑以下几种因素:

(1)创业企业因资金有限,难以对员工给出高于市场平均水平的待遇,因此创业企业对销售人员的吸引力不是很高,大部分情况下招聘到的员工会以尚未积累销售经验的年轻人为主。

(2)销售人员进入创业企业的目的一方面是希望积累经验,另一方面是希望能够成为创业企业的功臣。

(3)由于创业企业的前景具有较高的不确定性,员工普遍缺乏对创业企业未来的信心和创业团队的信任,故销售人员更看重短期的激励。

(4)企业的市场经验缺乏,让销售人员更多地依靠单兵作战的方式获得业绩。

根据上述的因素,销售人员薪酬设计最好的方式就是采用固定薪酬模式,或者是采取"高固定,低奖金/提成"的模式,因为这个时候,企业产品刚刚上市,产品没有什么知名度,销售风险性很高,销售人员的努力很可能得不到足够的市场回报,因此,这个时候就不能让销售人员来承担风险。这种薪酬设计模式突出的是风险共担、利益共享的经营理念,激励销售人员与企业共同成长与发展。此时薪酬设计的重点应放在薪酬的外部竞争性上,可以淡化薪酬的内部公平性。经过一段时期的努力,产品得到了客户的认可,逐渐在市场上打开了销路,销售的风险程度逐渐降低,销售额开始增加,这时,企业就可以适当降低销售人员薪酬中的固定部分,也即基本薪酬部分,提高浮动部分,即奖金或提成部分,以鼓励销售人员更为积极地扩大销售份额,增加销售额。综上所述,销售人员薪酬激励模式设计的核心在于个人和企业同步发展,在选择薪酬激励方案时要慎重评价各种方案。

三、创业企业的员工福利与津贴管理

(一)创业企业员工福利管理

1.员工福利的基本内涵

福利(包括退休福利、健康福利、带薪休假、实物发放、员工服务等)有别于根据员工的工作时间计算的薪酬形式。与基本薪酬相比,福利具有以下两个方面的重要特征:一是基本薪酬采取的往往是货币支付和现期支付的方式,而福利则通常采取实物支付或者延期支付的方式;二是基本薪酬在企业的成本项目中属于可变成本,而福利无论是实物支付还是延期支付,通常都有类似固定成本的特点,因为福利与员工的工作时间之间并没有直接的关系。正是福利在上述两个方面的重要特征,决定了被称为间接薪酬的福利作为企业总薪酬的一个重要组成部分,在企业的薪酬系统中发挥着自己独特的作用。

2.创业企业员工福利的类型

1)法定福利

(1)法定社会保险。大多数市场经济国家的企业都要面对很多按照法律规定必须提供的福利项目。我国规定的集中法定社会保险类型为:养老保险、失业保险、医疗保险、工伤保险以及生育保险。

①养老保险。法律规定的养老保险又称老年社会保障,是社会保障系统中的一项重要内容。它是针对退出劳动领域或无劳动能力的老年人实行的社会保护和社会救助措施。老年是人生中劳动能力不断减弱的阶段,意味着永久性"失业",每个人都会进入老年,从这种意义上说,由老年导致的无劳动能力是一种确定性的和不可避免的风险。

②失业保险。失业保险是为遭遇失业风险、收入暂时中断的失业者设置的一道安全网。它的覆盖范围通常包括社会经济活动中的所有劳动者。我国于1999年1月22日颁布的《失业保险条例》规定,城镇企事业单位按本单位工资总额的2‰缴纳失业保险费,职工按本人工资的1‰缴纳失业保险费,由所在单位从本人工资中代为扣缴。

失业保险的开支范围是:失业保险金、领取失业保险金期间的医疗补助金、丧葬补助金、抚恤金、领取失业保险金期间接受的职业培训补贴和职业介绍补贴、国务院规定或批准的与失业保险有关的其他费用。享受失业保险待遇的条件为:所在单位和本人按规定履行缴费义务满1年,非本人意愿中断就业,已办理失业登记并有求职要求。同时具备以上三个条件者才有申请资格。

关于失业保险金的给付期限,具体的规定是,最长为24个月,最短为12个月。其中累计缴费时间满1年不足5年的,给付期最长为12个月;满5年不满10年的,给付期最长为18个月;10年以上的,给付期最长为24个月。对连续工作满1年的农民合同工,根据其工作时间长短支付一次性生活补助。

③医疗保险。医疗保险是指由国家立法,通过强制性社会保险原则和方法筹集医疗资金,保证人们平等地获得适当的医疗服务的一种制度。为了实现我国职工医疗保险制度的创新,在总结我国医疗保险制度改革试点单位的经验,借鉴国外医疗保险制度的成功做法的基础上,1993年,党的十四届三中全会决议中明确指出,要建立社会统筹与个人账户相结合的新型职工医疗保险制度。基本医疗保险费由用人单位和职工共同缴纳。用人单位缴费费率应控制在职工工资总额的6%左右,其中的30%进入个人账户;职工的缴费费率一般为本人工资收入的2%。

④工伤保险。工伤保险是针对那些最容易发生工商事故和职业病的工作人群的一种特殊社会保险。工伤保险制度建立了基金体制,工伤保险费完全由企业承担,按照本企业职工工资总额的一定比例缴纳,职工个人不缴纳工伤保险费。与养老、医疗、失业保险不同,工伤保险除了体现社会调剂、分散风险的社会保险一般原则外,还体现工伤预防、减少事故和职业病的发病率、体现企业责任等原则。我国采取了与国际接轨的做法,对于工伤保险费不实行统一的费率,而是根据各行业的伤亡事故风险和职业危害程度类别,实行不同的费率,主要包括差别费率和浮动费率两种形式。

⑤生育保险。这是承担女职工的生育费用和由于生育而带来的经济损失的一种保险。生育费用有社会统筹的模式,提出由企业按其工资总额的一定比例向社会保险经办机构缴纳生育保险费,建立生育保险基金。生育保险费由当地人民政府根据实际情况确定,但最高不超过工资总额的1%。企业缴纳的生育保险费列入企业管理费用,职工个人不缴纳生育保险费。女职工生育期间的检查费、接生费、手术费、住院费和医疗费,都由生育保险基金支付,规定的医疗服务费和药费由职工个人负担。产假期间按照本企业上年度职工月平均工资支付的生育津贴,由生育保险基金支付。

(2)住房公积金。为了加强对住房公积金的管理,维护住房公积金所有者的合法权益,促进城镇住房建设,提高城镇居民的居住水平,国务院于1999年4月颁布了《住房公积金管理条例》,并于2002年3月和2019年3月对该条例进行了相应的修改。住房公积金,是指单位及其在职员工缴存长期住房储金,包括员工个人缴存的住房公积金和员工所在单位为员工缴存的住房公积金,它属于员工个人所有。员工的住房公积金的月缴存额为员工本人上一年度月平均工资乘以员工住房公积金缴存比例。单位为员工缴存的住房公积金的月缴存额为员工本人上一年度月平均工资乘以单位住房公积金缴存比例。我国住房公积金设有专门机构进行管理,且实行专款专用。

(3)法定假期。

①公休假期。公休假日是劳动者工作满一个工作周之后的休息时间。国家实行劳动者每日工作时间不超过8小时、平均每周工作时间不超过44小时的工时制度。《中华人民共和国劳动法》第38条规定,用人单位应当保证劳动者每周至少休息一日。

②法定休假日。法定休假日即法定节日休假。我国全体公民放假的节日包括元旦、春节、清明节、劳动节、端午节、中秋节、国庆节等。《中华人民共和国劳动法》规定,法定休假日安排劳动者工作的,支付不低于工资的300%的劳动报酬。

③带薪年休假。很多国家都通过法律规定了带薪年休假制度,但是带薪年休假的天数却相差很大。《中华人民共和国劳动法》第45条规定,国家实行带薪年休假制度。《职工带薪年休假条例》规定,机关、团体、企业、事业单位、民办非企业单位、有雇工的个体工商户等单位的

职工连续工作 1 年以上的,享受带薪年休假(以下简称年休假)。职工在年休假期间享受与正常工作期间相同的工资收入。国家法定休假日、休息日不计入年休假的假期。

④其他假期。在员工福利中通常还包含病假。病假是指在员工因病无法上班时,组织仍然继续给他们支付薪酬的一种福利计划。一般情况下,员工能够请病假的时间长短取决于他们在企业中的服务年限,但是企业会对允许员工请病假的天数有一个上限规定。有些企业允许员工在一年当中积累病假天数,但是年底还未休的病假就自动取消。然而,由于这种做法可能会对员工产生一种错误的激励,鼓励他们在年底之前休完所有的病假,所以,有些企业采取了另外一些变通的做法,比如,在每年年底或员工退休或离职时,根据员工应休而未休的带薪病假天数支付部分或全部的薪酬。员工还可以享受探亲假、婚丧假、产假与配偶生育假等。探亲假的享受对象是组织中那些与配偶及父母不在同一个区域的员工。达到法定结婚年龄的员工可以享受婚假,晚婚者可以多享受一定的假期。符合生育政策的女职工可以享受产假,而男职工可以享受配偶生育假以照顾分娩的妻子。

2)员工服务福利

(1)员工援助计划。员工援助计划是企业针对诸如酗酒、吸毒、赌博或压力问题等向员工提供咨询或治疗的正式计划。其基本模式有四种:

①在内部模式中,由公司自行雇用全部援助人员。

②在外部模式中,公司与第三方签订合同,由第三方提供员工援助服务所需的工作人员和服务内容,提供的服务地点可以是第三方的上班地点、本公司的上班地点或者二者的结合。

③在合作模式中,多个公司集中它们的资源共同制订一个员工援助计划。

④在加盟模式中,第三方已经与公司签订了合同,但第三方将合同转包给一个地方性的专业机构,而不是利用自己的员工来执行合同。如果实施员工援助计划的第三方在客户公司所在地没有办公地点,就通常采用加盟模式向客户公司的员工提供服务。

(2)咨询服务。企业可以向员工提供广泛的咨询服务。咨询服务包括财务咨询、家庭咨询、职业生涯咨询、重新谋职咨询以及退休咨询等。在条件允许的情况下,企业还可以向员工提供法律咨询。一些企业还通过网络等各种方式向员工提供一些有价值的信息,有些公司的内部网络上还会为组织内部的员工提供各种关于儿童教育、租房、交换家庭物品以及寻求其他方面同事帮助的信息平台。

(3)教育援助计划。教育援助计划是针对那些想接受继续教育或完成教育的员工实施的一种很普遍的福利计划。教育援助计划分为内部援助计划和外部援助计划两种。内部援助计划主要是指企业的培训。外部援助计划主要指的是学费报销计划,其目的是鼓励员工学习,同时吸引那些愿意开发自身知识和技能的员工。典型的学费报销计划通常会涵盖注册费用以及与员工的当前工作或者在组织中的未来职业发展有关的课程方面的费用。当员工证明他们已经完成了组织批准他们参加的课程之后,就可以报销与之相关的所有费用。学费的报销可以采取全额报销、部分报销的方式,也可以采取每年给予固定金额的补助等不同的方式。

(4)儿童看护帮助。在国外,越来越多的公司向员工提供儿童看护帮助。这种帮助可以根据公司介入程度的不同划分为多种形式。企业参与程度最低的一种儿童看护帮助是,企业向员工提供或帮助员工查找儿童看护服务的成本和质量方面的一些信息。在儿童看护帮助方面,参与程度较高的企业向那些已经购买了儿童看护服务的员工提供补贴。在最高的企业参与层次上,企业直接向员工提供工作场所中的儿童看护服务。多项调查都显示,提供儿童看护帮助的企业,员工的缺勤现象大大减少,生产率也会有一定程度的上升。

(5)老人护理服务。随着人口平均年龄的提高,企业和个人都越来越多地关心老年人的护理问题。与儿童看护有些类似,老年护理计划的目的是帮助员工照顾不能充分自理的年迈父母。从企业的角度来说,老年护理福利之所以如此重要,其原因与儿童看护福利一样:帮助员工照顾他们年迈的家人会提高员工的工作绩效。组织提供的老年护理福利主要包括:弹性工作时间、长期保健保险项目以及公司资助的老年人看护中心等。

(6)饮食服务。很多企业为员工提供某种形式的饮食服务,让员工以较低的价格购买膳食、快餐或饮料。在公司内部,这些饮食设施通常是非营利性质的,有的企业甚至以低于成本的价格提供饮食服务。这种做法对员工的好处是显而易见的。对企业来讲,则意味着员工不需要花费很长的就餐时间。即使不提供全部就餐设施的企业,往往也会提供饮水或自动售货机服务以方便员工。那些不提供饮食服务的组织可能就要为其不完善的工作设施支付补偿性的差别工资,或者提供饮食补助。

(7)健康服务。健康服务是员工福利中使用最多的福利项目之一,也是最受重视的福利项目之一。员工日常需要的健康服务通常是法律规定的养老、生育、工伤保险所不能提供的。大多数情况下,健康服务包括为员工提供健身的场所和器械以及为员工举办健康讲座等。对于那些要求比较高、工作压力比较大的工作来说,有些企业还提供一些有助于员工在工作中投入必要的较长工作时间以及帮助他们缓解压力的福利。

相比于成熟企业的福利优先薪酬模式,创业企业的福利体系通常不那么健全。在初创期,受到资金约束,创业企业的福利通常较少,部分企业甚至将法定福利如社会保险等折算到薪酬总额中,使其成为显性薪酬来吸引人才。随着企业步入成长期,资金实力增强,创业企业的福利体系也逐渐健全。创业企业通过分阶段实施各种福利,让员工享受企业发展带来的实惠,以更好地留住高绩效人才。

3.创业企业员工福利管理的内容

福利管理是对现存的福利组合进行管理。福利管理的内容包括福利申请的受理与处理、与员工进行福利沟通以及在环境变化时对福利进行监控和修订等。

1)处理福利申请

一般情况下,员工会根据企业的福利制度和政策向企业提出享受福利的申请,此时企业就需要对这些福利申请进行审查,看其申请是否合理;也就是说,需要审查本企业是否实施了某种相关的福利计划,该员工是否在该计划覆盖的范围之类,以及该员工应当享受什么样的福利待遇等。这并不是一项技能水平要求较高的工作,但是它通常很费时间,并且对从事这项工作的人的人际沟通能力要求较高。这是因为在对福利申请进行处理的时候,还要为那些申请福利被拒绝的员工提供咨询,向他们解释被拒绝的理由。在福利申请的受理以及处理方面,福利管理者能够显示出自己对整个组织的重要价值,因为通过对福利申请者进行认真的审查,并恰当地处理福利申请,可以为创业企业节省很多不必要的支出。

2)进行福利沟通

员工福利要对员工的行为和绩效产生影响,就必须使员工认为福利是总薪酬的一部分。但是很多企业的经验显示,即使企业为向员工提供福利做出了很多努力,员工仍没有意识到组织到底提供了什么福利,或者根本没有意识到组织为此付出了多么高额的成本。此外,虽然员工非常看重已经得到的福利,但是这并不意味着他们对企业所提供的每项福利计划都很满意。

这两种情况表明,企业有必要设计一种完善的福利沟通模式,一方面,告诉员工他们都享受哪些福利待遇;另一方面,告诉员工他们所享受的福利待遇的市场价值到底有多高。

福利沟通比直接薪酬信息沟通要困难一些。很多时候,在每一个带薪工作日,员工都有可能会得到直接薪酬方面的信息反馈;换句话说,每工作一天,员工都知道今天自己能够赚到多少钱。然而,对大多数员工而言,福利在很长一段时间内可能都是看不到的。在福利计划本身比较复杂的情况下,企业也很难对员工进行详尽的解释。创业企业应该采取一些有计划的、持续的方式与员工进行福利信息方面的沟通,让员工对他们享有的福利待遇有一定程度的了解。

3)加强福利监控

福利领域的情况变化很快,创业企业必须紧紧跟随组织内部和外部态势的发展变化。

(1)有关福利的法律经常会发生变化,组织需要关注这些法律规定,检查自己是否符合法律法规的规定。一方面,避免自己在不知不觉的情况下违反国家的法律法规;另一方面,企业以法律法规为依据,寻求有利于自己的福利提供方式。

(2)员工的需要和偏好会随员工队伍构成的不断变化以及员工自身职业生涯的发展阶段而处于不断变化之中。因此,员工的福利需求调查应该是一项持续不断、经常进行的工作,而不能一劳永逸。

(3)与对外部市场的直接薪酬状况变化的了解类似,对其他企业福利实践的了解也是创业企业在劳动力市场上竞争的一种重要手段。

(4)对创业企业而言,最复杂的问题莫过于由外部组织提供的福利成本所发生的变化引起的问题。例如,由保险公司所提供的保险价格的改变等引起的问题需要企业格外重视。

创业企业只有对在福利领域所发生的变化进行有效的监控并随时进行调整,才能保证以较低的成本提供令员工满意的福利项目。

4.创业企业福利管理中的几个重要问题

1)解决好企业战略与员工福利的问题

作为总体薪酬的一部分、创业企业人工成本的一部分,随着福利项目的发展,福利发放方式的多样,福利在创业企业中起到的作用也越来越大,如何更好地发挥福利对创业企业发展的支撑作用的问题逐渐受到重视。与工资、奖金等薪酬一样,福利的发放也要考虑到企业的战略,以支撑创业企业的战略为目标。比如对于一个重视销售的创业企业来说,它的福利应更具有激励性,而且应该与员工的业绩联系在一起,以使员工更好地完成销售任务。

2)各类人员在福利中受益情况

创业企业中的人才根据各自不同的价值性和特殊性,可分为四类,即核心人才、通用人才、独特人才和辅助型人才。四类人才对企业的价值不同,所以对四类人才的管理也有着本质的不同,其中,核心人才是创业企业人力资源管理与薪酬管理的重心。那么,在福利管理上如何对不同的人才进行区分以使得在同样成本的情况下使福利发挥更大的激励作用,使创业企业得到更多的回报呢?对于创业企业来说,其主要需要考虑对核心人才和通用人才的福利管理。

(1)核心人才。核心人才是直接与创业企业的核心能力相关、掌握了企业特殊知识和技能的人。这类人才是创业企业管理的重心,对创业企业的成功至关重要。为体现企业对核心人才的关注,创业企业可以考虑为核心人才提供特别的福利,作为对核心人才的奖赏,并将福利与其业绩进行挂钩,提高福利的激励性。

(2)通用人才。通用人才与核心人才一样,也与创业企业的核心价值直接相关,但是他们掌握的是通用的知识与技能。这些人与核心人才不同的是,这类人才具有可替代性。对这类人才的福利设计,应以固定福利为主,少许的变动或许更为合适,而不像对核心人才那样进行刺激性的激励,因为他们的工作多是常规性的工作。

3)弹性福利计划

弹性福利计划又称为自助餐式福利,是一种有别于传统固定式福利的员工福利制度,现在正在被越来越多的企业所采用。在弹性福利计划中,员工可以从企业所提供的一份列有各种福利项目的"菜单"中自由选择其所需要的福利。

弹性福利计划强调让员工依照自己的需求从企业所提供的福利项目中来选择组合属于自己的一套福利"套餐"。每一个员工都有自己"专属的"福利组合。另外,弹性福利计划非常强调"员工参与"的过程,希望从别人的角度来了解他人的需要。通常来说,创业企业可以根据员工的薪水、年资或家眷等因素来设定每一个员工所拥有的福利限额,并且在福利清单中所列出的福利项目都会附一个限额,员工只能在自己的限额内购买喜欢的福利。

弹性福利计划可以实现员工的自主选择性,可以对员工的态度和行为产生积极的影响;并且不同的福利组合可以吸引不同的员工,从而有助于创业企业招募并留住员工。但是,弹性福利计划也意味着其在管理上更费力,创业企业可以考虑在渡过初创期进入发展和稳定阶段后再实行弹性福利计划。

(二)创业企业员工津贴管理

1.津贴的含义与特点

1)津贴的含义

津贴,是指补偿职工在特殊条件下的劳动消耗及生活费额外支出的工资补充形式。津贴分为薪酬性津贴和非薪酬性津贴两种,与工资制度有关的主要是薪酬性津贴,即工作津贴。传统的工作津贴主要是为补偿特殊劳动条件下,企业员工所付出的额外劳动消耗、生活费支付及对身体健康的损害等。

现代薪资管理中津贴的内涵和外延都在扩大,一些带有奖励、激励和政策倾斜性质的津贴纷纷出现,并且在补偿性薪酬中的比例日益提高。企业的津贴体系或津贴管理制度由津贴项目、津贴实施的条件和范围以及津贴标准等内容组成。

2)津贴的特点

津贴是职工工资的一种补充形式,具有以下几个特点。

(1)津贴是一种补偿性的劳动报酬,是对劳动者在特殊的环境和条件下超常劳动消耗和额外支出的一种补偿。

(2)大多数津贴所体现的不是劳动本身,即劳动数量和质量的差别,而是劳动所处的环境和条件的差别,从而调解地区、行业、工种之间在这方面的工资关系。

(3)津贴具有单一性。多数津贴是根据某一特定条件,为某一特定目的而制定的,往往一事一贴。

(4)津贴有较大的灵活性,可以随工作环境、劳动条件的变化而变化,可增可减,可减可免等。

2.员工津贴的类型

工作津贴也称劳动津贴,它与劳动岗位、职务等劳动条件直接相关,因此,工作津贴又可细分为岗位津贴、职务津贴等。

1)岗位津贴

岗位津贴是对特殊劳动条件下工作的补偿。传统的特殊条件包括时间、空间和环境三个方面,如非正常工作时间(夜间加班)、超常工作空间(高空、地下、水下作业等)和恶劣的工作环境(高温、潮湿和接触有害物质等)。与特殊劳动条件相关的津贴项目有:补偿员工额外劳动消耗的津贴,如高空、高温、夜班津贴等;补偿身体健康伤害的津贴,如有毒有害岗位津贴,林区、高原、水下和井下作业津贴等。

2)职务津贴

现代意义上的劳动条件与传统的概念有所区别。例如,激烈的市场竞争、紧张的脑力付出以及频繁地置换工作地点和工作内容等,这些都需要员工做出额外付出,也应该给予他们特殊的补偿。因此,在许多企业中,现代岗位津贴已经发生了性质上的变化,并在很多情况下,与职务津贴结合在一起。一些工作的环境和条件虽然没有特殊性,但是对员工劳动数量、质量以及个人能力和责任付出有特殊的要求,也应以职务津贴的形式给予报偿。例如,企业中的高级管理人员,在企业中具有重大指挥和决策作用,责任重大,个人需要特殊性的付出,对此,就需要通过工作津贴的形式予以补偿。企业技术骨干的情况虽然不同于企业高层管理者,但是他们在特殊工作岗位和技术上的超额付出,也需要以工作津贴的形式支付。此外,其他一些岗位,如会计、保安等岗位的津贴,也是一种对于特殊责任付出的补偿。

3)生活津贴

生活津贴是为了保障员工实际收入的稳定,补偿员工由于特殊工作需要而造成的额外生活支出,包括补偿员工在生产过程中的额外生活费支出,如外勤工作津贴、铁路乘务津贴等;补偿员工在边疆、高海拔作业而付出的超额生活开支,如林区津贴、地区生活费津贴、高寒山区津贴、海岛津贴,以及出国公务、劳务人员的国外津贴等。在跨国企业外派人员的薪酬管理中,生活津贴是一项非常重要的内容。它主要是指用于食物、服装、家具、娱乐、交通以及私人保健、医疗保健等项目上的支出。提供生活津贴的目的在于保证外派人员在国外任职期间能够维持原有的可自由支配收入的水平,维持原有的购买力。此外还考虑到外派人员初到其他国家,因不适应陌生的生活环境,也会带来额外的生活成本。例如,语言不同、环境不熟、因不会讨价还价有可能在东道国受到歧视等,这些都需要跨国公司为外派人员提供生活津贴。

3. 创业企业员工补贴

1)补贴的性质

从维持生活水平不变或者提高员工薪酬的基本职能角度来看,补贴与津贴一样,也是补偿性薪酬的一种重要形式。但是,津贴与补贴是有区别的,尽管现实中两者的区别有时不好把握。其主要区别在于,津贴是为特殊劳动付出而提供的劳动补偿性报酬,支付对象仅与工作性质有关。换言之,只有部分从事特殊工作的员工才可以得到。而补贴多是因为受企业外部环境因素影响,或者企业经营管理方式变化导致员工收入损失而提供的一种补偿,发放范围包括全体员工。所以,津贴发放与工作岗位、职务和工种有关;而补贴发放与员工的生活和收入水平有关,与工作性质没有直接的关系。一种划分津贴和补贴的简单方法是,属于生产性质的称作津贴,属于生活性质的称作补贴。

2)补贴的类别

在创业企业实践中,通常有两种类型的补贴:政策性补贴、企业补贴。

（1）政策性补贴，主要是指受一些外部因素的影响，如物价上涨、国家福利政策变动等，造成员工实际收入水平的下降而提供的补偿形式。对于创业企业来说，我国的许多城市也出台了自主创业扶持补贴办法，包括初创企业补贴、创业带动就业补贴、创业场地租金补贴、社会保险补贴等。

（2）企业补贴，主要是企业为补偿员工过去的劳动付出，维持当前的实际薪酬水平不降低，或者防止员工外流等而发放的补贴性收入。

3）补贴发放管理

在补贴的发放中，应该掌握以下两个基本的原则：

第一，使员工的现有工资水平不降低的原则。无论是政策性补贴，还是企业内部的补贴，其目的都是为了保证员工的实际薪资水平不因外在的因素而降低，保证创业企业员工的留存，因此维持原有的薪资水平是发放下限。

第二，发放的比例不易过大。对于员工补贴的比例和方法，目前大多数观点不倾向于比例过大，甚至有观点认为，应该把政策性补贴和企业补贴纳入基础工资，称之为"无补贴薪酬"。这样做的好处是有利于管理，而且如果与绩效工资挂钩，还可以部分浮动。其弊端在于，如果将补贴纳入基础薪酬之后，将成为企业永久性的人工成本支出，不利于享受国家的税收优惠。根据一些企业的经验，补贴转基本工资的工作可考虑结合薪资改革或薪资调整进行。

本章要点

1. 薪酬管理是在组织发展战略的指导下，对员工薪酬支付原则、薪酬策略、薪酬水平、薪酬结构以及薪酬构成进行确定、分配和调整的动态管理过程。

2. 薪酬结构实际上是对同一组织内部的不同职位或者技能之间的工资率所做的安排。薪酬结构就是指在同一组织内不同职位或不同技能的员工的薪酬水平的排列形式，强调薪酬水平等级的多少、不同薪酬水平之间级差的大小以及决定薪酬级差的标准。

3. 薪酬体系是指薪酬的构成和分配方式，即一个人的工作报酬由哪几部分构成。一般而言，员工的薪酬包括以下几大主要部分：工资、奖金、津贴、福利。

4. 薪酬设计指在周密调查、征求意见和系统分析的基础上，明确薪酬分配的目标和原则，确定薪酬分配的内容，拟订薪酬方案的实施办法和步骤，使之形成一个用文字表述的，各个组成部分具有内在联系的有机整体的工作过程。薪酬设计从企业视角看，是提供一个支持和保证企业经营战略目标实现的利益分配机制；从薪酬本身来看，是为经常性的利益分配提供一个科学合理的薪酬政策文件，以作为处理日常薪酬支付问题的准则和操作规范。

复习思考题

1. 外在诱因激励理论有哪些？内驱力激励理论有哪些？

2. 简述双因素理论和需要层次理论。

3. 什么是薪酬结构？什么是薪酬体系？

4. 薪酬设计的主要内容包括哪些？

5. 创业企业薪酬设计应该遵循什么原则？

案例分析

用这一招管理 10 万人的公司

8 年的时间,字节跳动实现了收入从零到千亿的跨越,增长速度令人吃惊;App 产品就像工厂流水线上的产品一样,一批一批地走向市场,形成了产品矩阵;海外业务高速扩张,腾讯的全球办公室有 70 个,阿里巴巴有 40 个,而字节跳动有 230 个;当然,快速发展的业务背后,员工数量也高速增长,目前,字节跳动员工超过 10 万人,比肩阿里巴巴。十万人的庞大团队依然保持创新活力。我们见过大象跳舞,但是从没见过大象跳街舞。人数这么多、业务如此复杂的字节跳动,为何还能保持凶猛的创业创新精神? 字节跳动到底是如何打造支撑业务的组织能力的?

字节跳动创始人说:"比较好的一些方法是,提高人才的密度,增加有大局观、有好价值观、知识和能力也很全面的人才。如果找的人才理解力极差,那么公司的制度就得定得非常详细,但是如果面对一群高素质的人才,就可以将规则定得简单,简单成少数原则。我们公司把这个总结为'和优秀的人做有挑战的事'。"从公司的组织建设可以看出,字节跳动创始人用经济学思维在公司内部打造出了"市场经济"。在人员招聘方面,字节跳动坚持的原则就是找到最合适的人。所谓最合适的人有三个标准,即超强学习能力、视野开阔、心智成熟的成年人。至于学历、相关经历、头衔,不那么重要。在人才密度方面,2015 年以前,字节跳动创始人招人、用人的主要逻辑在于补业务短板。由此吸引了一群能力远超公司发展阶段的人,比如负责广告业务的"财神爷"合伙人张某,HR 负责人华某,技术负责人杨某等。在 2015 年之后,字节跳动更多是基于新战略分支,选择适合的人才,比如,柳某的加入是字节跳动国际化战略的标志等。

再看员工激励,很多公司的领导者往往喜欢跟员工谈期权,给员工"画饼"。但是,早期加入的员工可以拿到期权,后来加入的员工怎么拿期权激励呢? 员工真的想要期权吗? 期权的背后是什么呢? "我想期权不是最关键的,期权无非是获得超额的回报,实现财富自由。所以,我们认为重点要把激励放到提高年终奖的比例上,所以我们希望非常突出的人有机会能够拿到 6~100 个月的年终奖。"字节跳动创始人解释道。"回报要保持足够高的天花板,任何时候能够吸引创造超级价值的人才加入奋斗团队。"在人才保留和激励上,字节跳动的人才机制主要包括三个要点。第一是回报,包括短期回报和长期回报;第二是成长,员工在公司能得到成长;第三是精神生活愉快,做事觉得有趣。总结起来不难发现,很多公司都会看人力成本,很多公司把人才当成损耗的成本。但是,字节跳动创始人不看人力成本,而更关注 ROI(投资回报率)。字节跳动创始人认为,公司的核心竞争是 ROI 的水平,而不是成本水平。如果人力成本很高,反过来要求公司必须能把这些人配置好、发挥好。

资料来源:森途学苑数字创业图书馆(http://cyxy.sentuxueyuan.com/)。

案例思考题:

1.结合案例,请归纳出字节跳动的员工招聘的特点。

2.结合激励理论分析字节跳动的员工激励模式为什么能发挥作用。

实践练习

激励 DNA 量表——你属于哪一种激励类型?

这份诊断包含了 21 组问题,可以借此找出你主要的激励类型。只要在每道题组中,选择最符合你生活中大部分状况的那项叙述,并将选定的答案做个记号即可。有时候,你可能会觉得两项叙述都很贴近你的状况,但如果一定要从两者中选一个,哪一个能较正确反映你过去的思考模式和行为呢? 如果仔细思考,你将会发现两者之间,还是有一个比较正确。最好不要过度分析你的选择,越是用直觉来回答,越能得到比较正确的结果。

21 个激励密码	A	B	C	D	E	F
1. 我是个愿意支持别人、友善的人,会想要主动亲近别人。			•			
我是个喜欢追求卓越、创造非凡成就的人。	•					
2. 我比较相信直觉,并且勇于冒险。						•
我比较相信方法,并且谨慎小心。				•		
3. 我有好的表现时,会希望得到奖励。					•	
对我而言,我做的事情要能使我产生认同感。		•				
4. 我有的时候不是很自信。			•			
我有的时候会自信过度。	•					
5. 我喜欢快速、紧凑、刺激的生活步调。						•
我喜欢不疾不徐、稳定、平静的生活步调。				•		
6. 我喜欢公开表扬胜于私下鼓励。					•	
我喜欢私下鼓励胜于公开表扬。			•			
7. 我个性谨慎,对无法预期的事情会预先做准备。				•		
我有创意,喜欢在问题出现时即兴处理。						•
8. 多数时间,我喜欢有主导权。	•					
多数时间,我喜欢让别人主导。			•			
9. 我想要追求能得到财富名望和他人赞赏的工作。					•	
如果做的事情,可以为别人带来很大的正面意义,我愿意放弃金钱上的奖励和他人的赞赏。		•				
10. 我是个步调缓慢、心胸开放、平易近人的人。			•			
我是个积极、果断和自信的人。	•					
11. 对我而言,能有更好的物质享受非常重要。					•	
对我而言,能有更好的物质享受不是很重要。		•				
12. 我是个专注而有纪律的人。				•		
我是个冲动、大胆的人。						•

21个激励密码	A	B	C	D	E	F
13. 我是行动积极的人。 我喜欢顺其自然。	•		•			
14. 我不喜欢处理琐碎的事情。 我喜欢把细节都处理好。				•		•
15. 对我而言,留下对人类有贡献的事迹非常重要。 获得财富和人们对我的尊重很重要。		•			•	
16. 我喜欢融入人群,胜于与众不同。 我比较喜欢与众不同,胜于融于人群。	•		•			
17. 我喜欢生活稳定和保持心灵平静。 我喜欢挑战自我、从事新的事务。				•		•
18. 如果选择工作,我重视的是薪资和津贴。 如果选择工作,我重视的是工作内容。		•			•	
19. 我喜欢挑战现状,让事情顺利进行。 我喜欢安抚场面,使大家平静下来。	•		•			
20. 我很在意别人对我的看法。 只要我有把握,别人的看法并不重要。		•			•	
21. 提出新的想法,让大家感兴趣是我的长处之一。 推动想法、确定每个步骤都能落实是我的长处之一。				•		•
测验结果						

一、A 和 C 项,何者分数较高? 将符合你状况的粗体字圈出。

　如果 A 的总分较高,你属于**任务导向型**(producer)

　如果 C 的总分较高,你属于**关系导向型**(connector)

二、D 和 F 项,何者分数较高? 将符合你状况的粗体字圈出。

　如果 D 的总分较高,你属于**偏好稳定型**(stabilizer)

　如果 F 的总分较高,你属于**偏好变化型**(variable)

三、B 和 E 项,何者分数较高? 将符合你状况的粗体字圈出。

　如果 B 的总分较高,你属于**精神奖赏型**(intermal)

　如果 E 的总分较高,你属于**物质奖赏型**(extermal)

请将圈出的粗体字中,第一个英文字母填入下列空格,你的激励类型即为_____　_____　_____

　1. PSI(将军):任务导向、偏好稳定、精神奖赏

　• 激励因素:免于不必要的限制,能管理自己的时间,同僚的认同,个人成长的机会,完善

的组织架构,明确且正面的回馈。

- 沮丧因素:模糊的目标,不能独立自主的同僚,顺从团体压力的决策,无法掌控自己的时间,不能自行寻找解决的办法。

2. PVI(改革家):任务导向、偏好变化、精神奖赏

- 激励因素:具有启发性的工作环境,能有原创及起革新想法的机会,同僚的尊敬,获得工作成果应该得到的功劳,强烈的使命感。
- 沮丧因素:僵化的组织,单调而无变化的例行公事,延误、浪费时间的细节,缺乏效能的行政组织。

3. PSE(秘书长):任务导向、偏好稳定、物质奖赏

- 激励因素:自主权,公开的表扬,特权,免除不必要的控制,让他们依照自己的意思设计、安排工作环境,给予他们思考的时间,让他们有采取行动的自由,认可他们的特殊技能和成就。
- 沮丧因素:僵化的制度,来自上司或当权者的控制,没有效率的系统,缺乏效率的人。

4. PVE(斗士):任务导向、偏好变化、物质奖赏

- 激励因素:具有挑战性的工作,能够做决定的权力,能得到金钱或物质的奖励,免于受到督导和过度的控制,有晋升的机会,工作时间的限制,虽有风险但能达成的目标,受人欢迎。
- 沮丧因素:严格的控制,无法掌握自己的时间和项目,冗长的分析过程,光是空谈却没有实际行动。

5. CSI(实干家):关系导向、偏好稳定、精神奖赏

- 激励因素:事实和信息,同僚的尊敬,真诚的感激,私下的肯定,具体且正面的回馈,具有启发性的工作环境,合作愉快的同事,清楚定义的目标,能有成就感及思考和计划的时间。
- 沮丧因素:天花乱坠和夸大,耽误个人和家庭相聚的时间,不公平的感觉,要求他们快速改变。

6. CVI(外交官):关系导向、偏好变化、精神奖赏

- 激励因素:对杰出的工作成果给予真诚的感谢,拥有个人成长的机会,有趣的工作伙伴,团队合作,崭新的经验,具有启发性的工作环境。
- 沮丧因素:被人孤立,僵化的规范,有压力的工作期限,缺乏创造力,不被认同,人际关系冲突。

7. CSE(科学家):关系导向、偏好稳定、物质奖赏

- 激励因素:能有充足的事实和足够的时间让他们去分析,有能力的团队成员,上司的赞赏,特权,足够的自由,真诚的尊重。
- 沮丧因素:高压的完成时限,意见不统一,快速的改变,耽误个人和家庭的相聚时间,不公平的感觉。

8. CVE(探险家):关系导向、偏好变化、物质奖赏

- 激励因素:有趣的人际关系,获得个人成长与晋升的机会,能以自己喜欢的方式处理事情的自由,荣誉感,优厚的薪水和奖金。
- 沮丧因素:例行公事,缺乏效能的行政组织,受孤立,被人否定,缺乏创造力。

本章参考文献

[1] 刘燕,曹会勇.人力资源管理[M].北京:北京理工大学出版社,2019.

[2] 潘颖,周洁,付红梅.人力资源管理[M].成都:电子科技大学出版社,2020.

[3] 贺小刚,刘丽君.人力资源管理[M].上海:上海财经大学出版社,2015.

[4] 杨光.创业管理[M].武汉:武汉大学出版社,2016.

[5] 杜跃平.创业管理[M].西安:西安交通大学出版社,2006.

[6] 胡振兴.现代创业管理[M].武汉:华中师范大学出版社,2007.

[7] 李学东,顾海川,刘万兆.创新创业管理[M].北京:北京邮电大学出版社,2017.

[8] 温志宏.中小企业创业与管理:下[M].武汉:华中科技大学出版社,2006.

[9] 陶莉.创业企业组织设计和人力资源管理[M].北京:清华大学出版社,2005.

[10] 杨东.员工激励[M].北京:中国轻工业出版社,2010.

[11] 余泽忠.绩效考核与薪酬管理[M].2版.武汉:武汉大学出版社,2016.

[12] 李新建.薪酬管理[M].北京:北京理工大学出版社,2018.

[13] 石伟.薪酬管理[M].北京:对外经济贸易大学出版社,2009.

[14] 万莉.薪酬管理[M].上海:上海财经大学出版社,2014.

[15] 张宝生.薪酬管理[M].北京:北京理工大学出版社,2018.

[16] 王学力.企业薪酬设计与管理[M].广州:广东经济出版社,2001.

[17] 蒋建武,贾建锋,潘燕萍.创业企业人力资源管理[M].南京:南京大学出版社,2021.

[18] 卢进强.浅谈初创时期中小企业特殊岗位薪酬的设计[J].时代经贸,2011(26):236.

[19] 张秀娥.创业管理[M].厦门:厦门大学出版社,2012.

[20] 张少平,陈文知.创业企业管理[M].广州:华南理工大学出版社,2016.

[21] 沈正宁,林嵩.新创企业的薪酬制度:针对高层管理团队的设计[J].科学学与科学技术管理,2007(09):175-180.

[22] 侯静怡,梁昌勇,陈智勋.发展型企业薪酬体系设计路径研究[J].中国人力资源开发,2014(03):74-81.

第九章
创业企业员工激励之中长期激励——股权激励

本章学习目标

1. 了解人才盘点的内容与步骤。
2. 了解创业企业中长期激励的主要形式。
3. 了解分红制、利润分享制与员工持股计划。
4. 了解创业企业股权激励的原则与操作步骤。
5. 掌握创业企业股权激励的基本模式。
6. 掌握合伙人制度的四种模式。
7. 了解创业企业合伙人制度设计的内容与程序。

开篇案例

华为早期的股权激励

华为成立于1987年。刚开始注册资本为2万元,任正非与另外五位投资人平分股份。

三年后,1990年,华为开始推出员工持股计划。员工开始以每股1元的价格购入公司股票。当时每个持股员工手中都有华为所发的股权证书,并盖有华为公司资金计划部的红色印章。

1997年,华为的注册资本达到了7005万元,增量全部来源于员工购买的股份。其中,688名华为公司员工总计持有65.15%的股份,而其子公司华为新技术公司的299名员工持有余下的34.85%股份。同年,华为对公司的股份结构进行改制。公司股东变成了三个,分别是华为新技术公司、华为新技术公司工会以及华为公司工会,它们分别特有华为公司5.05%、33.09%和61.86%的股份。华为公司股东会议决定,两家公司员工所持的股份分别由两家公司工会集中托管,并代行股东表决权。

1999年,华为公司工会以现金收购了华为新技术公司所持的5.05%股份,同时收购了华为新技术公司工会所持有的21.24%的华为公司股权。至此,华为公司两家股东——深圳市华为技术有限公司工会和华为新技术公司工会,分别持有88.15%和11.85%的股份。

2000年,华为公司董事会决定,将华为新技术公司工会持有的11.85%的股权并入到华为公司工会,任正非作为自然人独立股东的地位第一次得到确认。华为公司将任正非所持的

220

3500万元股份单独剥离,并在工商局注册登记,他单独持有11%的股份,其余股份全部由华为公司工会持有。

那时,华为员工的薪酬由工资、奖金和股票分红组成,这三部分收入几乎相当。其中,股票是在员工进入公司一年以后,依据员工的职位、季度绩效、任职资格状况等因素进行派发的,一般用员工的年度奖金购买。

资料来源:HR人力资源管理案例网(http://www.hrsee.com)。

第一节　创业企业人才盘点

一、人才盘点的概念

人才盘点的概念最早由美国通用电气(GE)提出和实施,并逐步成为风靡全球的人力资源项目。近十几年以来,中国企业也开始关注人才盘点并积极展开实践。例如,阿里巴巴集团每年有三件大事:9~10月做战略;11~12月做预算;2~5月做人才盘点。中国企业由最开始的"悄悄进行"的闭门人才盘点,发展到如今许多企业将其作为人才管理中重要的"保留节目",每年定期开展。

人才盘点是企业管理人才的重要流程。在这个流程中,管理者盘点企业内人才的优势、待发展的领域、可能的职业发展路径、职位空缺的风险,以及现在和未来继任者的管理流程。通俗来讲,人才盘点的核心是帮助企业建立一个人才账本,把员工能力透明化、数据化和结构化,从而小到加强员工自我认知、提升员工能力,大到撬动业务战略与决策。寻找恰当的时机开展人才盘点,是企业有的放矢进行人才管理的第一步。

二、创业企业人才盘点的必要性

对于发展迅速的创业企业来说,人才的招募常常被视为第一优先级的任务;在业务重组的过程中,人才的安置、匹配优化则是人力资源管理活动的重点。相比这些特点与目标更加"鲜明"的人力资源管理活动,人才盘点项目并不会让创业企业的人才多一个或少一个。那么人才盘点主要做什么?为什么需要人才盘点?

(一)有效进行人才的识别与分类,满足创业企业战略发展需要

人才盘点最基本的目标是对人才进行分类。在创业企业进入成长期后,人才结构开始变得更加复杂,分工更加细致,管理职能更加凸显。在这一时期,如果用"直觉"或"穷举"来进行人才的判断,显然不够用了。如果人才不被识别和定位,那就谈不上知人善用了。人才盘点提供了类似"九宫格"的分类方法(见图9-1),可以对企业内的员工进行简单的分类,对于更优质、更有潜力的人才委以重任或专项培养,让人才在创业企业内得到关注。

(二)动态匹配企业与人才的双向需求,识别隐藏人才,激发人才活力

员工在创业企业内的发展不是一成不变的。有才能的员工不仅能在当前的岗位上有出色的表现,有新的机会时也会创造惊喜。在企业进行人才盘点的过程中,可能会发现一些高潜力员工比普通群体拥有更强的发展意愿。例如,曾经有一位做研发出身的工程师通过轮岗历练

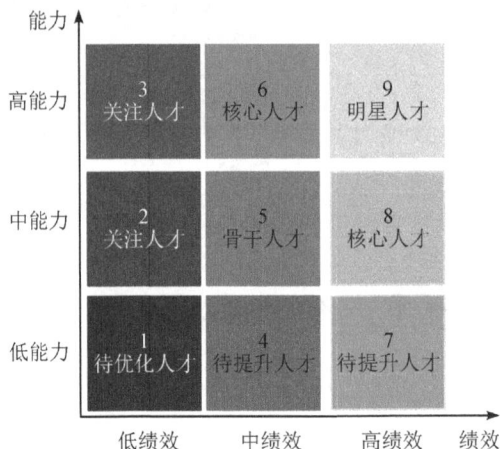

图 9-1　人才盘点中使用的经典九宫格(绩效-能力九宫格)

最终成为一个事业部总经理,也有人力资源出身的经理操盘十几亿的生意帮助企业扭亏为盈。人才盘点激发企业活力的价值就体现出来了:找到那些能够发挥更大价值的人才,让他们跨职能、跨体系甚至跨企业获得更大的发展机会,让他们的能力和能量可以惠及更大范围,确保每个人才都不被埋没。

(三)检核人才管理举措的效果

纵向看待人才盘点的价值是对变化的描述,创业企业实施的新的人才举措是否带来了效果,高潜力员工是否得到了有效的任用或晋升,新的招聘策略是否存在改进空间,人才的整体质量对标的情况如何,人才盘点是提供依据的好方法。

三、创业企业人才盘点的价值

事实上,科学的人才盘点操作并不难掌握,很多企业在实施过程中之所以会出现一些误区,根本上是对人才盘点的价值还没有正确理解。对创业企业来说,人才盘点的价值可以从以下几个方面理解。

(一)对人才状况形成全面共识

人才盘点作为对人才的一次全方位扫描,可以帮助创业企业更加全面、系统地认识内部人才数量和人才质量现状。在人才数量方面,通过人均销售收入、人均净利润、单位人工成本产出效率等了解人效情况。通过分析人员总数、人员性别比例、年龄分布、司龄分布、学历分布、职级分布、职类分布、地域分布、管理幅度统计、流失率统计等判断人才数量结构的合理性。

在人才质量方面,企业可以了解不同序列、不同层级、不同岗位员工的九宫格定位、潜力、岗位匹配度等信息。通过这些数据能够精准地认识到企业人才管理现状与人才需求规划之间的差距,进而推动企业采取行动来缩小差距。

从建立标准到进行评价、盘点结果的应用,在整个过程中,创业企业的所有员工或多或少都参与了人才盘点的相关环节。这一过程使大家对企业的人才标准、用人导向等更容易形成一致共识,也就更有利于后续管理措施的落地。

（二）发现优秀人才

在初创期，创业企业的规模不大、管理幅度较小，企业可以通过管理者的识人慧眼去发掘优秀人才。但当创业企业的组织规模逐渐扩大时，管理幅度也相应增加，这时候如果仅凭个别管理者的主观识别去发现人才，就会显得心有余而力不足，埋没很多"黑马"员工。

人才盘点这一利器，可以从整个组织层面系统地将人才状况全面呈现，让组织能够对人才情况有全局认识，更精准地识别优秀人才。人才盘点借助360度测评，可以看到被盘点对象的上级、同级、下级和本人的全方位意见，更好地反映被评价人的优劣势，发现可能被遗忘的优秀人才。通过人才盘点会议，直接上级的介绍可帮助高层管理者了解间接下级的表现，进而在基层管理者甚至基层员工中发现优秀人才，识别出更多的"明星"员工。

（三）使精准淘汰有依据

不合适的人是企业利润的消耗者，请不合适的人"下车"是绝大多数企业家的共识。然而，很多企业家的困惑是不清楚哪些员工不合适。通过素质能力和业绩双维度的九宫格工具，可以定义三种不合适的人：第一种是业绩不佳但素质尚可，也就是素质能力尚可，但业绩较差的员工；第二种是素质不佳但业绩尚可，也就是业绩尚可，但素质能力较差的员工；第三种是失败者，也就是素质能力和业绩都较差的员工。针对这些不同类型的不合适员工，企业可以分别制定相应的淘汰策略。

当然，创业企业的实际情况比较复杂，不合适的人往往有不同的特点，比如不胜任的高管、掌握企业机密但价值观不符的敏感人员、掌握关键客户资源但价值观不符的营销人员、因业务调整而产生的冗员等。但是，无论什么情况，企业都可以通过做实人才盘点工作来识别这些不合适的人，使后续的淘汰有据可依，确保留下的员工都是精英。

（四）使精准激励有依据

很多企业付出大量资源进行激励，但最终不仅收效甚微，甚至带来了一些负面效果。其中一个重要原因就是激励的依据不够明晰，导致产生了很多的不公平现象，引发员工不满。而人才盘点通过素质能力和业绩的双维度评价得出结果，让激励既考虑到了过去的贡献，也考虑到了未来创造价值的能力，这二者对于创业企业来说都是至关重要的。盘点结果可以应用于定薪、调薪、年终奖分配，以及股权激励对象的选择、股权激励额度的确定、退出依据的确定等环节。除了物质激励，盘点结果还可以应用于评优、晋升、培养等非物质激励，让激励资源向价值创造者倾斜，保障激励的公平性。

（五）用人才驱动业务

人才盘点从战略需求出发，最终目的是支持创业企业的战略实现，从而提高人效。企业通过科学的人才盘点，可以发现人员现状和人才需求的差距，从而进行一系列人才管理措施，确保人才供应充足，支持企业未来业务发展。

要保证充足的优秀人才供应，一方面，要结合盘点结果，对冗余人员和与创业企业发展不匹配的人员进行有效的淘汰，同时梳理未来的重点招聘需求，对关键岗位进行持续的招聘投入，运用各种招聘渠道进行招聘，通过人员的进出盘活组织活力。另一方面，创业企业在人才盘点后，应采用盘点结果对业绩不佳者进行针对性的反馈与辅导，对现有员工进行激励和培养。同时，基于战略需求采取继任者和关键岗位人员的定制化培养、管培生计划等措施，为业务不断输送人才,以人才驱动业务发展。

(六)提升管理者的能力

管理能力的提升对于创业企业业务和团队的发展至关重要。戴维·尤里奇曾提出,"直线经理是人力资源的第一负责人"。华为有一种说法,"华为的每一个直线经理都可以去担任任何一家企业的人力资源经理",因为华为的直线经理长期深度参与到人才盘点、任职资格制定等人力资源管理工作中。

人才盘点结果的精准达成,需要创业企业内各级管理者的深度参与,整个人才盘点的过程也是直线经理锻炼和提升自己管理能力的过程。管理者通过360度评价和人才盘点会议,可以清晰地了解下属的优劣势、素质业绩表现、任用发展方向,提升自己的识人用人能力。管理者既可以通过与下属反馈人才盘点结果,学会如何在面谈中表扬和批评,提升自己的反馈能力,也可以通过人才与岗位、组织、战略的匹配度分析,提升自己的战略思维和全局意识。

(七)形成公平的用人机制与文化

人才盘点以其科学、严谨的操作流程,帮助企业建立公平的人才评价机制。全员共同构建人才盘点标准,保证了全员对标准的公平认知;以素质能力和业绩双维度进行的常规人才盘点、针对不同情境的特殊人才盘点,保证了人才标准的公平性;上级、同级、下级、本人共同参与的360度测评,保证了评价主体的公平性;人才盘点会议对人才评价结果进行校准,保证了评价结果的公平性。

随着人才盘点机制在企业逐年运行与深化,人才评价的公平性、价值导向而非成本导向的激励方式、资源向优秀者倾斜的激励理念就会慢慢在员工脑海中生根发芽,并从价值观、制度规范,再到行为上逐渐深化,最终形成崇尚公平、价值导向的企业文化。

(八)终极价值是提升人效

总结来说,人才盘点为创业企业发展找到了优秀人才,留住了想要留住的人才,同时也让不合适的人离开,确保留在企业的都是"精兵强将",以最少的人创造出最大的价值,确保人才对业务的驱动性,即人效最优化。人效受到个体因素(性别、年龄、学历等)、组织因素(人-岗匹配度、人-组织匹配度等)、环境因素(经济视角、产业结构等)等影响,企业常常会通过改善这些因素来提高人效。人才盘点作为战略性的人才管理工具,就是通过各项人力资源管理和组织优化的措施,作用于影响人力资源效能的个体和组织因素,最大化地提升人效,更好地实现战略目标。因此,人才盘点的终极价值是让人效趋于最优,这也是检验人才盘点工作的最核心标准。

四、创业企业人才盘点的步骤及技术

(一)创业企业人才盘点的步骤

人才盘点的步骤可以分为四个环节:准备环节、人才评估环节、校准会环节和结果输出环节(见图9-2)。

1.准备环节

准备环节主要是确定创业企业人才盘点的时间、范围、目标、流程、产出物形式,以及与参

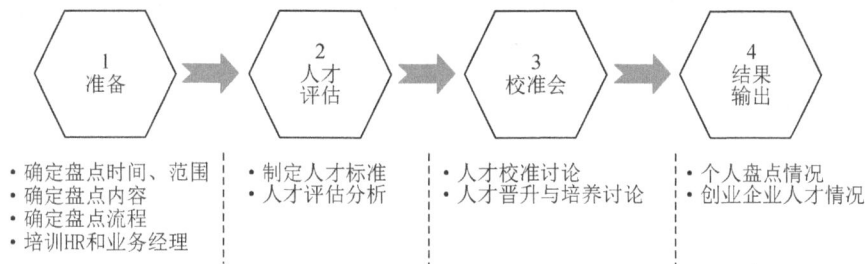

图 9-2　人才盘点引擎

与项目的业务负责人和高管进行沟通。如果涉及 IT 工具的使用,或者聘请第三方机构协助,也会在准备阶段敲定。

2.人才评估环节

人才评估阶段是不确定性较强的环节,也比较需要 HR 的专业能力,尤其是在创业企业第一次做人才盘点的时候。其中,存在不确定性的地方主要是制定人才标准并确保其可持续使用。人才评估环节是人才盘点启动的关键步骤,涉及的人数较多,还涉及评估手段的选择,多种评估方法相结合可以更加立体地呈现人才的情况。

3.校准会环节

校准会环节主要包括人才校准讨论、人才晋升与培养讨论。充分利用好校准会,通过高效沟通,获得合理的人才评估结果,激发管理者的人才管理意识,是每个人才盘点项目都希望达到的目的,这其中可提前准备和注意的事项很多。

4.结果输出环节

结果输出环节主要是展现人才盘点的成果,通常会从组织和个人两个角度来呈现结果。简单易懂、可视化、可持续更新,是人才盘点结果近年来的发展趋势。

(二)创业企业人才盘点技术

人才盘点作为一项专业工作,同时作为企业中重要的业务流程,需要采用专业的技术解决问题,确保人才盘点成功。在人才管理的三类核心技术——能力技术、评估技术和发展技术的基础上,人才盘点还在逐步引入信息技术解决效率和应用的问题。

1.能力技术

能力技术是指通过海量数据分析、试测,精准验证、定义一系列与员工工作成败相关的行为、个性和动机。能力技术的应用帮助企业用统一的语言精准定义各类人才,让人才的能力具备可被测量的基础。

2.评估技术

评估技术是指使用多元的测评工具,系统化评估员工的行为、个性和动机,并对数据进行整合性分析和挖掘。评估技术将各类评估方法引入能力评估中,根据人才的定义和特点选择合适的方式,由内而外地对能力的现状和发展性进行评估,在人与组织匹配、人与岗位匹配等方面得出结论。

3.发展技术

发展技术基于对员工数据化的优缺点分析,对其提供精准的指导、培训和发展,并实时监控、复盘数据化的发展效果。发展技术的应用帮助员工发挥优势,克服缺点,延长在组织中的生命周期,也帮助创业企业找到针对不同群体的发展手段。

4. 信息技术

信息技术使人才数据存储和使用更便利,且可以更便捷地进行分析和对比,使呈现方式丰富、动态、可调、敏捷,从而助力人才管理的智慧决策。信息技术是最近几年才被 HR 团队重视的技术,在提高效率、减少事务性工作方面提供了显著的帮助。随着信息技术的发展,创业企业还将通过人工智能、大数据等新技术提升人才决策成功的可能性。

第二节　创业企业中长期激励的主要形式

一、中长期激励的概念

企业中长期激励是指将经营者的利益与企业长远(一般为 3～5 年)发展相联系,对经营者较长期内的经营业绩和贡献给予回报的激励方式,其中经营者持股是实现中长期激励的一种有益探索。

二、创业企业中长期激励的必要性

创业企业"从零到一"的发展过程中,通常面临资金不足、人才不足、业务不稳定等诸多难题,而这些问题相互交织,若不妥善解决,不仅会导致企业人力资源管理中难以吸引外来人才,还会导致企业内部人才的流失。尤其是在创业企业早期团队构建中,创业者没有足够资金支付给核心员工,这时,通过合理的股权激励不仅能够吸引核心员工,还能够为企业发展节省一部分开支。创业企业施行股权激励的原因主要源于以下三个问题。

(一)创业企业员工流动性大

由于创业企业的发展具有高度的不确定性,员工通常承担较高的失业风险和工作压力,而且创业企业尚未健全的管理制度往往使员工的工作安全感较低,因此,创业企业的员工流动性相对较大。频繁的人事变动不仅会使创业企业的人力资源管理受到严重影响,有时核心人才的出走还会给企业带来其他不利影响。例如,2000 年华为副总裁离职创办港湾科技,与华为展开正面竞争。对创业企业来说,它们依靠稀缺的核心资源在狭小的"利基"市场上谋生,关键员工或创业骨干的"叛逃"可能会对其造成致命的冲击。因此,创业企业要想可持续发展,通过中长期激励措施打造一支优秀而稳定的团队是十分必要的。

(二)创业企业核心人才聘用难

美国管理学家德鲁克一个著名的论断是我们人类社会正在步入知识社会,典型的代表是知识型人才越来越值钱。对于创业者而言,知识社会的到来意味着企业要付出更多的费用才能够吸引人才,企业的竞争同样是人才的竞争。目前从创业企业团队发展来看,实施股权激励已经成为企业留住核心人才的必然趋势,如果一个创业团队不注重股权的激励,那么势必会在人才的竞争中处于劣势。

(三)创业企业的收益与风险需要匹配

创业的本质是一种高风险行为,投资收益和风险是相匹配的。相对于企业员工而言,企业的股东无疑要承担更大的风险,设想一下,如果一个创业中的企业经营不善而破产,那么员工可以离职另寻职位,而股东不仅失去了初始资本投入,还要清偿企业债务,支付员工工资,承担连带责任。这也是为什么创业一旦成功,股东能够获得更大收益,因为股东们承担了更大的风险。对于核心人才而言,他们从稳定的高薪企业跳槽到创业企业,通常意味着月薪的降低和未来不确定性增加,本身也承担了一定的风险,因此对于核心人才的股权激励则是弥补收入降低和应对风险的一种方式。

三、创业企业中长期激励的作用

(一)激励和稳定企业核心员工

股权激励对于创业企业首要的作用便是激励核心员工的工作积极性,培养核心员工的主人翁意识,促使他们将企业发展利益放在第一位,最大限度调动自身积极性,挖掘自身的发展潜力,增强创业企业的团队凝聚力和战斗力。值得注意的是,股权激励通常也对员工有相应条件和约束,例如,对接受股权激励人员工作年限的约束,对核心技术人员相关技术信息保密的约束,对市场销售精英的业务指标要求等。通过股权激励的员工,一般不会轻易跳槽,因为跳槽会带来未来预期利益的损失。由此可见,股权激励制度能够在激发创业企业核心员工积极性的同时,实现创业团队队伍的总体稳定。

(二)降低企业人员管理监督成本

从企业人力资源管理角度看,企业员工的招聘和工作需要一定的监督和管理成本。对于核心员工不仅招聘难,工作中的管理与考核同样存在挑战,因为核心员工通常有一定的决策权力,是企业某一业务的"代理人",他们的决策会直接关系到创业企业的利益与发展。例如,企业采购部门的决策人员,在采购过程中,经常会面临供应商"回扣"诱惑,而创业企业成立不久,决策人员对企业忠诚度低,很可能为了满足个人私心而损害企业利益,这种情况下外部的监督往往难以发挥作用。股权激励则是解决此类问题比较有效的方案,当有决策权力的员工拥有企业股权时,在做决策时一定会考虑到决策对企业利益的影响,因为只有企业发展好,自己才能收益,如果因为自己的决策导致企业利益受损,那么自己也会受到影响,因此,通过股权激励能够使创业企业的关键岗位人员形成自我约束,进而降低企业人力资源监督和管理成本。

(三)实现员工与企业利益共享机制

对于创业企业而言,实现员工与企业利益共享是创业者的责任和义务,唯有通过利益共享机制才能促使员工在企业平台上发挥更大价值。无论是阿里巴巴还是华为的成功,都印证了这一点。2014年阿里巴巴赴美上市,在阿里巴巴集团内部,将近一半的员工都是企业股东,阿里巴巴成功上市后这些员工都成了千万身家的富翁。华为更是将股权激励贯彻整个企业创业发展过程,截至2021年末,华为的员工持股计划有大约13万人参与;2022年4月华为公开的年度分红方案中,显示持股员工人均分红约47万,全员持股计划是华为能够在国际市场叱咤风云,成为全球最大电信企业之一的重要原因。2018年小米公司的上市更是成为创业领域的焦点,小米公司在2010年成立时便开启了股权激励计划,小米创始人多次表示要和员工一起分享利益。在小米公司,客服人员只要工作满半年以上,工作表现优秀,就可以获得相应的股权激励。随着小米公司后期的迅速发展壮大直至上市,当初入股小米的员工,如今股权已增值百倍,这是股权激励催生创业企业成长的典型案例,也是股权激励实现员工与企业利益共享的魅力所在。

四、创业企业中长期激励的主要形式

常见的中长期激励形式可以分为现金型激励、股权型激励和创新型激励。现金型激励就是通过现金形式进行激励,而非实股;股权型激励,顾名思义,是围绕股权作为激励标的展开的激励形式;创新型激励形式主要包括项目跟投机制、合伙人制度等。

(一)现金型激励

调研数据显示,在实施(或计划实施)中长期激励的调研企业中,39%的企业选择现金型激励,而其中又以超额利润分享、业绩单元、岗位分红的形式居多。

目前,典型的现金类中长期激励工具主要包括利润分享、递延支付、留任奖金、任期激励等,其最主要的特点就是被激励对象获得激励的实现形式是现金而非实股。

1.利润分享/超额利润分享

利润分享机制是以企业利润为目标,达到一定利润水平按对应计提比例进行利润分享;超额利润分享则比一般利润分享要求更高,需超过一定目标利润后才开始按比例计提超额利润奖金。

利润分享/超额利润分享具有以下特点:

(1)利润分享资金从企业营业利润中提取,与经营业绩紧密关联。

(2)提取比例与利润高度关联,利润越高,提取比例越高。

(3)奖金提取兑现通常设置一定的业绩条件和个人条件,定期向符合条件的激励对象发放根据公式计算的奖金。

(4)超额利润分享以超额利润为提取奖金池,以增量做激励,提高对激励对象的要求,提升激励效果。

2.业绩单元

业绩单元与利润分享类似,激励对象在达成企业约定的业绩要求后即可按事先约定的奖金提取公式确定激励金额,并按流程进行发放。

3.岗位分红

岗位分红是以企业经营收益为标的,按照岗位在科技成果产业化中的重要性和贡献确定分红标准,因岗而奖。

岗位分红具有以下特点:

(1)需要企业净资产增值且未分配利润为正,如近3年税后利润累计形成的净资产增值额应当占企业近3年年初净资产总额的10%以上,且实施激励当年年初未分配利润为正数。

(2)设置激励对象岗位分红上限,激励对象获得的岗位分红所得不高于其薪酬总额的2/3。

(3)企业业绩未达到年度考核要求的,一般终止岗位分红激励方案的实施,以前年度已经发放的岗位分红无须退回。下一年度即使企业达到考核要求,也不可以重新启动原岗位分红激励,而是重新申报新的岗位分红激励方案。

(二)股权型激励

股权激励,即给予员工尤其是核心员工一部分企业的股权,从而把企业的利益与员工自身的利益紧密结合,让员工与企业共享未来成果和共担风险损失,是一种科学有效的激励手段。

股权激励不仅可以缓解创业企业当下的资金压力，还可以增强员工的主人翁意识，约束其短视行为，留住和吸引优秀员工。比如小米公司在创立初期就重视股权激励，通过股权激励的形式汇集了八名创始人，与七千多名员工绑定，成功调动每位成员的积极性，使其勤勉工作，推动小米不断发展。

股权激励的主要模式有业绩股票、股票期权、股票增值权、虚拟股票、管理层/员工持股和管理层/员工收购等。对于创业企业来说，受限于规模和现金流，有以下两种较为常用的模式：

第一种是股票期权，是指企业给予被激励对象在未来某个时期以合同约定好的价格购买企业预先约定好相应数量的股份的权利，在满足行权条件且在规定的行权期限内被激励对象获得该权利，但是当事人可以根据自身意愿选择行使或放弃。

第二种是虚拟股票，是指企业给予被激励对象一定数量的虚拟股票，被激励对象无须为此支付资金，之后被激励对象可以根据虚拟股票所占份额享受相应的分红，并按照内部价格获得升值收益，但由于不是真实的股票，持有者不享有所有权和表决权。

（三）创新型激励

创新型激励形式主要包括项目跟投机制和合伙人制度。

1.项目跟投机制

项目跟投，指在新业务开拓过程中，具有重要决策影响力的核心层和骨干成员同步出资，参与该项目投资，与企业共担风险，共享收益，激励约束对等，从而实现有效的激励绑定。

项目跟投最早起源于风险投资、私募股权投资等领域，投资经理作为对项目直接负责的人员，出资投入所选项目，至于是否强制跟投、规定多少跟投比例等要求，不同企业做法不一。

后来该模式逐渐引入房地产领域，典型实践案例有万科的事业合伙人理念、碧桂园的成就共享机制、首创的项目跟投模式。近年来，员工跟投又逐渐进入其他领域，如恒生电子、万达信息、海康威视等不同领域的企业都开始尝试跟投机制。

项目跟投激励具有以下特点：

（1）提高员工积极性，有利于新业务、新领域项目打开局面，保持员工利益与企业利益一致。

（2）对企业管理水平和企业文化要求较高，若管理和沟通不当易打击员工积极性。

（3）存在因利益分配不均衡造成冲突的可能。

（4）投资项目往往存在较大不确定性，对员工而言风险较高。

项目跟投更适用于新开发项目、创新业务领域项目，以及盈利预期不确定的项目，已有的成熟项目、稳定盈利的项目通常不需要引入项目跟投机制。

2.合伙人制度

合伙人制度是一种类合伙人的企业管理机制制度，合伙人制度主要让企业管理层、员工出资交由资产管理平台购买企业股票，与企业"共创、共享、共担"。合伙人制度与项目跟投机制的区别在于购买的是企业股票，不是具体投资到项目，而是投资企业，激励收益与企业经营业绩关联，参与企业分红。

以上是企业中长期激励的几种常见形式，现金型、股权型和创新型激励各有利弊。创业企业在进行中长期激励时，需要根据员工的需求、企业发展阶段等实际情况择优选择。例如，企业在初创期，资金尤其是现金流压力大，可能无法支付较高的现金奖励，因此可以采用股权型激励形式,一方面不用负担过多的现金支出,另一方面又能够有效激励员工,留住人才。

第三节　创业企业分红计划

分红制、利润分享制等,都属于企业层面的报酬激励制度。二者的关系为:分红制是利润分享制的早期形式;利润分享制是企业层面的将多种报酬形式融合在一起的长期激励制度。

一、分红制

(一)分红制的由来

分红制又称"利润分红"或"利润分享",是利润分享的传统形式,是员工与企业分享企业经营收益的一种分配制度。一般的做法是企业每年年终时,首先按比例提取一部分企业总利润构成"分红基金",然后根据员工的业绩或贡献状况确定分配数额,最后以红利形式发放给员工。传统的分红制是年终企业给员工分发现金。

(二)分红制的特点

与其他工资制度相比,分红制有以下特点:

(1)分红是对企业年终净利润的分配,属于企业内部的再分配,一般不进入工资成本;而工资和奖金是预支的人工成本,属于生产费用,在企业初次分配中进行。

(2)分红是对企业剩余劳动成果的分配,分红的数量和规模受企业扩大再生产投资的影响,二者是此消彼长的关系。而工资和奖金是定额和超额劳动的报酬,受劳动力日常供求状况和劳动力价格的影响。

(3)分红一般不与员工的劳动成果直接挂钩,而与个人工资收入基数有关,它对劳动者的激励作用不同于基本工资和奖金。

二、利润分享制

(一)利润分享制的形成

所谓利润分享制是企业在向员工支付了劳动工资之后,再拿出一部分利润或超额利润向员工进行分配的制度。利润分享虽然不具有劳动报酬的性质,因为它与劳动者的劳动数量和质量没有直接的关系,只与企业经营收益有关,是劳动者以资本所有者的身份参与的分配,但它也进入员工收入,属于员工总薪酬的组成部分。

最早的利润分享计划诞生于18世纪末的美国,19世纪初时,法国和英国一些企业也开始仿效。但是利润分享方案在整个19世纪没有很大进展,其原因一是政府不予理睬,二是企业不愿意拿出多余的钱分配给员工。20世纪初美国国会财政委员会开始肯定和支持利润分享计划,美国国会通过法案,对采取延期支付形式的利润分享计划实施税收减免政策。

美国政府的税收政策刺激了延期支付利润分享计划的传播。因为与现金现付相比,延期支付的最大好处是,未支付给员工的利润分享基金可视为成本,企业可以享受政府的经营收入所得税方面的优惠;员工可以享受个人收入所得税优惠。同时,企业还可以将推迟支付的利润保留在企业中,作为生产经营补充资金,扩大再生产或者弥补企业薪酬资金短缺的困难。利润分享计划在增加员工储蓄,改变支出无计划的状况,以及帮助员工克服暂时的家庭生活困难等方面,也起到了很大的作用。所以,自20世纪中叶之后,利润分享薪酬方案在西方国家迅速推广,并得到企业和员工的普遍认可。

(二)利润分享制的作用

当今企业的实践赋予了利润分享制新的内涵,其主要作用为:

第一,有助于把员工的报酬与企业的效益更紧密地联系起来。利润分享制的实质是将员工收入最大化的目标与企业利润最大化的目标结合在一起,这样就可以引入员工的自我约束机制,调动员工的积极性,为解决"搭便车"的管理难题寻找新的解决途径。

第二,有助于改善企业的劳资关系。在利润分享制下,员工也成为企业经营的参与者和决策者,从制度上转变了管理者与员工之间的对立关系。

第三,有助于降低企业成本,增加就业机会。利润分享制把企业的人工成本与企业的产品价格直接挂钩,促使企业自发生成一种降低产品成本和商品价格的微观机制,有利于扩大企业的外部竞争力。

(三)利润分享制的形式与特征

利润分享制的形式多样,从支付特点看,主要有两种:现金支付方案、延期支付方案。

1.现金支付方案

所谓现金支付方案是指将当年的一部分利润直接在期末以现金方式向员工支付。这种方式比较简单明了,员工当年就可以拿到这部分收入。现金利润分享的计算分为以下两个步骤。

(1)从企业总利润中提取利润分享基金,基金按照以下三种方法提取。

方法一:企业按一个固定的比例提取利润分享金额,如按7%的比例提取;

方法二:分成不同的利润提取阶段,例如,达到利润目标部分先提取8%,超目标部分再支取6%;

方法三:只有在达到了一定的标准后方可提取利润,否则没有利润分享。

(2)将利润分享基金在员工之间进行分配,也可按照以下两种方法进行。

方法一:按照员工年收入的比例分配,或者按照薪酬等级的比例分配,等级越高,提取的比例越大;

方法二:按照员工在实际分配期内的贡献进行分配,贡献越大,提取的比例越高。

与方法一相比,方法二更体现公平,但是实施起来难度较大,因为一般员工的工作与企业利润之间的联系比较远,无法进行精确衡量。

2.延期支付方案

延期支付方案不以现金的方式支付当年的利润收益,而是保留在员工个人名下,待若干年后或在员工离开企业之时再一次性或分几次地支付给员工。

延期支付方案是一种比较流行的利润分享形式,具体做法是企业推迟发放员工的分红或者其他现金收入。例如,将员工的现收入的10%作为延期薪金,预计5年后支付。员工如果达到企业的要求之后,就可以在5年以后得到相当于半年的工资和增值部分。这种办法可以较长时间地留住员工,如果员工在规定时间内离开企业,就会失去延期薪金。股票期权是典型的延期支付形式,这种方法可以挽留住对企业有价值的员工,使他们对预期收入抱有希望。

由于延期薪金是一种预期收入,管理起来有一定的难度,员工必须对此有充分的信任度才可能发挥效益。所以,西方企业都由专门的管理机构或者员工参与管理这笔基金,并把它投资在收益大、风险小的项目上。

(四)创业企业采取利润分享制时需要注意的问题

首先,鉴于利润分享制是将企业所得到的利润分给员工一部分,作为他们收入的一个组成部分,那么,在企业不赢利的时期内,利润分享制的优点就显示不出来。因此,对于预期不佳的企业,特别是对未来发展高度不确定的初创企业来说,应当慎用利润分成方案。

其次,创业企业需要根据实际情况和企业需求择优选择利润分享方案。企业在创立初期若采用现金支付方案,员工一般在当年年末就能拿到这部分收入,激励效果较强,但是不利于创业企业长期留住人才,且现金流压力也较大;若采用延期支付方案,支付期限长,现金流压力小,激励效益低,但是有利于创业企业留住核心人才。

第四节　创业企业股权激励

一、股权激励的内涵

所谓股权激励,是企业所有权者出于某种目的,将股权的部分或全部权利分享给利益相关者(如企业的中高层管理者、业务精英、技术骨干等)的行为。实施股权激励,可以提升利益相关者的热情,使他们更全面、更深入地参与到决策、分享收益等过程中,更加尽职尽责地完成自己的工作。

股权激励是企业完善管理制度、降低运营风险、实现持续发展的有效方法之一,对企业和员工的成长都会起到积极的促进作用。具体来说,我们可以从以下三个角度来理解股权激励。

(一)利益分配角度

从利益分配角度来说,股权激励是一种收益的共享。企业从弱小到变得强大,是企业所有员工共同努力的结果。在如今这个人才为王的年代,人才是企业发展的保障。如果人才流失过多,企业最终只会走向消亡。如果企业所有权者只关心个人利益,而对核心员工的利益却缺少关心,那么当二者所获利益差距过大时,核心员工难免会心生不满。企业所有权者将一部分利益与核心员工共享,是一种高深的智慧。

(二)管理角度

从管理角度来说,股权激励是一种非常有效的工具。在企业运营的过程中,优质的管理可以提升工作效率,创造更多的利润和价值。通过股权激励这种方式,可以让作为企业利益相关者的员工与企业连接得更紧密,从而更加积极、主动地为企业献计献策,令企业变得更有活力和向心力。一旦利益相关者愿意充分调动主动性,为企业的发展贡献力量,那么企业所有权者的管理将会变得简单。也就是说,企业所有权者可以通过股权激励来有效降低管理成本。

(三)投资角度

从投资角度来说,股权激励是一种回报丰厚的长期投资。企业所有权者通过股权激励来激发员工的积极性和向心力,从而让员工更长久地在企业工作,并创造更多的价值。

由上述内容可知,股权激励在多个方面都会产生积极的推动作用。它是现代企业管理的必然选择,也是企业所有权者获取更多利益的重要手段。

二、员工持股计划

员工持股计划是长期薪酬激励的一个主要手段,基本做法是企业内部员工出资认购本企业部分股份,并委托企业持股会进行集中管理。

(一)员工持股计划的作用

概括而言,员工持股计划对于企业发展有以下作用。

1.奠定企业民主管理的基础

现代企业管理理论认为,留住员工最好的办法是让员工成为企业的所有者,而给予员工一定的股票所有权就是一种"把员工变成股东"的常用方法。员工持股计划在改善传统的企业劳资关系上具有独特的功效,它的最大优点是使员工与企业和雇主之间的雇佣关系转为经营合作关系,有助于员工将自己看成企业的一员。

2.留住人才,为员工提供安全保障

员工持股之后,就会对企业产生一种依附感和认同感,特别是对不安心工作的员工,持股可以起到稳定作用。同时,企业也可以将持股作为奖励绩效优秀员工的一种手段。

3.扩大企业资金投入,增加员工收入

员工持股是一种"双赢战略":对企业来讲,可以募集资金用于扩大再生产,当外部市场发生意外变动,对企业股票产生威胁时,员工股票还可以发挥"减震器"的作用;对员工来讲,可以从企业赢利中获得收益,当企业经营有方、效益看涨时,员工更可以从股票中获得更大的收益。

4.调整企业收益权益,转变企业约束机制

员工持股计划可以通过多种途径参加企业的利润分配。例如,按照入股额参加利润分配,收入与企业税后利润挂钩,经营者收入与企业的剩余收益挂钩等。这些形式扩大了企业收益权益调整的范围和余地,也可以使员工和经营者的利益真正与企业效益结合在一起。

企业引进员工持股计划以后,有助于建立多层次的监督和约束机制。例如,员工代表可以股东代表的身份进入监事会,对企业及其各种经营行为进行有效监督,同时员工从关心自身利益出发,也会对自己的行为进行内在约束,促进员工自身的目标与企业的目标的一致等。

不仅如此,员工持股对股东和政府来说也是利大于弊的,因为它可以有效防止企业被恶意收购,而且可以扩大公众对资本的占有,缩小贫富差距,有利于降低失业率和保持社会稳定。因此,政府一般对员工持股给予肯定和支持的态度。

(二)员工持股计划的运作

早期的员工持股计划比较简单,主要是依靠低息的银行贷款和政府的减免税措施,员工就可以集体形式获得所在企业的部分股权。这时,员工不单单是企业的员工,还是资本的所有者;他们在获得工资之外,还获得资本收益;当员工年老失去工作或者丧失劳动能力之后,也可以通过所持有的股份获得"资本工资"。而后,随着企业制度和金融市场的发展,员工持股方式日益多样化,管理也更加完善。

1.企业股票转让的途径

实行员工持股计划的一个最大的障碍是员工没有足够的钱去购买股票,因此必须通过一些途径将股票转到员工手中。企业股票转让通行的做法有以下三种:

(1)员工出资购买股票。我国许多企业采用了这种方法,因为员工购买的是内部原始股票,价格比较便宜,一般可以从股票运营中得到收益。例如,1997年,《深圳市国有企业内部员工持股暂行规定》中规定,内部职工集体持股原则上通过增资扩股方式设立,由员工个人出资认购股份,可采取三种方式:其一,个人以现金出资购买;其二,由企业非员工股东担保,向银行或资产经营企业贷(借)款购股;其三,将企业公益金划分为专项资金借给员工购股。

(2)股票奖励计划,即采取非借贷型转让,将部分报酬以股权的形式转给员工。通行的做法是,企业组建员工持股计划委员会,按报酬比例分配股权,委员会将股票数额计入员工持股账户,员工按照账户记载从企业中分得股票红利,到规定日期后,员工可出售股票。

(3)信贷持股计划,即采取借贷型转让,采用信贷的方式将企业股票转让到员工账下。常用的做法是,企业组建员工持股基金会,由基金会向银行申请贷款,基金会用银行贷款购买企业股票,按照员工个人条件分配股票并计入个人账户,基金会用利润分红等归还贷款,到规定期后,股票归员工所有。

在欧美国家,员工一般不以现金的方式购进股票。如果是将股票期权作为一种薪资的延期支付形式,企业会用股票期权代替现金支付;如果是将股票期权作为一种福利,企业将会以优惠的价格出售给员工,并相应建立专项基金会,帮助员工获得购买股票的资金来源;如果企业是为了与员工分享利润,则通过赠股的方式给员工配发股票。同时,员工也不直接经手股票,由统一的托管机构管理和经营。股票是一种社会资本形式,其价值在于增值;持股者获得股票即拥有了对企业经营的参与权利。但是员工作为企业的小股东,其个人地位是微弱的,只能依靠其代表形式参与企业经营活动。

2.员工所持股票的类别

员工所持的股票从性质上讲,主要有以下两种:

(1)企业赢利股票。企业赢利股票是指企业在经营现状比较好,或者未来看好的情况下向员工发放的股票。一般是根据当期的结算,由企业管理者和员工代表共同审定后发放。为了保证员工可以获得收益,股票的数额随企业效益波动,效益好时,多发;效益不太好时,少发;效益差时,不向员工发放股票。

(2)员工股票。与企业赢利股票相对应,员工股票一般不受企业经营效益的限制,也不保证员工可以获得股票收益。但是,员工可以通过股票按期从企业中获得固定的股息。这种股票只要企业运行顺利,员工还是可以从中获得收益的。例如,奔驰企业的股票价值在20年内涨了3倍,"如果谁在一开始就履行了认股权利的话,那么他在投资1.5万马克的情况下,1997年就可以自豪地得到价值4.5万马克的巨额股份(还不包括股息在内)"。

3.员工持股计划的设计

企业员工的持股制度和持股计划一般包括以下内容:

(1)收益人的范围与数量主要是确定持股员工的资格。例如,美国企业规定,工作1年以上或者年龄在21岁以上的员工有资格参加企业的持股计划。

(2)员工持股的总量控制和员工股票的分配。员工持股的数量决定于当期企业股票期权的总量。这与几个因素相关:首先,企业整体股票期权计划所涉及的证券总数的份额,一般上限为该企业证券总量的10%;其次,股票期权与企业业绩及股票价格之间的比例关系,企业通常采取目标法、价值推算法和未来收益价值评估法等方法确定;最后,一般员工的持股计划如果与经营者的股票期权有所区别的话,应该适当划分其分配比例。

员工的股票分配一般依据工资、岗位、工龄和业绩等因素,按薪酬比例分配股票数量的做法比较简单。许多企业是按照职位和职务等级确定股票期权的数量,职位越高,股票期权的数量越多。另一种惯用的股票期权分配方法为,员工、管理者和经营者统一按照为企业的服务期分配分值,例如员工每年 1 分,部门经理每年 4 分,副总经理每年 11.5 分,总经理每年 15 分,将总分值加总后,按照分配总数额确定每个分值的股票期权量,最后确定每人所应获得的股票期权数。此外,一些国家的法律一般规定,任何一名参与者个人所拥有的股票期权不得超过该计划所涉及的证券总数的一定比例,如 25%。

(3)员工股票的托管。企业选择自己内部的组织机构或者外部机构管理员工持有的股票。其运作程序是,首先,拟实行员工持股的企业由雇主和员工达成协议,雇主自愿将部分股权转让给员工,员工把承诺减少工资或提高经济效益作为回报。其次,由企业出面向银行贷款后交给托管机构,或经企业担保由托管机构向银行贷款。最后,用贷款购买企业股票,并按规定的数额存入员工账户。托管机构的职能包括:参加股东大会,代员工行使表决权;按时将员工的持股数和股票市价等情况通知每一个员工;按企业规定办理员工的股票登记、收购、转让和红利发放等日常管理工作;按期向税务管理部门报告经营情况等。

(4)员工股票的出售。员工所持有的股票不能随意出售,企业需要附加一定的时间、价格和其他出售条件,只有在满足这些条件的情况下,员工才有权利出售自己的股票。例如,美国的一些企业规定员工持股开始的 7 年内,个人不得提取和转让自己拥有的股份,如果 7 年内离职,视同自动放弃本人所拥有的股份。

股票的出售涉及股票期权价格的确定。一般而言,激励性股票期权的执行价格必须大于或等于股票期权赠予日的公平市场价。

三、创业企业股权激励的重要性

创业企业最为突出的问题是人才的获取和利用。在创业阶段,诸如企业的策略计划得不到有力执行、下属的工作很不尽心等,是很常见的事。实施股权激励制度,可以在很大程度上缓解创业企业目前面临的人才问题,进而调整企业内部结构,释放组织潜能。创业企业实施股权激励的重要性概括起来,主要体现在以下几个方面。

(一)符合创业期低成本要求

受资金特别是现金流的压力,企业在初创期一般无法给员工以较高的现金工资或奖励。实施股权激励,创业企业短期内较少付出现金,管理者和技术人员的收入主要取决于企业将来发展的状况。企业经营得好,企业资产增值显著,经营者将会从股权增值中获利。因此,股权激励非常符合创业企业一方面挽留、激励人才,另一方面又不需负担过多现金支出的需要。

(二)形成企业利益的共同体

企业股东(企业所有者)注重企业的长远发展和投资收益,而企业的管理、技术人员更关心的是在职期间的工作业绩和个人收益。二者价值取向的差异必然导致双方在企业运营管理中行为方式的差异,往往会发生员工为个人利益而损害企业整体利益的行为。传统的激励方式客观上刺激了经营决策者的短期行为,不利于企业长期稳定的发展。实施股权激励的结果是创业企业的管理者和关键技术人员成为企业的股东,其个人利益与企业利益趋于一致,有效减少决策者短期行为,为企业的长远发展提供了一个良好的平台。

(三)激励和稳定企业核心员工

股权激励对于创业企业的重要作用之一便是激励了核心员工的工作积极性,有助于其将企业发展目标与员工个人发展目标实现一致,使核心员工有了主人翁意识,进而将企业发展利益放在第一位,最大限度调动员工积极性,发挥自身的发展潜力,增强创业企业的团队凝聚力和战斗力。

值得注意的是,股权激励通常也对员工有相应条件和约束,例如对接受股权激励人员工作年限的约束,对核心技术人员相关技术信息保密的约束,对市场销售精英的业务指标要求等,通过股权激励的员工,一般不会轻易跳槽,因为跳槽会带来未来预期利益的损失。由此可见,股权激励制度能够在激励企业核心员工积极性同时,实现创业企业员工的总体稳定。

四、创业企业基本股权激励模式

股权激励有七种基本的模式,也可以看作七种基本的股权激励设计思路。但在实际操作过程中,创业企业要根据自身实际情况,对激励模式做出相应的调整。只要改变股权激励要素中的任何一个,都会对股权激励模式产生影响。也就是说,股权激励的模式会有很多种变化。创业企业的构成、发展状况有所不同,且对股权激励的认知和诉求不尽相同,使得多种激励模式都有存在的空间。但是,各种变化的模式都是从基本模式中发展而来的。股权激励比较常用的七种模式如下。

(一)干股

干股也被称作身股、分红权、岗位在职股等,拥有干股的激励对象有权享受企业的部分可分配利润。大多数情况下,干股并不需要花钱购买,因为它是一种额外的奖励。例如,年前承诺一定的干股比例,年后从企业的可分配利润中拿出一定比例给员工进行分配。而且,干股一般会和岗位挂钩,而与个人绩效无关。

通常来说,干股在三种情况下会产生激励作用。第一种是行业内对比时,企业采取具有明显优势的干股激励措施;第二种是企业内部人员进行对比时,没有干股奖励的员工会向有干股奖励的员工学习;第三种是员工仍在为生存而努力时,干股奖励的身份、地位象征会发挥巨大的作用。

(二)股票期权

在某些国家,期权是使用最多的激励模式。它最初来自金融衍生产品,后来被发现具有极大的激励效果,逐渐被各家企业争相运用。

对激励对象来说,股票期权是一种权利而非义务,在行权日到来时,激励对象可以按照自己的意愿选择行权或放弃行权。当然,如果激励对象因某种原因而提前退出,那么所签合同会即刻宣告作废,对企业的股权结构并不会造成影响。在股票期权收益方面,上市企业激励对象获得的期权收益大部分来自股票的转让收益,非上市企业激励对象获得的期权收益则主要来自企业分红或者回购。

(三)增值权

增值权其实是股票期权的一种变形。激励对象在行权时,先要自己募集一定数额的资金,以购买约定数量的股票。在收到股票之后,激励对象可以在行权期内将股票卖出,从而获得利润。

在整个过程中，激励对象其实就是通过一买一卖获利。为了简化交易流程，企业可以直接把激励对象通过一买一卖而获得的差价利润支付给他们。这种授予激励对象可以接受支付差价的权利被称为增值权。

在行权之前，增值权只是一种权利，只有在行权后才会变成现金或者实股。一般情况下，对非上市企业而言，增值权最终都会以现金的形式体现。由于增值权并不会对企业的所有权和控制权产生影响，所以在一些国有企业中，它也是比较常用的激励方式之一。

（四）期股

相对干股而言，期股的激励模式更容易被人理解。简单说来，就是开放工商注册股，现有的激励对象可以按照某种价格购买企业的原始股权。在全额购买了原始股权后，激励对象就可以享有股东的权利。

一般来说，期股交易并不是一次性交易，而是多次、多年的交易。也就是说，这种交易往往需要时间要素参与，这也是它被称作期股的原因。

（五）限制性股权

这种股权激励模式主要用于特定目的的激励，对激励对象具有一定的限制性。而且，这种限制性在获取条件和出售条件上都有所体现。

具体而言，激励对象只有在工作年限（主要针对稀缺人才）或业绩达到激励计划规定的前提下，才能按照约定的条件获得企业授予的一定数量的企业股票，进而通过出售限制性股票获得利润。

限制性股权的激励模式主要有两种类型，分别是折扣购股型激励模式和业绩奖励型激励模式。

（六）业绩股权

这种股权激励模式表现为"事先承诺，完成业绩指标（企业的财务指标或个人的 KPI 指标）后，企业兑现承诺"。中国企业开始实施股权激励制度之初，推广较为广泛的模式就是业绩股权。这一模式的最大特点是，激励对象的收益水平完全取决于他们完成了多少业绩。

也就是说，在这种激励模式下，业绩指标的完成度是衡量一切的标准，与股市风险等不可控因素并没有直接的关联。不过，因为只有在条件满足后，激励对象才会获得对等的收益，所以业绩股权的激励效果一般。

（七）虚拟股权

所谓虚拟股权，是指激励对象可以享有分红权、增值权等与实际持股相同的权利。虚拟股权可分为两种形式：一种偏向实股，另一种偏向干股。激励对象如果能完成企业制定的业绩目标，就能享受一定的虚拟股权。一旦激励对象违反相关限制性约定或离开企业，那么虚拟股权将自动失效。虚拟股权的一大特点就在于"虚拟"，并不真正占用实股的份额。这种激励模式的激励性不如实股，主要收益来自分红和企业股权回购。

股权激励模式的发展和变化，都建立在这几种基本模式的基础之上。创业企业实施股权激励，要了解和熟悉基本模式的实施方法，并将它们融会贯通，根据企业的实际情况，借鉴已有的各种模式，选择适合自身需求的激励方案，才能让股权激励的激励效果更加显著。

五、创业企业不同发展阶段的股权激励

设计股权激励方案,需要根据企业发展的相应阶段及发展状况,选择适当的激励方式,这样才能让激励更精准、更高效。下面我们主要介绍创业企业在初创期和发展期的股权激励方式。

(一)初创期:干股分红更稳妥

企业创立之初,往往知名度有限,对人才的吸引力自然也十分有限,所有权者最大的困扰之一就是企业缺乏足够的人才。在这个阶段,企业最核心的工作应该是留住人才,保持团队的稳定性。因此,处于初创期的创业企业适宜采取干股分红的股权激励模式,这是一种较为稳妥的选择。采取这种激励模式的具体原因主要表现在以下几个方面。

(1)操作简单。初创期的企业,人力、财力、物力都处于相对匮乏的阶段,干股分红的激励模式操作相对简单,激励方案不用设计得过于复杂,能节约企业各方的精力。

(2)稳定核心团队。初创期的企业最需要的就是人才,让核心人才参与利润分红,会对人才产生较大的吸引力,促使他们在企业中长期发展,有助于稳定核心团队,给企业带来比较平稳的发展局面和强大的向心力。

(3)管理决策不受影响。在初创期,企业所有权者往往希望对企业有足够的掌控权。采取干股分红的模式,激励对象只享有分红权,却不参与企业管理决策,对企业所有权者来说是很好的选择。

除了干股分红这种激励模式,其他激励模式也可以在企业初创期加以应用。例如,限制性股权、业绩股权也会起到激励作用。只不过,和干股分红比起来,这两种激励模式的激励效果相对小一些,而且操作的难度较大,对初创期的企业来说并不是最优的选项。

对企业所有权者来说,在企业发展的初期,正确的激励模式对企业的健康、快速发展具有重大意义。结合创业企业实践,将多种激励模式进行比较就会发现,干股分红这种模式是更适合初创期企业的。

(二)发展期:因人而异,区别对待

通常来说,一旦企业进入发展期,就意味它具有了一定的规模,竞争力已经有了很大的提升。在这个阶段,企业在市场占据了一定的份额,经营风险逐渐变小,并朝着多元化发展。而且,此时的企业已经不再受困于资金不足,财务状况较初创期有了很大的改观。然而,处于这个阶段的企业,依然面临着人员流动性较大的难题。简单来说,企业先前松散的管理模式已经无法适应该阶段企业的发展要求。想要企业保持良好的发展势头,企业所有权者就要设置一些职能部门,通过合理、有效的管理,改善工作环境、氛围等。同时,要采用合适的激励模式来留住人才。每个人都有自己的特点,即便是岗位相同的激励对象,也要区别对待。创业企业具体采取何种激励方式,可以参照以下几种类型。

(1)创始团队成员。对于参与企业管理、掌握核心技能的创业团队成员,可以在干股分红的基础上实施干股认股,使激励对象在享受分红的同时参与到企业管理中,进一步加强他们对企业的认同感。

(2)管理者。处于发展期的企业,对管理者的主要考核标准是业绩达标。可以说,对管理者最好的激励方式是业绩股权。企业制定合理的业绩指标,只要管理者能够完成,就可以获得

相应的收益。

（3）稀缺的核心员工。对企业来说,保持稳定的核心团队尤为重要。要想留住能力出众,尤其是拥有关键技能的核心员工,使用股票期权和限制性股权的激励模式,对激励对象会有比较大的吸引力,能让其在企业中发挥关键作用。

（4）充满激情却不善管理的员工。有些员工对企业前景充满期待,工作热情极大,可是在企业管理方面,他们确实不太擅长。对于这类员工,激励模式应该以干股分红、虚拟股权、股票增值权等为主,让他们享受红利,但不参与具体的管理工作。

（5）核心技术业务人员。这类员工因为掌握企业所需的关键能力而备受重视,除了薪酬绩效外,还可以尝试给予他们限制性股权和业绩股权的激励,以便调动他们的积极性。

任何一家企业想要快速发展,都离不开员工的同心协力。在成长期这一阶段,根据员工各自的情况,给予他们最合适的激励,才能更加有效地激发他们产生工作的动力,让他们充满斗志地与企业一起成长。

六、创业企业实施股权激励应注意的问题

股权激励是一项复杂的、多变量的制度创新,其有效性高低取决于能否根据企业的具体条件而进行科学的方案设计,以及是否具备相应的环境条件和文化基础。创业企业在实施股权激励设计中,应注意以下几方面的问题。

（一）采用动态的股权激励模式

创业企业发展要经过初创、成长、成熟和衰退几个时期,具有不稳定性和高成长性,且由于发展而增资扩股或融资等因素,其股权结构及组织形式都会发生改变。所以,创业企业在成长过程中的激励方式和重心都应有所不同,企业应根据自身的发展目标和需求,建立有效的动态股权激励模式。

（二）要有利于企业形成团队认同的理念

创业企业需要知识的共享和创业团队的精诚合作,股权激励的实施应尽可能体现团队导向原则,争取获得创业团队的民主认同。股权激励的分配要从历史贡献和当期贡献两方面考虑,既要算细账,又要看大局,无论发生什么变动,都不应扰乱军心。

（三）股权激励方案设计的复杂性与科学性

创业阶段的中小企业股权激励实施方案的内容,包括激励对象的确定、授予的业绩基础、股权类型的选择和组合、授予方式的选择、激励实施对整体报酬水平的影响、相关时期的确定、股权的来源、股权的成本费用和相关会计处理等诸多复杂问题,其核心的内容是四个基本的要素,即定人、定价、定量、定时。定人,即确定激励的对象;定价,即确定激励对象在一定期限内购买的企业股权的价格;定量,即激励对象可以购买的企业股权的份额;定时,即行权期限和行权进度。

（四）操作和管理的规范化、程序化

创业企业应通过专门设立的小组或者部门严格按照规范和程序,公开、公正、公平地实施股权激励制度,时时宣传共同分担风险、共同享受成果的理念,达到员工与企业休戚与共的目标。

（五）完善退出机制

创业阶段的企业，人员的流动性很大。激励对象离开企业，其拥有的股权应如何处置？由于创业阶段的企业行业竞争激烈，风险较大，稳定性较差，企业的组织形式、经营范围等都有可能发生巨大的变化，被激励对象难免会有顾虑，实施股份期权有可能会出现响应者较少、难以取得预期激励目的的问题。退出机制是一个有效的弥补措施，即在股权激励计划中完善有关终止条款，制定具有可操作性的企业回购协议。统一行权价格标准、严格企业回购计划是被激励对象受益的可靠保证。退出机制应考虑到员工流动的类型、企业自身变化发展带来的影响等方面因素，及时对相应的股权予以回购或进行合理调整。

（六）股权激励与其他激励模式有机结合

为了有效激励员工、留住核心人才，创业企业的股权激励作为多元化报酬中的一个组成部分，要与构成报酬制度的其他组成部分相结合，综合发挥激励约束作用，为创业企业的长期发展留住优秀人才。报酬制度各组成部分之间要有一个合适的比例，从整体报酬设计的角度考虑股权激励方案。

第五节 创业企业合伙人制度

一、合伙人制度概述

（一）合伙人制度的概念

清朝年间，晋商创造了票号业的奇迹。在晋商繁荣的近百年间，票号经手汇兑的银两达十几亿两，没有发生过一次内部人卷款逃跑、贪污或被诈骗的事件。这一奇迹发生的关键就是"身股制"。简单来讲，就是票号的股份分为"银股"和"身股"，东家出钱是"银股"，掌柜和伙计出力是"身股"，身股和银股都可以参与企业分红。

近些年，企业界非常热的一个词就是"合伙人"，很多人高呼"职业经理人已死，现在是合伙人时代"。其实，合伙人制度并不是今天就出现的，回顾晋商的历史，可以简单理解，用"身股"入股的股东，就是合伙人。

在工业时代，有四大生产要素：资金、土地、劳动力、企业家才能，其中最重要的因素就是资金，资本家掌握着最大的价值。到了移动互联时代，资金不再匮乏，中国经济增长已经从投资和基础设施拉动变成创业、创新拉动。创投基金在中国如雨后春笋，地产"黄金"时代已过，人才和企业家才能成为价值创造的"火车头"。毫无疑问，和"银股"相比，移动互联时代是"身股"价值崛起的时代，只有真正把员工当成合伙人，他们才会对企业和工作充满激情，像老板一样思考和行事，才有可能创造商业奇迹。

1. 合伙制企业的合伙人制度

合伙人制度究竟是指什么？有人认为是法律结构，有人认为是股权激励，还有人认为是企业控制权。由于"合伙人"一词最早出现于合伙制企业，这就需要追本溯源，从合伙制企业讲起。

1）普通合伙企业

合伙制企业是一种法律意义上的企业形态，最早出现的是"普通合伙企业"。这种企业的特点是只有"身股",没有"银股"。合伙制企业往往都身处轻资产、重人力资本的行业,即企业的成功,很大程度上依靠员工的智慧和经验。合伙人通常是企业的管理层,并经过严格筛选才能担当,他们既是企业的雇员,又是企业的所有者。合伙人离开时股份被强制回购,意外死亡者的继承人不能继承股份,除非在企业担任管理职务。

2)有限合伙企业

有限合伙企业,主要流行于股权投资(PE)行业。有限合伙企业有普通合伙人(GP)和有限合伙人(LP)两类。通常情况下,GP 出资 1%,LP 出资 99%。基金的运作交由 GP 管理,LP 不能参与具体运营事务。同时,在利益分配时,在所有人都收回投资成本后,在 GP 和 LP 之间按照 20%:80% 的比例来分配投资收益。有限合伙企业的最大好处是让 GP 用很少的资金撬动上百倍资金的同时,可以牢牢掌握企业控制权,还能获得远超过自己出资比例的超额收益。这些特权都体现了对 GP 人力资本价值的认可。

2.企业制企业的合伙人制度

演变到今天,合伙人制度也适用于企业制企业。类似晋商,在那些倡导"合伙人制度"的企业制企业中,一部分股东是"银股",通过出钱成为股东;一部分是"身股",通过人力资本成为股东。不同的是,在移动互联时代,对"身股"价值的认可达到了前所未有的高度,并赋予合伙人以下三种重要权利:①股权激励;②企业控制权;③身份象征。

(二)合伙人的基本理念

合伙人制度之所以能建立起来,关键在于所有合伙人都拥有共同的理念。只有志同道合的人,才有可能成为关系融洽的合伙人。通常来说,在一家以合伙人制度为构建基础的企业中,合伙人需要具备以下四个基本价值理念。

1.共识

所谓的共识,指的是要有相同的愿景、使命、价值观等。也就是说,只有建立起大家都认可的企业文化,才能在一起齐心协力地做事。只有达成共识,才能互相信任、扶持,建立起充满内驱力的组织。在合伙人制度下,各合伙人是亲密合作的同事和战友,为了企业未来的发展共同努力。亲密关系之下,人与人之间的沟通更为顺畅、高效,从而有效降低了管理成本。

2.共担

既然是合伙人,在共享利益的同时自然也要共同承担风险和责任。通常来说,合伙人共同承担的风险和责任体现在两个方面:一方面是共同承担经营风险,另一方面是共同承担发展责任。当企业出现经营风险时,要求合伙人将企业利益放在第一位;当企业需要发展时,要求合伙人主动担起责任,积极出资、出力,而不是逃避责任。

3.共创

合伙人合伙成立企业的目的是通过合作创造更多的价值。企业创造的价值,不仅体现在金钱上,还体现在企业发展过程中带来的成就感和事业心上。合伙人各司其职,发挥个人特长,从而带动企业快速发展。

4.共享

合伙企业所创造的价值来自所有合伙人的智慧和努力,那么创造出的价值和成果自然要大家共同分享。不仅要共享收益,还要共享价值。只有通过价值将大家联结在一起,才能形成良性的共享体系。思想上保持一致,工作起来才能勠力同心。合伙人愿意一起创建企业,共同做一些有价值的事业,恰恰源于他们具有相同的理念,这些理念也正是建设企业的基础所在。

(三)合伙人制度的优势与弊端

1.合伙人制度的优势

1)避免职业经理人制带来的弊端

多年来,我国企业的发展模式主要是雇佣制,其表现之一就是企业创始人高薪聘请职业经理人为其管理企业各项事务。企业制下的企业会有多个管理部门,如财务部、行政部、营销部等。创始人由于能力、精力有限,无法同时掌管和处理各种事务,在这种情况下,职业经理人应运而生。这种由创始人聘请各方面的管理者处理各个部门事务的模式就是职业经理人制。

职业经理人制发展到比较成熟的阶段,就出现了这种情况:真正优秀的职业经理人在行业内成为各大企业抢夺的人才,职业经理人很可能会为了追求更高的薪酬而跳槽。这种情况对其原来所在的企业造成的损失是巨大的——加大了企业的人力资源负担。并且,被企业需要的职业经理人很可能为了快速实现短期利益,而忽略企业发展的长期性和稳定性,使企业陷入风险。这种风险最终的承担者是企业和各创始人,职业经理人很少为此承担责任。

与职业经理人制不同,合伙人制度会带给内部高管或合伙员工为自己干事的心理暗示。事业制、合伙制打破了多年来严格的上下级观念,根本性地提高了人力资源的利用效率。同时,由于心理和角色的变化,上下级观念被削弱,更多的员工能够与企业创建者保持合作关系。一种良好的工作环境能使员工感到自己得到认可,在这样的情况下,员工会更愿意为企业付出。同时,合伙人制度会让合伙人产生强烈的责任感。雇佣制下,对于一般的员工而言,工作只是工作,企业发展得好也只是老板的成就。建立合伙人制度之后,员工也是企业的"老板"了,这会让员工产生成就感和存在感,能极大地提高其工作积极性和责任意识。

2)为企业留下人才与资源

创业企业能吸纳并留住人才的关键是什么?高工资?高福利?不加班?调查发现,将人才纳入合伙人体系对人才的吸引力是非常大的。比如,华为在其发展的过程中,三次调整员工持股的方案,这不仅赢得了口碑,还使内部人才对企业的发展充满信心。因此,创业企业要想发展,不仅要把人留下,还要把人的心留下,而合伙人制度有助于实现这一目的。

从根本意义上讲,建立合伙人制度是资源的整合过程。在这一过程中,合伙人通过联合企业将相互合作的人和财集中起来,充分发挥自己的作用,但又有侧重点。例如,看重合伙人的股权或其他财产,就是对金钱的需要;看重合伙人的人际关系、技术,就是对"智囊"的需求。对于创业企业而言,单纯获得外部融资、人际关系和技术人才的难度更大,而合伙人制度正好为企业提供了一个很好的平台。例如,海尔通过合伙人,打造了企业平台战略;万科通过企业合作伙伴平台,进行了项目跟投。

3)提供垂直化、服务式的管理模式

传统企业通常具有清晰的指挥链,各主体之间有着明显的上下级关系。这主要源于传统企业中的组织结构模式——金字塔状。小部分高层在塔尖,大多数的基层员工都处于底层,各层次之间要想传播信息必须经过多道程序。相比之下,合伙人制度下的组织结构通常呈扁平状,领导在团体中并非高高在上,而是和员工互相合作,走向共赢。垂直化、服务式的管理模式为各主体之间的信息沟通带来便捷,有助于降低沟通成本,提高工作效率以及团队效益。

2.合伙人制度的弊端

虽然目前看来合伙人制度有着较大的发展空间,但是其本身也不可避免地存在弊端。

首先,制度形式的复杂性是合伙人制度的一大弊端。合伙人制度是根据合伙人之间的契约建立起来的,因此具有一定的相对性。这就导致当原合伙人离开或加入新的合作者时,都必须再建立一个全新的合伙人制度,这在一定程度上造成了制度的复杂化。更重要的是,合伙人制度具有不同的模式,而且在不同的模式之间进行转换是非常麻烦和困难的。此外,合伙人制度的特点在于"合而为之",这就意味着几乎所有的合伙人都要参与创业企业的经营管理,所有重大的决策都需要得到全体合伙人的同意,因此决策出现延误就不可避免。

其次,合伙人制度还可能存在委托代理方面的问题。合伙人的产生、权利和义务等通常都是管理层根据自身的发展需求而设置的,透明度相对来说可能比较差。在实践中,合伙人制度通常缺乏有效合理的约束机制,相应地,合伙人权利行使的合理性缺乏明确有效的监督,管理者存在滥用合伙人制度行使职权的可能。

二、创业企业合伙人制度的四种模式

对于想要创立合伙企业的企业家来说,适当的合伙模式是合伙企业中的重中之重。合伙模式多种多样,而且多种模式都可以在企业中共存。对于创业企业来说,如何建立一种适合自身,从而推动企业快速发展的合伙人制度模式,尤为重要。创业企业可采取的合伙人制度模式包括以下四种。

(一)股份合伙

所谓股份合伙,就是合伙人投资并拥有企业的股份,成为企业的股东,在参与企业运营活动的同时,需要承担经营和投资风险,并有权享受股份分红。

从合伙制的发展历程来看,股份合伙是比较常见的合伙企业形式,对创业企业来说,就是创始合伙人共同出资和经营。

在具体操作过程中,创业企业需要注意以下几个方面。

1.股权架构是否合理

股权架构的合理性包括股东持股形式、股东股份的分配、预留股份的设计、实际控制人的确定等。这一系列问题,每家企业在成立之初都会遇到。在实际运营中,由于出现企业发展规划调整、人员变动等情况,股权架构会变得不再符合实际情况,此时的股权架构就不再合理了,一旦出现这种情况,应该根据实际情况进行适当调整。

2.股东议事规则的确定

股东议事规则主要包括股东会和董事会如何合法合规地召开、意见不合时应该听谁的、股东的分工如何确定、股东代持协议怎么起草、企业亏损如何承担等。这些规则是合伙人制度存在的必要保障,创业企业应将这些规则尽量明确化,落实到纸面上,这样在企业运营过程中遇到相关问题时才能做到有章可循。

3.股权控制权问题

通常来说,第一大股东要对企业拥有绝对的控制权,其地位不可动摇。因此,在确定合伙之前,创业合伙人要对股权控制权做好设计,以免合伙之后因控制权问题导致不必要的麻烦。

一般来说,可以通过一致行动人协议、投票权委托、企业章程、"AB股"架构等方法来确保第一大股东对企业的控制权。

创业合伙人选择股份合伙的模式,是希望可以与合伙人共同发展,谋求更大的共同利益。在这个目标的引领下,合伙人遵照相关章程各司其职,才能确保各项事务顺利展开。

(二)事业合伙

所谓事业合伙,指的是以人力资本作为纽带的合伙。在这一制度中,人力资本是为企业创造价值的主要因素。在与货币资本的合作及博弈中,人力资本往往拥有更多的剩余价值索取权和经营决策权。

在事业合伙模式下,职业经理人这一职务逐渐淡化、消亡,事业合伙人不再仅仅为股东打工,而是成为股东的合作伙伴,拥有了更多的话语权。

事业合伙人制度不单单是一种激励手段,还是企业持续发展的动力。要想让事业合伙人制度成功落地,一般要经过以下几个步骤。

1.为企业估值

无论企业所有权人想要引进投资人还是从企业内部寻找合作伙伴,首先要解决的问题都是为企业估值,这是估算出资额度和占比的基础。

估算的方法和工具有很多种,如市盈率法、市净率法、市销率法、自由现金流量折现法等。无论使用哪种估值方法,都应该客观、公正。

2.选拔合伙人

对合伙人展开选拔,是建立合伙企业的必备步骤。选拔对企业的价值观和企业文化有比较强的认同感的合伙人,才能给企业带来向心力。

在选拔的过程中,工龄、业绩、岗位、未来价值等维度是需要重点考量的标准。企业对未来合伙人的评估要有一定的科学性,这样才能让人信服。此外,企业应该建立推荐机制,这样会给被推荐人带来干劲,使得他们对企业更加忠诚。

3.合伙人出资

确定了合伙人的股份数量和单价之后,接下来就是合伙人出资的环节。如果合伙人有足够的资金可以自由支配,那么出资这一步骤就可以轻松完成。但从实际情况来说,有些合伙人虽然有出资的意愿,可是因为种种原因拿不出足够的钱,那么出资这一步骤就无法完成。一旦合伙人无钱可出,那就意味着合伙无法落地。因此,创业企业在设计合伙方案时,要对出资这一步骤做更全面的考虑。

4.分红

在大多数情况下,企业分红的依据都是净利润。这种分红方式的缺点是容易发生财务舞弊问题,因为实践中会有很多方法用来调整净利润。而以销售收入作为分红的依据,同样存在风险。一旦某些员工为了业绩而不择手段,那么他们的收入会增加,企业的业务规模会变大,可实际上企业的获利并不多。

在事业合伙的模式下,分红这一步骤中往往存在各种风险。在创业企业运营的过程中,各合伙人都需要时刻监督别人和自己,企业的各种制度也要更加完善。

5.退出

在合伙人制度中,退出机制占据着举足轻重的地位。相关数据表明,合伙企业中出现的很多纠纷都集中在退出环节。因为退出的方式、时间等都会对合伙人的权利、收益等产生一定的影响，因此，创业企业在设计退出机制时要慎之又慎，使合伙人退出时做到有法可依、有据可循。

在事业合伙模式下，与企业所有权者合伙的人才希望展现自己的才能，而企业所有权者则需要人才为企业创造更多的价值，带来更多的收益。因此可以说，人才是最宝贵的资源，也是联结各方的纽带。

（三）业务合伙

所谓业务合伙，指的是合伙人在业务方面展开合作，双方各自承担相应的责任，共同分享业务所获收益的合伙模式。在这种模式下，合伙人之间的合作关系十分紧密，彼此之间需要更多的支撑和扶持。通常来说，业务合伙有两种比较常见的形态。

1.早期形态

业务合伙人制度早期的形态为经营团队独立自主地进行业务拓展和执行，并享受经营所得的利润。这种形态在智力服务机构（管理咨询企业、会计师事务所、律师事务所、投资理财企业等）中比较常见，因为在这类轻资产运作的机构中，人力资本在经营中占据重要的地位，如果需要拓展新的业务板块，无须增加额外的资源和资本，只要有足够的人员就能尽快开展。

2.类似承包制演化的形态

在这种形态下，企业通常会预先给经营团队设定业绩、利润等，如果经营团队通过自己的努力完成了预定目标，那么经营团队可以分享增值部分的利润。如果没能完成预定目标，那么经营团队的收益将会受到影响。

在员工对企业业绩利润等发挥重要作用，但他们的经济实力不足以通过资金合伙的非轻资产运作的企业中，这种形态运用较多。大部分情况下，它被用于基层员工的合伙人制度改造。

业务合伙不涉及法人主体及股份身份等相关事项，对企业所有权者的权益有比较大的保障。业务合伙人只要专注于开拓市场，完成既定任务，实现业绩和利润的增长，就能享受相应的分成。对合伙人各方来说，这种合伙模式是比较稳妥和简单的，无须过多改变，只要将自己负责的事务做好，创业企业就可以持续经营下去。

（四）生态链合伙

生态链合伙这种模式，是从产业链的角度来看的。在产业链中，企业的供应商、经销商、客户、投资人、离职员工及其他资源的提供方等外部合作者，都可以成为生态链合伙人。从某种意义上说，生态链合伙制是创业企业拓展业务、增加盈利的重要手段。通过合理的设计，它可以实现双赢甚至多赢。

在选择生态链合伙人的过程中，以下几点需要多加关注。

1.依实际情况而定

每家创业企业所面临的环境和所处的发展阶段不同，产业链上可供选择的合伙人自然也不同。在实际操作中，应该以企业的实际情况为基础，严格选择最适合的合伙人。

2.扎根所在领域

生态链合伙存在的关键是找到产业链中的优质合作者，让他们成为合伙人。因此，设计合伙方案时，扎根于企业所在的领域，从熟悉的产业链入手，显然更容易成功。

3.关注生态链合伙人的利益

在与生态链合伙人合作的过程中,双方存在互惠互利的关系。企业越是关心合伙人的利益,让他们获得更多的利益,企业越能从中获得更多的利益。从这个角度来说,企业关注合伙人的利益,其实就是在关注自己的利益。

4.约束生态链合伙人的行为

在生态链合伙的模式下,企业与合伙人是一个利益共同体。合伙人的行为不再是个体的行为,而是关乎企业形象的企业行为。因此,企业应该为合伙人制定行为规范,以免合伙人的某些行为给企业带来负面影响。从生态链合伙的模式来看,其主要目的是将有权力的人、有资源的人、有财富的人聚集到一起,成为企业合伙人。可是,并不是所有的企业都有能力和条件去挖掘和发展生态链合伙人。对于大部分企业来说,它们只能成为生态链合伙事业的追随者或参与者。

5.对生态链合伙人进行动态管理

在合伙人制度下,合伙关系需要保持动态平衡。在生态链合伙中,企业同样需要对合伙人进行动态管理。当发现某个合伙人不再适合或是难以满足企业的某些要求时,可以通过适当的调整来激发合伙人的潜力。

三、创业企业合伙人制度设计

(一)选择合伙人制度

目前,合伙人制度为大多数创业企业所采用,特别是新技术、互联网、新媒体、咨询服务等领域的创业企业,实行合伙人制度几乎已经成为它们诞生和发展的重要驱动因素。创业企业推行合伙人制度的过程,通常有以下三种典型的情形。

1.联合创业式合伙

联合创业式合伙是指几位企业创始人之间的事业合伙关系,通常是两位及以上的股东通过协商,分别持有一定比例的企业股份,并按照股份比例分享企业的权利以及承担相应的风险。这类企业的资本既可能是来源于投资商的投资,也可能是参与合伙的人员按照持股比例共同出资,还可能是参与合伙的个别人出资,其他人员则以技术、能力或关系资源的形式入股。在这类合伙中,通常有一位合伙事业的发起或召集人,他通常持有企业的股份最多,也是未来企业发展的主导者。因此,人们通常把这样一个人物称为企业的"创始人",而把其他参与创办企业的人员叫作"联合创始人"。

2.指向个别人才的合伙

创业企业在成功起步以后,会渴望招聘到能人加盟自己的事业,希望通过招聘能人的方式来弥补企业的短板。比如,在技术能力不足时,希望有一位技术精英加盟;在营销能力不足时,希望有一位营销精英加盟;在融资能力不足时,希望有一位融资高手加盟……

创业企业之所以会采取这种"点对点"的方式发展合伙人,往往由许多原因所造成:急于引才成功,明知可能会给未来留有隐患,但还是抱持"车到山前必有路"的心态;无法向候选人开出较高的薪酬条件,所以认为不给予足够的股份,便不足以吸引人才加盟;业务发展不确定,无法对未来的组织发展和人才需求进行提前规划,因而无须成批地招募关键岗位的合伙人。

然而,这类的合伙将面临一系列问题:一是创业企业所发展的合伙人的价值观与能力是否与企业的要求真正相匹配;二是创业企业究竟应该授予加盟的合伙人多少股份,以及怎么授予股份更为合适(由于这类企业处于创业期,其股份往往不太值钱,以至于企业在向单个的合伙人承诺股份时,通常比例过高,可能导致后来"追悔莫及");三是创业企业往往没有一套对加盟合伙人未来的贡献进行有效考核的办法;四是创业企业往往无法对合伙人未来的价值观发展和能力成长提出要求,因为这类企业通常没有形成相关标准,可能出现后期发现加盟合伙人的价值观和能力与企业的发展要求不相适应的情况。

因此,即便是初创型企业,也不宜针对个别人才单一性地授予股份,而应基于未来团队发展的整体规划来决定股权授予政策。

3.指向团队的合伙

这类企业大多已经处于创业基本取得成功的阶段,企业推行合伙人制度的目的,是希望通过这种制度来促使企业迅速进入扩张阶段。此外,也有一些创业企业在远没有取得成功之前,便前瞻性地将未来的管理和技术团队打造成合伙人团队,这样做既可以吸引和保留人才,还可以吸引外部投资商投资。

创业企业针对团队(含未来的团队)整体规划与设计合伙人制度的好处是多方面的,主要体现在以下几个方面:

第一,从企业人才发展的角度,指向团队的合伙人制度可以促使创业企业对未来的人才发展与管理进行系统思考与规划,并且有助于增强人才的自我价值感。创业企业针对个别人才承诺股份,往往可能使人才觉得只有拿到更多的股份才足以与个人的价值和要求相匹配。而针对人才团队的合伙人制度,则可以有效地解决这一问题。比如,企业拿出20%的股份让特定的人才群体共同持有,其中80%的股份由创始人、联合创始人和外部投资商持有。这样做会给予内部人才以较高的价值感,因为在这种安排下,20%的股份会显得比例较大。

第二,从员工激励的角度,指向团队的合伙人制度可以向创业企业的全体员工传递出更为正面和更加鼓舞人心的信号。特别是当企业的合伙人制度明确规定,企业所有员工一旦满足和答应条件,便都有资格持有公司的股份时,对员工具有较大的激励效应。

第三,从企业人力资源管理角度,指向团队的合伙人制度对迅速和系统地形成人力资源管理体系具有极大的促进作用。因为该制度不仅能够有效地激励与管理关键人才,而且各专业岗位的关键人才为了企业利益、部门利益和个人利益,一般都会积极地运用相似的思想、原理和方法来激励与管理其部门内部的人才/员工队伍。

第四,从企业形象角度,指向团队的合伙人制度可以使创业企业在对外融资时,或在寻求外部供应/销售渠道合伙时,或在寻求政府支持时,获得更好的评价。

(二)选择合伙人

1.选择合伙人的三种途径

1)内部选择

顾名思义,内部选择即从企业内部选择有潜力的成员作为合伙人。内部选择主要适用于处于发展阶段的创业企业,其在日益壮大的过程中,合伙人队伍不断扩大。华为和阿里巴巴等都是在企业发展过程中,在企业内部制定相应的标准和要求,以选拔合伙人。例如,阿里巴巴的合伙人必须服务于阿里巴巴且满5年,必须持有企业的股份,并且必须承认企业的核心价值观,愿意竭尽全力地为企业发展服务等。

2) 外部选拔

外部选拔就是猎头或者创始人利用自己的资源争取心仪的合伙人。通过猎头或者创始人寻找合伙人的好处在于可以在各行业寻找优秀的人,从而填补本企业的短板,做到优势互补。但是这些人才对该企业的文化是否认同,是否能和合伙人团队共同奋斗存在较高的不确定性。

3) 被动选择

被动选择即通过吸引力法则,吸引外部的优秀合伙人。如华为、阿里巴巴等比较成功的企业,就可以比较容易地吸引优秀合伙人。所以,只要企业的发展潜力能让潜在的合伙人看到,就有助于吸引合伙人加入。通过这种方式得到的合伙人对企业有较高的认同感,但是其能力水平有待检验。因此,通过被动选择这种途径获得的合伙人,还应对其设置相应的考核标准。

2. 选择合伙人的三大标准

对于创业企业来说,选择合伙人并不是一件简单的事情。选择合伙人的途径和标准可以有很多种,但是有一个准则是永恒不变的,那就是"多方位、多角度地选择"。选择合伙人的标准可以归纳为三类,即基础条件的标准、业务综合能力的标准以及主观的标准。

1) 基础条件标准

基础条件包括但不限于体力、财力和沟通能力。一般来说,刚起步的创业企业选择合伙人时的基本要求就是体力好、有财力、有交流技巧。要求合伙人体力好,是因为刚起步的企业可能初具规模或者毫无规模,此时合伙人的身体素质显得很重要。同时,财力也是选择合伙人时需要考虑的因素。财力不仅代表融资的能力,还包括抵抗不义之财的能力。另外,合伙人一定要具备基本的交流技巧,一般不能不善交流。交易双方在交易时是利益的共同体,双方有责任主动地进行交流,解决误会的有效方法是主动交流和多沟通。在创业的过程中,创业者会接触各行各业的人,处理种种问题,选择具有较强沟通能力的合伙人,可以事半功倍。

2) 业务综合能力标准

如果基础条件是地基,那么业务综合能力就是承重的墙。合伙人要有一定的专业水平,如财务合伙人具有财务能力,管理合伙人具有管理能力,技术合伙人具有技术以及研发能力等。业务综合能力并不仅指在特定的合伙领域中具有能力,它包括业务能力、沟通能力、创新能力等。合伙人只有具备强大的业务综合能力,才能使想法变成现实。

在业务能力上,比强强联合更重要的是优势互补。互补不只是能力的互补,也包括性格和经验的互补等。每个人在各自的领域都有长处,只有相互信任,才能使团队变得更有凝聚力。许多创业企业之所以能够做大做强,除了因为选择了对的合伙人外,还因为这些合伙人在不同领域存在着非常强烈的互补关系。

对于华为、阿里巴巴这样的科技企业来说,企业的持续经营能力大多是靠不断创新得来的。所以创业企业的合伙人必须持续努力和创新,接纳新的事物。除了创造能力,管理、运作、销售、协调和规划等方面的能力,也是创业团队长期发展的关键因素。

因此,创业企业在选择合伙人时应该严把"进门关",以尽最大可能确保选择的合伙人能够真正地成为可以行稳走远的事业合伙人。但这对于大多数的企业来说是一个难点。尤其对于许多新成立的创业企业来说,企业的业务不确定,工作模式不确定,对人才的要求不确定,创始人识别人才的经验也可能不足。在这种情况下,企业可以采取办法减少选择合伙人过程中的失误,比如扩大招聘范围,使候选合伙人的基数增加;学习先进的人才评估办法,从而增加经验;对于未经足够时间检验的人才,也可以采用一定的缓冲政策来防范错误选择合伙人导致的问题。

3)主观标准

主观标准可以分为以下两大点:

(1)互相信任。信任是创业成员合伙做事的基石。现实中,创业合伙人之间缺乏信任导致利益分配不均,从而给企业的发展造成不必要麻烦的案例比比皆是。大多数创业团队的散伙也是因为创始人之间互相不认同、互相猜疑。因此,创业合伙人之间的互相信任很重要。

(2)理念、价值观相符。在选择合伙人的过程中,合伙人价值观、理念高度的一致尤为重要,它关系着合伙人团队是否能够持续合作。如果各创业合伙人的发展观相差甚远,那合作关系与企业长期的发展规划都会因此出现问题。

(三)合伙人出资与利益分配

1.合伙人出资方式

对于初创期的创业企业来说,启动资金非常宝贵,出资尤为重要。而对于需要发展壮大的创业企业,融资是必须经过的一道关口。因此,合伙人除了应具有相应的业务能力外,还应拥有一定的资金。出资的方式是指合资各方以什么方式出资入股,总的说来,合伙人出资的方式有四种,分别为现金出资、实物出资、无形资产出资、股权出资。其中,现金、实物和无形资产由于流通性较高,所以常用于出资。股权出资更多地出现在企业收购和兼并过程中,这种出资方法需要一定的技术。

1)现金/实物出资

现金出资,也就是货币出资。创始人需要流动资金来支付创立、启动、运营企业所需的各种费用。因此,现金出资通常是合伙人体制中最普遍、最直接和最靠谱,也是最受人喜欢的一种出资方式。愿意用现金出资表达了合伙人对企业发展的高度认同,表示合伙人不但愿意分享企业经营的成果,还愿意共担企业的经营风险。

实物出资通常以机器设备、原料、零部件、货物、建筑物和厂房等为主。用于实物出资的标的物必须能以某种公平的方法进行评估作价,这是因为实物出资以股份或者出资额为对价,如果不能换算为现金,则无法确定其在资本总额中的比例。

2)无形资产出资

无形资产是一种看不见、摸不着的资产。它不具备实际载体,不具有流动性,但可以在未来为企业带来额外的经济利益。无形资产出资具体是指合伙人以拥有的专利权、非专利技术、商标权和土地使用权等出资。以无形资产为出资方式的,应按双方同意的数额确定其价值。

2.合伙人利益分配

多年来,我国多数行业利益分配的原则是多劳多得,少劳少得,不劳不得。这不只适用于雇佣制企业,而且适用于合伙制下的合伙人利益分配。近年来,以贡献值大小为标准进行利益分配逐渐受到认可,即对企业贡献越大的合伙人,其分得的利益也应该越多。以此为标准,合伙人利益分配的方式多样。一个好的利益分配制度应该对不同的合伙人有不同的安排,针对不同合伙人的利益分配方式如下:

1)普通持股员工:固定薪资+分红固定薪资+分红

"固定薪资+分红固定薪资+分红"的分配方法比较适合普通的持股员工。对员工的职位和职级由高到低划分层级,层级越高,底薪越高。只要持股员工完成了本职内的工作就可以获得固定的薪资。如果想要获得分红,就需要满足以下两点:一是企业年利润达到可以进行分红的水平;二是员工有资格获得分红。这个资格包括但不限于业绩、工作年限、持股达到一定时间等。

这种方法既保障了普通持股员工的日常生活开销,又对其有一定的激励作用。只有认真工作、积极创收,才能得到分红,否则只能领取固定薪资。这种方法的缺点是较难设置一个合适的固定薪资标准。固定薪资过高,会让持股员工丧失奋斗的积极性,因为有固定薪资就已经满足了;固定薪资设置得过低,会让员工对企业产生不满。一旦没有达到分红的条件或者因高层导致该企业本年度没有利润可以分配,就会引起持股员工的不满。因此,在这种方法中,如何设置一个合适的固定薪资标准是十分重要的。

2)创始人及高管:持股比例×职位难度(贡献系数)

"持股比例×职位难度(贡献系数)"的分配方法更适合企业的创始人或者持有企业股份的高层管理者。近些年,分红越来越成为合伙人收益的重要部分。一般来说,创始人持股比例是比较高的。如果完全按照股权比例分配利润,就会出现有的合伙人不做事也能分配到高额利润的情况。因此,为了避免这种情况的发生,应在此基础上设置职位难度或贡献系数(对于执行者或者对企业事业发展、项目跟进有较大贡献的创始人及高层管理者,可以设置相对高的系数),然后根据所持股权比例、职位难度(贡献系数)以及企业本年度可分利润进行综合计算。这种方法既保证了公平,又体现了对创业企业贡献较大者的鼓励。

3)投资人:持股比例×职位难度(贡献系数)+项目分红

"持股比例×职位难度(贡献系数)+项目分红"的分配方法主要针对企业的投资人。一般来说,投资人有很大的可能性不会参与企业事务的管理,对企业的贡献就是提供资金。这时如果完全按照持股比例对投资人进行分配,那么很有可能会导致辛苦工作的创始人及高层管理者产生不满。因此,同第二种方法一样,为了避免伤害辛苦工作的员工,投资人的利润分配可以采用"持股比例×职位难度(贡献系数)+项目分红"的方法。

投资人之所以被称为投资人,就是因为其作用和角色定位主要在于"投资"而不是"执行",很少有投资人参与企业的日常运营。如果投资人只是投资,那么其职位难度(贡献系数)就可以设置得低一点。这也代表投资人分得的利润并非是根据自己所持的股权比例分得的,而是综合考虑了其对企业的贡献。但是,如果设置的职位难度(贡献系数)较低,而投资人又参与了企业的事务,此时应根据"贡献越大,分得越多"的原则,根据项目的情况,给投资人分配项目分红,这样会使投资人和其他持股的创始人以及高层管理者觉得比较公平。

获取收益是合伙人进行投资的主要目的,也是法律中明确规定的权利。因此,在成为合伙人后能获得怎样的收益是合伙人决定是否入伙的重要因素。在实行合伙人制度时,创业企业应该制定相对公平和完善的合伙人利益分配原则,切忌平均分配,也不应该不考虑合伙人的投入和贡献。若平均分配或不考虑合伙人的投入和贡献,则会让合伙人消极怠工,也与创业企业激励的初衷背道而驰。

(四)合伙人退出机制

1.退伙步骤

一套完善的退伙机制应该涵盖以下几个要点:

(1)对合伙人的身份、退出的原因进行区分。合伙人的身份可以分为两种:一种是进行工商登记、持有企业股权的合伙人;另一种是没有进行工商登记、缴纳了合伙金的合伙人。这两种合伙人,在退出的步骤以及享受的待遇上应该有所不同。

(2)对不同的合伙人、基于不同原因退出的合伙人设置不同的退出结算方式。从合伙人角度,退出的原因主要有三种:主动退出、被动退出以及客观退出。主动退出是指合伙人主动提出退出创业企业。被动退出是指合伙人的能力达不到企业的要求,经双方协商后退出,或者由于外力不能继续在企业工作。客观退出是指不由合伙人主动提出,而是由于客观原因不能继续在企业工作而退出的情况,包括负伤丧失劳动能力(因公或因私)而不能继续工作、退休而不能继续工作、死亡等情况。

(3)约定退伙的步骤。其主要包括约定退出的时限、身份变更的法律手续办理,以及后续事务的处理。一般情况下,约定合伙人应当在处理完手头的工作后才可以退出,否则给企业造成损失的应当如数赔偿,只有这样才能最小化退伙对企业造成的不利影响。除此之外,还可以对持股的中高层管理者以及核心业务骨干约定竞业限制以及保密条款等。

2.退伙方式

对于创业企业内部成员来说,合伙人退伙的方式可以分为两种,分别是回购退出、股权转让退出。

(1)回购退出。回购退出即合伙人在退出合伙企业后由企业回购其所持有的股份。企业创业过程中会出现各种各样的情况,因此合伙人之间应该提前签订好《股权回购协议》,以便退伙时处理股权。创始人股东离职时,对于成熟的股份,企业以回购价格进行回购,对于未成熟的股份,企业无偿收回(或者以象征性价格回购)。关于回购价格,一定要在《股权回购协议》里加以明确,否则日后可能会产生争执。

(2)股权转让退出。这种退出方式通常只适用于进行工商登记的合伙人。对于那些在持股平台上持有企业股权的普通雇员来说,他们所持股权通常不允许转让,在他们离职或退休之后,企业会自动收回他们的股份。因此,股权转让退出企业的做法并不适用于这类主体。

本章要点

1.人才盘点是企业管理人才的重要流程。在这个流程中,管理者盘点企业内人才的优势、待发展的领域、可能的职业发展路径、职位空缺的风险,以及现在和未来继任者的管理流程。通俗来讲,人才盘点的核心是帮助企业建立一个人才账本,把员工能力透明化、数据化和结构化。寻找恰当的时机开展人才盘点,是企业有的放矢进行人才管理的第一步。

2.企业中长期激励是指将经营者的利益与企业长远(一般为3~5年)发展相联系,对经营者较长期内的经营业绩和贡献给予回报的激励方式,其中经营者持股是实现中长期激励的一种有益探索。常见的中长期激励形式可以分为现金型激励、股权型激励和创新型激励。现金型激励就是通过现金形式进行激励,而非实股;股权型激励,顾名思义,是围绕股权作为激励标的展开的激励形式;创新型激励形式主要包括项目跟投机制、合伙人机制等。

3.分红制、利润分享制、员工持股计划等,都属于企业层面的报酬激励制度。三者的关系为:分红制是利润分享制的早期形式;利润分享制是企业层面的将多种报酬形式融合在一起的长期激励制度;员工持股计划是现代利润分享制的主要形式。

4.股权激励,是企业所有权者出于某种目的,将股权的部分或全部权利分享给利益相关者(如企业的中高层管理者、业务精英、技术骨干等)的行为。实施股权激励,可以提升利益相关者的热情,使他们更全面、更深入地参与到决策、分享收益等过程中,更加尽职尽责地完成自己的工作。

5.设计股权激励方案,需要根据企业发展的相应阶段及发展状况,选择适当的激励方式,这样才能让激励更精准、更高效。企业初创期,企业所有权者应该采取干股分红的股权激励模式;企业发展期,股权激励模式应该因人而异,区别对待。

复习思考题

1.什么是人才盘点,其价值体现在哪些方面?
2.创业企业中长期激励可以分为哪些类型?
3.什么是员工持股计划,其具有什么作用?
4.简述股权激励的基本模式。
5.创业企业应如何设置股权激励?
6.什么是合伙人制度?
7.创业企业应如何设计合伙人制度?

案例分析

万科的三次股权激励计划

在我国,股权激励这种形式于20世纪90年代开始在企业中推行,其中,万科就属于"第一批吃螃蟹"的企业之一,它于1993年首先推出现代股权期权方面的预案,后面经过多年的发展、更替。万科主要经历了三次股权激励计划,可谓起起伏伏,一波三折。

1.第一次股权激励计划(1993—2001年)

早在1993年万科发行B股的时候,第一次股权激励计划项目就已经开始实施,计划从1993年到2001年,以三年为单位分成三个阶段,以约定的价格全员持股,三年后交钱拿股票就可以上市交易。计划在当时得到了主管部门的批准,但却在第一期发完之后,由于政策生变,被证监会命令叫停。至此,万科的第一次股权激励计划不了了之。

2.第二次股权激励计划(2006—2008年)

2006年7月,中国证监会颁布了《上市公司股权激励管理办法》,使得万科再次推出中长期激励制度的时机终于成熟。根据中国当时的制度环境和万科的现实情况,万科最终决定采用国际上日益成为主流的限制性股票激励计划。

万科召开年度股东大会通过了股权激励计划,依照该计划,企业每年都将在符合限制性条件的情况下,从净利润增长中提取一定比例的资金,用于从二级市场上买入企业八股股票,以奖励包括董事长在内的企业高管。也就是说,万科的长期激励计划作用的工具为限制性股票,激励对象为在万科受薪的董事会和监事会成员、高级管理人员、中层管理人员、由总经理提名的业务骨干和卓越贡献人员。

该计划由三个独立年度计划构成,即2006—2008年,每年一个计划,每个计划期限通常为两年,最长不超过三年。按照计划,在满足净资产收益率高于12%的前提下,以净利润增长率15%为最低要求,每年从净利润的增长部分中提取激励基金,并委托信托企业买入万科股。如果满足相关条件,经过第一年储备期、第二年等待期后,第三年可交到激励对象手上。激励对象拿到这些股票后,每年最多可以卖出 25%。

但是,第二次股权激励计划还是以"二次终止"宣告结束,自 2006 年股票激励计划开始实施以来,万科 2006 年度的激励计划得以在 2008 年 9 月完成实施,而 2007 年度和 2008 年度的激励计划均夭折。2008 年度因为业绩欠佳不达标,激励被迫终止;2007 年度尽管业绩表现很"努力",但由于股价不"争气",该年度的激励计划在"搁置"两年后还是无奈中止。

万科的股权激励计划在众多上市企业中也是一把参考的标尺。在业绩考核和股价考核的"双重把关"下,万科的股权激励方案最终实施率仅为 1/3,激励对象想要拿股并不容易。

3. 第三次股权激励计划(2010 年)

2006 年轰轰烈烈推出股权激励计划以失败告终后,万科董事会于 2010 年 10 月 24 日再次启动新一轮的股权激励计划。近年来,国家多次密集出台房地产调控政策,此次计划能否顺利进行,取决于万科的管理团队能否竭力应对。

2010 年 10 月 21 日,企业第十五届董事会第十二会议审议通过与激励计划相关的议案,并于四天后对外公布《万科企业股份有限企业 2010 年 A 股股票期权激励计划(草案)》。草案的颁布并没有一次性通过中国证券监督管理委员会的批准,万科在中国证监会等相关部门的指导下,对激励计划进行了相应修改,将实施期由四年变为五年,并调整了部分激励对象的名单。

2011 年 4 月 8 日,企业 2011 年第一次临时股东大会审议通过了《万科企业股份有限企业 A 股股票期权激励计划(草案修订稿)》,标志着万科第三次股权激励计划正式启动。该方案公布不久之后,企业就有 4 位执行副总裁、3 位副总裁陆续离职,上演了万科的"人事大地震"。

2012 年、2013 年、2014 年的净资产收益率、净利润增长率都达到了行权条件,万科实行了股权激励计划。

资料来源:HR 人力资源管理案例网(http://www.hrsee.com)。

案例思考题:

1. 请总结万科股权激励的发展历程及其特点。

2. 结合所学知识,分析万科为什么要实施股权激励。

3. 试分析,股权激励计划的优点和局限性。

实践练习

激励小故事——猎狗抓兔子

有一天,猎人带着一只猎狗,到森林中打猎,猎狗将一只兔子赶出了窝,追了很久也没有追到。后来兔子一拐弯,不知道跑到哪去了。牧羊犬见了,讯笑猎狗说:"你真没用,竟跑不过一只小小的兔子。"

猎狗解释说:"你有所不知,不是我无能,只因为我们两个跑的目标完全不同,我仅仅是为了一顿饭而跑,而它却是为了性命啊。"这话传到了猎人的耳朵里,猎人想,猎狗说得对呀,我要想得到更多的兔子,就得想个办法,消灭"大锅饭",让猎狗也为自己的生存而奔跑。

猎人思前想后,决定对猎狗实行论功行赏。于是猎人召开猎狗大会,并宣布:在打猎中每抓到一只兔子,就可以得到一根骨头的奖励,抓不到兔子的就没有。这一招果然有用,猎狗们抓兔子的积极性大大提高了,每天捉到兔子的数量大大增加,因为谁也不愿看见别人吃骨头,自己却干看。

可是,一段时间过后,一个新的问题出现了:猎人发现猎狗们虽然每天都能捉到很多兔子,但兔子的个头却越来越小。猎人疑惑不解,于是,他便去问猎狗:"最近你们抓的兔子怎么越来越小了?"

猎狗们说:"大的兔子跑得快,小的兔子跑得慢,所以小兔子比大兔子好抓多了。反正,按你的规定,大的小的奖励都一样,我们又何必要费那么大的力气,去抓大兔子呢?"猎人终于明白了,原来是奖励的办法不科学啊!

于是,他宣布,从此以后,奖励骨头的多少不再与捉到兔子的只数挂钩,而是与捉到兔子的重量挂钩。此招一出,猎狗们的积极性再一次高涨,捉到兔子的数量和重量,都远远超过了以往,猎人很开心。

然而好景不长,没过多久,猎人就发现,猎狗们捉兔子的数量又少了,而且越有经验的猎狗,捉兔子的数量下降得就越厉害,猎人百思不得其解,就去问猎狗。猎狗说:"老板,我们把最好的时间都奉献给你了,但是我们总有一天会老的,当我们捉不到兔子的时候,我们自己该怎么办呢……"

请思考:如果你是猎人,面对猎狗的担忧你该怎么办呢?你会如何激励猎狗,让他们一直努力为你打猎?

⊠ 本章参考文献

[1] 北森人才管理研究院. 人才盘点完全应用手册[M]. 北京:机械工业出版社,2019.

[2] 李祖滨,汤鹏,李锐,等. 人才盘点[M]. 北京:机械工业出版社,2020.

[3] 李新建. 企业薪酬管理[M]. 天津:南开大学出版社,2003.

[4] 孟岭,李瑛. 股权激励与合伙人制度:案例·范本·表格[M]. 北京:化学工业出版社,2019.

[5] 高俪. 股权激励与合伙人制度实操手册[M]. 天津:天津人民出版社,2022.

[6] 王璞作. 合伙人制度:股权设计考核机制风险规避[M]. 北京:人民邮电出版社,2022.

[7] 干政琳. 创业型企业人力资源管理中股权激励的重要性探讨[J]. 现代商贸工业,2019,40(03):69-70.

[8] 蒋建武,贾建锋,潘燕萍. 创业企业人力资源管理[M]. 南京:南京大学出版社,2021.

[9] 徐铎. 初创企业的股权设计与激励优化对策研究[J]. 商展经济,2022(11):99-102.

[10] 杭争. 创业阶段中小企业的股权激励[J]. 商场现代化,2007(33):93-94.

[11] 许红军,任建华,王立杰. 创业型企业股权激励实施研究[J]. 技术经济与管理研究,2005(01):91-92.

[12] 周育彬,张玉臣,廖凯诚. 创业叛逃:内涵特征、理论框架及研究展望[J]. 外国经济与管理,2021,43(08):19-37.

[13] 郑志刚,邹宇,崔丽. 合伙人制度与创业团队控制权安排模式选择:基于阿里巴巴的案例研究[J]. 中国工业经济,2016(10):126-143.

[14] 皆新明,郭秀存. 阿里巴巴"合伙人"制度评价及启示[J]. 财会月刊,2016(04):78-81.

第十章
创业企业员工关系管理

本章学习目标

1. 了解创业企业员工关系管理的内容与作用。
2. 掌握创业企业员工关系管理的策略。
3. 了解创业企业员工心理管理的措施。
4. 了解创业企业员工劳动关系管理的风险与应对策略。

开篇案例

吴惠权：工友们让我做了老板

在香港，吴惠权进入一家牛仔服装厂做杂工，每月工资500港币。这对当时的他来说，是很高的薪水了。他非常珍惜，努力工作并得到老板赏识，从洗衫工开始，一步步做到其他位置成为多面手，工资也一路涨高，到2700港币一个月。时间久一点后，尤其是追求一个女孩子却被以内地来的穷打工仔羞辱之后，吴惠权有了自己做老板的理想。

一次，他看到一个小厂招聘经理，薪水比自己已经有的薪水水平还要低很多，但还是义无反顾去应聘。"做人不要只看眼前，要看长远。一两年少挣一点，甚至不挣钱都没关系。你做了经理，平台不一样了，有机会接触更多的人和事，得到更多的锻炼，将来做老板的机会就大了。这是一辈子的事情。"他说。招聘方很犹豫，担心他做不好，但吴惠权很坚决，说自己做不好，不拿工资。最终，老板被打动，把机会给他了。

吴惠权知道，要创业，不光要有钱，还要有人，要有一拨人。于是，做经理的时候，他就开始为未来培养人。"我和员工打成一片。他们工资低，我工资稍微高一点，就借钱给他们。有钱一起花。他们伙食不好，有时候加班，老板都不请他们吃饭，我自己出钱改善他们的伙食。"吴惠权说。时间一长，这些人和他的关系比和老板的关系还要好。

吴惠权说，他对大家好，要说不想要回报，那是假的。"我就是想，将来要是我有困难，需要他们，他们肯定也会帮助我。但我不是一定要他们回报，因为大家在一起做事情就是缘分。人不能只是为利益交往。"吴惠权的回报比他想的还要来得快。1984年中英谈判期间，许多人担心香港的未来，纷纷变卖工厂、商铺，移民到国外定居。吴惠权的老板也是害怕的人之一。一天，他找到吴惠权，神色严重地说："阿权啊，你和工友们辛苦了，但因为形势所迫，我们要关闭工厂，解散工人……"吴惠权不忍心让工友们就此失业，找大家商量怎么办。工友们一致推荐，请他把工厂盘下来。吴惠权说，"我没有钱啊，各位。"工友们说，"没关系，权哥，我们可以几个月不要工资，只要有饭吃就行，而且我们还可以给你出一些钱。"就这样，吴惠权自己找了一些钱，然后加上工友们的钱，接管了这个工厂，因为大家心齐，这个工厂很快就做起来了，做大了。

资料来源：森途学苑数字创业图书馆（http://cyxy.sentuxueyuan.com/）。

第一节　员工关系概述

一、员工关系的含义

员工关系是组织中由于雇佣行为而产生的关系，是指组织与员工之间的关系，包含了雇主与员工之间全面的互动与沟通、相互利益调整的过程。员工关系又称雇员关系，与劳动关系、劳资关系相近，是指雇主与员工及团体之间产生的，由双方利益引起的，表现为合作、冲突、力量和权利关系的总和，并受到一定社会中经济、技术、政策、法律制度和社会文化背景的影响。在员工关系这一概念中，员工与雇主之间相互作用的行为，既包括了双方因为签订雇佣契约而产生的法律上的权利义务关系，也包括社会层面双方的人际、情感甚至道义等关系，亦即双方权利义务不成文的传统、习惯及默契等伦理关系。员工关系强调以员工为主体和出发点的企业内部关系，注重个体层次上的关系和交流，是从人力资源管理角度提出的一个取代劳资关系的概念，注重和谐与合作是这一概念所蕴含的精神。

二、员工关系管理的范畴与任务

（一）员工关系管理的范畴

以时间和空间的顺序，员工关系管理包含了从员工入职到员工离职的全部过程。换句话说，当外部人员通过应聘进入企业之后，也就进入了员工关系的管理范围之内。从广义的员工关系范围来看，员工关系包括员工与组织、员工与管理者、组织与相关政府机构之间的关系。如果从狭义的企业人力资源管理职能来看，员工关系则包括了整体的企业文化以及人力资源管理系统的建置，如企业文化的塑造、组织与个人愿景、价值观建立、组织结构、业务与管理流程、内部管理制度设计、内部沟通程序、人力资源管理政策方向制定等，所有涉及的组织与员工之间、管理者与员工之间、员工与员工之间的互动关系活动，都属于员工关系的范畴。

创业企业的发展对于人才的需求相比于一般企业显得更加迫切，一方面是企业可持续经营性质的诉求，另一方面是由创业企业在发展过程中的特征所决定的。归纳企业与人的关系，可以用"企无人则止"来形象地概括，企业组织中的人是保持企业活力、动力与竞争力的源泉。在员工关系管理工作过程中，要将员工与企业的关系纳入管理内容，以此提高企业优势，并达成既定目标。员工关系管理更加强调以员工为中心，将管理者与员工的地位尽量做到平等，处在同一水平进行对话，使沟通交流、劳动关系与情感关系等方面的建立与维护更为有效。

（二）员工关系管理的任务

为了实现员工关系管理的目标，必须进行一系列的员工关系管理活动，这些活动可以概括为计划、落实、评估、改善与提升。

1. 计划

计划工作包括人才任用、薪资福利、心理契约、激励机制等。

（1）人才任用：员工关系管理的基础性工作，在这个过程中，要根据《中华人民共和国劳动法》对员工纪律、企业责任等作清楚地描述,编写出"企业用工手册"和"劳动协议"文件。

（2）薪资福利：员工生活保障的前提，员工的基本需求；企业有责任为员工提供相关的员工福利基础设施，并确保员工享受到应得的薪酬待遇。

（3）心理契约：企业对核心人才作出的一种承诺，企业有义务与员工建立彼此的诚信关系，以维护员工与企业双方的利益。

（4）激励机制：为了发掘、留住优秀人才，企业应建立一套符合企业发展的激励措施，使企业能够依靠人才健康发展。

2.落实

落实包括两个方面的活动：一是确保员工对企业的认同，比如员工对企业各项计划落实的认可和满意程度；二是确保企业能够长期、稳定地落实有关员工关系的活动。

（1）福利：除了硬性的福利设施外，企业是否有诸如年节慰问、文体康乐、年假、旅游等各种有意义的福利活动。

（2）劳资关系：企业有无处理好劳资纠纷、员工申诉、工作安全与职业卫生等，以促进员工关系的改善与进步。

（3）员工的沟通与参与：企业是否明确社会责任的关系，公平对待员工，疏通联系，参与管理等。

（4）员工健康：企业是否为员工着想，落实职业健康安全管理，并设立保健机构，以保证员工的身体健康。

3.评估

评估是评定员工关系实施现状与其不足之处，其中包括员工辅导、员工满意度调查、员工关系对企业产生的绩效、员工士气调查等。

（1）员工辅导：评估员工辅导能够为公司带来的量化效益和长治久安的作用。

（2）员工满意度调查：评估员工关系各项措施落实情形，对员工满意度进行调查与跟踪。

（3）员工关系对企业产生的绩效：员工关系为企业所带来的正面效益和负面影响。

（4）员工士气调查：员工关系落实与改善后，员工工作士气的增长幅度。

4.改善与提升

改善员工关系现状，包括制度、薪资福利的完善，工作环境的改善，员工士气的提升，以及对核心员工的关系培养，并建立核心人才的职业发展规划等。

（1）员工关系培育：企业应加大力度培育自己的核心人才，并维持长期而有效的激励措施，促进企业的发展。

（2）核心人才发展：建设有吸引力的企业文化，为核心人才提供全方位的发展机会，以事业留人，全面做好核心员工的职业生涯规划。

三、员工关系管理的作用

员工关系管理的核心思想是将企业的员工视为最重要的企业资产，通过完善的人力资源服务和深入分析来满足员工的个性化需求。从这个层面上讲，员工关系管理有以下作用。

（一）有利于提高员工满意度和忠诚度

为了在激烈的竞争中求得发展，不少企业习惯于将客户满意挂在嘴边，但遗憾的是，很少有企业给予"员工满意"以足够的重视。实际上，员工对工作的满意程度会直接影响到客户满意度，同时，工作满意度低还会造成人员流失、工作效率降低等问题。

工作满意度调查被誉为企业现状的"温度计"，它在管理活动中得到了广泛应用，是处理员工关系管理问题的一剂良方。

(二)有利于化解员工关系冲突、激励员工的工作热情、减轻员工的工作压力

企业是由人组成的。由于企业内部成员的教育背景、立场、观点、态度和职责的差异，在企业发展过程中，很自然地会产生各种各样的冲突。虽然不是所有的冲突都会产生不良的影响，但是企业内部的大部分冲突会降低企业的生产效率，影响员工的工作积极性，影响到企业的正常发展。在讲求企业员工关系和谐的今天，化解冲突、建立解决冲突的有效机制就成为员工关系管理的重要任务。

(三)有利于员工之间的沟通与交流

企业制度设计、企业文化、企业价值理念等原因以及员工个体之间的目标差异，会导致员工之间产生冲突或者隔阂的现象。这种冲突与隔阂，一方面会给员工造成心理负担，造成内部员工关系的紧张；另一方面员工情绪的低落会影响到员工工作效率，进而最终影响企业的绩效。进行员工关系管理有利于企业及时了解员工的心理状况，化解员工之间的冲突和隔阂，使得员工能在积极向上的工作氛围中交流和从事生产活动。

(四)有利于培养员工团队意识和平等协作的精神

世上没有完美的个人，只有完美的团队。"1+1>2"的团队效率是任何企业都梦寐以求的。团队意识是一个企业同心协力不断向上的原动力，它会让每位队员产生一种归属感，觉得为团队作贡献，就是在为自己争荣誉。可以说，一个企业的团队意识越强，它的生命力就越旺盛、越长久。士气高扬、活力充沛的团队可以将整个企业牢牢地捆在一起，更好地发挥整体的作战能力。任何一个员工都需要和渴望得到企业的关怀和温暖，同事间真挚友好的帮助，领导们和蔼可亲的问候，都会让他们产生"家"的感觉。当和谐地融入企业这个大家庭之后，员工的思想认识就会得到升华，能处处以团队的利益为重，严格要求自己，且工作态度会从被动转变为主动，愿意以实际行动为团队增砖添瓦。

另外，良好的员工关系管理能促进企业形成积极向上的企业文化，鼓励员工进取、合作、创新，使争先创优成为所有员工的共同奋斗目标。同时还可以帮助员工进行职业规划，而职业发展是员工关注的第一要素。通过员工关系管理，企业能帮助员工寻找到个人发展与企业发展的最佳结合点，做好员工职业生涯的规划服务，帮助员工尽快实现其个人的发展目标，留住优秀员工，进而促进企业的长远发展。

四、创业企业员工关系管理的策略

(一)通过企业愿景加强员工关系管理

创业企业处于快速成长阶段，愿景在企业中处于核心地位，为企业指明前进方向，并能很好地激起员工的认同感与工作激情，从而实现提高企业凝聚力的目的。创业企业由于自身发展特点，需要重视如何有效定位企业愿景，以达到与员工建立与维护好的关系，增进团队合作与凝聚力的目的。将员工关系管理的规划纳入企业愿景，实现企业愿景和个人愿景的融合是创业企业员工管理的有效措施。

第一，愿景规划中需重点体现营造良好和谐的创业企业文化氛围。创业企业的愿景中应该包含兼容并蓄鼓励创业的企业文化，给员工开拓工作业务提供成长的土壤。

第二，创业企业愿景应制定合理的长期人力资源目标。我国创业企业由于其自身先天不足，这就需要靠资源载体的人力资源，要在企业愿景中体现出来，就要依靠长久稳定的人力资源目标的制定而实现。

第三，推销、测试企业愿景，使企业愿景与员工关系管理相结合。推销即向员工传播企业愿景，使愿景得到员工的赞同；测试即通过问卷、会议等形式测试员工对愿景的支持情况并收集改进意见，最终使企业愿景与员工愿景相融合。

（二）根据员工新特点制定相应的激励措施

我国新生代员工更加需要获得自我价值的认同，对精神层面要求较高，事业心、求胜心理较重，目标性强。随着我国高等教育扩招等政策的影响，新生代员工的知识水平明显提高，并在就业中更加注重企业文化与发展平台同自身的匹配程度。创业企业在加强员工关系管理、实施激励措施的过程中，需结合新生代员工的特点，这样才能保障创业企业良性发展。

第一，通过分配适合新生代员工特点的工作任务，在合适的职权范围内，准许员工参与企业事务，树立主人翁意识，进而将其内在的工作热情激发出来，即工作性激励。

第二，通过设定适当目标，在工作的过程中不断学习与进步，即目标型激励。

第三，强化企业与员工之间的沟通与交流，在情感上建立更加牢固的员工关系，即情感型激励。

（三）通过职业生涯规划提高员工关系管理

创业企业由于经济基础和组织构架的双薄弱，使之成长发展瓶颈期较长。如何很好地捆绑住员工，使员工与企业形成利益共同体，并忠诚于企业，就成为员工关系管理的重点。帮助员工进行个人潜能测评，合理准确的自我定位，并解决员工个人利益与企业利益之间的冲突，才是创业企业实现自身与员工双赢的有效办法。相关研究发现，有些企业对新员工的职业生涯规划指引和指导不足，只注重企业效益，忽视了新员工职业生涯规划。因此，创业企业应该给予员工应有的职业规划指导。

第一，帮助员工了解该企业的特点与该行业的特点。创业企业在很多方面区别于一般企业，其所处的行业一般也表现出很大的特殊性，这就需要企业加强对员工的岗前培训与教育。

第二，协助员工测评个人潜能。企业可以用业绩评估等各种方法，来测评员工的自身潜能与各项自身条件，并给员工提供合适的岗位和发展方向。

第三，寻找员工个人职业生涯和企业发展的契合点。只有企业的发展与员工的个人职业生涯相契合，才能为企业留住人才，实现企业员工的长久忠诚。

第二节　创业企业员工心理关系

一、创业企业员工心理契约与管理

（一）心理契约的内涵

心理契约起源于社会交换理论，最早由阿吉里斯（Argyris）于1960年提出。他强调："在组织与员工的相互关系中,除正式雇佣契约规定的内容以外,还存在着隐含的、非正式的、未经公开说明的相互期望。"科特(Kotter)于1973年进一步将心理契约定义为:"存在于个人与组织之间的一份内隐协议,协议中指明了在彼此关系中一方期望另一方付出的内容和得到的内容。"沙因(Schein)则称心理契约是"组织与员工之间一系列未曾书面化的期望,是组织和个人之间对付出与回报的一种主观心理约定"。可见,心理契约是在个人和组织关系中,个人和组织双方就"对方为自己担负什么责任,以及自己为对方担负什么责任"所形成的信念。心理契约含有"组织对个人的责任"和"个人对组织的责任"两项内容。

心理契约的概念一经提出,不仅在正式员工与企业的关系研究中引起关注,也在灵活雇佣员工与企业、顾客与企业、战略合作伙伴与企业的关系研究中得到广泛应用。在各类研究中,如何确定组织水平的心理契约一直存在争论,因此也形成了心理契约研究的两大流派:一是从员工个体视角出发进行研究,强调心理契约是个体对双方交换关系中彼此义务的主观理解,形成了所谓的"卢梭(Rousseau)学派",也称为"狭义学派";二是从个人与组织双方视角出发,将心理契约界定为雇佣双方对于交换过程中彼此义务的主观理解,形成了所谓的"古典学派",也称为"广义学派"。由于"狭义学派"对心理契约的界定简单而易于操作,因此大量的实证研究都建立在"个体对于相互之间责任与义务的知觉和信念系统"这一假设基础之上。

尽管心理契约带有模糊性和复杂性,学者们还是研究了不同职业人群心理契约的内容。有关心理契约内容构成的研究主要有一维结构、二维结构和三维结构。在一维结构方面,鲁滨逊(Robinson)等在1994年认为,心理契约中的组织责任有晋升、报酬、绩效奖励、培训、长期工作保障、职业发展、人事支持等7项内容;心理契约中的员工责任有加班工作、忠诚、自愿从事职责外的工作、离职前预先通知、接受内部工作调整、不帮助竞争对手、保守商业秘密、在企业至少工作两年等8项内容。2000年,Robinson等认为心理契约包含两个维度,即交易维度和关系维度。其中,交易型心理契约将雇佣关系视为一种短期的经济交换关系,包括绩效工资、奖金、工作条件等内容;关系型心理契约将雇佣关系视为一种长期的、情感性的交换关系,包括忠诚、培训与发展、长期雇佣等内容。在三维结构方面,部分学者将心理契约分为交易维度、关系维度和团队成员维度。李原等于2002年将心理契约的结构划分为规范型责任、人际型责任和发展型责任。朱晓妹等在2005年也有类似的研究结论。可见,心理契约是个体感知的结果,受价值观、工作性质、企业文化和社会文化的影响,个体心理契约的内容会有所差异。根据心理契约的内容和结构,国内外学者编制了主要针对企业员工的心理契约量表,这些量表为企业员工心理契约研究提供了测量工具。

(二)心理契约的类型、作用与特点

1.心理契约的类型

心理契约是存在于员工与企业之间的隐性契约,其核心是员工满意度。如果将员工的任务分为封闭式和开放式,将雇主提供的报酬分为短期和长期,我们也可以发现四种类型的心理契约:交易型,有详细的任务,雇主提供短期报酬;过渡型,没有详细的任务,雇主提供短期报酬;平衡型,任务非常详细明确,而且雇主提供长期报酬;关系型,任务不明确,但雇主提供长期报酬。

2.心理契约的特点

心理契约主要有四个特点:不确定性、动态性、双向性、隐蔽性。

3.心理契约的作用

1)心理契约适应了现代管理方式的变化

从本质上讲,管理归纳为两类:一类是以工作为中心,强调规章制度的刚性管理;另一类是以人为中心,注重人的情感需要的柔性管理。

在企业管理实践中,单纯的刚性管理缺乏人情味,将人与机器设备相提并论。在这种管理方式下,我们可能发现命令越来越难以奏效,权威越来越难以维持。而柔性管理恰恰弥补了刚性管理的不足,通过柔性管理能够达到刚性管理达不到的目的。因而管理柔性化的心理契约,往往能达到事半功倍的效果。

管理柔性化的心理契约本质上是一种"以人为中心"的管理,要求用"柔性"的方式去管理和开发人力资源。它是在尊重人格独立和尊严的前提下,在提高广大员工对企业的向心力、凝聚力与归属感的基础上所实行的管理。它不是依靠外力(如上级的发号施令),而是依靠权力平等、民主管理,从内心深处来激发每个员工的内在潜力、主动性和创造性,使他们能真正做到心情舒畅、不遗余力地为企业开拓优良业绩。在市场竞争激烈的今天,这将必然成为企业取得竞争优势的法宝。

2)心理契约适应了人才流动的变化

随着市场经济的深入,人才流动的机制已经形成。它打破了工作单位终身制,使员工和企业都有了一种双向选择的权利。这实际上对管理提出了更高的要求,如单纯只靠正式契约,仍然留不住企业需要的人才,心理契约虽然没有一个客观的标准,但是却能真实地体会到彼此的感受和认知。在激烈的人才竞争中,要想留住优秀人才的心,就必须要注重心理契约的管理。

3)心理契约适应了员工激励的需要

心理契约是现代企业中员工和企业间关系的最佳结合点。员工如果能够体验到组织对他的信任和满意,感到组织给予的精神鼓励与物质报酬和他的期望相符,那么他就会加倍努力,努力实现组织的期望。因此,心理契约是企业与员工之间双向的心理期望。

心理契约激发了员工的工作积极性。心理契约的无形规约的存在,能促使员工不断以心理期望来审视自己与企业的关系,促使员工在动态环境变化中不断调整自己的行为,以保持与企业的良好关系。同时将个人职业生涯发展与企业的发展紧密地联结在一起,从而提高对企业的忠诚度。心理契约可以使员工发挥主观主能动性,避免企业与员工个人之间由于"信息不对称"而带来的沟通障碍与工作效率低下,从而充分发挥员工的工作积极性与能动性,提高工作效率。心理契约可使员工拥有努力的方向与目标,激发员工的工作积极性。如当员工认为将获得较高的薪水和提升机会时,就会为企业发展贡献自己的技能与忠诚,作为对企业的回报。

每个人的需要和动机有很大的差异,即使是同一个人在不同时期的需求也不一样。有些人希望努力工作换取更高的薪酬和别人的尊重,有些人的满足感是来自挑战性的工作。但只有当满足了较高层次的需求后,才能使人感到最大的满足,这种满足在现代员工心理契约中是最重要的成分。根据美国心理学家弗罗姆的期望理论,激励水平的高低取决于期望值和效价的乘积,在不考虑期望值时,效价越高,对员工的激励水平也就越高。换句话说,以员工期望的方式提供给员工想要的东西,能提高员工的被激励水平和满意度。当员工渴望职业发展和获得别人尊重时,他对金钱的评价是较低的,这时如果以金钱作为对其工作投入的回报,就不能满足他的期望。因此,在管理实践中,激励要从个体的实际需要和期望出发。

4)心理契约适应了提高管理水平的需要

要认识到管理者和员工之间应该是合作关系,而非雇佣与被雇佣的关系,这有助于提高员工对企业的忠诚度。因此,在管理实践中要有意识、有计划地对员工的心理契约加以引导和管理。良好的心理契约是规划员工职业生涯的重要方式。在企业中,员工追求的不仅仅是一种经济利益,员工还将企业看作发展自我的舞台。一个优秀的员工如果得不到发展,他就会选择离开。因此,企业有义务最大限度地发挥员工的能力,为每一个员工提供一个不断成长和建功立业的机会。良好的心理契约的维持,就在于企业对员工这种权利的尊重和支持。在实践中,企业的管理人员要善于沟通引导,让员工参与其发展计划的商讨制订,在企业中能够找到一条满意的职业发展道路,主动地把全部身心和情感融入企业发展中。良好的心理契约是建设企业文化的重要途径。企业文化是企业内共有的价值观、信仰和习惯体系,企业文化一旦形成,对于企业成员就会产生角色规范和价值导向作用。这种对群体角色的认同,最终以心理契约的形式发挥作用,使企业、员工双方能够在共同的平台上相互作用、相互发展。从这一意义上讲,企业的心理契约是企业文化的内化。

(三)心理契约的内容

一般而言,心理契约包含以下七个方面的期望:良好的工作环境,任务与职业取向的吻合,安全与归属感,报酬,价值认同,培训与发展的机会,晋升。

心理契约的主体是员工在企业中的心理状态,而用于衡量员工在企业中心理状态的三个基本概念是工作满意度、工作参与和组织承诺。在企业这样的以经济活动为主的组织中,员工的工作满意度是企业心理契约管理的重点和关键。心理契约管理的目的,就是通过人力资源管理提升员工的工作满意度,并进而实现员工对组织的强烈归属感和对工作的高度投入。因此,企业要想实现对人力资源的最有效配置,就必须全面介入心理契约的 EAR 循环,通过影响 EAR 循环来实现对员工的期望。所谓 EAR 循环,是指心理契约建立(establishing,E 阶段)、调整(adjusting,A 阶段)和实现(realization,R 阶段)的过程。

在 E 阶段,企业应了解员工的期望,并使员工明确企业及其所在部门的现状及未来几年内的发展状况,从而帮助其建立一个合理预期,促使其趋同预期而努力工作。

在 A 阶段,心理契约建立在对企业未来预测的基础上,当现实与预测产生偏差时,调整不可避免。企业应及时与员工沟通,指出现在出现了什么新情况,所以期望其进行调整。特别当企业的状况发生重大改变以致引起员工的心理剧烈波动时,高层的及时沟通能降低员工的心理负担,降低负面影响。

在 R 阶段,企业应及时考察实现程度,了解员工的合理预期在多大程度上已变为现实:工作环境是否如所希望的那样变好了?是否接受了应该的培训?职务变动了吗?薪水提高了吗?哪些期望已经实现,实现的原因是什么?尚未实现的期望是源自员工的能力问题,还是企业方面的原因?在这样一系列问题找到答案以后,企业就将随着员工进入下一个阶段的 EAR 循环。

简而言之,虽然心理契约只存在于员工的心中,但它的无形规约,能使企业与员工在动态的条件下保持良好、稳定的关系,使员工视自己为人力资源开发的主体,将个体的发展充分整合到企业的发展之中。所以,只有充分把握心理契约,参与员工 EAR 循环过程的始终,企业才能创造出永远充满活力的组织。

(四)心理契约与劳动合同的关系

劳动合同是劳动者与用人单位遵循平等自愿、协商一致的原则确立劳动关系、明确双方权利和义务的协议。其条款包括劳动合同期限、工作内容、劳动保护和劳动条件、劳动报酬、劳动纪律、劳动合同终止的条件、违反劳动合同的责任等。

心理契约这一概念是相对于经济契约而言的。员工加入一个组织,都要和组织签订一个经济契约(劳动合同)。经济契约规定劳动者及用人单位的权利和义务,用来约束双方的劳资关系。与此同时,双方还根据经济契约、企业通行惯例、招聘者的许诺等各种信号,形成心理契约。简单地说,心理契约就是员工个体对雇佣关系中彼此对对方应付出什么同时又应得到什么的一种主观心理约定。其核心成分是雇佣双方内隐的不成文的相互责任。心理契约的内容相当广泛,而且随着员工在组织中工作时间的延长,心理契约涉及的内容会越来越广。

1.劳动合同是外显的,心理契约具有内隐性

劳动合同是外显的。聘任合同是企业与员工之间为了确定各自的权利、义务和责任而订立的共同遵守的文化文本,具有法理意义,故要求有规范的表达格式,用语措辞必须仔细斟酌,力求准确、简洁,不产生歧义,可用于见证第三方。劳动合同以及相关制度明确规定员工可以做什么,不可以做什么,它是员工称职的底线。例如,有的企业规定,当月请假两次以上停发奖金。对于员工来说,根据公司制度,只要不请假、不迟到、不早退、不旷工,你就该发我工资。

心理契约是内隐的。心理契约是一种双方的心理承诺,双方所诉求的期望或允诺不见诸文字,没有记录,甚至口头上都未曾表示过。"不见其形、不闻其声",一切尽在不言中,微妙而含蓄,深藏于心,只可意会,而难于言说。企业和员工之间应有良好的心理契约,如员工虽然请了两天假,但是他会主动把自己应该做的补回来,以达到自己心理上的平衡。

2.劳动合同是客观的,心理契约是主观的

劳动合同是客观的。它是合同双方都能看明白的约定。聘任合同中白纸黑字写明合同期限、工作内容、劳动保护和劳动条件、劳动报酬、劳动纪律、劳动合同终止的条件、违反劳动合同的责任等,作为一种客观依据存放着。因为劳动合同客观,所以,相同的工作有统一的规格要求。企业和员工核对劳动合同,只有两种结果,是有违劳动合同还是不违劳动合同。

心理契约是主观的。由于心理契约具有内隐性特征,所以对于相互之间的权利、义务与责任的认知,是一种主观感觉,是契约主体对双方之间交换关系的理解,而不是相互权利、义务与责任的事实本身。对于心理契约,不同的企业和员工都有各自独特的体验和见解。员工由于个体因素的差异,对企业文化的感知不同,对企业领导的暗示的领悟和对企业理想化的特殊期望,会形成各自独特的心理契约。心理契约因为主观,所以内容因人而异,因时而异,因地而异。不同员工或者同一员工在不同的时期、不同的企业都会有不同的表现和期望。当员工觉得自己得到尊重了,会有更加积极的工作态度,给企业更多的回报。

3.劳动合同简单枯燥,心理契约复杂丰富

劳动合同是枯燥的。聘任合同中标明的内容一般有:企业和员工当事人双方的基本情况、聘任合同的期限、被聘员工的工作内容或岗位职责、劳动报酬及其他福利待遇、合同的变更条件、违约责任等。这些内容规定员工工作的最简单要求,最低的报酬待遇,最小的违约责任。合同是员工行为的最基本的底线。聘任合同中,权利、职责和义务都是明确而稳定的,一旦签订即生效,并对双方都产生制约作用,它不因合同主体一方的主观意愿而改变。

心理契约是丰富的。对员工方面来说,到企业工作,除了获取经济报酬之外,还有组织的认同、群体的归属感、人格上受到尊重与信任、工作得到认可、获得荣誉赞扬、个人成长的可能、自我价值与理想追求的实现等,这些内容不可能在聘任合同中详细写出,但恰恰又是大部分员工都有的正常期盼。同样,企业也希望所聘员工有比聘任合同中规定的责任义务更好的表现,做出更佳业绩。员工在一个企业中工作的时间越长,心理契约所涵盖的范围就越广,相互期望的隐含内容也就越多。心理契约的本质是一种心理期望,没有固定的内容和形式,弹性余地大,它会随着企业内外环境的变化而变化。当企业的内外环境条件改变了,员工的工作状况以及主导需求改变了,彼此之间的信任、期望、要求都将发生变化。

4.劳动合同带有交易性质,心理契约具有纯洁性

企业与员工的聘任合同更多地带有商业买卖合同的痕迹,有明显的交易性质。它规定甲方付出什么,得到什么,乙方付出什么,得到什么,如果一方违约应该得到何种赔偿和惩罚等。

心理契约有更多高尚纯洁的特征,员工到企业工作除了为了获取报酬之外,还有着获得工作经验、提升个人能力、获得终生职业生涯发展的愿望。有的员工还希望能在平凡工作中实现自己的人生价值。作为组织方的企业,同样以服务社会为己任,以追求社会效益与经济效益为价值取向,并不是想从员工身上获取更多的劳动剩余价值,而是为顾客提供更为优质的产品和服务,同时使企业获得长远发展。

(五)根据心理契约进行员工管理

1.心理契约的构建激励企业准员工

招聘过程中传递真实有效的信息是建立心理契约的基础。为了在聘用的初期获得满意的心理契约,企业应该把真实的工作情况告诉应聘者。即在招聘过程中应真实介绍企业的结构、劳务合同的主要内容、新员工的工作项目和职责以及工作的具体要求等,让应聘者对企业有相对真实的总体印象。这样的招聘虽然有可能降低了应聘者的接受率,但却在一定程度上降低了应聘者对工作的期望值,增进了其对工作的满意度及对企业的忠诚度。

2.心理契约的调适激励企业新员工

新员工进入企业后,企业管理者应加强与其沟通,做到彼此了解和相互适应。理解歧义是心理契约违背的重要原因,因为心理契约的内容有较大的主观成分,员工和企业双方对契约内容的理解难免会存在偏差,因此沟通显得非常重要。一方面,沟通便于上级与下级间相互了解,减少因为理解歧义而带来的消极情绪。另一方面,沟通提供了一种释放情绪的表达机制,新员工可以通过沟通来表达自己的挫折感和满足感,并且在这个过程中,企业和员工建立和增进感情,培养了新员工对企业的信任度。

3.心理契约的修补激励企业老员工

聘用契约在签约期内相对稳定,而聘用双方的心理契约则随环境变化而变化。聘用契约签订后,伴随着员工职业生涯各阶段的发展,员工对企业的认识逐步加深,需求也随之发生变化,这些变化会带来心理契约内容的改变。如果这些改变没有被及时认识和重视,就会产生误解。轻则会影响员工的工作情绪,使其忠诚度和满意度下降;重则会造成心理契约的破裂,使企业核心人才流失。因此,企业必须重视双方心理契约的动态调整。由于企业环境条件的不断变化和人们对心理契约的理解歧义,心理契约违背几乎是不可避免的。当发生心理契约违背时,企业应该采取有效措施,对心理契约进行修补。首先,要做好解释,如企业确实因为各种困难无法兑现当初对员工的承诺时,管理人员不能推诿或遮掩回避,而应当及时地向员工做出

解释和说明,以求得员工的理解和谅解。其次,尽可能采取补救或补偿措施,减轻心理契约违背的负面影响。

4.运用心理契约的维护激励企业全体员工

企业应该重视营造以人为本的企业文化氛围来维护心理契约。健康向上的企业文化能在企业中创造出奋发、进取、和谐、平等的企业氛围和企业精神,为全体员工塑造强大的精神支柱,形成坚不可摧的命运共同体。现代企业管理理论认为,企业员工将自己的工作交给企业安排,是因为相信企业能实现其愿望,能提供与之工作绩效对称的发展。建设以人为本的企业文化,实现人尽其能,人尽其用,高效开发员工的能力与潜力,无疑给维护心理契约创造了良好的氛围和空间。虽然心理契约只存在人们的心中,但它的无形规约,能使企业与员工保持良好稳定的关系。员工视自己为企业的主体,将个体的发展充分融入企业发展中。所以,只有充分把握心理契约,才能创造出充满活力的组织。

二、创业企业员工心理健康管理

长期以来,企业在安全管理过程中对"物的安全"的关注超过了对"人的安全"的关注,忽视了对员工心理安全的关注,使得部分员工的不健康心理长期存在,给企业的安全生产埋下了隐患。因此,解决员工的心理安全问题,提升员工的安全感,直接关系到企业的稳定和健康发展,具有深刻的社会意义和重大的现实意义。

(一)创业企业员工心理健康管理的目的

创业企业员工心理健康管理的目的是促进员工心理健康、降低管理成本、提升组织文化、提高企业绩效等,具体而言有以下三大目的:

(1)减少人才流失。实施员工心理健康管理的企业能使员工感受到企业对他们的关心,使员工更有归属感和工作热情,能吸引更多的优秀员工,由此降低重大人力资源风险,保护企业的核心资源。

(2)提高劳动生产率。通过员工心理健康管理工作的实施,使员工压力处于最佳水平,身心更健康,精力更充沛,由此提高企业的劳动生产率,增强企业的核心竞争力。

(3)预防危机事件发生。通过员工心理健康管理工作的实施,对员工承受的压力水平进行即时监控,并给出适当的指导建议,可促进员工随时调整身心状态,预防员工心理危机事件的发生。

对于创业企业来说,员工的心理健康,不仅关系员工个人发展,也关系到初创企业能否可持续发展。心理健康状况好的员工,能正确处理工作生活中出现的问题与挫折,并且能很好地调整自己,易相处,好合作,工作效率高,通过努力工作能取得较突出的业绩,更容易获得领导和同事的认同,更容易得到锻炼和提升,在实现个人良好发展的同时促进企业发展,从而使得企业在初步发展阶段取得更加健康的人力资源竞争优势。

(二)创业企业员工心理不健康的表现

在激烈的社会竞争和繁重的工作压力下,许多员工的心理健康水平逐渐下降,心理亚健康和不健康的状况越来越明显,压抑、抑郁、焦虑、烦躁、苦闷、不满、失眠、恐惧、无助、痛苦等不良心理反应层出不穷,员工的心理健康已成了企业亟待解决的问题。人力资源经理要清楚地认识员工心理不健康的表现,具体如表 10-1 所示。

表 10-1　员工心理不健康的表现

序号	心理方面症状表现	生理方面症状表现	行为方面症状表现
1	焦虑、紧张和急躁	心率加快,血压升高	拖延和避免工作
2	疲劳感、生气和憎恶	肠胃失调,如溃疡	工作能力降低
3	感情压抑	身体受伤	酗酒
4	交流的效果降低	心脏疾病	完全无法工作
5	退缩和忧郁	呼吸问题	去医院的次数增加
6	孤独感和疏远感	汗流量增加	为了逃避而饮食过度
7	厌烦和对工作不满	头痛	由于胆怯而减少饮食
8	精神疲劳和低效能工作	肌肉紧张	没胃口,瘦得快
9	注意力分散	睡眠不好	冒险行为增加
10	缺乏自发性和创造性	—	侵犯他人,破坏公共财产
11	自信心不足	—	与家人和朋友的关系恶化

（三）创业企业员工心理健康管理的措施

对于创业企业来说,管理的核心是人的管理,竞争的核心是人才的竞争,企业最大的财富是健康、幸福、高效的员工。心理疾患是威胁个人生命健康的大敌,是破坏企业组织效率与健康的大敌,是初创企业可持续发展的大敌。只有健康的员工才能有健康的组织,创业企业员工心理健康管理措施包括如下内容。

1.实行弹性工作制

弹性工作制是指在完成规定的工作任务或固定工作时长的前提下,员工可以灵活、自主地选择工作时间。据了解,在欧美,40%多的大企业都采用了弹性工作制。

2.提供释放压力的渠道

员工适当地进行情绪宣泄,有助于使情绪恢复平稳状态,如寻找聆听者诉苦,人力资源部的相关人员可以充当聆听者。一些企业设立了专门的房间供员工宣泄、释放紧张情绪,甚至在计算机中安装了一些发泄游戏;购买一些能排解压力的书籍;告知员工心理咨询的热线电话等。

3.通过培训增强员工的自信

企业最直接有效地帮助员工缓解压力和减少不安情绪的方法,便是主动了解员工的需求,设法提升每一名员工的能力。通过提供培训等途径提升员工的职业能力和职业竞争力,一旦员工能掌握并灵活运用新知识,能力有所提高,员工的自信心自然会增强,成就感自然会增加,员工的快乐与幸福指数便会上升。人力资源部经理要在掌握员工普遍需求的基础上制定培训方案,并有针对性地开展培训,这样才能达到预期的效果。

4.建立员工心理档案

人力资源部经理应设立专门的调查小组,定期运用心理量表、问卷、访谈、座谈会等方式,对员工心理健康状况进行调查,了解员工的压力、人际关系状况、工作满意度等,建立员工心理

266

档案。同时,人力资源部经理要对新员工的心理健康知识和专业技能进行专门培训,促进他们掌握相关心理健康知识和专业技能。通过对员工职业动机、内驱力和工作愿望进行测验,依据员工个人心理档案中员工本人的职业动机,选择针对员工本人的激励方法,真正想员工之所想,供员工之所需,这样才能提高员工激励的实际效果,对员工进行完整的"爱抚"管理。为员工建立个人心理档案,可以帮助企业和员工本人迅速有效地发现员工自身不易觉察的、深层次的人生观、价值观、社会角色、自我形象、内驱力,进而使心理契约双方能进行切实有效的沟通,使员工全面地加入企业的管理过程中,实现企业和员工共同发展,其隐性作用则可以帮助企业提高管理效率,节约人力资源的时间成本和运营成本。

5. 应对员工抱怨

员工一旦产生不满,就可能会抱怨,人力资源部经理要认真应对员工的抱怨。员工的抱怨只有被妥善地处理好,才能促使员工全身心投入工作。

6. 建立员工申诉管理制度

为了维护企业与员工的合法权益,及时发现和处理隐患问题,建立和谐的劳动关系,增强企业凝聚力,人力资源部经理应重视员工的申诉,并需要制定一套完整的处理规范,以便规范申诉处理流程。

7. 构建和谐的企业文化,增强企业凝聚力

和谐的企业文化会提高组织成员对于组织目标及行为的高度认同感,它使员工不仅仅考虑自我利益,更能考虑企业利益。烧掉 IBM,只要留下人才;烧掉可口可乐,只要留下品牌;烧掉海尔,只要留下它的文化,这个烧不掉的东西就是企业的"内核",是企业最宝贵的东西。

(四)创业企业员工心理援助计划

员工心理援助计划以应用心理学为基础,并结合管理学知识,其最终目的是解决员工及其家庭成员的各种心理和行为方面的问题,促进员工心理健康,提高员工工作绩效,提升人力资本价值。管理心理学家路桑斯教授创造性地提出了"心理资本"这一概念,潘尧天教授在第四届中国心理学家大会上对其进行推广,指导人们不再仅仅负面地关注"人出现了什么问题",而开始正面地考虑如何才能让人达到最佳状态,怎样培养和充分开发人的潜能,从根本上打造人的竞争优势。今天,无论个人还是组织都在激烈的竞争中求得生存和发展,决定成败的关键就是"人",其根源在于人的心理资本。心理资本是指个体的一种积极心理状态,是超越人力资本和社会资本的核心心理要素,是促进个人成长和绩效提升的心理资源。心理资本包括以下四个关键要素:信心、希望、乐观和坚韧。信心是个体对自身胜任有关任务的信念,是对自身能力的一种态度,源于对自我的客观了解。个体在实践中发挥能力,体验成功,从而最终提高自信。希望指基于目标、路径和意志力三者之间互动而形成的动机状态。希望不仅是指个人对达成目标的决心,还包括对实现目标的途径的信念。乐观是对未来的积极归因或积极预期,源于理性认知和积极的自我暗示。坚韧是从逆境、冲突、失败、不确定状态中迅速恢复的心理能力,是在困难时刻寻找动力的能力。

创业企业的员工心理援助计划是企业实施人性化管理的一个组成部分。对企业来说,开展心理咨询可以有针对性地为员工排忧解难,使员工保持良好的工作状态,并且更易于提升员工的忠诚度。员工心理援助的内容及其对企业、员工及人力资源部的作用见表 10 - 2。

表 10 - 2   员工心理援助的内容及作用

类别	内容	作用
企业	(1)具有企业发展战略的服务项目 (2)企业战略变革过程中的员工心理调适 (3)企业战略转型中的人才选拔与安置 (4)大规模的企业裁员安抚与干预 (5)组织气候调查、诊断与改造 (6)建立员工心理健康档案	(1)发送管理效果、提高生产效率 (2)降低缺勤率 (3)减少招聘成本及培训费用 (4)增强员工士气 (5)优化企业公众形象 (6)减少赔偿投诉 (7)减少客户投诉 (8)降低意外事故发生率 (9)发送企业气氛 (10)改善员工之间的合作关系 (11)树立关心员工的企业形象
管理人员	(1)与员工的沟通交流 (2)对员工的激励与评价	(1)员工的投诉减少 (2)有效处理员工的问题 (3)避免涉及私人问题或提供错误建议 (4)有更多的时间关注其他问题 (5)改善员工关系 (6)有效领导整个团队 (7)降低管理意外事件的风险 (8)为业绩的分析和改进提供管理工具 (9)帮助上级领导确认和解决员工的问题
员工个人	(1)员工健康问题、人际关系、家庭关系、情感困扰 (2)个体危机干预、酗酒、药物成瘾、子女教育及相关问题 (3)改变个体自身弱点及不合理的信念、行为模式和生活方式等 (4)职业生涯规划、工作要求、工作关系、人际关系、家庭与工作平衡、工作压力及相关问题 (5)减少或消除不适当的管理和环境因素,缓解和疏导工作给个人带来的负面情绪论、行为及生理方面的症状等	(1)平衡家庭与工作 (2)减少失业人数 (3)提高工作绩效和员工工作满意度 (4)减少酗酒、吸烟及其他成瘾问题 (5)更融洽地与他人相处 (6)规划个人职业生涯 (7)提高个人生活质量 (8)增进个人身心健康 (9)减轻个人工作压力

(五)应对员工心理危机

1.识别心理危机产生的原因

心理危机是指由于突然遭受重大灾难、重大生活事件或精神压力,个体的生活状况发生明显的变化,尤其是出现了用现有的生活条件和经验难以克服的困难,致使当事人陷于痛苦、不安状态,常伴有绝望、麻木、焦虑,以及自主神经症状和行为障碍。人力资源部经理要对员工实

施心理危机干预,首先要了解心理危机产生的原因,如下所示:

（1）严重疾病。

（2）恋爱关系破裂。

（3）突然失去亲人(如父母、配偶、子女)或朋友。

（4）破产或重大财产损失。

（5）重要考试失败。

（6）晋升失败。

（7）遭遇严重自然灾害,如火灾、洪水、地震等。

2.界定员工自杀行为

某些员工的心理素质较差,在遇到问题时可能会产生轻生的念头,人力资源部经理一定要尽力避免此类悲剧的发生。员工有自杀倾向的具体表现如下:

（1）口头表达希望结束工作和消除家庭生活所带来的束缚与压力的想法及情感。

（2）与同事讨论自己正经受着工作和生活的压力而且无法有效应对的感受。

（3）主动告诉同事自己即将失踪,含蓄或明显地与大家告别,但没有解释到哪里去。

（4）讨论结束自己生命的计划。

（5）有严重的、长期的抑郁经历并伴随着越来越多的故意旷工或拖拖拉拉的行为。

（6）不断提到并讨论死亡。

（7）由于不再注意外表和个人卫生,形象突然改变。

（8）认为生活无望的观点与最近生活中的事件相对应,如离婚、亲友离世或工作压力大。

（9）工作中停止了与同事交流的习惯。

（10）在缺乏明显的外界诱因的情况下突然哭泣。

（11）近来企业发生了员工死亡或者自杀事件。

3.建立自杀危机干预的目标

在确定某位员工有自杀倾向时,人力资源部经理需要制定危机干预的目标。一般自杀危机干预有短期目标和长期目标,具体内容见表10-3。

表 10-3　自杀危机干预目标

目标类别	具体表现
短期目标	(1)公开讲述对生和死的关心程度 (2)辨别引发自杀倾向的各种生活因素和刺激事件 (3)理解并表达在自杀意念下可能产生的影响、情感和想法 (4)有规律地接受精神科评估和药物治疗 (5)表示不再有自杀的冲动或需要 (6)表示自杀念头出现的频率和强度降低 (7)确认至少有三个曾经出现过的活着的理由和机会,现在使这些理由和机会变得更明显 (8)恢复连续出勤工作的记录 (9)恢复正常的工作、合作态度 (10)同意在自杀念头出现且自己不能解决时,及时向他人求助

目标类别	具体表现
长期目标	（1）缓和其自杀冲动和念头，使其恢复到以前的生活状态 （2）稳定其情绪，确定以工作为基础的，能在未来判断自杀危机情况严重程度的共同信号 （3）介绍并在可能的情况下促使其接受适当的专业人士的帮助，以消除自杀危机 （4）重建希望 （5）重拾信心 （6）重拾对生活各方面的积极情绪和乐趣

4.进行治疗性干预

治疗性干预是指人力资源部经理在员工出现自杀危机后，采取一定的针对性措施实施干预。一般治疗性干预需要得到企业领导和员工的支持。企业在进行治疗性干预时，有以下这些工作需要做。

（1）得到员工的书面同意后，与其直接主管联系，了解其最近的表现以及最近或过去的一切改变。

（2）收集详细的资料，对员工的自杀意念进行评估，考虑其自杀意念的强烈程度，了解引发其自杀意念的范围、初步形成或强化的自杀计划、过去的自杀企图和家族史。

（3）如果员工有足够的自控力并愿意签订对自己和他人无害合约，可以建议其去心理门诊接受治疗。

（4）如果员工无法控制冲动，正在准备自杀，人力资源部经理应立即报警，同时和他家庭中的关键人物联系，必要时送其到医院接受强制性治疗。

（5）帮助员工了解导致其沮丧和产生自杀倾向的原因。

（6）帮助员工寻找活着的理由并强调他对企业、同事以及家人的重要性。

（7）了解员工在过去工作中的困难，帮助其找到有效的解决办法，减少以前导致问题发生的情况。

（8）与员工一起回顾其工作情况，讨论可能会使其再次做出自杀行为的特定工作情况。

（9）取得员工的书面同意，与有关精神科医生协调，帮助员工制订建立积极态度和行为的治疗计划。

（10）督促员工定期接受心理咨询师和精神科医生的心理健康评估。

（11）多鼓励员工，关注员工的转变、态度和情感并及时给予鼓励。

第三节　创业企业员工劳动关系

一、劳动关系概述

（一）劳动关系的概念

劳动关系是指以劳动给付为目的的劳动者与用人单位间的关系，包括基于劳动合同、集体合同、劳务派遣合同和其他用工形式所产生的关系。其具体包括工作内容、工作时间与休息休假方面的关系，劳动报酬方面的关系，社会保险和福利方面的关系，劳动保护和劳动方面的关系等。它是在就业组织中由雇佣行为而产生的关系，是组织管理的一个特定领域，它以研究与雇佣行为管理有关的问题为核心内容。

（二）劳动关系的特征

市场经济条件下的劳动关系具有如下特征。

1.利益性

劳动关系中主要反映的是用人单位和劳动者之间的关系，这种关系中有着很强的利益关系。一方面，劳动者向用人单位让渡自己的劳动而获取用人单位支付的报酬和福利；另一方面，用人单位通过向劳动者支付报酬和福利等经济性或非经济性利益获得劳动者的劳动付出。

2.契约性

为了保证劳动关系双方当事人的合法权益，劳资关系的确立要通过契约形式（劳动合同）来实现。这个契约中要规定双方的权利和义务，并在实践中予以贯彻落实。契约中的权利与义务是在双方平等协商的基础上建立起来的，契约需要在双方自愿、平等、没有外在干预的情况下签订。

3.对抗性

劳资关系的实质是对抗性的，这是因为生产资料占有上的不平等决定了双方（雇主与劳动者）的不平等关系。因此，如果劳动关系中的一方认为自己的利益在关系维持中受损，那么他就可能做出反应并向对方回击，常见的方式是寻求仲裁或诉诸法律。

（三）劳动关系的内容

劳动关系的内容是指劳动关系主体双方依法享有的权利和应承担的义务。根据《中华人民共和国劳动法》的规定，劳动关系主体双方享有的权利和应承担的义务见表10-4。

表10-4　劳动关系主体双方享有的权利和应承担的义务

劳动关系主体双方	权利	义务
劳动者	(1)劳动权 (2)民主管理权 (3)休息权 (4)劳动报酬权 (5)劳动保护权 (6)职业培训权 (7)社会保险权 (8)劳动争议提请处理权等	(1)保质保量完成生产任务和工作任务 (2)学习政治、文化、科学、技术和业务知识 (3)遵守劳动纪律和规章制度 (4)执行劳动安全和卫生规程 (5)保守国家和企业的机密
用人单位	(1)依法录用、调动和辞退职工 (2)决定企业的机构设置 (3)任免企业管理人员	(1)依法录用、分配、安排职工的工作 (2)保障工会和职代会行使其职权 (3)按职工的劳动质量、数量支付劳动报酬

二、创业企业劳动关系管理

(一)劳动关系管理的含义

劳动关系管理有不同的层面,从宏观上来说,劳动关系管理是指政府依照现有的劳动法律、法规及相关的法律法规,调整协调劳动关系的行为;从微观上理解,劳动关系管理是指以促进组织经营活动的正常开展为前提,以缓和与调整组织劳动关系的冲突为基础,以实现劳动关系的合作为目的的一系列组织性和综合性的措施和手段。

(二)创业企业劳动关系管理的常见法律风险

创业企业由于实践经验缺乏,在劳动关系管理中主要存在以下几个方面的法律风险。

1.劳动合同签订率较低

我国各类用人单位均须与劳动者签订书面劳动合同,否则要承担双倍工资等法律责任。然而在创业企业与职工因签订劳动合同而引发的劳动纠纷中,企业多与劳动者口头约定岗位、薪酬等,而不签订书面劳动合同,或者企业仅与一些管理者、重要岗位员工签订劳动合同,对于其他人员则不签订书面劳动合同。有的企业虽然签订了书面劳动合同,但是由于合同签订形式不符合法律规定或者合同保管不善等原因最终仍导致其承担双倍工资等责任。

2.职工社会保险参保比例较低

大部分的创业企业并不是给所有的员工都缴纳社会保险,原因主要在于,一方面企业基于自身利润的考量,只为部分管理人员缴纳社会保险,其余大部分职工并不参保;另一方面是企业招用的外地务工人员不愿意缴纳社保,为了能够每月拿到更多的到手报酬而要求企业将社保部分也发放在工资中。如此一来,如果职工在企业工作时出现工伤情形,或者职工因自身疾病发生较大数额的医疗费用,则可以以企业未缴纳社保为由要求企业兑现全部的工伤保险待遇或者医疗保险待遇。再者,劳动者也可以以《中华人民共和国劳动合同法》第三十八条第(三)项"未依法为劳动者缴纳社会保险费的"为由提出解除劳动合同,并按照该法第四十六条要求企业支付经济补偿。

3.劳动报酬发放不规范

创业企业在与劳动者约定劳动报酬时,一般不会就劳动报酬的构成进行详细约定。在创业企业与劳动者的各类劳动报酬纠纷中,又以加班工资争议数量最多。原因就在于创业企业没有科学的劳动报酬制度、考勤管理制度,在约定劳动报酬时又未能详尽地约定劳动报酬中是否包含加班工资,且创业企业又大多不严格按照标准工时制来要求劳动者提供劳动。因此,一旦双方因加班工资引发争议,企业将会面临较大的支付额外加班工资的风险。

4.解除劳动合同比较随意

因为企业处于初创阶段,工作岗位与职工的匹配可能需要更多的磨合,需要进行岗位、人员调整的概率更大,在没有合法的规章制度配合的前提下,这种调整会更容易被认定为违法变更劳动合同或者违法解除劳动合同。加之创业企业往往对于调整或解除劳动合同的要求和风险性没有足够的认知,也是导致企业作出违法变更或解除劳动合同决定的重要原因。例如,管理者一般认为试用期内企业和劳动者双方都可以任意解除劳动合同,而不需要承担赔偿责任,而实际上《中华人民共和国劳动合同法》对于单位试用期内解除劳动合同也有着多种实体和程序要求。

5.职工离职交接存在风险

离职交接本是企业人力资源管理的一项基础性工作,但在实践中仍发生大量因离职而产生的劳动争议,尤其在中小企业。常见的离职交接过程不合规情形如下:①职工辞职未提前30天向用人单位提出,试用期内未提前3天提出(劳动者以用人单位存在《中华人民共和国劳动合同法》第三十八条情形之一而提出解除劳动关系不受上述30天限制);②不愿意出具离职证明,不及时终止社保、公积金关系,或出具的离职证明中带有攻击性的言辞;③未在终止或者解除劳动关系当日结清并一次性支付劳动者工资的。职工离岗后用人单位未及时解除或终止劳动合同,导致劳动关系持续,可能会增加不必要的经济补偿金支出成本。用人单位未依法向劳动者出具解除或者终止劳动合同的书面证明,由劳动行政部门责令改正;给劳动者造成损害的,应当承担赔偿责任;被县级以上人力资源社会保障部门给予责令限期改正、罚款等处罚。

(三)创业企业劳动关系管理体系构建管理策略

如前文所述,创业企业成立时间不长,生产规模不大,管理核心比较倾向于创业者或合伙人,对劳动关系管理方面缺少足够的重视,很多问题的发生是以上特征必然导致的。对于如何构建劳动关系管理体系,可参考以下几点。

1.转变人力资源管理理念,高度重视劳动关系管理的合法性

人力资源是创业企业的核心资源之一,有效地开发和科学地管理人力资源是创业企业走向成功的关键。然而,创业企业原有管理模式对人的非理性和随意化管理的弊端正成为制约企业成长的瓶颈。这种转变主要体现在两个方面:一是对劳动关系管理重视程度的转变,虽然创业企业的主要矛盾在于如何让企业步入正轨、如何开拓市场和回笼资金,但是不可盲目地忽视劳动关系管理,良好的人力资源是创业企业从起步迈向成功的基石,一旦对劳动关系管理的合法性的重视度有所提升,很多劳动关系管理的难题也将迎刃而解;二是对以创业者合伙人意志为核心转变为以各种制度为核心,弱化因以创业者、合伙人意志为核心带来的管理任意性,以科学的管理制度为基础,使企业从招聘入职、用工管理到离职等劳动关系的各个环节管理都更优化、更科学。

2.构建以企业规章制度为核心的管理制度

最高人民法院《关于审理劳动争议案件适用法律若干问题的解释》第十九条规定,用人单位根据《中华人民共和国劳动法》第四条之规定,通过民主程序制定的规章制度,不违反国家法律、行政法规及政策规定,并已向劳动者公示的,可以作为人民法院审理劳动争议案件的依据。由此可见企业制定规章制度的必要性和重要性,法律并未对企业如何对劳动关系进行管理作出明确的细化规定,而是将如何进行管理的权限赋予用人单位,用人单位需要按照相关规定的要求制定规章制度方可实现这一权利。对于创业企业而言,构建科学的劳动关系管理体系是规避用工风险、优化人力资源的核心,而制定规章制度又是构建劳动关系管理体系的核心。

3.以劳动合同管理为基础,构建有效的绩效管理体系

优化人力资源配置,防止人才流失是创业企业面临的劳动关系管理主要问题之一。任何一个创业企业,首先要依法做好劳动合同管理工作,并在此基础上构建适合企业发展的薪酬绩效管理体系。如果缺乏合法的劳动合同管理基础,那么创业企业员工难以在企业中找到认同

感,对于企业的满意度也会随之降低。正因为创业企业处于起步期,因此员工的发展空间比较大,如果企业能够进一步建立完善的激励制度,让员工明确看到自身发展的空间与方向,人才便能够得到发展和进步,才能够跟随企业的发展,企业也才能够留住人才。

4.建立劳动关系沟通体系,发挥工会组织的作用

区别于传统的单项沟通,现代企业劳动关系沟通体系推崇双向沟通,具备多元化和互动性等特征。创业企业可以对员工下达工作任务和管理要求,员工也可以及时反馈管理意见,提出自己的诉求。人力资源管理的重要职能就是劳动关系管理,为此,企业需要设置专门的部门,配备专业人员管理,让管理常态化。企业建立并完善劳动关系沟通体系,需要发挥职能体系和制度流程两方面的保障作用:建立专门的机构来收集和反馈员工的诉求,同时也可以监督管理部门的管理行为;利用协商沟通模式,通过员工代表和企业进行沟通,传达管理任务和企业精神的同时反馈管理意见和员工诉求,催动管理制度的落地实施,促使员工可以更加理解企业,同时赋予员工一定的权利,帮助员工更加理解管理行为,提高企业管理的有效性。工会组织作为企业基层组织,是企业全体员工利益的代表者和维护者,在构建和谐劳动关系中发挥着不可替代的作用。作为联系职工与企业的纽带,工会要充分发挥其参与企业的民主管理、维护职工的合法权益、调动员工工作积极性、提高员工道德素质和业务水平、增强员工归属感的重要作用。

5.提升管理人员素养,提升员工的满意度

想保证人力资源管理的合理性、规范性,首先需要提高人力资源管理者的专业素质,确保人力资源管理者有能力制定科学有效的管理机制,在企业人力资源管理中发挥正确指导作用。首先,管理人员要建立科学完备的绩效机制,对绩效计划的制订、实施到结果反馈,每个环节都逐一进行完善。其次,要建立公平公正的薪酬制度,企业管理人员可以通过构建合理、公平的薪酬体系,提升员工的满意度,并通过营造良好的工作氛围,不断调节企业、员工的关系,以便提升劳动关系管理的质量。企业管理人员通过制定完善的管理制度和精细化考核制度,从细节着手,从点滴做起,从而提升服务质量。最后,企业还应不断完善劳动关系管理的监管体系,促进劳动关系管理工作的合理化。企业通过明确劳动关系管理的具体分工,责任落实到人,并不断根据市场完善劳动关系管理的机制,对劳动关系管理的每个阶段进行有效监督。

6.树立契约意识,建设企业劳动关系的合法体系

企业人力资源管理的基础是合法体系,企业需要在法律标准约束下落实人力资源管理工作。企业劳动关系的合法体系需要解决人力资源管理过程中的风险,维护劳动者的利益,同时也要维护企业的利益。企业自身权益受到侵害,也可以利用法律武器保护自己。通过建设合法体系,使企业和员工都主动守法,从而完善人力资源各项管理制度,及时有效地解决各种纠纷,建立起管理秩序,保障人力资源管理的有效性。

本章要点

1.员工关系是组织中由于雇佣行为而产生的关系,是指组织与员工之间的关系,包含了雇主与员工之间全面的互动与沟通、相互利益调整的过程。员工关系又称雇员关系,与劳动关系、劳资关系相近,是指雇主与员工及团体之间产生的,由双方利益引起的,表现为合作、冲突、

力量和权利关系的总和,并受到一定社会中经济、技术、政策、法律制度和社会文化背景的影响。

2.企业员工心理健康管理的目的是促进员工心理健康、降低管理成本、提升组织文化、提高企业绩效等,具体而言有以下三大目的。①减少人才流失。实施员工心理健康管理的企业能使员工感受到企业对他们的关心,使员工更有归属感和工作热情,能吸引更多的优秀员工,由此降低重大人力资源风险,保护企业的核心资源。②提高劳动生产率。通过员工心理健康管理工作的实施,使员工压力处于最佳水平,身心更健康,精力更充沛,由此提高企业的劳动生产率,增强企业的核心竞争力。③预防危机事件发生。通过员工心理健康管理工作的实施,对员工承受的压力水平进行即时监控,并给出适当的指导建议,促进员工随时调整身心状态,预防员工心理危机事件的发生。

3.劳动关系是指以劳动给付为目的的劳动者与用人单位间的关系,包括基于劳动合同、集体合同、劳务派遣合同和其他用工形式所产生的关系。其具体包括工作内容、工作时间与休息休假方面的关系,劳动报酬方面的关系,社会保险和福利方面的关系,劳动保护和劳动方面的关系等。

复习思考题

1.简述创业企业员工关系管理的范畴与任务。
2.创业企业员工心理管理的目的有哪些?
3.创业企业员工心理管理有哪些措施?
4.如何应对员工心理危机?
5.什么是劳动关系管理?
6.创业企业员工劳动关系管理有哪些风险?

案例分析

沃尔玛的员工关系管理案例

2019年,全球最大零售商沃尔玛集团以高达5144亿美元的营业收入再次获得《财富》世界500强排行榜的第一名。自从2014年以来,沃尔玛已经蝉联六连冠,沃尔玛取得耀眼成绩的背后,离不开其背后220万员工的辛勤工作和努力付出。如果从另一个角度来解读的话,也恰恰反映了这家知名企业出色的员工关系管理水平。

不同于其他大小零售商,沃尔玛从1962年创立之后不久就坚持一个独特的理念——员工就是合伙人。无独有偶的是,另一家咖啡巨头星巴克也是基于这样的理念来管理员工。沃尔玛集团创始人山姆·沃尔顿有句名言:"沃尔玛业务75%是属于人力资源方面的,是那些非凡的员工肩负着关心顾客的使命。把员工视为最大的财富不仅是正确的,而且是自然的。"为了贯彻创始人"把员工视为最大的财富"的主张,沃尔玛从管理制度的方方面面确保了管理者与员工之间的平等关系。

首先,在平时的工作中,沃尔玛力图让全体员工都养成平等相待的思维惯性。每一位沃尔玛员工的工牌上都不标注职务名称,哪怕最高总裁也是如此。在山姆·沃尔顿看来,虽然存在管理与被管理的分工，但员工相当于合伙人，地位上是平等的。所以，大家见面时直呼其名，管理层不摆官架子，在日常交流中就淡化了等级观念，把彼此视为共同事业的合伙人。此外，在沃尔玛总部办公楼的停车场没有给任何人设置固定车位，无论是董事长、经理还是普通员工的车，都被平等相待。

其次，沃尔玛的沟通机制对基层员工高度开放。沃尔玛认为，"接触顾客的是第一线员工，而不是坐在办公室里的官僚"。所以，公司鼓励每一位员工直言进谏，上至区域经理下至商店小时工，所有人都可以用书面或谈话的形式与高层管理者进行沟通，甚至可以申请到总部直接找董事长山姆·沃尔顿。无论是提出改进工作的建议，还是倾诉自己遭受的不公平待遇，公司都会提供机会让员工畅所欲言。于是在沃尔玛集团经常出现这种现象——董事长在总部亲自接待来自各地的基层员工，并把他们的中肯意见下发到所有的沃尔玛分店经理那里，要求他们认真执行。这使得沃尔玛员工的主人翁意识比一般的企业员工更为强烈。

最后，沃尔玛在精神激励方面也力求满足广大员工被尊重的需求。沃尔玛总部与各分店都会定期在橱窗里展示先进员工的照片，表现优异的管理者还将获得公司特别授予的"山姆·沃尔顿企业家"的称号。沃尔玛的股东大会号称全美最大的股东大会，但总部每次组织会议时，都尽量让更多的部门经理与普通员工参与其中，以便让他们充分了解公司的理念、制度、现状、目标。山姆·沃尔顿还每每在会后邀请与会人员到自己家里进行野餐活动，从高级管理者到普通员工，各个层次的人都有。这些活动的录像将被所有员工看到，而公司内部刊物《沃尔玛世界》也会做出相关报道。山姆·沃尔顿这样做是为了拉近与不同层次的员工的距离，提升大家的凝聚力。除了日常关系管理措施外，沃尔玛在人力资源管理制度，特别是薪酬制度上，也把员工当成合伙人来对待。

沃尔玛员工的薪资结构是"固定工资＋利润分享计划＋员工购股计划＋损耗奖励计划＋其他福利计划"。单看固定工资，沃尔玛在行业内处于较低水平（为了压缩人工成本），但利润分享计划、员工购股计划、损耗奖励计划把员工的实际收入拔高了许多。

沃尔玛从1971年就开始实施利润分享计划，任何在公司工作一年以上或每年至少工作1000个小时的员工都有分享公司红利的资格。公司有个计算利润增长分配百分比的公式，通常按照6％的比例来提留每一位满足条件的员工的工薪，替员工买公司股票。当他们退休或离职时，就能以现金或股票的方式来获得这笔红利。有位1972年加入沃尔玛的货车司机，为公司工作了20年，当他在1992年离职时，得到了70.7万美元的利润分享金。按照当时的收入水平，这已经不只是小富了。

员工购股计划是员工可以通过扣除工资的方式以低于市值15％的价格来购买公司的股票。由于利润分享计划与员工购股计划的大力推行，目前80％以上的沃尔玛员工持有公司股票，可分享公司营业收入增加带来的红利。从沃尔玛连续六年的营业收入位居世界第一的成绩可知，受益的员工不在少数。

损耗奖励计划指的是沃尔玛总部会对那些有效减少损耗的分店发放奖金。沃尔玛的核心竞争力是"天天低价"，这是以强大的物流及信息体系与竭尽所能地减少损耗为基础的。公司不惜重奖激励各分店想办法控制损耗，回报员工的努力，这也是"员工就是合伙人"理念的重要体现。这项政策使得沃尔玛的损耗率仅为零售业整体平均水平的一半，竞争优势非常明显。

其他福利计划主要包括员工疾病信托基金、员工子女奖学金、带薪休假、节日补助、医疗及人身保险等，这些福利计划从1988年就开始落实。以员工子女奖学金为例，沃尔玛集团每年会资助 100 名员工子女上大学,每人每年 6000 美元,连续资助 4 年。

正是这种把员工当合伙人对待的人性化管理,让全球各地文化差异极大的沃尔玛员工都保持了较高的积极性。他们为了削减成本、降低损耗、吸引更多顾客而开动脑筋,提出了许多改善公司管理的合理建议。公司采纳这些合理建议后,运营效率获得进一步提升,盈利水平也随之上涨。而沃尔玛的利润分享等计划,又使得广大员工能按照贡献充分享受到公司发展带来的红利。这种良性循环的公司内部人际关系,是沃尔玛能不断前进、连续六年占据世界 500强榜首的重要原因。

通过沃尔玛的案例,能让我们明白,虽然对于很多企业来讲,往往把客户摆在了第一位,可员工何尝不也是我们企业的"内部客户"呢,只要我们能善待自己的员工、尊重员工、满足他们的需求,他们一定会给企业带来丰厚的回报!沃尔玛就是最好的例子。

资料来源:HR 人力资源管理案例网(http://www.hrsee.com/?id=1386)。

案例思考题:

1. 沃尔玛的员工关系管理有何特点?

2. 试分析沃尔玛员工关系管理中企业文化的作用。

3. 沃尔玛的员工关系管理对其他创业企业有何借鉴意义?

实践练习

PSTR 心理压力测量表

你觉得你目前所承受的压力过大吗?你现在承受的压力比多少人要高?如果你想了解自己的压力有多大,那么这份经典的 PSTR 心理压力测量表能够帮助到你。

PSTR 心理压力测量表由瑞士心理学家爱德沃兹于 1983 年编制,以德国心理学家穆瑞在1968 年提出的心理压力因素理论为基础。

1. 测试开始

请你准备一支笔和一张纸,然后花大约 15 分钟时间做这个测试,根据自己的情况选择,不要在每一题上花太多时间考虑。做完测试之后请把总分加起来,然后对照下方的评定标准,并认真阅读后面的解释。

注意:在表中,A(总是)4 分;B(经常)3 分;C(有时)2 分;D(很少)1 分;E(从未)0 分。

PSTR 心理压力测量表

1. 受背痛之苦	A	B	C	D	E
2. 睡眠无规律且不安稳	A	B	C	D	E
3. 头痛	A	B	C	D	E
4. 颚部痛	A	B	C	D	E
5. 如果需要等候,会感到不安	A	B	C	D	E
6. 脖子痛	A	B	C	D	E
7. 比多数人更容易紧张	A	B	C	D	E
8. 很难入睡	A	B	C	D	E

9.感到头部发紧或痛	A	B	C	D	E
10.胃不好	A	B	C	D	E
11.对自己没有信心	A	B	C	D	E
12.对自己说话	A	B	C	D	E
13.担心财务问题	A	B	C	D	E
14.与人见面时感到窘迫	A	B	C	D	E
15.担心发生可怕的事	A	B	C	D	E
16.白天觉得累	A	B	C	D	E
17.下午感到喉咙痛,但并非感冒所致	A	B	C	D	E
18.心理不安,无法静坐	A	B	C	D	E
19.感到非常口干	A	B	C	D	E
20.心脏有毛病	A	B	C	D	E
21.觉得自己非常无用	A	B	C	D	E
22.吸烟	A	B	C	D	E
23.肚子不舒服	A	B	C	D	E
24.觉得不快乐	A	B	C	D	E
25.流汗	A	B	C	D	E
26.喝酒	A	B	C	D	E
27.很自觉	A	B	C	D	E
28.觉得自己像四分五裂了	A	B	C	D	E
29.眼睛又酸又累	A	B	C	D	E
30.腿或脚抽筋	A	B	C	D	E
31.心跳加速	A	B	C	D	E
32.怕结识人	A	B	C	D	E
33.手脚冰冷	A	B	C	D	E
34.便秘	A	B	C	D	E
35.未经医生处方乱吃药	A	B	C	D	E
36.发现自己很容易哭	A	B	C	D	E
37.消化不良	A	B	C	D	E
38.咬手指	A	B	C	D	E
39.耳朵有嗡嗡声	A	B	C	D	E
40.小便次数多	A	B	C	D	E

41.有胃溃疡的毛病	A	B	C	D	E
42.有皮肤方面的毛病	A	B	C	D	E
43.我感到咽喉发紧	A	B	C	D	E
44.有十二指肠溃疡病	A	B	C	D	E
45.担心工作	A	B	C	D	E
46.有口腔溃疡	A	B	C	D	E
47.为小事所烦厌	A	B	C	D	E
48.呼吸急促	A	B	C	D	E
49.觉得胸部紧迫	A	B	C	D	E
50.很难作出决定	A	B	C	D	E

2.评定标准

(1)一般,43~65分,表示压力适中;

(2)低于43分,表示压力过小,需要适度增加压力;

(3)高于65分,表示压力过大,需要适当降低。

3.具体标准

(1)93分及以上:表示处于高度应激反应中,身心遭受压力伤害。你需要专业心理治疗师给予一些忠告,他可以帮助你削减对压力的知觉,并帮助你改良生活的品质。

(2)82~92分:这个分数表示你正在经历太大的压力,身心健康正在受到损害,并令你的人际关系发生问题。你的行为会伤害自己,也会影响他人。因此,对你来说,学会如何减除自己的压力反应是非常必要的。你必须花时间做练习,学习控制压力,也可以寻求专业的帮助。

(3)71~81分:这个分数表示你的压力程度中等,可能正开始对健康不利。你可以仔细反省自己对压力如何做出反应,并学习在压力出现时,控制自己的肌肉紧张,以消除生理激活反应。

(4)60~70分:这个分数表示你生活中的兴奋与压力也许是相当适中的。偶尔会有一段时间压力太大,但你也许有能力去享受压力,并且很快回到平衡状态,因此对你的健康不会造成威胁。

(5)49~59分:这个分数表示你能够控制你自己的压力反应,你是一个相当放松的人。也许你对所遇到的各种压力,并没有将它们解释为威胁,所以你很容易与人相处,可以毫无惧怕地胜任工作,也没有失去信心。

(6)38~48分:这个分数表示你对所遭遇的压力不为所动,甚至不当一回事,好像并没有发生过一样。这对你的健康不会有什么负面影响,但你的生活缺乏适度的兴奋,因此趣味也就有限。

(7)27~37分:这个分数表明你的生活可能是相当沉闷的,即使刺激或有趣的事情发生了,你也很少做出反应。可能你必须参加更多的社会活动或娱乐活动,以增加你的压力激活反应。

(8)16～26分:如果你的分数值落在这个范围内,意味着你在生活中所经历的压力经验不够,或是你没有正确地分析自己。你最好更主动些,在工作、社交、娱乐等活动上多寻求些刺激。

⊠ 本章参考文献

[1] 杨光.创业管理[M].武汉:武汉大学出版社,2016.

[2] 郭黎勇.员工关系管理:图解版[M].北京:人民邮电出版社,2015.

[3] 李志畴.新型员工关系管理实务[M].北京:清华大学出版社,2015.

[4] 王长城,关培兰.员工关系管理[M].武汉:武汉大学出版社,2010.

[5] 朱瑜.企业员工关系管理[M].广州:广东经济出版社,2005.

[6] 乔继玉,赵慧敏.员工关系管理操作指南[M].北京:人民邮电出版社,2021.

[7] 褚吉瑞,李亚杰,潘娅.人力资源管理[M].成都:电子科技大学出版社,2020.

[8] 刘燕,曹会勇.人力资源管理[M].北京:北京理工大学出版社,2019.

[9] 刘娜欣.人力资源管理[M].北京:北京理工大学出版社,2018.

[10] 陈浩,乾龙.创业型企业员工关系管理的思考[J].人力资源管理,2014(02):55.

[11] 刘戒非.初创型企业劳动关系管理体系建立的法律思考[J].人力资源管理,2018
    (8):200.

[12] 何建华,高永端,常莉俊.数字化平台企业网约工心理契约:内容、测量与服务绩效影响验
    证[J].商业经济与管理,2022 (3):5 - 15.

[13] 单文娟.心理契约在员工管理中的作用分析[J].现代商贸工业,2009,21(12):130 - 132.

第十一章
创业者领导力培养与提升

本章学习目标

1. 掌握领导力概念链与领导力五力模型。
2. 了解领导的权力影响力与非权力影响力。
3. 了解领导有效性的影响因素。
4. 掌握提高领导有效性的途径。
5. 掌握领导决策的特点与方法。

开篇案例

腾讯员工领导力发展策略

好的管理理念首先是要让员工对其有很好的认知和理解,为了实现这个目的,腾讯对此有过一次修改,将关心员工成长变得非常简洁,让所有员工看得很明白,并在操作中贯彻。其主要包括如下几个方面:

(1)薪酬福利。薪酬福利涉及具体事项比较多,有几个典型的条款,比如说安居,是公司的福利,腾讯拿出10亿人民币给员工,如何在操作中更好地体现公司关心员工的理念呢?其中有许多操作上的挑战,比如如何同银行合作,福利体系如何设计,不同城市如何界定等。不过,在涉及关心员工成长的理念时,当时腾讯就是清晰地告诉员工,享受第一套房的同事要在某个级别以下,如果超过这个级别就不能享受这个福利,对于没有享受到这个福利的同事,他们也接收到了同样的信息。这样,公司的管理理念就得以贯彻,大家知道公司在做什么事情,为什么要这样做。这是理念的传递,也是沟通过程当中非常重要的沟通点。

(2)工作环境。工作环境当中同样也体现了腾讯的一些想法,腾讯有社交场所,这里是员工增加人脉、互相进行分享交流的场地。当然,它也有福利在里面,比如说在单位喝咖啡,比较正宗的咖啡大概就10块钱,基本上很便宜,还包括有点心或者其他东西,且经常有各界名流在里面出没。同时,有很多纪念品,年轻同事非常喜欢,这给员工传递这样的理念:腾讯鼓励的是交流、分享,而不是封锁闭塞。

(3)领导力发展。腾讯面临着很多的挑战,其中有一个挑战是快速增长时管理人才的稀缺,从3个人到2000多人,其中需要几十个人进行管理,怎么管理?怎么给他们一个丰富的、立体的方案?腾讯学院以及各个事业部,大家一起合作做了很多的工作,并且实施了教学相长,定性和定量相结合,持续进行。当然,要在全员辅导当中有一个非常好的效果,必须及时,如果他做一件事情出了问题,你过很久才给他辅导,这个事情就会大打折扣。

(4)关于资源。资源永远是不够的,如何运用资源是非常重要的。腾讯的人才规划体系包括战略、文化、绩效、能力四条。很多人问腾讯,这个体系要花多少时间,如何做?五年!这个体系现在并未完成,还在继续,它是一个持续的过程。不过,在这个过程中,腾讯有一个基本原则——项目和体系并重。

除此之外,腾讯的领导力发展有一个思路——细分。如基层干部是一个群体,有后备基层干部,后备基层干部里面还没有任命意向的,但是属于高潜人员的,这属于后备细分。当然还有三级体系,公司层级的、事业群层级的和业务部门层级的,这是立体的方案。

腾讯的双通道体系也是人才发展规划的基础,腾讯将干部和员工分开,一个领导力发展,一个职业发展,与双通道的发展体系相匹配。双通道体系当中,职业发展通道体系是培养的一个基础,如果没做好,培训也无法实施,这是培养体系规划当中的一个依据,也是一个思路,只有这样,才能鼓励员工的能力发展,让员工有更多的机会冒出来,并胜任岗位。

资料来源:HR人力资源管理案例网(http://www.hrsee.com/?id=392)。

第一节　领导影响力

领导力是一种什么样的力?绝大多数人认为领导力是一种影响力,美国管理学家哈罗德·孔茨就秉持这种认识。他说:"领导力是一种影响力,或对人们施加影响的艺术过程,从而使人们心甘情愿地为实现群体或组织的目标而努力。"

所谓影响力,是指一个人在与他人交往的过程中,影响和改变他人的心理与行为的能力。而领导力,就是指在人际交往中、群体与组织中,领导者影响和改变被领导者心理与行为的能力。对于领导者而言,要想加强领导力,就要想方设法加强自身的影响力。

领导者的影响力,即领导力,可简单地看成由权力影响力和非权力影响力两大部分构成。权力影响力又称为强制性影响力,主要来源于法律、职位、习惯等外界因素,具有强迫性和不可抗拒性。非权力影响力被称为非强制性影响力,主要来源于领导者自身的人格魅力,来源于领导者与被领导者之间的相互感召和相互信赖,具有深远性和持久性。由于权力影响力带有强迫和胁迫的意味,因此会造成领导者和被领导者之间心理距离过大,被领导者通常是被动服从,缺乏自觉性、主动性和积极性,而非权力影响力则没有这种不足。因此,领导力的实现过程,更多地被看成是非权力影响力的实现过程。

领导力的实现通常有三个阶段,即强制性服从、内化和个人认同。

所谓强制性服从,是指领导者通过实现一种奖励或者惩罚的手段来达到对被领导者影响的目的。

内化是指被领导者不仅仅屈从于领导者的强制性命令,而且在内心也认同领导者的想法或者价值观,是由内而外地愿意服从领导者的命令。

个人认同则是在内化的基础上进一步积极与领导者保持一致,是一种更高程度的内化,心悦诚服地接受领导者指挥和领导。至此,领导者的领导力发挥出最高效力。

从上面的论述中可以知道,要想使领导力发挥出最大的效力,就要想方设法增强自身非权力影响力。纵观历史,取得大成就的领导者,他们卓越的领导力往往并不在于他们手中握有的权力,而在于他们的人格魅力。它深深地吸引了众人矢志不渝地追随他们,心甘情愿地听他们的调遣和指挥。领导者的地位和手中的权力是有限而短暂的,而个人魅力的影响则是深远而持久的。因此,要想让自己的领导力深远又持久,就要努力提升自己的个人魅力,取信于人,取悦于人,最终成功影响于人。

一、权力影响力

权力影响力又可以称为强制性影响力,之所以冠以权力影响力(强制性影响力),是因为其影响力来自领导者的职务、权力、地位等,是通过它们来使人服从,最终实现其目的,具有一定的强制性。很多学者认为,权力影响力的基础通常有三个方面:

(1)强制性。由于领导者具有"法定"地对下属的控制权,并有能力惩罚下属,使他们遭受痛苦和损失,因此下属为了避免惩罚而被迫服从领导者的意愿,接受领导者的管理。

(2)奖赏权。也是由于"法定"的权力,领导者可以奖励下属,只要下属满足领导者的要求,合乎领导者的意愿,就可能获得奖励。因此,下属为了获得奖励,选择愿意接受领导者的管理。

(3)法定权。法定权源自人们的传统观念和社会规范。人们往往认为领导者被授予了合法的权力,那么他们就应该服从领导者的管理,接受其指挥。情况通常是:一个领导者在组织中的地位越高,拥有的权力也就越大,则他所具有的权力影响力也就越明显。

权力影响力大体上可分为规划力、决策力、组织力、激励和应变力。

(一)规划力

规划就是个人或组织对未来整体性、长期性、基本性问题的思考和考量,并据此来制订比较全面长远的发展计划。规划力就是关于这方面的能力。作为领导者,要能够对事情,特别是对重大事情进行规划,以保证事情朝着自己预想的方向发展。

(二)决策力

决策力就是对所要处理的事情的一种判断、处理的能力。它可能是一种经过思考后的理性行为,也可能是一种条件反射、习惯反应或本能反应等非理性的行为。对于一个现代领导者来说,面对变幻多端的市场环境和复杂多变的经济形势,是否可以对问题进行准确合理地决断,关系到组织的生存发展。因此,科学正确的决策力是现代领导者必须要拥有的能力。

(三)组织力

简单来说,组织力就是设计组织结构和配置组织资源的能力。组织力是团队的灵魂,有效地组织团队能够让团队利益最大化。领导者要具备较强的组织力,能够合理设计组织结构,科学配置组织资源,带领组织成员实现组织目标。具备好的组织力可以让领导者获得下属追随的能力,领导者能够使追随者心甘情愿集合在自己身边,并引导他们自觉地沿着一定方向前进。

(四)激励

激励指激发人的动机和内在动力,使其心理过程始终保持在激奋的状态中,让人朝着所希望的方向前进。激励是组织领导过程中必不可少的环节,是领导力的重要组成要素。领导者适当的激励能够促使下属更加有效地去完成工作任务,积极朝着组织目标前进。

(五)应变力

简单来说,应变力就是随机应变的能力。应变力最能体现领导者思维的能力,因为社会发展日新月异,没有一种规章制度能适应所有的情况。面对变化多端的形势和环境,领导者要具备强大的应变力,及时调整、改进制度,使其适应新情况和新变化。领导者要调整、改进的不仅仅是制度,还需要对人、财、物做出及时调整,以改善组织存在的不足,努力使组织在变化中求得生存和发展。

二、非权力影响力

非权力影响力又可以称为自然影响力,它不是通过领导者职务、身份、地位等对被领导者产生影响,而是通过领导者自身的思想、品质、修养等对被领导者产生影响。非权力影响力通常是深远而持久的。非权力影响力主要包括思想力、个人魅力等。

(一)思想力

思想的力量无比强大。"先谋后事者昌,先事后谋者亡","思想改变行动,行动改变命运","世界上有两种东西最有力量,一是宝剑,二是思想,而思想比宝剑更有力量",这说的都是强大的思想力。领导者的思想力是领导者秉持的价值观以及对事情见解的体现。领导者应具有正确独特的见解和科学完善的价值观,并能把自己的价值观变成组织内外部的价值观,使组织更具有凝聚力,吸引他人追随。

(二)个人魅力

个人魅力是个人人格力量以及个人阅历、聪明才智所衍生出来的一种影响力。超强的人格魅力会像魔法棒一样具有吸引人的力量,会深深吸引住他人。它不会因个人权力变化而变化,也不会因位置的转移而消失,而是作为独立的个体而长期存在。个人魅力对于人际关系有着非常大的影响。领导者若具备令人心仪的个人魅力,其一言一行都可能会对他人产生影响,都可能会对他人产生一种吸引力,从而有助于人际关系的拓展。

三、创业者领导力要素

领导力并不是主要表现为发号施令,指使别人。这只是一种形式,初创阶段企业的领导力,主要应体现为给企业建造一个好的架构,明确企业的发展方向,并确保企业能朝着这个方向有效地运行。

(一)整合要素资源的能力

企业是各种要素资源的集合。创业者能否按照优化原则将企业所必需的各种要素整合到企业这个平台上,构架好各要素之间的相互关系,使之彼此协调,形成合力,这是对创业者领导力的考验。而整合的质量如何,对初创企业的存活和发展无疑有着重大的影响。

(二)开拓性的眼界

作为一名创业企业管理者,要带领所属组织发展,首先要能为组织设计和制定一个合理而有效的战略规划和发展目标。这里所谓的眼界是指管理者要有独到的眼光,要有较高的追求,达到一定的境界,能够敏锐地发掘出有利于组织发展、成长的有益变革或迹象,并且能结合组织实际情况提出实现这种发展变革的设想、规划、战略以及确定可行的方案,即要有开拓性的战略眼光与思维。

(三)揭示彼岸的能力

创办企业的目的是什么?企业要朝哪里走?企业发展起来后应该是什么样的?这是要由

创业者自身来解答并且让大家明白和认同的事情。市场经济的汪洋大海并不提供航标,如果企业自身没有明确的航向,那肯定难以承受风吹浪打。从这个角度来讲,创业者应当是企业的精神教父,能够指明企业的发展方向。当然,揭示彼岸还要能够找到走向彼岸的桥梁或渡船,这是商业模式的问题。创业者肯定是商业模式原创的亲历者。

(四)打造企业文化的能力

一个成功的企业,必定有富含自身特点的企业文化。所谓企业文化,其核心是使团队和全体员工理解、认同企业的目标并甘心为之奋斗。好的企业文化无疑是企业重要的无形资产与核心竞争力。但是企业文化不会凭空产生,它必须精心打造和培育。企业创办者往往就是企业文化的原创者。在这里要强调的是,企业文化虽然是富有个性和原创的东西,但并不等于没有评价的社会标准。好的企业文化应当符合社会先进生产力的要求,符合并尊重人性,积极向上。同时,创业者的自我升华也是企业文化的重要组成部分。

(五)设计制度的能力

企业领导者的一个重要职责就是设计企业制度,并根据发展需要及时维护和调整。好的制度和相应的机制方能保证企业实行有效的决策,以实现自身的目标。

(六)识人用人的能力

有人说,识别人是企业领导者最重要的能力,这话有一定的道理。因为识别人是为了起用人,如果识别错了,那就用错了,而企业一旦用错了人,那就有可能万劫不复,这方面的经验教训很多。其实,识人永远只具有相对性和暂时性,因为人是会变的。所以,比识人更重要的是在用人过程中的激励、管理和控制。这要靠一个好的制度和机制以及相应的企业文化,有了这些才可能最大限度地降低识人用人的风险。

任何一个领导者都不是万能的,但不管领导者有何优势或劣势,初创企业所要求的领导责任都必须面对。现在是一个社会分工日益精细的社会,自己做不来的事情,可以聘请专业人士或专门机构来做。但是,作出判断和选择仍是领导者无可替代的职责。所以,判断力也就成为领导力的重要方面。

(七)严格自律的品格

创业者要有自律意识,要遵守职业道德,尊重组织文化与员工,不以个人情绪和好恶影响工作。由于创业者在组织中的权力与地位作用,加之信息不对称、制约机制不健全,则创业者自律的品格就成为人们关注的重点,直接影响人们对创业者领导力的认同。

创业者要能忠诚于组织。一个创业者要能将组织的利益摆在首位,置于个人利益之上,带头服从组织的目标和利益,这也是优秀创业者忠诚于组织的具体表现。

创业者要有强大的克制力。创业者开拓进取、创造业绩,更多时候是面对困境,因此必须要能克制自身情绪,拥有较高水准的情商与逆情商,尤其要培养个人在困难环境下的自控能力。

创业者要言行一致,知行合一。言行一致才能取信于民,在员工中建立起可信的声誉。同时,创业者既要贴近一线尊重员工,了解员工工作动态,又不能形成小利益集团,必须时刻保持道德上的约束力。

四、领导力五力模型

(一)领导力概念链

领导力概念与领导过程、领导行为、领导能力、领导知识和领导情境等密切相关,它们共同构成了领导力概念链,并诠释了领导力诸要素之间的关系:处于核心层(第一圈层)的是领导过程,领导过程是由具体的领导行为构成的,领导过程通常也代表着领导实践;第二圈层的领导行为、领导能力和领导知识都是领导过程的直接或间接产物,其中,领导能力是关键,领导能力决定着领导行为的质量与效果,领导行为是领导知识的主要来源之一,领导知识是领导能力的元素和基础;第三圈层的领导情境是指确保领导过程正常运行的环境因素的总和,是领导行为、领导能力和领导知识等要素形成和发展的重要基础(见图 11-1)。

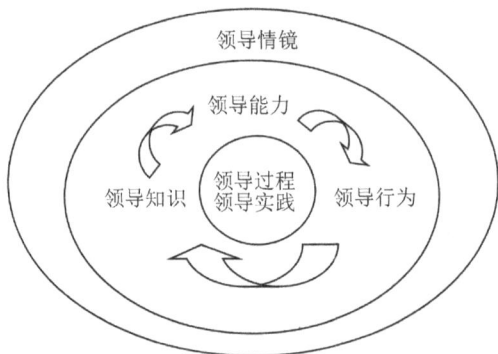

图 11-1 领导力概念链

在领导力概念链的逻辑关系中,作为领导能力总称的领导力起着承上启下的核心作用,领导者一方面需要整合各种领导知识并通过领导实践使这些知识升华为领导力,另一方面还需要通过领导行为应用这些能力,从而影响群体或组织的目标及其实现过程。领导力的特殊重要性预示着领导学研究将由领导行为研究范式转向领导力研究范式。

(二)领导力五力模型

中国科学院"科技领导力研究"课题组在综合国内外领导力理论的基础上,从领导力要素解析和知识重组入手,提出了领导力五力模型(前瞻力、感召力、影响力、决断力和控制力)。

根据领导力概念谱系,领导力是支撑领导行为的各种领导能力的总称,其着力点是领导过程;换言之,领导力是为确保领导过程的顺利进行或者说领导目标的顺利实现服务的。基于领导过程进行分析,可以认为,领导者必须具备如下领导能力:

(1)对应于群体或组织目标的目标和战略制定能力(前瞻力);

(2)对应于或来源于被领导者的能力,包括吸引被领导者的能力(感召力)及影响被领导者和情境的能力(影响力);

(3)对应于群体或组织目标实现过程的能力,主要包括正确而果断决策的能力(决断力)和控制目标实现过程的能力(控制力)。

这五种关键的领导能力就构成了领导力五力模型,见图 11-2。

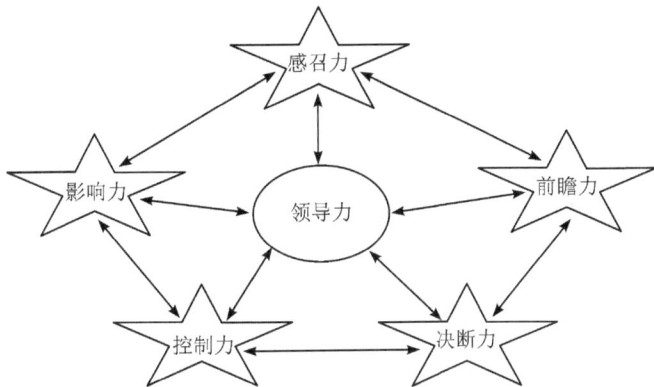

图 11－2　领导力五力模型

1.领导感召力

感召力是最本色的领导能力,领导学理论中最经典的特质论研究的核心主题就是感召力。感召力主要来自以下五个方面:

(1)具有坚定的信念和崇高的理想;

(2)具有高尚的人格和高度的自信;

(3)具有代表一个群体、组织、民族、国家或全人类的伦理价值观和臻于完善的修养;

(4)具有超越常人的大智慧和丰富曲折的阅历;

(5)不满足于现状,乐于挑战,对所从事的事业充满激情。

2.领导前瞻力

前瞻力从本质上讲是一种着眼未来、预测未来和把握未来的能力。具体分析,前瞻力的形成主要与下述因素有关:

(1)领导者和领导团队的领导理念;

(2)组织利益相关者的期望;

(3)组织的核心能力;

(4)组织所在行业的发展规律;

(5)组织所处的宏观环境的发展趋势。

3.领导影响力

影响力是领导者积极主动地影响被领导者的能力,主要体现为:

(1)领导者对被领导者需求和动机的洞察与把握;

(2)领导者与被领导者之间建立的各种正式与非正式的关系;

(3)领导者平衡各种利益相关者特别是被领导者利益的行为与结果;

(4)领导者与被领导者进行沟通的方式、行为与效果;

(5)领导者拥有的各种能够有效影响被领导者的权力。

4.领导决断力

决断力是针对战略实施中的各种问题和突发事件而进行快速和有效决策的能力,主要体现为：

(1)掌握和善于利用各种决策理论、决策方法和决策工具；

(2)具备快速和准确评价决策收益的能力；

(3)具备预见、评估、防范和化解风险的意识与能力；

(4)具有实现目标所需要的必不可少的资源；

(5)具备把握和利用最佳决策及其实施时机的能力。

5.领导控制力

控制力是领导者有效控制组织的发展方向、战略实施过程和成效的能力，一般是通过下述方式来实现的：

(1)确立组织的价值观并使组织的所有成员接受这些价值观；

(2)制定规章制度等规范并通过法定力量保证组织成员遵守这些规范；

(3)任命和合理使用能够贯彻领导意图的干部来实现组织的分层控制；

(4)建立强大的信息力量以求了解和驾驭局势；

(5)控制和有效解决各种现实的和潜在的冲突，以控制战略实施过程。

第二节　创业者领导有效性

一、领导有效性的概念

领导是一种特殊形式的社会活动。这种活动也需要讲求效益，即以较少的投入取得较大的产出，这种投入和产出之比，就表现为领导的有效性。在企业管理中，领导有效性是一个综合性的概念，它指通过领导活动实现企业目标的程度。

一个企业或群体的领导是否有效，可以从以下几个方面反映出来：①下级的支持；②相互关系的密切、和谐；③员工的评价；④激励程度；⑤沟通的效果；⑥工作效率；⑦目标的实现。

二、领导有效性的影响因素

领导不是单方面的领导者行为，而是领导者与被领导者之间在特定环境下发生的相互作用的过程，领导行为是否有效，取决于以下几个方面。

（一）领导者

领导者是领导工作的主体，领导者本身的背景、经验、知识、能力、个性、价值观以及对下属的看法等，都会影响到组织目标的确定、领导方式的选择和领导工作的效能。

（二）被领导者

被领导者是领导工作的客体，被领导者的背景、经验、知识、能力、要求、责任心和个性等，都会对领导工作产生重大影响。被领导者的情况不仅影响领导方式的选择，也影响领导工作的有效性。

（三）领导工作的情境

领导工作是在一定的环境中进行的。一般而言，特定的情境条件包括群体的规模和类型，工作任务的性质和目标，形势的压力和紧迫性，上级领导的期望和行为，与下级员工的关系，以及组织文化与政策等。与特定情境相适应的领导方式才可以称为是有效的。

总之,领导的有效性是领导者、被领导者和领导工作的情境三方面因素综合作用的结果。领导有效性的实质,是这三方面因素的契合或适应程度。所以,要提高领导工作的有效性,需要从以上三个方面进行综合权衡。

三、提高领导有效性的途径

(一)科学选用恰当的领导方式

领导方式是指领导者在领导行为动态变动过程中所表现出来的影响被领导人的方式方法的总和。领导方式的类型,一般依据权力定位的主体不同而划分为专制型、民主型和放任型等。领导方式的区别,主要在于其两类构成要素的不同匹配,即"面向任务"和"面向人"的领导行为在内容和数量方面的不同组合。所谓"面向任务"的领导行为,是指领导者关心任务完成、重视工作进程和工作技术等,在实质上把员工看作是完成任务的工具之类的领导行为;所谓"面向人"的领导行为,是指领导者尊重、关心员工,积极与员工沟通并满足其需要,旨在充分发掘员工潜能的领导行为。

(二)提高逆境商数

逆境商数最初由美国学者保罗·史托兹(Paul Stoltz)在综合数十位科学家的研究成果基础上,在 20 世纪 90 年代首次提出。简单来说,逆境商数就是指一个人应对逆境的态度、方法和能力,也称挫折商数。

研究发现,在其他影响因素相同的前提下,领导者的逆境商数越高,领导工作的有效性也就越高,反之领导有效性就会越低。因此,无论对于领导者还是组织来说,都应当充分重视逆境商数的引入和应用。从领导者层面来说,领导者应当有意识地训练和提高自己的逆境商数,建立挫折防御机制,增强抗压能力,预防和避免受挫心理的不良效应,将逆境的影响范围和持续时间都控制在一定限度之内,从而提高领导绩效。从组织层面来说,组织在招聘、晋升和选拔领导者时,应当将逆境商数作为参考指标,因为一旦组织陷入某种困境时,如企业的效益滑坡、经营亏损、破产危机等,拥有高逆境商数的领导者就更有可能带领下属走出困境,帮助组织渡过难关。

(三)善于保持和提高自身的影响力

影响力是个体在与他人交往中,影响和改变他人心理和行为的能力。领导者由于其工作的特殊性,需具备较一般人更高的影响力。领导者所具有的影响力对其领导有效性具有直接而巨大的影响,善于保持和提高自身影响力的领导者,必然会显著地提高自己的领导有效性。

(四)善于使自己处于积极的创新状态之中

领导工作是一种依靠智慧、需要韬略的工作,要使领导有效性达到最大值,没有领导者的创新是不可能的。因此,领导者要善于使自己处于积极的创新状态之中,使自己能够不断在头脑中闪现创造的灵感。

(五)保持谦卑

对于创业企业来说,领导者持续的"自省"和客观的自我评价是非常必要的,唯有知其不足,方能懂得追求进步。特别是在经济转型的大背景下,决断力、变革力对于领导者显得尤为重要,直接的"自我揭示"和向下属"坦诚不足"尤其对于资历不深、能力不足的领导者而言很有可能被下属视为无能,削弱下属对于领导者的信任以致降低领导有效性。在管理实践中,领导者如何将谦卑融入日常管理行为中,需要综合考虑自身情况和具体情境,操纵适宜、拿捏适度方能达到理想的效果。

(六)矫正领导行为偏差

领导者要坚持人民利益至上原则:领导干部只有真正做到把人民群众的利益作为第一目标,把人民群众的观点作为第一观点,把人民群众的满意作为第一标准,才能够树立正确的政绩观;不计个人得失,全力争取让人民群众得到实惠的成绩,才能够恪尽职守,勇于负责,敢于碰硬,争创一流。领导者要讲究领导成本:任何领导行为都是有成本的,有投入才有产出。领导成本由无形成本和有形成本构成,领导者为实现领导目标付出的时间和精力是无形成本,而投入的财力和物力是有形成本。

四、创业领导力的六阶段

创业者在带领初创团队打拼的过程中,首先要认识到企业或者产品为社会带来的价值是什么,适应社会需求,才能发现企业生存的逻辑和社会背景。创业者的领导力是实现企业跨越式发展的重要因素,除了发现社会机会外,企业领导者的自身素质和能力也是制约企业发展的影响因素。

对于领导力的研究,拉姆·查兰提出过领导力的六个阶段,这六个阶段可以看作是企业从0到1阶段,企业创始人领导力的进阶。需要明确的是,领导力是一种能力,创业者的领导力可以通过学习和训练习得,以避开创业中的歧途和雷区,极大提升创业成功的概率。

拉姆·查兰领导力模型展现了从低阶段到高阶段领导力的核心技能,见图11-3。第一阶段转型是从管理自我到管理他人,从普通员工到一线经理,核心技能从职业意识、专业技能与高绩效表现转为领导技能、时间管理与工作理念,初步建立通过管理使他人完成任务,而不是亲力亲为的思想。

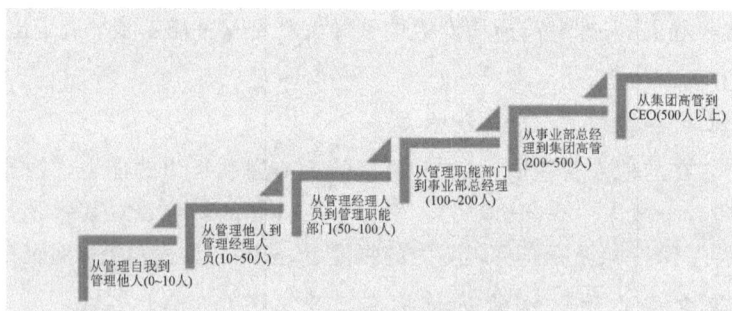

图11-3 拉姆·查兰领导力模型

第二个阶段,继续扩大管理幅度,从管理他人到管理经理人员,一般职位为部门总监,相应的核心技能进阶为如何辅导员工、增强不同小组团队的工作协同性、平衡他们的利益与贡献,精力更多地用于管理,管理效率与个人贡献更加重要。

第三个阶段,从管理经理人员到管理职能部门,如事业部副总经理。到了这一阶段,领导者的核心技能有了明显的不同，超越了工作本身的范畴，强调大局意识、长远的思考、开阔的视野，以及对未知领域的探索精神，能够引领团队和组织在变动的内外部环境中走在正确的轨道上。

第四个阶段，从管理职能部门成长为事业部总经理，需要对组织的业务发展有清晰的认知与规划，思考与协调成为管理中最重要的部分，兼顾长期与短期利益、支持部门与盈利部门贡献、现金流业务与种子业务。

第五个阶段，从事业部总经理成长为集团高管，这一阶段转变的核心在于工作理念的改变，更加重视他人的成功，即间接成功。在这个阶段经常会遇到三大挑战，从而导致转型失败，包括像事业部总经理一样工作，耽于事业部具体事务；过于强调内部管理而错失外部新的商机；忽视接班人的培育。

第六个阶段，从集团高管走向集团首席执行官，虽然本质上管理技能没有变化，但是关注点更加向宏观、长期、软实力方向倾斜。要求善于平衡长短期利益，促进组织的可持续发展；培育组织的文化、科技等软实力，激发全体员工的潜能；推动公司在关键节点及时转型，重构业务组合，确保组织的盈利性；以高超的沟通技巧与能力倾听各方意见，密切与董事会的联系。

拉姆·查兰领导力六个阶段最根本的还是要从自我管理开始，首先要做到能力和素质方面都要成为一个贡献者，到了其他几个阶段，更为重要的是能否帮助别人成功。每个阶段的转变都是一次个人转型，其中包含了三个方面的转变：首先是领导技能的转变，即在不同的领导阶段，能够及时培养胜任新职务所需的能力。其次是时间管理能力的转变，随着管理幅度的扩大，领导者在很多事情上不能再亲力亲为，需要领导者重新配置时间，更为高效地工作。最后是在工作的理念上，随着领导者管理范围的扩大，领导者需要提升自己的工作理念，聚焦于更核心的业务上。

第三节　创业者领导决策

一、领导决策的含义与领导决策活动

（一）领导决策的含义

领导决策是指领导决策主体为了达到或实现领导决策目标，在占有信息和经验的基础上，根据客观条件，借助一定方法，从提出的若干个备选行动方案中选择一个合理、满意的方案而进行的分析、判断和抉择的过程，包括发现问题、选择目标、收集信息、制定方案、评估选择方案、作出决断、组织实施、掌握信息反馈等活动。

（二）领导决策活动

领导决策活动是指领导决策者确定领导决策目标、选择领导决策方案和组织领导决策实施的活动。领导决策活动一般可分为三个不同阶段。

（1）领导决策工作阶段。它指从确定目标到拟制可供选择的方案为止的全过程中的领导决策行为。领导决策者的主要活动是充分发扬民主，广泛获取相关信息，充分发挥智囊机构的参谋作用，拟定出多个领导决策方案。

（2）领导决策行为阶段。它指领导决策者从两个或两个以上可供选择的方案中，选择其中

最优或满意的领导决策方案的行为。领导决策者的主要职责是对各种方案进行综合对比,不失时机地进行决断。

(3)领导决策实施控制阶段。在领导决策实施过程中,要根据实施中的反馈情况,不断修正领导决策和追踪决策,以保证领导决策目标的实现。

二、领导决策的特点

(一)领导决策的一般特点

(1)智能性。领导决策是人类特有的一种思维活动,该思维活动贯穿于领导决策的全过程,没有科学的思维,就没有科学的领导决策。

(2)目标性。任何领导决策都是为了达到一个既定目标,目标既是领导决策的出发点,又是领导决策的归宿。

(3)预测性。领导决策是对事情发生之前的一种预先分析和抉择。

(4)选择性。领导决策总是要在若干个有价值的方案中进行选择。

(5)时变性。领导决策的效果往往受到时间和空间的制约,领导决策有适时适地的要求。

(6)社会性。每个组织或个人的领导决策,都会影响其他组织甚至整个社会,而整个社会或某一组织的构成环境,也会影响一个组织或个人的领导决策行为。

(7)实践性。领导决策是对现实和未来实践活动的一种设计、选择,是指导、控制现实和实践活动的准绳,领导决策总要付诸实践,否则毫无价值。

(二)现代领导决策的特点

当今,人类已进入现代领导决策的新阶段,其主要特点如下。

1.高速化

社会、经济和科学技术的迅猛发展,对领导决策提出了高速化的要求。现代通信技术、计算机技术和控制技术的发展使得空间不再是传递信息的重大障碍。时间的价值在现代领导决策中表现得更加突出和重要。同时,随机因素、各种态势和机遇都处于稍纵即逝的变动之中,领导决策如不抓住时机,不与之同步就会失效。

2.准确化

准确是领导决策科学化的前提,也是领导决策高速化的一个要求。所谓准确化,首先是领导决策信息的质和量的准确。没有质(概念、性质)的准确,领导决策就会全盘皆输;没有量(范围、幅度等)的准确,领导决策就无法实施。因此,定量方法在不同领域、不同方面、不同层次都已成为领导决策的有力工具。

3.相关化

面临交织综合而多变的事物,任何领导决策再也不能孤立地作出,高层战略决策更是如此。它往往不是多目标决策(领导决策目标是一个集合),就是序贯决策(领导决策是一个有序的相互关联的组成)。此外,现代领导决策还涉及领导决策性质、领导决策方法、信息处理、审定评估等方面的相关特点。

4.网络化

现代领导决策对网络的需要,既是由信息的共享性及领导决策高速化、相关化的特点而带来的结果,也是领导决策发挥作用所必不可少的。因此,领导决策结构将一改传统的"金字塔型"而趋向纵横交错的矩阵网络和主体网络,在横向的联系中从多维空间取得信息,并获得生命力。

5.两极化

计算机和人工智能的应用,为全面解决各种领导决策问题创造了条件。数学推理仿真、模拟等方法的应用,以及领导决策者发挥思维的创造性以适应"决策内爆"的趋势,使得领导决策发生了分化和领导决策权力重新分配。大量规范性的领导决策向下转移,由中下层领导决策者和计算机来完成。另外,高层领导决策者可以由此摆脱沉重的常规领导决策的负担,从而创造性地承担起战略性的随机非程序性领导决策,把精力转移到保证和提高这些领导决策的可行性和有效性上来。

6.三元化

这是现代领导决策的一个突出标志。无论从领导决策的速度、领导决策者的智力结构、领导决策目标的复杂程序来看,还是从领导决策方法的多样性及处理信息的能力来看,现代领导决策已形成了主要由思想库、计算机与领导决策集团所组成的领导决策系统。领导决策系统承担起了现代领导决策的重任,其每一步骤都由思想库、计算机和领导决策集团三者所形成的领导决策系统完成。在得到信息输入后,三者除了各自应有的执行程序外,还彼此互相反馈,从而形成了一个既有各自功能和特征又互相联系的有机整体。

7.多元化

网络已经成为大众的一种生活方式,覆盖生活的每个角落,普通公众可以通过网络多维度、快速地获取信息。网络为人们提供了自由的公共空间,任何人都可以通过网络自由发表自己的意见和见解,且多元化的观点让人们开阔了视野,看到了事物的不同侧面,逐渐培养起人们独立思考的习惯,传统媒体对舆论的影响力逐渐减弱。去中心化是网络的一个显著特点。大数据时代消解结构、去除中心、批判理性,真实世界是一个碎片化、无结构的世界,碎片之间具有平等的本体地位,相互之间不能完全还原与替代,大数据技术用相关性超越因果性。李霖认为,"大数据理念和方法将改变传统的政府决策主体结构,从过去的领导、专家学者精英决策过渡到大众、多元主体决策,使政府决策主体日趋多元化和民主化"。

8.领导决策方式更加科学透明

当前,随着"互联网＋"、大数据、云计算等新技术的兴起,特别是大数据技术的创新应用,使我们具备了对海量数据的处理和分析能力,数据驱动的时代已经来临。大数据、云计算、数据挖掘、人工智能等新技术的兴起为各行各业带来了颠覆性的变化,引起国家、行业、企业多方关注,各国投入了大量资金开发大数据,大数据行业迅速崛起,其中企业开发大数据已经走在了时代的前列。政府领导决策方面,数据驱动决策必将取代经验决策,成为未来决策的主要方法。大数据深刻影响了领导决策的全过程:决策前,大数据有效破解了数据来源不全面、对公众意愿掌握不全面的难题;决策执行中,利用大数据可以及时掌握决策执行的阶段性成效,以便于及时调整决策;决策执行后,利用大数据可以更加科学全面地验证决策效果,便于总结决策经验,提升决策水平。同时,网络舆论对政府领导决策过程、决策结果的监督更加全面、直接,使得领导决策过程、决策结果更加公开透明,甚至有关决策的一切方面均被置于公众的监督之下,信息更加透明,事实和真相往往难以掩藏,谎言和欺骗变得无所遁形。

在领导决策系统中,思想库既从计算机中获取信息,又将加工后的信息存入计算机内;既从领导决策集团获取指令,又给领导决策集团以观点方法;既与领导决策集团保持着种种联系,又相对独立于领导决策集团而开展工作,不受其干扰。它就是以这样的工作方式保证领导决策的客观性、完整性和有效性。

三、领导决策方法

(一)预测方法

决策是对未来行动的选择,所以首先要对未来状况及其可能趋势进行描述、分析和判断。决策的有效性同预测的准确程度成正比,所以预测方法也可理解为决策的方法。

预测是在对事物的过去和现在状况调查研究基础上,运用科学技术手段推测事物未来发展状况的方法。预测离不开对过去和现在的情况了解,预测的出发点只能是现在,而事物的未来发展受各种错综复杂因素的影响,其中包括许多不确定的偶然因素,这就给科学预测带来了极大的困难。但是事物的发展存在着客观的必然联系,只要能够把握它的客观规律,科学预测是可以办到的。预测就是在事物之间错综复杂的关系中,透过偶然因素,找出其内在的必然联系,从而对事物的未来发展状况做出比较准确的估计。

(二)调查研究法

事实是决策的基础,而事实只能存在于实际中。例如,把一根筷子放在一碗水里,筷子便成了弯的,这个时候,如果我们不调查研究,就以水里的现象为准,那么势必下结论,认为筷子是弯的,其实这是假象,是光的折射作用把筷子扭曲了,改变了筷子的真实面貌。

与经验决策相结合的调查研究方法主要有开会调查、蹲点调查、派调查组等。随着社会的发展,调查研究方法也在不断变化和充实。现代化的调查主要有系统化、定量化和程序化调查。

(三)宏观法

任何事物的存在、发展都离不开一定的历史条件,时间不同了,地点转移了,条件变化了,解决问题的方法也应随之而有所改变。如果用僵化的观点看问题,用单一的模式处理问题,就必定要碰壁。所以,"目前形势和我们所面临的任务"是领导者永恒的研究课题。

要想通过审时度势作出正确的决策,必须在详细掌握情况的基础上,运用科学的方法,进行分析、综合、判断。这些方法有全面分析法、优势分析法、劣势分析法、内部矛盾分析法、新问题探讨法、实情考察法等。

(四)德尔菲法

德尔菲法是直观预测法的一种,它要求先由预测机构选定专家,通过书面的方式向这些专家提出所要预测的问题,得到答复后,将意见集中整理,然后匿名反馈给各位专家,再次征询意见,然后再加以综合和反馈。如此多次循环,最终得到一个比较一致并且可靠性较大的预测结果。

(五)回归分析法

回归分析法是根据事物发展变化的因果关系,运用数理统计方法对事物的未来发展进行预测的方法。事物之间的因果关系有两类:一是确定的函数关系(如牛顿定律、欧姆定律等表述的变量之间的关系）；二是非确定的关系，即变量之间既存在着密切关系，又不能由一个变量的值精确地求出另一个变量的值。对于这种关系应当运用回归方程，通过对大量统计数据的分析，找到它们之间相关性的关系，预见其未来的发展状况。

（六）系统工程方法

系统工程方法是一门基本的决策技术。它是把所要处理的问题和情况加以分门别类，确定边界，又强调把握各门类之间和各门类内部诸要素之间的内在联系和完整性、整体性，否定片面和静止的方法。在此基础上，它没有遗漏而有区别地针对主要问题、主要情况和全过程，运用有效工具进行全面的分析和处理。

（七）可行性分析法

可行性分析是计算和评价各种技术方案、建设方案和生产经营方案经济效果的一种科学方法。对工程项目进行可行性研究，就是对新建或改建、扩建项目中的一些主要问题，如市场需求、资源、原料、燃料、动力供应条件、建厂规模、设备选型等，从技术和经济两个方面进行详细的调查研究、分析计算和方案比较，并对其建成后可能取得的技术经济效果进行预测，从而提出是否投资建设和怎样建设的意见，为投资决策提供根据。因此，进行可行性研究的过程，实际上就是从优选择投资方案的过程。

（八）系统决策法

所谓系统决策，就是用整体联系的观点、原则和方法，来进行决策的一种方法。这种方法的特点是，把事物看成是一个整体，着重从整体与部分、整体与层次、整体与结构、整体与环境之间的相互联系、相互作用、相互制约中，综合地、精确地考察对象，并定量处理它们之间的关系，以达到决策的最优化。

1. 整体运筹法

现代科技迅猛发展，社会生产日益复杂，一项决策的正误，影响范围往往很大，而且时效久远。因此，统筹考虑，做出效益最佳的决策，意义重大。所谓整体运筹法，就是根据系统方法的整体性原则，从全局出发，探求全局与局部的联系，用有效的控制，使局部为全局服务，从而实现领导目标的一种决策方法。

2. 相关分析法

系统、要素、环境都是相互联系、相互依存、相互作用、相互制约的，这一特征叫作"相关性"或"关联性"。坚持从相关性或关联性的角度去考察、分析、处理问题，就是相关分析法。相关分析法是唯物辩证法关于世界万物普遍联系原则的具体表现和应用。

3. 系统设计法

系统设计法是在工程建设中内容设计全面，实施步骤详尽、科学，符合系统工程要求的一种经济决策。它一般要经过规划、研究、设计、施工、试验和使用等阶段，要求方法步骤严密、科学，且设计研究费时。当今大型工程，运用系统设计法进行决策，更是一种普遍使用、行之有效的科学方法。像我国的引滦入津工程、葛洲坝水利枢纽工程、宝山钢铁工程、山东石臼港工程等，都是运用系统方法统筹设计、整体安排、进行决策的范例。

（九）信息决策法

思想闭塞，反应迟钝，得不到有价值的信息，领导者无从决策；同样，有了"雪崩"般的信息，不会处理,不会选择,领导者也不能做出好决策。领导者要有善于识别、处理、精选信息的本领,要有运筹巧妙的艺术,才能做出出奇制胜的决策。

1.信息透视决策法

信息透视决策法就是透过信息现象进行纵深思考,发现其内在实质,从而找出有利于事物发展的关键信息。此法的要领在于从实践中能动地、发展地去认识事物,善于抓住点展开联想和想象,善于静中见动,同中求异,从而在常人视为丝毫无用的信息中窥见其潜在的使用价值,在人们司空见惯的信息中发现和自己的事业相关的信息。思考越深,透视越细,越能发现信息的精髓,只要能抓住其精要所在,就可以做出超常的决策。

2.信息推导决策法

信息作为事物普遍联系的中介,信息与信息之间也构成一个相互联系的网络,每一个信息都是这个网上的一个纽结。人们可以从这一信息出发,以事物联系为背景,向四面八方作合乎逻辑的推导,在一系列连锁反应之后,收获大面积的信息。如将这一方法运用于领导工作,即要求领导者在掌握了一定情况或材料的基础上,运用发散性思维,作出扩张、辐射等形式的广泛推想,能够举一反三,闻一知十,方可使自己的决策具有高人一筹的先见之明。

3.信息类比决策法

人们将自己获取的关于事物不同类型的信息进行类比,可以得到新的更有价值的信息,根据被类比事物成功的经验,可以做出新的决策,这种方法叫信息类比决策法。

各种信息能够类比,是它们彼此间存在着相似之处,这种信息能够在事物的不同领域之间架起过渡的桥梁,使一个领域的信息可以推广运用到另一个领域,从而增加一种信息的使用价值。

利用信息类比进行决策,必须是辩证地进行类比,而不能机械类比,不能机械照搬和模仿。要坚持实事求是的原则,具体情况具体分析,利用事物之间的相似点进行再创造,才能做出适情、适用的新决策。

四、提高创业企业决策的途径

吕途等提出创业领导决策会受到创业团队认知能力(创业共识能力、专长配置能力、监测调控能力)的影响。根据其描述,创业共识能力是指创业团队成员在创业过程中将创业目标、商业战略、发展方向、创业任务、工作程序等内容快速达成共识的能力;专长配置能力是指创业团队成员之间形成相互依赖,并通过储备、获取、应用来自不同专长领域的知识进行分工合作的能力;监测调控能力是指创业团队以对创业环境或创业任务的感知为基础线索,对自身认知过程进行有效监测并适时进行纠偏的能力。其研究发现,提升创业企业决策有以下两种途径。

(一)专长配置能力和创业共识能力均会对决策速度产生显著作用

从作用强度来看,专长配置能力的作用强度要强于创业共识能力,而监测调控能力对决策速度的影响并不显著。因此,在创业实践中,要想提高决策速度,抢占市场商机,赢得时间上的竞争优势,创业团队应努力提升专长配置能力和创业共识能力。对于提升创业共识能力,应积极提升团队内部信息或知识的共享频率以及沟通效率,以此推动创业团队内部对创业任务以及创业愿景的一致理解,以便在创业进程中提高彼此的默契度。对于提升专长配置能力,应加快推动具备不同专长技能的成员实施协调分工,并通过鼓励团队成员进行充分沟通与交流或适当职位轮换,来促进团队成员对彼此的清晰化认知,为重组团队内部专长技能奠定基础,进而提升决策效率。

(二)专长配置能力和监测调控能力均对决策效果产生显著作用

专长配置能力相比监测调控能力,对决策效果的影响更大,而创业共识能力对决策效果的影响不大。因此,在创业实践中,若要提升决策质量和决策的正确性,应努力提高创业团队的专长配置能力和监测调控能力。其中,对于提升监测调控能力,应引导团队成员逐渐养成自我监测的行为习惯,从而提高团队在决策过程中对内外部环境变化的敏锐度,且通过推进团队成员进行无戒心地信息共享、公开交流来保持团队对市场、环境以及信息的敏锐性,这样才能对变幻莫测的外部环境做出适当性调整。

本章要点

1.领导力,即领导者的影响力,可简单地看成由权力影响力和非权力影响力两大部分构成。权力影响力又称为强制性影响力,主要来源于法律、职位、习惯等外界因素,具有强迫性和不可抗拒性。而非权力影响力被称为非强制性影响力,主要来源于领导者自身的人格魅力,来源于领导者与被领导者之间的相互感召和相互信赖,具有深远性和持久性。由于权力影响力带有强迫和胁迫的意味,因此会造成领导者和被领导者之间心理距离过大,被领导者通常是被动服从,缺乏自觉性、主动性和积极性,而非权力影响力则没有这种不足。因此,领导力的实现过程,更多地被看成是非权力影响力的实现过程。

2.领导力概念与领导过程、领导行为、领导能力、领导知识和领导情境等密切相关,它们共同构成了领导力概念链,并诠释了领导力诸要素的关系:处于核心层(第一圈层)的是领导过程,领导过程是由具体的领导行为构成的,领导过程通常也代表着领导实践;第二圈层的领导行为、领导能力和领导知识都是领导过程的直接或间接产物,其中,领导能力是关键,领导能力决定着领导行为的质量与效果,领导行为是领导知识的主要来源之一,领导知识是领导能力的元素和基础;第三圈层的领导情境是指确保领导过程正常运行的环境因素的总和,是领导行为、领导能力和领导知识等要素形成和发展的重要基础。

3.中国科学院"科技领导力研究"课题组在综合国内外领导力理论的基础上,从领导力要素解析和知识重组入手,提出了领导力五力模型(前瞻力、感召力、影响力、决断力和控制力)。根据领导力概念谱系,领导力是支撑领导行为的各种领导能力的总称,其着力点是领导过程。换言之,领导力是为确保领导过程的顺利进行或者说领导目标的顺利实现服务的。

4.领导是一种特殊形式的社会活动。这种活动也需要讲求效益,即以较少的投入取得较大的产出,这种投入和产出之比,就表现为领导有效性。领导活动是领导者、被领导者和环境三方面因素相互影响、共同作用的过程。领导有效性的实质,是这三方面因素的契合或适应程度。

5.领导决策是指领导决策主体为了达到或实现领导决策目标,在占有信息和经验的基础上,根据客观条件,借助一定方法,从提出的若干个备选行动方案中选择一个合理、满意的方案而进行的分析、判断和抉择的过程。它包括发现问题、选择目标、收集信息、制定方案、评估选择方案、作出决断、组织实施、掌握信息反馈等活动。

复习思考题

1. 简述领导力概念链与领导力五力模型。
2. 什么是领导的权力影响力与非权力影响力? 二者有何区别?
3. 领导有效性的影响因素有哪些?
4. 提高领导有效性的途径有哪些?
5. 什么是领导决策? 其有何特点?
6. 常用的领导决策方法有哪些?

案例分析

惠普公司是怎样培养领导力的

随着行业竞争日益加剧,各国行政管制不断放松,科技不断进步,互联网快速应用,世界的变化越来越快。与变革相对应的管理人员的领导力对企业生存和发展也越来越重要,世界范围内出现了一股以领导代替管理的潮流。

在西方企业中,开发领导力方面,惠普做得是比较杰出的,很值得我国的企业学习。下面详细介绍惠普的领导力开发与培养项目。

几十年来,惠普都一直保持着非凡的创新和增长记录。保持这样的记录需要企业不断地改造自己,从而迅速利用新技术,快速满足市场需求。20世纪90年代,高科技行业发生了史无前例的变化。变革的速度越来越快,产品生命周期越来越短,亚洲、欧洲公司不但瓜分本国市场,而且开始进军美国市场,产品价格急剧下降。与此同时,惠普的业绩开始呈现下滑的征兆。它的增长曲线趋于平缓。决策速度减慢,公司内部不协调,目标不一致等,导致惠普错失良机、浪费资源。为了鼓舞士气,1999年7月董事会任命卡莉-费奥瑞纳——这个缔造了朗讯公司早期成功业绩的杰出女性担任惠普的CEO。

卡莉和惠普的管理团队意识到,要想在新的市场中获胜,需要公司具备快速合作、快速发现问题和解决问题、有效做出跨部门决策的文化。2000年,惠普对各层次员工都进行了有关惠普改革的调查,结果显示,员工对公司战略和此次势在必行的改革非常认同。员工认为惠普改革是必要的,尤其是组织内部的跨部门决策必须向更快更好的方向发展。员工希望管理层对可衡量的行为结果更加负责,更加关注顾客需求。

为了满足员工的这些需求,惠普负责员工发展和组织有效性的部门着手设计并执行动力领导力的项目——一个旨在加快员工对战略目标认同,提高跨部门合作效率,提高发现问题、解决问题的能力和决策速度的专门项目。

1. 项目设计

由于惠普公司发起的改革调查中发现公司不同业务单元、不同职能、不同地区对改革都有需求,因此惠普决定这个领导力开发项目覆盖惠普全公司的157个国家和地区。就在这项运动发起的当月,惠普公司宣布收购康柏,这使得"重塑惠普计划"必须在当年就取得实质性的结果。为了获得最大的投资回报,惠普公司决定集中发展有限的几个能快速产生最大效果的目标。而动力领导力项目的目标就是提高惠普经理人为消费者、股东和员工创造最大价值的能力。动力领导力项目的重心放在两个关键方面。一是如何实现高效的合作与协调和基于共同的价值观进行工作，并通过对话达成一致目标，快速发现和解决问题；二是增强行为的责任感，培养员工快速做出有效的决策，通过行为负责制及学习调整来提升员工领导力。

为了提高项目的可信度以及满足在全球范围内快速传播的需求，惠普选择了外部专家和内部讲师相结合的方式。Conversant Solutions、LLC of Boulder、Colorado等，被惠普公司选作共同寻找解决方案的外部公司。这些公司很多关于如何通过有效的对话方式为公司创造更高的价值的观点已经证明了对高层管理是非常有价值的。这些观念与动力领导力项目的目标高度一致，以至于成为这个项目的核心部分。

由于每个阶段的时间都很紧张，而且惠普开展该项目也迫在眉睫，于是就在卡莉提出的"足够完美"的原则指导下启动了这个项目。几次小的实验型项目首先开始运行起来，在这过程中，惠普将吸取到的最有效的经验和方法加入项目的最终设计中。当项目正式首次发起后，项目设计在学员以及讲师的反馈基础上又进行了进一步的调整。

最终的项目设计为两天的课堂强化学习，接着是行动计划和九个星期的实际应用和课后持续跟踪。之所以需要两天时间给员工进行相互间对话练习，是为了能够将项目内容充分深化，提供足够的练习机会。员工间的对话是动力领导力项目中快速进行的部分，这个部分通过小组作业、练习、对公司当前面对的经营问题进行的讨论，将动力领导力的观点和工具传递给员工。设计的主题数量是有限的，以保证员工有充足的时间理解并掌握这些主题。其中，这些主题包括：确定背景下的商业计划、对话法则、对话模型、如何实现快速决策、RACI决策模型、如何真正发现问题和解决问题。

设计者选择了活跃的团队模式作为介绍和解释目标技术和观点的最为有效的方法。设计者为每个学员准备了一个有关键概念和大量空白供个人记录笔记的学习日志簿。第一天，项目在晚饭后还要继续进行，学员必须实践一下他们学到的那些技能和方法，以创造"有价值的一晚"。第二天议程是一个关于他们昨天行为的反馈和教练的会议，而这也是两天课程中最核心的部分，通常都要讲师点评。

项目设计中重要的部分是如何增强管理者行为的责任感——这个观念只有当学员将他们的所学应用于实际行为中才算结束，而不是项目的最后一天就结束了。项目还要求学员必须书面承诺设定一个运用动力领导力方法的目标，这些目标要与他们的经理分享，从而强化责任、赢得管理层支持。大多数经理收到了学员的目标和行动计划的复件后，都会给予肯定和认可或者调整学员的工作。

2.项目实施

为减少差旅时间和费用，动力领导力项目开展的地点不是现场就是当地的旅店。团队总人数最多不超过三十个，以保证每个成员都能参与并实践。项目负责人决定采取开放型登记式、封闭型团队式会议相结合的方式（即一个班的学员可以分散在各地）进行培训。

为了确保项目与实践迅速相关联，每一轮的会议都要两个讲师指导——一个是外部的讲师，另一个是惠普公司的角色原形的直线领导，他能通过商业案例将概念运用到当前实践中。为了达到项目开始设定的目标，需要举行上百场会议，因此外部讲师是从几十家公司招募来的。外部讲师与惠普内部的直线经理一起参与培训培训师的对话会议。通过现场会议（同时有网络会议和电话会议），培训得到了加强，不断提高的思想也可以互相分享。只要有可能，新的讲师的前几次培训中都会和有经验的讲师一起进行。在美国以外的区域，项目组就招募当地的双语讲师并且培养他们领导这个项目。为了保证项目质量,学员要在每一次会议的最后完成一份评估表。2002年,该项目在50多个国家和地区举行了400多场会议。项目发起的第一年,全球就有超过8000多名经理人参与。

3. 课后持续跟踪和在岗支持

动力领导力项目一个独特的方面是它有一套管理课后应用活动的系统。研究表明,培训课程后跟进的程度与领导力效果提高的大小有直接相关性。为了保证动力领导力项目付诸实践,惠普公司采取了一套强有力的课后管理系统,这个课后管理系统运用一个叫作Friday5s以网络为基础的持续跟踪的工具。

在项目总结会议上,学员要写下两个将项目中所学到的知识运用在工作中的目标,这些目标被输入进了已分类的Friday5s网页。随后的几个星期,学员不断地收到E-mail提醒他所写的目标。每个学员的经理将收到下属目标复件的E-mail,以保证经理们知道他们的下属学到了什么,将要做什么。每个学员的目标,团队的其他成员都可以看到,从而鼓励其他成员共同承担责任和共同学习。

课程完成以后,学员有5个机会(第一个星期、第三个星期、第五个星期、第七个星期和第九个星期)与团队网络联结,并且通过回答以下几个问题更新他们的进步:在既定目标下,你做了哪些工作以提高自己?你取得了多大的进步?下一步你将怎么做?你得到的最重要的教训是什么?

这样做的目的是为了鼓励学员不断地练习所学到的技巧和工具,在实践中不断反思,通过分享深刻见解继续团队学习方式。另外,项目的学员可以与经理或者教练联系,寻求反馈意见和忠告。最后一次的更新,学员将描述在所设定的目标下以及项目开始以来的两个月,他们自己的实践对商业的影响,即什么被证明是最有价值的。在课后持续跟进过程中,项目管理者还通过一个被称为Guide Me的在线工具不断为学员提供学习和实操的建议,从而提高了项目学习的效果。

4. 项目效果

大量的实证研究表明,惠普的动力领导力项目取得了显著的财务和非财务成果,这些成果无可反驳地支持了惠普动力领导力项目的投资价值。同时,给董事会的独立调查报告指出:培训非常实际,对工作很有用。94%的学员认为,他们在动力领导力项目结束后的三个月使用动力领导力工具对工作很有利。实践过程中,学员平均使用动力领导力工具9.5次。另外,项目有可观的投资回报。每单次项目收益中值是3800美元——超过成本的50%。以一年计算,投资回报是成本的15倍。同时,大多数的项目收益都要归功于达成集体决策和取得协调一致过程中节省的大量时间。

最引人注意的是,这些结果是在公司历史上一次最大的组织混乱——惠普收购康柏期间取得的。

惠普执行委员会在惠普收购康柏的时候推进动力领导力项目,存在不可避免的不确定性和混乱,但他们还是大胆地推进了这个项目。他们的远见不仅给惠普带来了财务方面的巨大盈利,而且获得了许多非财务的收益,包括顾客服务的改进和员工士气的提高。许多人表示这个项目帮助他们恢复了对惠普的信心和对公司的承诺。

资料来源:HR人力资源管理案例网(http://www.hrsee.com/?id=251)。

案例思考题：

1. 试分析责任感和员工领导力之间的关系。

2. 谈一谈惠普公司的动力领导力项目对其他企业的借鉴意义。

实践练习

【领导力小测试】——你对下属的统治力如何？

作为领导者，为帮助你弄清楚自己的长处和短处，希望你如实回答以下问题。

1. 你有一位新来的部下，他是有才干的，可是你把他当作无能之辈。某日他忽视你，一直跟你的上司谈话，这时你怎么办？

A. 就这件事跟上司议论

B. 把他开除

C. 告诉他，你希望他不要再做出这种出格的事情

D. 你以自己的经验和教养，来向他证实你有充分的实力担任他的主管

2. 你的部下向你提出一份全体联名签署的陈情书，他们要求废止"公休时间不能连续超过一星期"的规定，这时你要对他们表示，这项规定是为了不给他们取巧的机会而制定的，你该如何处理？

A. 认为这是大多数人的意见，接受他们的请求

B. 声明上班状况有改进的话，很乐意废止这个规定

C. 为了避免将来的麻烦，设法调查排斥你的发起人

3. 你所在的公司要从现在开始实施新政策，你把这件事告诉你的部下时，采取什么态度？

A. 主张先试行一段时间

B. 为了保持部下对你的好感，主张反对新政策

C. 对你部下声明说："既然是规定，我想应该遵守。"

4. 你的一名部下性情凶暴，某日和同事争论时，举起刀子要刺伤对方，幸好那时有人劝阻，这件事你怎么处理？

A. 跟他认真谈一谈，劝诫他今后不再做出这种事情

B. 让部下远离他

C. 主张把他送精神病医院诊断

5. 假定你是三年级的老师，现在有一个学生殴打另一个学生，你怎么处理？

A. 打惹事的学生一巴掌，责令他停手

B. 置之不理

C. 对挑衅的学生说，这是不良行为，劝告他以后不要再打架

6. 一般来说，要把你部下的工作成绩有系统、有建设性地维持下去，你要采取哪一种方法？

A.采取健全的管理

B.听任各自发展

C.从计划开始直至实施,同他们合作,作为一个团体活动展开

正确答案:

1.C 2.B 3.A 4.A 或 C 5.C 6.A 或 C

评分标准:

每小题答对给10分。

测试结果说明:

50~60分为优秀,30~40分为有希望,30分以下为不及格。

本章参考文献

[1] 迪夫.领导力[M].常桦,译.延吉:延边人民出版社,2003.

[2] 日本顾彼思商学院.领导力[M].邓伟权,译.北京:北京时代华文书局,2020.

[3] 李泽尧.领导力[M].广州:广东经济出版社,2008.

[4] 郑卫国,等.有效领导与提高领导力研究[M].成都:四川人民出版社,2005.

[5] 萧七公子.领导力:怎样让别人死心塌地跟随你[M].苏州:古吴轩出版社,2016.

[6] 刘春涛.图解领导决策[M].成都:四川人民出版社,2003.

[7] 徐湘江.领导决策[M].长春:吉林文史出版社,2006.

[8] 廖雄军,赵如锋.现代领导决策学[M].南宁:广西民族出版社,1999.

[9] 肖凤德,王兵围.领导力:卓越领导者如何在组织中管理与创新[M].北京:人民邮电出版社,2014.

[10] 王婷婷.影响力:如何展示非权力的领导力[M].北京:企业管理出版社,2009.

[11] 吕途,周建林,于德.创业团队认知能力与创业决策关系的实证研究[J].山东社会科学,2020(02):119-124.

[12] 蒋丰伟.管理者领导力要素分析[J].人才资源开发,2020(9):42-44.

[13] 叶龙,王蕊.谦卑与领导有效性:变革型领导的中介作用[J].经济与管理研究,2016,37(9):96-104.

[14] 李玉栓,郑娟.领导者逆境商数与领导的有效性[J].安徽师范大学学报(人文社会科学版),2014,42(6):770-774.

[15] 王娟.大数据时代领导决策的特点、困境与对策[J].领导科学,2018(23):20-22.

[16] 孙浩.创业实战指南:初创中小企业的成功之道[M].北京:经济管理出版社,2010.

[17] 蒋丰伟.管理者领导力要素分析[J].人才资源开发,2020(9):42-44.

[18] 中欧商业评论.如何跨越从0到1的创业领导力陷阱[J].五金科技,2019,47(5):53-55.